"十四五"时期国家重点出版物出版专项规划项目

| 推动东北振兴取得新突破系列丛书 |

总主编　林木西

推进东北地方政府治理体系和治理能力现代化研究

Research on Promoting Governance System and Modernization of Governance Capacity of Northeast Local Governments in China

赵德起　著

中国财经出版传媒集团

经济科学出版社
Economic Science Press

·北京·

图书在版编目（CIP）数据

推进东北地方政府治理体系和治理能力现代化研究/
赵德起著 . -- 北京：经济科学出版社，2024.4
（推动东北振兴取得新突破系列丛书）
ISBN 978 - 7 - 5218 - 5883 - 9

Ⅰ.①推…　Ⅱ.①赵…　Ⅲ.①地方政府 - 行政管理 -
现代化管理 - 研究 - 东北地区　Ⅳ.①D625.3

中国国家版本馆 CIP 数据核字（2024）第 093986 号

责任编辑：刘　瑾
责任校对：隗立娜
责任印制：范　艳

推进东北地方政府治理体系和治理能力现代化研究
赵德起　著
经济科学出版社出版、发行　新华书店经销
社址：北京市海淀区阜成路甲 28 号　邮编：100142
总编部电话：010 - 88191217　发行部电话：010 - 88191522
网址：www. esp. com. cn
电子邮箱：esp@ esp. com. cn
天猫网店：经济科学出版社旗舰店
网址：http://jjkxcbs. tmall. com
北京季蜂印刷有限公司印装
710 × 1000　16 开　24.5 印张　350000 字
2024 年 4 月第 1 版　2024 年 4 月第 1 次印刷
ISBN 978 - 7 - 5218 - 5883 - 9　定价：98.00 元
（图书出现印装问题，本社负责调换。电话：010 - 88191545）
（版权所有　侵权必究　打击盗版　举报热线：010 - 88191661
QQ：2242791300　营销中心电话：010 - 88191537
电子邮箱：dbts@ esp. com. cn）

本书受辽宁省教育厅 2023 重点攻关项目，"加快提升政府治理体系与治理能力现代化水平研究"（JYTZD2023064）资助

本书受辽宁省社科联经济社会发展研究课题，加快推进宜居宜业和美丽乡村建设的重点任务及策略选择研究（2024lsljdybkt‑004）资助

总 序

    2022 年 8 月 16 日至 17 日，在东北振兴的关键时期，习近平总书记再次亲临辽宁视察，对新时代东北振兴寄予厚望："我们对新时代东北全面振兴充满信心、也充满期待。"党的十八大以来，习近平总书记多次到东北考察调研、主持召开专题座谈会，为东北全面振兴、全方位振兴擘画了宏伟蓝图，为开展东北振兴研究指明了前进方向。2017 年、2022 年，辽宁大学应用经济学学科连续入选首轮和第二轮国家"双一流"建设学科，在学科内涵建设中我们主打"区域牌"和"地方牌"，按照"世界一流"的标准，努力为推动东北地区实现全面振兴全方位振兴提供理论支撑、"辽大方案"和标杆示范，这一总体建设思路曾得到来校调研的原中共中央政治局委员、国务院副总理孙春兰和教育部时任主要领导的充分肯定。

    辽宁大学在东北地区等老工业基地改造与振兴研究方面历史悠久、成果丰硕。从"七五"至"十四五"连续承担国家社会科学基金重大（重点）项目和教育部哲学社会研究重大课题攻关项目，其中：1992 年主持的国家社会科学基金重点项目"中国老工业基地改造与振兴研究"结项成果《老工业基地的新生——中国老工业基地改造与振兴研究》获全国普通高校第二届人文科学学科研成果一等奖（1998 年）。2004 年主持的教育部哲学社会科学研究重大课题攻关项目"东北老工业基地改造与振兴研究"结题验收被评为优秀，结项成果《东北老工业基地改造与振兴》荣获第三届中华优秀出版物图书奖提名奖（2010年）。与此同时，在"九五"211工程、"十五"211工程、"211工程"三期、国家重点学科、国家"双一流"建设学科建设过程中，围绕东北振兴取得了一系列重要研究成果。

2011年以来，在东北振兴研究方面我主编了三套系列丛书。第一套是《东北老工业基地全面振兴系列丛书》（共10部，2011年出版），入选"十二五"国家重点图书出版物出版规划项目及年度精品项目，作为国家"211工程"三期重点学科建设项目标志性成果。第二套是《东北老工业基地新一轮全面振兴系列丛书》（共3部，2018年出版）入选国家出版基金项目，作为首轮国家"双一流"建设学科标志性成果。现在呈现在读者面前的是第三套《推动东北振兴取得新突破系列丛书》，入选"十四五"时期国家重点图书出版专项规划项目，也是全国唯一以东北振兴为主题的入选项目，拟作为第二轮国家"双一流"建设学科标志性成果。第一套丛书系统研究了2003年党中央作出实施东北地区等老工业基地振兴战略重大决策以来的阶段性成果，第二套丛书重点研究了2016年东北老工业基地新一轮全面振兴的重大问题，第三套丛书进一步研究了"十四五"时期在区域协调发展战略下推动东北振兴取得新突破的理论和现实问题。

党的十九届五中全会审议通过的《中共中央关于制定国民经济和社会发展第十四个五年规划和二〇三五年远景目标的建议》提出"推动东北振兴取得新突破"，同时在《中华人民共和国国民经济和社会发展第十四个五年规划和2035年远景目标纲要》和《东北全面振兴"十四五"实施方案》对此进行了详细阐释。为此，本套丛书设计了"5+X"的分析框架，其中的"5"指：一是《新发展阶段东北科技创新区域协同发展战略与对策研究》，主要分析坚持创新驱动发展，以技术创新为依托、以东北科技创新区域协同发展促进东北区域协调发展，打造成东北综合性科技创新中心；二是《新发展阶段东北国企改革与创新研究》，以国企改革创新为突破口，深化国有企业混合所有制改革，补上东北振兴体制机制性改革"短板"，激发东北各类市场主体活力；三是《新发展阶段推进东北区域一体化发展研究》，推动东北地区空间、市场、产业、基础设施、生态环境等一体化，塑造东北区域协调发展新模式、健全区域协调发展新机制；四是《打造东北地区面向东北亚对外开放新前沿研究》，主要研究"双循环"背景下，将东北地区打造成为面向东北亚制度型开放的新前沿、产业链合作新前沿、"一带一路"北向开放的新前沿；五是《推进东北地方政府治理体系和治理能力现代化研究》，以东北地方政府为研究对象，分析政府治理现代化的约束机制、运行机制、评价机制，优化营商环境，推动有效市场和有为政府更好结合。"X"则指根据东北振兴发展实际进行的专题研究，如《东北地区制造业竞争力提升路径研究》等。

近年来，由我率领的科研团队为深入学习贯彻习近平总书记关于东北振兴发展的重要讲话和指示精神，建立了"项目＋智库＋论坛＋丛书＋期刊＋咨询＋协同""七位一体"的理论和应用研究模式。"项目"建设是指主持了多项国家社会科学基金重大项目和教育部哲学社会科学研究重大课题攻关项目，主持的国家发改委东北振兴司招标课题总数曾列全国高校首位；"智库"建设是指不断扩大中国智库索引来源智库"辽宁大学东北振兴研究中心"在国内外的学术影响；"论坛"建设是指连续成功举办10届"全面振兴辽宁老工业基地高峰论坛"和东北振兴系列高端论坛；"丛书"建设是指主持出版"十二五"国家重点图书出版物出版规划项目及年度精品项目、"十三五"国家出版基金项目和"十四五"时期国家重点图书出版专项规划项目；"期刊"建设是指独立创办《东北振兴与东北亚区域合作》（已连续出版8辑集刊）；"咨询"建设是指在《人民日报》（及其内部参考）《光明日报》《经济日报》等国内外主流媒体、省级以上智库持续发表东北振兴理论文章、咨询建议和研究报告，并曾多次得到省部级及以上领导肯定性批示；"协同"建设是指与国家和地方党政机关、世界一流大学、东北地区高校和科研院所开展有关协同创新研究。

　　在本套丛书即将付梓之际，谨向长期以来关心支持参与辽宁大学东北振兴研究的各界人士表示崇高敬意，并向中国财经出版传媒集团原副总经理吕萍和经济科学出版社领导及编辑表示衷心感谢！

林木西

2022 年 9 月 5 日于辽宁大学蕙星楼

目 录

第一章

政府治理体系和治理能力现代化思想的演进

第一节　政府治理体系现代化思想的演进

一、政府治理体系构建服从于"政治导向型"国家治理

从研究文献来看，新中国成立到改革开放之前（1949～1978 年），是我国推进政府治理体系现代化的第一阶段。1956 年，毛泽东同志发表的《论十大关系》是中国共产党对国家治理体系建设的第一次系统论述与思考。毛泽东同志在《论十大关系》中指出："有中央和地方两个积极性，比只有一个积极性好得多。"① 这是对新中国成立近十年来政治经济经验教训的总结，对后人具有重大的启发意义。同年颁布的《国务院关于改进国家行政体制的决议（草案）》明确指出："社会主义建设时期有必要和可能适当地扩大地方的行政管理职权，充分发挥地方的积极性，同时，使中央机关能够更好地集中注意力于主要工作方面，并且使各级国家机关对各方面建设工作，能够更好地进行全面规划、加

---

① 毛泽东：《论十大关系》，人民出版社 1999 年版，第 11 页。

1

强领导，以达到调动一切积极因素、加速进行社会主义建设的目的。"①

刘波等（2015）认为新中国成立之时，政府面对相当严峻的行政环境，形成了从中央到地方高度集权、高度等级化的社会组织系统，成为一个政治、行政、经济和文化意识形态"四权合一"的全能型政府。② 宋世明（2021）认为新中国成立之后，改革开放之前我国的政府治理体系建构服务于"政治导向型"国家治理，这一时期权力过分集中，政府治理体系构建的首要价值是巩固国家政权、巩固社会主义制度，治国理政的主导方式是重人治、轻法治，政府在资源配置中发挥决定性的作用。③ 具体而言，这一时期之初，政治治理体系方面，我国形成了党领导国家工作的制度；在经济治理体系方面，我国通过对农业、手工业和资本主义工商业的社会主义改造，建立社会主义公有制，完成了向集体经济组织的转型；社会治理体系方面，国家重建的人民团体和社会团体在生活的各个领域成为国家对社会实行总体控制的辅助力量；此外，1958 年 6 月，中共中央决定成立财经、政法、外事、科学、文教五个小组直接领导国家五大领域的工作，纵向组织机构和制度的设立强化了一元化的政治体制（徐法寅，2019）。④ 全能型政府时期，我国已经形成了相对稳定和完整的政府治理体系，对于我国社会主义建设初期的社会秩序和经济生产的恢复具有重大作用，提升了我国的治理能力水平，但是这样的政府机构设置与职能定位也仅限于同计划经济体制相匹配（谢志强，2021）。⑤ 在高度集中的计划经济体制下建立起来的全能型政府是我国特定历史时代的产物，简单地全面否定其带来的积极作用是不客观的，但是，就政府的有效性来说，这种模式从建立起就逐步暴

---

① 中共中央文献研究室：《建国以来重要文献选编》第 5 册，中央文献出版社 1993 年版，第 382 页。

② 刘波、李娜、彭瑾、王力立：《地方政府治理》，清华大学出版社 2015 年版，第 86 页。

③ 宋世明：《共治论——中国政府治理体系建构之路》，载《行政管理改革》2021 年第 2 期。

④ 徐法寅：《新中国 70 年国家治理体系变迁的逻辑及前景》，载《学海》2019 年第 6 期。

⑤ 谢志强：《从我国政府机构改革历程看国家治理体系现代化》，载《国家治理》2021 年 Z4 期。

露出其违背社会生产力发展、抑制社会经济主体经济活力与创造性等方面的弊端（刘华，2009）。①

　　总之，从新中国成立到改革开放这一时期，百废待兴，我国政府成为包办主义式的全能型政府，这一时期政府治理体系构建服从于"政治导向性"国家治理，所构建的相对稳定、完整的政府治理体系为我国社会秩序与经济建设的恢复提供了有力保障。但是，改革开放后，随着我国从计划经济、有计划的商品经济向社会主义市场经济体制转变，政府治理体系的"全能"模式势必无法适配，政府终究要将属于市场、社会的部分归还给市场与社会，淡化政府的全能主义色彩。

二、政府治理体系构建服从于"经济导向型"国家治理

　　改革开放至党的十八大召开（1978～2012年），是我国推进政府治理体系现代化的第二阶段。党的十一届三中全会召开后，邓小平同志的重要论断对于我国推进国家治理体系现代化具有重要的理论指导意义。邓小平同志指出："改革是全面的改革，包括经济体制改革、政治体制改革和相应的其他各个领域的改革。""现在经济体制改革每前进一步，都深深感到政治体制改革的必要性。"② 邓小平同志还特别指出制度建设在社会主义现代化建设中的重要作用："我们要在大幅度提高社会生产力的同时，改革和完善社会主义的经济制度和政治制度，发展高度的社会主义民主和完备的社会主义法制。"③ 胡伟（2014）认为关于政治体制改革，邓小平同志的许多观点至今仍然值得我们借鉴：第一，政治体制改革包括民主和法治；第二，不得照搬国外政治模式，但是要不断吸收进步因素；第三，政治体制改革在循序渐进的同时要有时

---

　　① 刘华：《全能型政府职能模式的历史作用及其转型努力》，载《河南师范大学学报（哲学社会科学版）》2009年第2期。

　　② 《邓小平文选》（第3卷），人民出版社1993年版，第237、176页。

　　③ 《邓小平文选》（第2卷），人民出版社1993年版，第208页。

间表。① 尽管邓小平同志没有提出国家治理体系现代化理念，但是邓小平同志已经开始注意到制度建设与政治体制改革的必要性。

政治体制在这一时期改革具有深刻的现实依据。改革开放使我国的生产力以及作为经济基础的经济体制产生了较大变化，作为上层建筑的政治体制也必然随之调整，只有对现行的政治体制进行改革，才能实现民主政治建设的法律化、制度化（安民，1999）。② 中国在加入 WTO 之后，为了抓住经济全球化带来的机遇，克服遇见的挑战，必然在新的国际形势下进一步转变政府职能、加快政府改革，进而创造更有效率的市场环境（陈清泰，2004）。③ 刘波等（2015）认为，1978 年到 1990 年我国政府成为经济主导型政府，开始逐渐改革高度集权、党政一体化的领导体制，政府的权力受到制约。随着我国经济体制的转变，政府最主要的职能特征是以经济建设为中心、以发展市场经济为工作重点。④ 宋世明（2021）认为这一时期我国政府治理体系建构的首要价值是推动经济发展，逐渐以法治代替人治，发挥市场在资源配置中的基础性作用与政府在经济增长中的拉动作用。⑤

改革开放以来，我国政府适应市场经济和社会发展的需要，通过发展目标、政府职能、政策工具、政府机构和财政机构的改革，引领经济社会实现转型，政府治理体系成为推动经济社会发展的制度性力量（吕志奎，2013）。⑥ 政府治理体系改革的前提与依据是政府治理理念的创新，张学泽（2004）认为改革开放以来社会主义市场经济体制的完善、对全球化趋势的应对、中国传统政府治理理念局限性的存在使政府治理

① 胡伟：《推进国家治理体系和治理能力现代化——重温邓小平有关社会主义现代化与制度建设的重要思想》，载《江西社会科学》2014 年第 8 期。
② 安民：《适应社会主义市场经济发展的要求进行政治体制改革》，社会主义与市场经济——全国社会主义与市场经济学术交流大会会议论文，1999 年 11 月。
③ 陈清泰：《经济全球化与政府改革》，载《国家行政学院学报》2004 年第 6 期。
④ 刘波、李娜、彭瑾、王力立：《地方政府治理》，清华大学出版社2015年版，第 86 页。
⑤ 宋世明：《共治论——中国政府治理体系建构之路》，载《行政管理改革》2021 年第 2 期。
⑥ 吕志奎：《改革开放以来中国政府转型之路：一个综合框架》，载《中国人民大学学报》2013 年第 3 期。

理念必然创新。[①] 这一时期政府治理理念的创新具体体现在：树立有限政府理念、坚持服务型政府理念、树立以人为本理念（王雪松，2012）。[②] 政府治理体系完善的首要任务是转变政府职能，这一时期中国政府职能转变呈现出如下特点：首先，中国政府职能由偏态发展向协调发展转变，1978 年确立以经济建设为中心，2010 年转为全面推进社会主义经济建设、政治建设、文化建设、社会建设和生态文明建设"五位一体"的全面职能框架；其次，中国政府职能向协调发展转变保持较低水平的平稳渐变态势；最后，经济建设职能依旧是中国政府职能的核心（邓雪琳，2015）。[③] 为了适应政府职能的转变，我国政府不断改进和创新管理方式。吕志奎（2013）认为改革开放以来，我国政府的政策工具从以经济计划、行政命令、直接管理、微观管理为主转向以综合运用经济手段、市场手段、法律手段、合同制、社会化手段、信息技术、公共参与、绩效管理、战略管理、流程再造、预算、规制和风险管理等现代化手段为主。[④]

如果说改革开放之前的政府改革集中在政府规模和机构数量的调整，那么改革开放后的政府改革则是围绕政府职能的转变进行的（徐法寅，2019）。[⑤] 苗爱民和杨晋（2019）认为，1982～1998 年我国行政体制改革的特点是精兵简政、转变职能、破除计划经济体制的藩篱；2003～2013 年我国行政体制改革的特点是建立适合社会主义市场经济体制的新型行政体制。[⑥] 可以看出，改革开放以来，中国历次政府改

---

①　张学泽：《论中国政府治理理念创新的充分必要性》，载《北京航空航天大学学报（社会科学版）》2004 年第 3 期。

②　王雪松：《试论社会管理创新中的政府治理理念创新》，载《中国集体经济》2012 年第 9 期。

③　邓雪琳：《改革开放以来中国政府职能转变的测量——基于国务院政府工作报告（1978～2015）的文本分析》，载《中国行政管理》2015 年第 8 期。

④　吕志奎：《改革开放以来中国政府转型之路：一个综合框架》，载《中国人民大学学报》2013 年第 3 期。

⑤　徐法寅：《新中国 70 年国家治理体系变迁的逻辑及前景》，载《学海》2019 年第 6 期。

⑥　苗爱民、杨晋：《新中国成立 70 年来行政体制改革的回顾与启示》，载《中共山西省委党校学报》2019 年第 5 期。

革都对应着特定的经济体制改革背景。何显明（2013）认为改革开放以来，国家治理体系建构的另一个重要任务是健全政府间职责权限分工体系，保证各个政府切实有效地履行自己的职责，以提高整个政府体系的运行效率。[1] 总体来看，市场经济条件下政府职能从原来的统治转向了管理，政府由公共权力的集中掌控者转换成社会管理与公共秩序的维护者，从高度集中的统治转向为社会提供公共产品与服务（唐兴军和齐卫平，2014）。[2] 但是改革开放40多年来，我国经济发展的体制性障碍还未完全消除，特别是政府职能转变还不到位，市场和社会发挥作用还不够充分，社会管理和公共服务职能比较薄弱（丁薛祥，2018）。[3]

改革开放后，中国政府治理面临着我国正逐步建立、完善社会主义市场经济体制和经济全球化两大背景。过去政府权力过分集中的特点已经严重阻碍我国经济与社会的向前发展，进一步完善政府治理体系迫在眉睫。这一时期，政府治理体系构建服从于"经济导向型"国家治理。基于此，我国政治体系中社会物质资源大部分不再由政府直接管理，而是交还于市场，政府逐步转向主要对非物质资源的管理。改革开放后行政体制改革着眼于转变职能、理顺关系、整合机构，总体目标是逐步建设服务型政府。相较之前，我国政治体制改革取得的进展是巨大的，但是与适应市场经济的客观要求还有差距。

三、政府治理体系构建服从于"制度导向型"国家治理

2013年11月，中共十八届三中全会正式提出"推进国家治理体系

---

[1] 何显明：《政府转型与现代国家治理体系的建构——60年来政府体制演变的内在逻辑》，载《浙江社会科学》2013年第6期。

[2] 唐兴军、齐卫平：《治理现代化中的政府职能转变：价值取向与现实路径》，载《社会主义研究》2014年第3期。

[3] 丁薛祥：《深化党和国家机构改革是推进国家治理体系和治理能力现代化的必然要求》，载《秘书工作》2018年第4期。

和治理能力现代化"的重大命题，推进国家治理现代化是党面对新形势、应对新问题在顶层设计上做出的新战略。国家成为变革的对象是因为改革开放以来经济社会环境发生了深刻变化：从控制型社会向自主型社会转变；从分割静态的社会向流动的社会转变；从整体性社会向多元社会转变；从封闭孤立的社会向全面开放的社会转变；从生产的社会向消费的社会转变；从国家财富的社会向个人财富的社会转变；从经济不断增长型社会向可持续发展型社会转变；从低风险社会向高风险社会转变。以上总结的这些变化冲击了长期以来形成的以国家为中心的治理结构（杨雪冬，2014）。① 推动国家治理现代化不仅是我国经济转轨、社会转轨、文化重构的要求，更是我国进一步改革的需要（张广宇，2014）。②

　　党的十八大以来，习近平总书记对国家治理体系问题发表过许多重要讲话。习近平总书记对国家治理体系现代化给出了定义："国家治理体系是在党领导下管理国家的制度体系，包括经济、政治、文化、社会、生态文明和党的建设等各领域体制机制、法律法规安排，也就是一整套紧密相连、相互协调的国家制度。"③ 政府是我国最为重要的治理主体，政府治理体系是国家治理体系的有机构成。对于处于发展中国家阶段的中国来说，政府在国家治理中的主体性、主导性、主动性作用尤为突出，因此政府治理现代化是国家治理现代化的核心所在（娄成武和张国勇，2020）。④ 关于政府治理体系现代化，《中共中央关于坚持和完善中国特色社会主义制度　推进国家治理体系和治理能力现代化若干重大问题的决定》中明确指出，"坚持和完善中国特色社会主义行政体

---

① 杨雪冬：《论国家治理现代化的全球背景与中国路径》，载《国家行政学院学报》2014 年第 4 期。

② 张广宇：《"国家治理现代化"产生的背景与诱因》，载《中共济南市委党校学报》2014 年第 5 期。

③ 习近平：《切实把思想统一到党的十八届三中全会精神上来》，载《人民日报》2014 年 1 月 1 日。

④ 娄成武、张国勇：《国家治理体系和治理能力现代化与政府治理创新》，载《辽宁行政学院学报》2020 年第 1 期。

制，构建职责明确、依法行政的政府治理体系"。①

习近平新时代中国特色社会主义思想的精神实质与丰富内涵主要体现在"八个明确"与"十四个坚持"。② "八个明确"高度概括了未来政府治理的实质内容：新时代要求政府在今后的治理过程中坚持经济建设、政治建设、文化建设、社会建设、生态文明建设有机统一；政府治理要以宪法为依据、以法律为准绳、以政府内部治理改革促进外部的全面发展；新时代需要继续推进政企分开、政事分开，进一步完善实施公务员制度与事业单位改革，建设服务型政府。"十四个坚持"深刻总结了未来政府治理的总基调：新时代政府治理应当始终坚持以人民为中心、新发展理念、社会主义核心价值观、总体国家安全观（谭丛和谭玉，2019），③ 具体而言：首先，实现政府治理体系现代化必须坚持中国共产党的领导与中国特色社会主义道路，政府治理体系是中国共产党领导现代化建设，推进经济社会发展的治权体系，也是实现国家治理的执行机制（王浦劬，2014）；④ 其次，实现政府治理体系现代化的途径与目标必须取向于满足人民群众多样化、多层次、多方面的特点，即以人民为中心；⑤ 再次，实现政府治理体系现代化要处理好政府与市场的关系，让市场在资源配置中起决定性作用和更好发挥市场作用，厘清政府和市场的边界（黄新华，2017）。⑥ 不仅如此，实现政府治理体系现代化还要处理好政府与社会的关系，政府作为社会管理主体，在党委领

---

① 《习近平关于〈中共中央关于坚持和完善中国特色社会主义制度——推进国家治理体系和治理能力现代化若干重大问题的决定〉的说明》，载《党建研究》2019 第 11 期。

② 《决胜全面建成小康社会 夺取新时代中国特色社会主义伟大胜利：在中国共产党第十九次全国代表大会上的报告》，载《人民日报》2017 年 10 月 18 日。

③ 谭丛、谭玉：《习近平新时代中国特色社会主义政府治理理念研究》，载《山东商业职业技术学院学报》2019 年第 3 期。

④ 王浦劬：《国家治理、政府治理和社会治理的含义及其相互关系》，载《国家行政学院学报》2014 年第 3 期。

⑤ 人民日报评论员：《人民对美好生活的向往就是党的奋斗目标》，载《人民日报》2017 年 8 月 3 日。

⑥ 黄新华：《从干预型政府到规制型政府——建构面向国家治理现代化的政府与市场关系》，载《厦门大学学报（哲学社会科学版）》2017 年第 3 期。

导、政府负责、社会协同、公众参与和法治保障的体系下，对社会公共事务进行管理（王浦劬，2014）；① 基于新时代社会矛盾转换的新的历史方位，我国要以深化行政体制改革、转变政府职能为主要任务，通过政府作风建设、政府机构改革、"放管服"改革，以及加强对政府权力制约、创新政府服务的方式，全面推进建设现代服务型政府（邓岩，2020）；② 最后，正如习近平总书记指出："我国今天的国家治理体系，是在我国历史传承、文化传统、经济社会发展的基础上长期发展、渐进改进、内生性演化的结果。""一个国家发展道路合不合适，只有这个国家的人民才最有发言权。正像我们不能要求所有花朵都变成紫罗兰这一种花，我们也不能要求有着不同文化传统、历史遭遇、现实国情的国家都采用同一种发展模式。"③ 我国政府治理体系的完善应该在我国的历史传承、文化传统、经济社会发展的基础上，同时汲取国际成功的治理经验走出中国独特的治理之路。

在党中央对推进政府治理体系现代化做出战略部署后，我国把建设服务型政府放在更高的位置上，并且提出了较前一阶段更高的要求，政府治理体系的改革更加凸显现代化特征。政府治理体系现代化中的现代化具体体现在：地方政府治理模式由统治走向治理；治理范围从全能走向有限；治理方式标准由人治变为法治；治理职能从管制走向服务；治理格局从封闭走向透明（唐天伟等，2014）。④ 党的十九大对我国政府的转型做出了关键性概括："转变政府职能，深化简政放权，创新监管方式，增强政府公信力和执行力，建设人民满意的服务型政府。"⑤ 政

---

①　王浦劬：《国家治理、政府治理和社会治理的含义及其相互关系》，载《国家行政学院学报》2014 年第 3 期。

②　邓岩：《论社会主要矛盾转化条件下人民满意的服务型政府建设——学习习近平总书记关于建设人民满意的服务型政府的重要论述》，载《社会主义研究》2020 年第 1 期。

③　《习近平谈治国理政》，外文出版社 2014 年版，第 315 页。

④　唐天伟、曹清华、郑争文：《地方政府治理现代化的内涵、特征及其测度指标体系》，载《中国行政管理》2014 年第 10 期。

⑤　习近平：《决胜全面建成小康社会　夺取新时代中国特色社会主义伟大胜利——在中国共产党第十九次全国代表大会上的报告》，载《人民日报》2017 年第 11 期。

府治理体系现代化建设的安排呈现出如下鲜明特色：首先，政府治理体系与国家治理体系构建相统一；其次，政府治理体系与完善中国特色社会主义法治体系相融合。就法治维度而言，党的十九届四中全会针对政府治理体系改革提出了改革目标：探索实行跨领域、跨部门综合执法；落实行政执法责任制和责任追究制度，健全强有力的行政执行系统；推进行政组织机构、行政职能和权限、行政程序和责任等的法定化；① 最后，在政府治理体系中构建制度体系的"内和谐"。政府治理体系构建中需要明确政府及其主管部门与党和其他国家机构之间的职能职责、权限范围；完善行政体制及行政运作机制；健全部门协调配合机制，防止政出多门、决策和决定相互冲突；厘清政府与市场和社会的关系，优化政府职责体系；理顺中央和地方的权责关系（杨解君，2020）。②

明确政府治理体系顶层设计、鲜明特色后，需要具体到推进政府治理体系现代化的实施路径。整合职能、理顺关系、建设服务型政府、发挥党的领导核心作用、推进国家组织结构法定化，是构建职责明确、依法行政政府治理体系的有效路径，具体如下：

一是整合职能。尽管当前国家治理现代化要求建立起政府、市场、社会组织及公众多元共治的协作治理体系，但是政府仍然是起主导作用的治理主体，国家治理体系现代化需要以政府职能转变为战略目标和实现途径（唐兴军和齐卫平，2014）。③ 党的十八大以后，《国务院机构改革和职能转变方案》的颁布意味着政府职能由过去注重结构性的转变转向了通过简政放权发挥市场在资源配置中的作用。这标志着我国开始注重政府职能的效能性转变，政府职能转变突破职能结构本身开始注重政府职能对管理对象的有效性，超越了机构改革的羁绊，政府职能的转变在向纵深发展，但是在进行以上转变的同时并没有抛弃政府职能的结构

---

① 《中共中央关于坚持和完善中国特色社会主义制度　推进国家治理体系和治理能力现代化若干重大问题的决定》，载《人民日报》2019 年 11 月 6 日。

② 杨解君：《政府治理体系的构建：特色、过程与角色》，载《现代法学》2020 年第 1 期。

③ 唐兴军、齐卫平：《治理现代化中的政府职能转变：价值取向与现实路径》，载《社会主义研究》2014 年第 3 期。

性转变（何颖和李思然，2022）。① "放管服"改革通过大力推进简放政权、多措并举加强事中事后监管、不断优化政府服务为破解政府职能转变存在的难题提供了新的思路（马宝成等，2017）。② "互联网＋"政务作为一种新尝试，在政府职能转变的各个方面都起到了很大的推动作用："互联网＋"行政审批保障了简政放权的有效落实；"互联网＋"政务为政府效能的提升提供了技术支撑；"互联网＋"监管有助塑造透明政府；"互联网＋"政务为塑造服务型政府提供了新视角（孙荣和梁丽，2017）。③ 对政府而言，数字技术变革对传统组织体制的影响，助推政府部门进行内部结构的调整，促进了政府职能进行整合和优化，并加强了政府内部的互动与协商（沈费伟和诸靖文，2021）。④ 在数字治理时代，政府职责体系应该实现"四化"，即根据职责定位，将职责分工及其履行流程、方式、效果在部门及其内部进一步细化和明确，做到标准化、程序化、精细化、规范化（江小涓，2021）。⑤

二是行政体制改革。改革开放 40 多年以来，我国行政体制改革的基本逻辑是"改革行政体系以使其能够有效执行中国共产党旨在解决社会主要矛盾的策略"（于君博，2018）。⑥ 改革开放以来行政体制改革存在尚未解决的重大问题：以促进人的全面发展为首要价值选择呼之欲出但尚未明确；政府职能转变的历史使命尚未完成；纵向层级之间关系优化没有与横向部门之间关系优化同步；缺乏分层化的行政体制改革设计

---

① 何颖、李思然：《"放管服"改革：政府职能转变的创新》，载《中国行政管理》2022年第 2 期。

② 马宝成、吕洪业、王君琦、安森东：《党的十八大以来政府职能转变的重要进展与未来展望》，载《行政管理改革》2017 年第 10 期。

③ 孙荣、梁丽：《"互联网＋"政务视域下的政府职能转变研究》，载《南京社会科学》2017 年第 9 期。

④ 沈费伟、诸靖文：《数据赋能：数字政府治理的运作机理与创新路径》，载《政治学研究》2021 年第 1 期。

⑤ 江小涓：《加强顶层设计　解决突出问题　协调推进数字政府建设与行政体制改革》，载《中国行政管理》2021 年第 12 期。

⑥ 于君博：《改革开放 40 年来中国行政体制改革的基本逻辑》，载《经济社会体制比较》2018 年第 6 期。

模式（宋世明，2020）。① 2018～2019 年开展的为期一年多的深化党和
国家机构改革是一次系统性、整体性重构，通过这次改革，适应新时代
要求的党和国家机构职能体系主体框架初步建立，为完善和发展中国特
色社会主义制度、推进国家治理体系和治理能力现代化提供了有力组织
保障（谢志强，2021）。② 基于新的历史特点，行政体制改革须以经济
体制改革为前提和牵引，坚持和贯彻社会主义市场经济方向；行政体制
改革需体现出制约监督政府权力与开拓公民权利空间的有机结合、政府
治理能力与治理制度建设并举、法治政府与服务型政府的目标并列；行
政体制改革需遵循公共政策创新与体制机制深化的路径（王浦劬，
2014）。③ 数字时代的到来赋予了行政体制改革新机遇，数字技术的使
用能够提高政府的监测能力，增强了政府工具的群体定位精准性，提高
了政府的行政效率，促成了基层协调机构与政府服务的逐步健全，推动
了政府监管方式的持续创新（高世楫和廖毅敏，2018）。④

　　三是理顺关系。我国政府、市场、社会的关系是建立在"发挥市场
在资源配置中的基础性作用"之上的这种定位，既反映出我国对市场的
驾驭能力不够强，又反映出政府对市场的过度干预，从而必然破坏政府
与市场关系的协调，因此，我国需要围绕市场配置资源决定地位重塑政
府与市场的关系，围绕政府多元治理结构重塑政府与社会的关系（胡宁
生，2014）。⑤ 政府、市场、社会三者的关系逻辑应该如下：政府处于
主导地位，决定经济、社会的发展目标和与之相应的制度，从"全能
型"向"效能型"转变；市场作为经济运行的机制之一，逐渐成为资

---

① 宋世明：《新时代深化行政体制改革的逻辑前瞻》，载《中国行政管理》2020 年第 7 期。
② 谢志强：《从我国政府机构改革历程看国家治理体系现代化》，载《国家治理》2021
年第 Z4 期。
③ 王浦劬：《论新时期深化行政体制改革的基本特点》，载《中国行政管理》2014 年第
2 期。
④ 高世楫、廖毅敏：《数字时代国家治理现代化和行政体制改革研究》，载《行政管理
改革》2018 年第 1 期。
⑤ 胡宁生：《国家治理现代化：政府、市场和社会新型协同互动》，载《南京社会科学》
2014 年第 1 期。

源配置的决定性因素并服务于发展目标；社会演变在上述两大因素的作用下转向阶层多样、利益多元、城乡一体的市民社会（武力和张林鹏，2018）。① 政府的职能应该从"划桨"转变为"掌舵"，并通过建立制度化的政府—公众互动平台，增进公众参与。政府既要在治理体系中与其他治理主体平等协作、合作管理，又要扮演调停者角色（王臻荣，2014）。② 在大数据时代，要加强数字政府共建共享的区域协同，实现数字政府共营共用的区域治理，必须创新政府与市场、社会之间的协同合作方式，进而有序引导、合理利用、集约共享信息资源（王孟嘉，2021）。③

四是发挥党的核心领导作用。坚持党的领导是中国特色社会主义行政体制改革胜利的压舱石、制度保证，是完善政府治理体系的基本原则，是建设人民满意的服务型政府的根本途径（王斌和吴江，2020）。④ 在我国，党领导政府的制度构建表现为：性质相同的党政机关间进行合并；党政机构合署办公；党的组织机构承担一定的行政职能（杨解君，2020）。⑤ 在新时代，要实现国家治理现代化的目标任务，党的领导是根本保证，因此，必须处理好五个方面的关系，即党政关系、党法关系、党群关系、党际关系、党内关系（张荣臣和王启超，2020）。⑥

五是依法行政。法治化是政府治理现代化的核心和关键，是政府治理现代化的基础条件和现实要求，政府治理现代化的过程亦为法治化的过程（胡建淼，2015）。⑦《中共中央关于深化党和国家机构改革的决

---

① 武力、张林鹏：《改革开放 40 年政府、市场、社会关系的演变》，载《国家行政学院学报》2018 年第 5 期。

② 王臻荣：《治理结构的演变：政府、市场与民间组织的主体间关系分析》，载《中国行政管理》2014 年第 11 期。

③ 王孟嘉：《数字政府建设的价值、困境与出路》，载《改革》2021 年第 4 期。

④ 王斌、吴江：《坚持党的领导是我国行政体制改革胜利的压舱石》，载《当代党员》2020 年第 2 期。

⑤ 杨解君：《政府治理体系的构建：特色、过程与角色》，载《现代法学》2020 年第 1 期。

⑥ 张荣臣、王启超：《党的领导是推进国家治理体系和治理能力现代化的保证》，载《理论学刊》2020 年第 2 期。

⑦ 胡建淼：《治理现代化关键在法治化》，载《理论导报》2015 年第 11 期。

定》强调："机构编制法定化是深化党和国家机构改革的重要保障。要依法管理各类组织机构，加快推进机构、职能、权限、程序、责任法定化。"推进机构编制法定化是全面依法治国的内在要求，是深化党和国家机构改革的必然要求，是创新机构编制管理、提升管理水平的重要举措（马震，2018）。① 2021 年，中共中央、国务院印发的《法治政府建设实施纲要（2021-2025 年）》标志着我国法治政府建设进入新发展阶段，其内在逻辑和框架布局可以概括为"一条主线，八大体系"。"一条主线"指的是深入推进依法行政，全面建设法治政府，加快构建职责明确、依法行政的政府治理体系；"八大体系"指的是政府机构职能体系、依法行政制度体系、行政决策制度体系、行政执法工作体系、突发事件应对体系、社会矛盾纠纷行政预防调处化解体系、行政权力制约和监督体系、法治政府建设科技保障体系（周望，2021）。② 此外，数字政府为行政法治的发展带来了动力，在消除部门割裂、促进协同治理、利用数据精准决策和执法等方面成效显著（高秦伟，2022）。③

综上所述，自党的十八届三中全会提出"推进国家治理体系和治理能力现代化"重大命题后，我国立足于国家治理现代化的全局探索政府治理体系建构路径。政府治理体系现代化的提出是适应世界之变、时代之变、发展之变的必然要求，由于新的时代、历史方位和发展目标都对政府治理提出了新的更高要求，政府治理体系也被赋予现代化的新特征。只有以整合政府职能实现有效政府为目标，以理顺中央与地方的关系提高行政效能，完善行政体制、推动法治政府建设、建设服务型政府为手段，并且使有效市场、有为政府、有机社会协同共治推动经济社会发展，才能实现中国政府治理体系迈向现代化征程。

---

① 马震：《机构编制法定化是深化党和国家机构改革的重要保障》，载《中国机构改革与管理》2018 年第 6 期。
② 周望：《推进法治政府建设 完善政府治理体系——〈法治政府建设实施纲要（2021-2025 年）〉解读》，载《审计观察》2021 年第 10 期。
③ 高秦伟：《数字政府背景下行政法治的发展及其课题》，载《东方法学》2022 年第 2 期。

四、政府治理体系现代化思想的主要特征

新中国成立到改革开放这一时期我国处于对政府治理体系的探索时期，这一时期我国政府成为全能主义式的政府。面对旧中国留下的破败局面和严峻的国际形势，在这种体制下政府能够最大限度地调动与整合社会资源，在一定程度上完成了新中国成立初期政治与经济任务。但是，改革开放后随着我国从计划经济、有计划的商品经济向社会主义市场经济体制转变，政府统一的计划管理模式已经难以适应经济社会不断发展的需要，终究要处理好政府与市场的关系，充分发挥市场在资源配置中的决定性作用，并更好地发挥政府作用。改革开放到 2013 年之前，政府治理面对着我国正逐步建立、完善社会主义市场经济体制和经济全球化两大背景，政府权力过分集中的弊端越来越明显，因此，处于社会转型期的中国进一步完善政府治理体系已经成为必然。基于此，治理主体从一元开始向多元转变，治理理念开始转变为"有限政府"理念，治理手段从全能型开始向管理型、服务型转变。为了适应社会主义市场经济的发展，我国政府机构在这一期间经历了 6 次规模较大的改革，改革的重点逐步从简单的机构精简变为职能转变，这一阶段政府治理体系的改革进步明显，但是远远达不到治理现代化的要求。虽然以上两个时期并没有明确政府治理体系现代化这一概念，但是政府一系列的改革为之后推进政府治理体系现代化奠定了坚实的基础。

党的十八届三中全会提出"全面深化改革的总目标是完善和发展中国特色社会主义制度，推进国家治理体系和治理能力现代化"，推进国家治理体系现代化是顺应时代潮流、实现新时代党的历史使命的必然选择。其中，政府治理体系现代化是国家治理体系现代化的应有之义与重要依托。改革开放 40 多年来，我国政府治理体系已得到逐步完善，但是与实现政府治理体系现代化相比还存在不少问题，比如职责划分与行政管理体制不够完善，政府职能转变仍不到位，有待加强数字化政府建设，没有最大限度地发挥市场和社会的作用等。因此，我国需要从优化

职责体系、健全组织结构、转变政府职能、发挥制度优势、加强数字政府建设等方面完成一系列政府治理的改革和创新，形成权责明确、依法行政的政府治理体系。建设现代化政府治理体系是建成一个责任、法治、高效、服务型的为人民满意政府所需的，也是推进国家治理体系和治理能力现代化的必经之路。

第二节　政府治理能力现代化思想的演进

一、国家治理能力初步探索时期

没有基础性的国家能力，就无从谈起国家治理能力。20 世纪 70 年代末，国家主义学派开始系统分析国家能力这一概念，西达·斯考切波（1985）认为国家能力是国家实行政策来实现其目标的能力，进而区分了总体的国家能力和按政策领域区分的国家能力。[①] 米格代尔基于对国家中心主义的批判和第三世界国家案例的研究，提出了"社会中的国家"这一概念。米格代尔（1988）认为国家能力是指国家决定社会生活按何种秩序组织起来的能力，或是国家领导人通过国家的计划、政策和行动来实现其改造社会的目标的能力。对于国家能力的分类，米格代尔（1988）认为国家能力分为提取、渗透、规制和分配四大能力：提取能力集中体现在征兵和征税方面；渗透能力指国家机构及其代理人进入社会的各个角落的能力；规制能力指国家制定规则并让民众和组织遵从规则的能力；分配能力指国家按照其意愿和计划配置、使用资源的能力。[②] 就国内研究而言，王绍光（1991）首次提出了国家能力的概念及

---

① ［美］西达·斯考切波：《找回国家》，方力维等译，生活·读书·新知三联书店 2009 年版，第 10 页。
② ［美］乔尔·米格代尔：《强社会与弱国家》，孙长东等译，江苏人民出版社 2009 年版，19~23 页。

其公式，国家能力包括汲取财政能力、宏观经济调控能力、合法化能力、国家的社会控制能力，① 这一研究为《中国国家能力报告》的撰写提供了理论基础，《中国国家能力报告》是首部专门探讨"国家能力"的学术性著作，此书从政治经济学的角度提出国家能力的概念和内容，集中研究了国家能力与后发国家经济发展的关系、国家能力与社会主义国家向市场经济转型的关系，并分析了影响国家能力特别是国家汲取财政能力的各类因素（王绍光和胡鞍钢，1993），② 整个报告是以国家汲取财政能力为主线和重点来讨论中国的国家能力问题的这一点也反映出当时对国家能力的整体性认识不足。以上关于国家能力的定义，所对应的背景是 20 世纪 90 年代，但是，从 90 年代到改革开放已经过了 20 年，中国发展积累了新经验，从而需要重新定义国家能力。周其仁（2014）认为国家能力定义中仅提取国家汲取财政资源的能力是失之偏颇的，在他看来应从三个方面重新定义国家能力：重新定义国家；从输出方面考察；限制国家强制力。③ 国家能力与国家治理能力虽然是两个不同的概念，但是国家治理能力是在国家能力概念的基础上发展而来的，不可将二者混同，国家能力理论的研究为我们探讨国家治理能力提供了诸多借鉴。

现代社会最早提出国家治理能力现代化理论的主要学者之一詹姆斯·罗西瑙（2001）认为，现代国家治理能力比传统政府统治能力的内涵更加丰富，既包括政府机制也包括非政府机制，既包括非正式的制度也包括非正式的共识协议。④ 戴维·奥斯本和特德·盖布勒（2006）在《改革政府：企业家精神如何改革着公共部门》中围绕"政府如何运作"，以美国政府为分析对象，提出了改革政府的十条原则。这十条

---

① 王绍光：《建立一个强有力的民主国家：兼论"政权形式"与"国家能力"的区别》，载《当代中国研究中心论文》1991 年第 4 期。
② 王绍光、胡鞍钢：《中国国家能力报告》，辽宁人民出版社 1993 年版，第 6 页。
③ 周其仁：《应重新定义"国家能力"》，中国政府创新网，2014 年 2 月 18 日。
④ ［美］詹姆斯·N. 罗西瑙：《没有政府的治理》，张胜军等译，江西人民出版社 2001 年版，第 4~5 页。

原则的中心思想是：政府应该是决策者而不是具体的执行者；授权与分权是政府进行社会管理的主要方式；在政府与市场、公民的关系方面，把市场机制引入公共服务领域，可以提高政府部门和人员的工作效率，公民参与行政有助于提升民主化；政府应该以顾客即全体社会成员为服务导向；政府应该主动学习与借鉴最先进管理方法；政府治理应该是一种预防性治理，而不是事后才进行弥补。① 美国学者珍妮特·登哈特和罗伯特·登哈特（2004）认为国家治理能力现代化就是增强政府的公共服务能力来满足公民的需求，而不是去引导和指挥社会发展，他们也认为政府不应该是掌舵者而是公共服务提供者，政府的服务对象是公民，根本目的应该是增进公共利益；政府及政府人员要关注市场规范、社会行为、非政府组织发展、公民权益等多方面；政府在合理使用公民赋予的权力的同时，还必须公开地为其行为负责。②

国内关于国家治理能力的研究从 20 世纪 90 年代才起步，当时学界已经意识到国家治理能力的重要性。俞可平（1999）认为从国家统治能力到国家治理能力是一个根本范式的转变，国家治理能力包含着合法性、透明性、责任性、法治性和回应性。③ 柳新元（2000）认为无论是人治国家还是法治国家都离不开人这个制度创新和运行主体的治理，因此应该在理论上将"人治"与"人的治理"区分开来，并努力提升治国者及其代理人通过具体法律制度安排而有效治理国家的能力和综合素质。④ 王臻荣和张树峰（2005）认为政府治理面临着失效的可能，我们当前的任务是急需找到失效的原因，满足治理需要，提高治理能力，而实行"竞争—合作主义"是一个不错的选择。⑤ 在中国实践中，这一时

① ［美］戴维·奥斯本、特德·盖布勒：《改革政府：企业家精神如何改革着公共部门》，周敦仁译，上海译文出版社 2006 年版，第 4～5，35～38，46～64，134，187～188 页。
② ［美］珍妮特·登哈特、罗伯特·登哈特：《新公共服务：服务，而不是掌舵》，丁煌译，中国人民大学出版社 2004 年版，第 7～9 页。
③ 俞可平：《治理和善治引论》，载《马克思主义与现实》1999 年第 5 期。
④ 柳新元：《国家的治理方式、治理成本与治理绩效》，载《江海学刊》2000 年第 4 期。
⑤ 王臻荣、张树峰：《论中国政府治理与善治的实践与探索》，载《晋阳学刊》2005 年第 6 期。

期我国处于坚定不移地实行改革开放的政策、建立社会主义市场经济国家的背景，从 1992 年到 2012 年我国的政府治理能力主要是为发展社会主义市场经济的能力。随着我国整个经济社会的转型，当前社会面临着包括价值冲突、利益矛盾、公共环境恶化等国家治理问题，而且最为重要和根本的是我国政府自身存在着角色定位、素质能力、制度方法等问题。基于政府面临的外部环境与自身问题，政府应该着重建设规范能力、激发能力、引导能力等基础能力（欧阳康和钟林，2015）。[①] 这些观点都体现出伴随着我国改革开放的深入发展，我国学界对国家治理能力及现代化缺乏系统的研究，国家治理能力现代化的进一步研究迫在眉睫，我国迫切需要深入对国家治理能力现代化，乃至是对政府治理能力现代化的研究。

在国家能力概念的基础上提出国家治理能力是一个巨大的发展，引起了国内外学界众多学者的关注，尤其是我国学者开始意识到国家治理能力在我国现代化进程中的重要性。由于国内研究起步太晚，我国在 2013 年前对国家治理能力与政府治理能力缺乏系统性、深入性的研究。伴随着我国经济进入"增长速度换挡期、结构调整阵痛期和前期刺激政策消化期"这一"三期叠加"阶段，中国面临着前所未有的转型与发展局面（薛澜等，2015）。[②] 在此背景下，进一步系统研究国家治理能力现代化与政府治理能力现代化意义重大。但是不可否认的是，广大国内外学者对国家治理能力的初步探索，为适时中国的发展以及后来的深入探讨打下了坚实的基础。

二、正式提出政府治理能力现代化

2013 年 11 月召开的中共十八届三中全会提出，全面深化改革的总

---

① 欧阳康、钟林：《国家治理能力现代化进程中的政府问题》，载《学术界》2015 年第 3 期。

② 薛澜、张帆、武沐瑶：《国家治理体系与治理能力研究：回顾与前瞻》，载《公共管理学报》2015 年第 3 期。

目标是完善和发展中国特色社会主义制度，推进国家治理体系和治理能力现代化。提出"推进国家治理体系和治理能力现代化"这一命题的现实逻辑，是基于传统国家治理体系和治理能力的历史脉络探究，基于世界各国治理现代化的经验教训总结，基于各社会主义国家探索国家治理现代化的利害得失考察（孔新峰，2019）。① 公共需求的日益多样化与政府组织的有限容量之间的矛盾，经济高速发展与改革目标全面性之间的矛盾，威胁国家安全稳定的因素越来越多与责任主体的相对单一之间的矛盾，国际"软实力"竞争的日趋激烈与中国制度优势尚未完全彰显间的矛盾，要求推进国家治理体系与国家治理能力的现代化（郑言和李猛，2014）。② "国家治理能力现代化"是应对治理困境，在调试治理方式、完善治理体系、提高治理水平的过程中，顺应时代要求、社会进步和人民愿望而提出的战略思想（刘建伟，2014）。③ 任何国家都离不开治理，推进国家治理体系和治理能力现代化是全面建设社会主义现代化国家战略安排的重要目标要求，也是全面深化改革的重要目标要求（张来明，2022）。④

习近平总书记指出："与国家治理体系相比，在提高国家治理能力上要下更大气力。制度执行力、治理能力已经成为影响我国社会主义制度优势充分发挥、党和国家事业顺利发展的重要因素。"2013 年 12 月 31 日在党的十八届三中全会第二次全体会议上，习近平总书记首次对"国家治理能力"的内涵进行全面界定："国家治理能力则是运用国家制度管理社会各方面事务的能力，包括改革发展稳定、内政外交国防、治党治国治军等各个方面。"⑤ 国家治理能力现代化涉及的治理主体包

---

① 孔新峰：《习近平关于推进国家治理体系和治理能力现代化重要论述的历史逻辑与科学内涵》，载《当代世界社会主义问题》2019 年第 1 期。

② 郑言、李猛：《推进国家治理体系与国家治理能力现代化》，载《吉林大学社会科学学报》2014 年第 2 期。

③ 刘建伟：《国家治理能力现代化研究述评》，载《探索》2014 年第 5 期。

④ 张来明：《以国家治理体系和治理能力现代化保证和推进中国社会主义现代化》，载《管理世界》2022 年第 5 期。

⑤ 《习近平谈治国理政》，外文出版社 2014 年版，第 91 页。

括党、政府、市场、社会，其中政府治理能力是国家治理能力的主要表现形式。习近平总书记认为："科学的宏观调控，有效的政府治理，是发挥社会主义市场经济体制优势的内在要求。必须切实转变政府职能，深化行政体制改革，创新行政管理方式，增强政府公信力和执行力，建设法治政府和服务型政府。"① 吴汉东（2015）认为在当下中国政治体制改革的语境下，政府治理是国家治理的核心问题与中心任务。② 汪玉凯（2019）认为因为政府走在国家治理的台前，国家主要依靠政府治理，所以政府治理体系与治理能力对整个国家治理的意义深重，国家治理能力现代化首先是政府治理能力现代化。③ 周静和樊佳琳（2022）认为推进政府治理能力现代化是推进新时代改革开放的根本条件，是社会变革的迫切需要，关乎人民福祉、关乎民族未来。④

　　关于政府治理能力现代化的内容，李文彬和陈晓运（2015）认为政府的治理能力包括价值塑造能力、资源集聚能力、网络构建能力、流程创新能力和问题回应能力，政府治理能力的现代化是指治理能力具有现代化特征并符合现代社会治理要求的一种状态。⑤ 林婷（2015）认为政府治理能力一词的提出是适应行政环境变化，针对行政体制改革、政府角色定位以及政府职能梳理出来的，政府治理能力现代化是政府在现代化过程中以现代化为指标体系的政府自身的价值诉求，也是现代化进程的整体价值诉求。她对政府治理能力现代化给出了定义：我国国务院以及地方各级人民政府在建设国家治理体系现代化和提升国家治理能力现代化行动中处理国家事务、社会事务和行政机关内部事务所表现出来

---

① 《习近平谈治国理政》，外文出版社 2014 年版，第 91 页。
② 吴汉东：《国家治理能力现代化与法治化问题研究》，载《法学评论》2015 年第 5 期。
③ 汪玉凯：《国家治理现代化首先要实现政府治理现代化》，载《国家治理》2019 年第 42 期。
④ 周静樊、樊佳琳：《新时代推进政府治理能力现代化路径探析》，载《现代商贸工业》2022 年第 10 期。
⑤ 李文彬、陈晓运：《政府治理能力现代化的评估框架》，载《中国行政管理》2015 年第 5 期。

的主观条件。① 政府治理能力现代化的含义有三个前提：第一，国家治理能力现代化的制度逻辑是由"制度建构—制度权威—制度执行—制度自信"四个环节构成螺旋式上升的逻辑体系，推进国家治理体系和治理能力现代化必须以完善和发展中国特色社会主义制度为基础（黄建军，2020）。② 第二，明确现代化的内涵，甄选并吸收真正适合本国发展的现代化要素至关重要（薛澜等，2015）。③ 第三，在"善治"的视野下打造民主的、法治的、公正的、廉洁的、高效的国家治理能力体系（魏治勋，2014）。④

关于推动实现政府治理能力现代化的实现路径，不同学者发表了诸多看法。吴汉东（2015）认为国家治理现代化意味着政府不再是国家唯一的管理主体，而是与市场、社会一起成为国家治理网络的组成部分，因此政府能力建设涉及的主要问题是如何对待和行使公共权力、如何与市场社会协调互动的问题。⑤ 陈霞和王彩波（2015）认为国家治理能力现代化要以实现政府角色转变为理念导向，要实现由管制型政府向服务型政府转变，政府应定位于宏观调控，而非微观干预，真正提升社会自主性和市场经济自由度。⑥ 藤明政（2018）认为党的十八大以来，在国家治理能力建设方面有两个着力点：一是一般能力与思想能力并重，即不仅重视治理主体一般能力的提升，还要更加重视治理主体思想的改造；二是中央轮训干部、提升干部能力的力度和规模空前加大。⑦

---

① 林婷：《"政府治理能力现代化"内涵解析》，载《厦门理工学院学报》2015年第2期。

② 黄建军：《中国国家治理体系和治理能力现代化的制度逻辑》，载《马克思主义研究》2020年第8期。

③ 薛澜、张帆、武沐瑶：《国家治理体系与治理能力研究：回顾与前瞻》，载《公共管理学报》2015年第3期。

④ 魏治勋：《"善治"视野中的国家治理能力及其现代化》，载《法学论坛》2014年第2期。

⑤ 吴汉东：《国家治理能力现代化与法治化问题研究》，载《法学评论》2015年第5期。

⑥ 陈霞、王彩波：《有效治理与协同共治：国家治理能力现代化的目标及路径》，载《探索》2015年第5期。

⑦ 藤明政：《习近平的国家治理现代化思想研究——推进国家治理体系和治理能力现代化》，载《大连理工大学学报（社会科学版）》2018年第1期。

刘雪华和马威力（2018）认为未来地方政府治理能力建设的路径应该在实现框架化治理创新的同时，稳步提升自身的治理开发能力、治理分工能力、治理学习能力和治理监测能力。[①] 宋世明（2019）认为在完善制度建设的基础上，我国应推进执行主体能力建设、以结果为导向建立制度执行责任制、提升政府执行力。[②] 郑智航（2019）认为当下我国需要转变资源汲取的理念、增强地方政府汲取能力、防止资源汲取变相为与民争利；需要不断加强基层渗透能力；需要提升民主化程度和国家吸纳与整合能力；需要强化制度治理能力。[③] 洪富艳和费凯月（2021）认为推动地方政府治理能力现代化的对策如下：增强地方政府的执行力，建设现代化的高效型政府；提升公共服务供给能力，建设现代化的服务型政府；加大政务公开的力度，建设现代化的透明型政府；提升政府官员的治理能力，建设现代化的优秀人才治理队伍。[④] 吴江和吴涛（2022）认为财政透明度不仅能够直接提高区域创新能力，还能通过提高地方政府治理能力进而对区域创新产生促进作用。基于此，在提高地方财政透明度的同时，应注意完善地方政府管理制度，提高地方政府治理能力，加快建立一套涵盖经济、社会安全、民生保障和法制建设等多方面的地方政府治理能力评价体系，将地方政府治理能力纳入地方官员的政绩考核之中，并实施一定的激励和惩戒措施。[⑤] 周静和樊佳琳（2022）认为推进政府治理能力现代化的过程中面临官本位思想影响深远、民主法治思维需增强、健全民主监督机制迫在眉睫等问题，因此应该通过优化政府职能高效转变、建设数字政府、提升政府行政执法水平

[①] 刘雪华、马威力：《地方政府治理能力提升的理论逻辑与实践路径——基于当前我国社会主要矛盾变化的研究》，载《社会科学战线》2018 年第 9 期。

[②] 宋世明：《推进国家治理体系和治理能力现代化的理论框架》，载《中共中央党校（国家行政学院）学报》2019 年第 6 期。

[③] 郑智航：《当代中国国家治理能力现代化的提升路径》，载《甘肃社会科学》2019 年第 3 期。

[④] 洪富艳、费凯月：《推动地方政府治理能力现代化的对策研究》，载《经济研究导刊》2021 年第 9 期。

[⑤] 吴江、吴涛：《财政透明度、地方政府治理能力与区域创新》，载《统计与决策》2022 年第 15 期。

和改善公共服务质量等路径来推进政府治理能力现代化。①

2013 年，党的十八届三中全会将"完善和发展中国特色社会主义制度、推进国家治理体系与治理能力现代化"作为全面深化改革的总目标。我国国家治理能力存在较多短板，与治理体系处于失衡状态，对国家治理能力现代化的关注，是新时代国家治理的重要特征。政府治理能力的现代化是完善国家治理体系和国家治理能力现代化的前提和基础，政府治理能力强弱直接影响到国家治理能力的现代化水平，因此推进政府治理能力现代化是新时代我国深化改革的必由之路。

三、数字时代下政府治理能力现代化

互联网、云计算、大数据、物联网、区块链、人工智能等信息技术的快速发展，各种新技术、新业态、新模式的出现，为政府治理能力现代化赋予了新的含义。习近平总书记在党的十八届三中全会第二次全体会议上的讲话中指出："各级领导干部要加强学习，懂得大数据，用好大数据，增强利用数据推进各项工作的本领，不断提高对大数据发展规律的把握能力，使大数据在各项工作中发挥更大作用。"②

大数据技术为实现政府治理能力现代化带来了前所未有的机遇。陈之常（2015）认为推进治理能力现代化，需要充分利用互联网发展成果，研究并应用大数据技术，借此提高公共服务质量，创新社会管理方式，改进行政管理决策，促进政务服务智能化。③ 唐晓阳和代凯（2017）认为大数据有助于公共决策科学化、民主化；有助于公共服务精细化、人性化；有助于公共管理透明化、高效化；有助于社会治理精

---

① 周静樊、樊佳琳：《新时代推进政府治理能力现代化路径探析》，载《现代商贸工业》2022 年第 10 期。

② 习近平：《在党的十八届六中全会第二次全体会议上的讲话（节选）》，载《前进》2017 年第 1 期。

③ 陈之常：《应用大数据推进政府治理能力现代化——以北京市东城区为例》，载《中国行政管理》2015 年第 2 期。

准化、法治化。① 熊光清（2019）认为运用大数据技术增强政府治理能力是实现国家治理能力现代化的有效路径，大数据技术可以提高政府的决策水平、政府公共服务能力，使政府能够更好地履行职能。② 吴文琦（2019）认为大数据技术有助于拓展基层政府的治理视角，有助于促进基层政府在治理工作中实现协同合作，有助于加快基层政府治理能力的现代化进程。③ 鲍静和贾开（2019）认为在信息社会形态转型的时代背景下，数字治理能力不再局限于某一特定领域或者功能，更多体现为调动线上线下资源、统筹国内国际大局以应对数字社会治理挑战的能力，主要包括：提升不同主体利用数据资源、网络资源的技术能力；侧重引导、规范数字社会形态下公民行为的规范能力；着重于协调不同治理主体集体行动的组织能力。④ 戴建华（2020）认为基于网络虚拟世界构建出了智慧政府，这样的政府是服务型政府的延伸，其实现科学化政府决策、精准化社会治理和高效化公共服务的智慧行政方式，共同支撑政府更充分地发挥其政治、经济和社会文化功能，从而推进政府治理能力现代化。⑤ 徐梦周和吕铁（2020）认为数字政府赋能的核心在于增强市场机能，进而能更好发挥出市场作用，赋能的关键在于要素释放、主体培育、市场秩序有效维护以及公共政策的动态调整与创新。⑥ 王国成（2021）认为各级政府的数字化转型和智能化治理，是政府主动适应新时代的必然选择，是提升宏观调控有效性、强化市场监督职能和实现公

---

①　唐晓阳、代凯：《大数据时代提升政府治理能力研究》，载《中共天津市委党校学报》2017 年第 6 期。

②　熊光清：《大数据技术的运用与政府治理能力的提升》，载《当代世界与社会主义》2019 年第 2 期。

③　吴文琦：《充分利用大数据技术提升基层政府治理能力》，载《人民论坛》2019 年第 35 期。

④　鲍静、贾开：《数字治理体系和治理能力现代化研究：原则、框架与要素》，载《政治学研究》2019 年第 3 期。

⑤　戴建华：《智慧政府视野下的治理能力现代化》，载《理论与改革》2020 年第 4 期。

⑥　徐梦周、吕铁：《赋能数字经济发展的数字政府建设：内在逻辑与创新路径》，载《学习与探索》2020 年第 3 期。

共政策精准施策的必然途径，是推进国家治理现代化的先导力量。① 王
孟嘉（2021）认为加强数字政府建设是推进国家治理体系和治理能力
现代化的必然要求，是释放数字经济发展潜能、应对数字经济发展带来
的新挑战的现实需要，是加快推动社会治理精准化、公共服务高效化以
及社会互动信任化的迫切要求，是对政府自身改革进行全方位、全领
域、全时空系统性和数字化重塑的战略支点。② 陈汛（2022）认为大数
据技术可以提高政府的政策执行能力、科学决策能力、管理监督能力和
政务服务能力。③ 上官莉娜（2022）认为数字时代的政府治理是朝着治
理主体多元化和协同化的方向发展的，强调政府、市场、社会等多元治
理主体的归位、复位与在位。④ 周文彰（2022）认为数字政府使决策走
向科学化、社会治理实现精准化、公共服务达到高效化、政府治理体现
民主化。⑤

　　大数据技术为政府治理带来机遇的同时也为其带来了巨大的挑战。
杨新欣（2016）认为"互联网＋"时代的到来冲击着传统的政府治理
模式和能力，主要障碍有：传统行政思维与互联网思维出现脱节；"信
息孤岛"和信息不对称的现象亟待破解；互联网制度建设相对滞后；复
合型人才匮乏且培养机制不足。⑥ 王山（2017）认为在大数据时代政府
缺乏大数据治理的思维理念；缺乏大数据的整体性管理机制；缺乏大数
据开放共享的制度保障；缺乏大数据信息安全的法律体系；缺乏大数据
技术和人才的必要支撑，因此政府应该从意识层面、管理层面、制度层
面、技术层面和法律层面，科学合理地运用大数据技术，促进政府治理

---

① 王国成：《数字经济视域下的国家治理能力提升》，载《天津社会科学》2021 年第 6 期。
② 王孟嘉：《数字政府建设的价值、困境与出路》，载《改革》2021 年第 4 期。
③ 陈汛：《数字化普及、大数据应用与提升地方政府治理能力》，载《贵州社会科学》2022 年第 1 期。
④ 上官莉娜：《数字时代政府治理能力现代化的实践进路》，载《国家治理》2022 年第 1 期。
⑤ 周文彰：《数字政府和国家治理现代化》，载《行政管理改革》2020 年第 2 期。
⑥ 吴文琦：《充分利用大数据技术提升基层政府治理能力》，载《人民论坛》2019 年第 35 期。

能力的现代化建设。[①] 冯晓灿（2020）认为大数据技术应用于政府治理过程中存在的问题如下：首先，政府管理人员已经形成固有思维方式的同时又缺乏学习精神，不能主动学习大数据思维；其次，各地方政府、各政府部门信息聚集慢，为国家分析数据提升治理能力带来一定的阻碍；再次，传统决策方式被大数据技术更新换代，决策角度和基础发生转变，如果搜集数据不完整会带来误导；最后，数据信息搜集之过程中无法保障个人信息的安全。[②] 黄璜等（2022）认为新旧机制之间的不和谐是数字化协同难以推进的主要原因，是数字化协同跨越资源不平衡、需求不对称、建设不充分等问题的关键挑战。[③] 王广辉和郭文博（2022）认为数字政府建设中可能会面临技术风险、管理风险、数据风险、安全风险，而这些风险的成因主要包括关键核心技术发展滞后、体制革新不能适应发展需要、数据供给能力有限、相关法律法规与管理制度不完善、数字政府建设生态环境欠佳。[④]

为了抓住大数据带来的机遇并突破大数据可能为政府治理能力带来的困境，我国政府应该探索多种途径来解决。吴旅燕（2017）认为政府应制定具备系统性、集成性、延展性特点的政策体系，来指导大数据技术的研发和应用；政府应推动国家基础数据开放共享，从制度上加快推进政府信息资源共享；政府应发挥法律制定在数据产业发展和市场交易方面的重要作用，进而保护数据隐私、知识产权。[⑤] 王山（2017）认为政府应直面大数据技术的挑战，意识层面上树立大数据治理的思维理念；管理层面上建设整体性的大数据治理机制；技术层面上加强大数据

---

① 王山：《大数据时代中国政府治理能力建设与公共治理创新》，载《求实》2017 年第 1 期。

② 冯晓灿：《大数据技术运用于政府治理能力提升的问题》，载《经济研究导刊》2020 年第 4 期。

③ 黄璜、谢思娴、姚清晨、曾渝、张权、云美丽、张唯一：《数字化赋能治理协同：数字政府建设的"下一步行动"》，载《电子政务》2022 年第 4 期。

④ 王广辉、郭文博：《数字政府建设面临的多重风险及其规避策略》，载《改革》2022 年第 3 期。

⑤ 吴旅燕：《以大数据提升政府治理能力》，载《人民论坛》2017 年第 35 期。

技术和人才的培育力度；法律层面上完善大数据信息安全的法律法规；伦理层面上强化大数据治理主体的道德自律。① 李明奇（2018）认为大数据时代创新政府治理能力需要做好以下几方面的工作：加大技术基础建设，完善管理体制机制；不断加强大数据法治建设，推进依法有序管理；加大人才培养力度，建设高素质人才队伍。② 孟天广和张小劲（2018）认为当前中国应充分利用大数据技术革新的时代机遇，以及中国大数据人才、技术和产业迅猛发展的本土优势，大力强化基于大数据的开放政府、智慧政府、回应政府和濡化政府等模式创新，以全面提升基于"互联网＋"的政府治理能力。③ 林贤（2018）认为我国政府应转变管理者执政思维，实现数据资源共享；重视大数据人才培养，为政府治理提供人才保障；完善信息网络安全法律法规，为大数据运用于政府治理提供制度保障；构建国家层面大数据战略，为大数据使用和发展创造良好环境。④ 李军鹏（2020）认为到 2035 年建成世界一流数字政府，应坚持以人为本的数字政府建设根本价值取向；将推进协同治理、加快整体政府建设作为数字政府建设的重要目标，以"放管服"改革为抓手深入推进数字政府建设；全面提升在线发展指数、人力资本指数、通信基础设施指数与电子参与指数，大力发展在线服务，推进数字人才队伍建设，加快完善数字基础设施，持续扩大电子参与。⑤ 杨冬梅等（2021）认为数字政府建设的功能向度是赋能政府治理能力现代化，通过推动政府数字化转型、筑牢技术制度基础来实现现代政府治理的全新变革。⑥ 沈费伟和诸靖文（2021）认为大数据时代应该从以下途径来提升数字政

---

① 陈讯：《数字化普及、大数据应用与提升地方政府治理能力》，载《贵州社会科学》2022 年第 1 期。

② 李明奇：《大数据视角下的智慧政府治理能力研究》，载《理论建设》2018 年第 2 期。

③ 孟天广、张小劲：《大数据驱动与政府治理能力提升——理论框架与模式创新》，载《北京航空航天大学学报（社会科学版）》2018 年第 1 期。

④ 林贤：《大数据推进政府治理能力提升论析——以福州市政府的大数据实践为例》，载《福建论坛（人文社会科学版）》2018 年第 7 期。

⑤ 李军鹏：《面向基本现代化的数字政府建设方略》，载《改革》2020 年第 12 期。

⑥ 杨冬梅、单希政、陈红：《数字政府建设的三重向度》，载《行政论坛》2021 年第 6 期。

府治理绩效：首先，在信息化时代，政府通过流程再造、资源整合、利益协调来聚力推进公共服务数字化，致力于实现从信息化普及到智能化应用的理念创新；其次，数字政府的治理创新需要通过数据资源的流通与整合，实现从数据孤岛到数据流通共享的转型；再次，数字化时代政府不再满足于单纯的政务在线化，而是更多地将公共治理价值渗透到为公民所提供所需的社会服务之中；最后，数字化时代政府应从单向决策向共商共治共享转型。① 胡税根和杨竞楠（2021）认为发达国家数字政府建设为我们提供了经验：统筹推进"政府即平台"的数字政府发展模式；建立公众需求导向的政府数据开放与共享机制；重视运用现代信息技术提升政府智能化水平；加强数据安全保护与隐私风险防范。② 陈讯（2022）认为各地方政府应积极主动抢抓战略机遇，充分运用大数据的客观性、精准性和便捷化优势加快数据资源"聚通用"，打破政府部门壁垒，实现政务服务跨层级、跨地域、跨系统、跨部门、跨业务的协同，促进政务流程再造，线上与线下政务服务于一体，加快数字政府建设，推动政府治理转型。③

总之，伴随着大数据、云计算、物联网、人工智能等新一代信息技术的涌现，数字技术可以成为提升政府治理能力的重要技术支撑。数字政府建设不仅是政府适应新时代的必然选择，也是实现我国政府治理能力现代化的重要路径。我国在重视大数据为政府治理能力带来机遇的同时也不可以忽视其带来的负面效应，为了克服这些困境，我国政府必须要探索有效路径来实现突破。

四、政府治理能力现代化思想的主要特征

国家治理与国家能力高度相关，在国家能力的基础上又发展出了国

---

① 沈费伟、诸靖文：《数据赋能：数字政府治理的运作机理与创新路径》，载《政治学研究》2021 年第 1 期。

② 胡税根、杨竞楠：《发达国家数字政府建设的探索与经验借鉴》，载《探索》2021 年第 1 期。

③ 陈讯：《数字化普及、大数据应用与提升地方政府治理能力》，载《贵州社会科学》2022 年第 1 期。

家治理能力这一概念。国内从 20 世纪 90 年代才开始对国家治理能力现代化的研究，并加入了治理理念中的现代化要素。虽然在 2013 年之前缺乏对国家治理能力现代化的系统研究，但这一初步探索时期为我们后来的深入研究奠定了坚实的基础。2013 年党的十八届三中全会中，"国家治理能力现代化"正式进入官方话语并成为国家治理研究的新方向，这一概念的正式提出面对的国情是中国改革已经进入了攻坚期和深水区，并且国际局势愈加复杂，现有的政府管理模式已经不能很好地解决经济与社会问题。国家治理能力现代化的提出是贡献给世界的中国智慧，反映了我们党对执政规律、社会主义建设规律和人类社会发展规律认识的深化。国家治理能力涉及的治理主体包括党、政府、市场、社会，其中政府治理能力是国家治理能力的主要表现形式，政府治理能力对国家整体治理能力的发挥具有极为重要的影响，政府治理能力现代化是国家治理能力现代化的应有之义。

步入大数据时代，数字技术不仅为生产生活带来了巨大影响，也带来了政府治理能力的变革与重塑。数字政府建设不仅是政府适应新时代的必然选择，更是推进政府治理体系与治理能力现代化的必由之路。数字技术持续为政府治理赋能，大数据积极推动着政府的社会沟通能力、科学决策能力、公共服务能力、危机预防能力。与此同时，大数据时代下我国政府面临着许多困境与挑战，基于此，在新的时代背景下，我国政府必须不断进行变革与调整，以此来实现大数据技术与政府治理能力的融合发展。

第三节　政府治理体系与治理能力协同发展思想的演进

一、制度与制度执行力协同发展

国家治理体系与治理能力是一个国家制度和制度执行能力的集中体

现（宋世明，2019）①，因此在正式提出国家治理能力与治理现代化之前，制度与制度执行能力两者的协同发展被提出。

首先，建立完善的制度是发展制度执行能力的前提。邓小平同志十分强调制度所起到的规范和制约作用，在《党和国家领导制度的改革》中他指出："我们过去发生的各种错误，固然与某些领导人的思想、作风有关，但是组织制度、工作制度方面的问题更重要。"② 邓小平同志还指出："制度问题带有根本性、全局性、稳定性和长期性。""如果不坚决改革现行制度中的弊端，过去出现过的一些严重问题今后可能重新出现。"③ 胡锦涛同志在《求是》中撰文指出："要适应社会发展要求，根据构建社会主义和谐社会的需要，继续推进经济体制、政治体制、文化体制改革和创新，尤其要不失时机地推进社会体制改革和创新。"④ 黄兴生（2006）认为改革开放以后的一段时期，社会的转型和体制的转轨致使我国政府的政策执行能力出现障碍，导致出现地方政府政策执行力不足的原因中制度是一个重要因素。⑤ 陈满雄（2007）认为在好的制度和制度环境下，坏人可以做好事；而在坏的制度和制度环境下，好人可以做坏事，因此把制度定好是制度执行力的重要前提。⑥ 黄燕翔（2007）认为在公共管理领域许多政策执行不能达到预期效果，很大程度上与政策本身的缺陷有关，因此，科学合理的政策制定是提升政府执行力的重要前提。⑦ 薛瑞汉（2008）认为上级政策因本身存在一些缺陷和漏洞而不切实际，政策制定者与政策执行者的利益具有差别性，往往

---

① 宋世明：《推进国家治理体系和治理能力现代化的理论框架》，载《中共中央党校（国家行政学院）学报》2019 年第 6 期。

②③ 《邓小平文选（第 2 卷）》，人民出版社 1993 年版，第 33 页。

④ 胡锦涛：《切实做好构建社会主义和谐社会的各项工作　把中国特色社会主义伟大事业推向前进》，载《求是》2007 年第 1 期。

⑤ 黄兴生：《提升我国地方政府政策执行力问题研究——基于制度分析的视角》，载《中共福建省委党校学报》2006 年第 12 期。

⑥ 陈满雄：《提高制度执行力》，载《中国行政管理》2007 年第 11 期。

⑦ 黄燕翔：《完善政策执行　提升政府执行力》，载《经济与社会发展》2007 年第 3 期。

制约着地方政府公共政策的执行力。① 麻宝斌和丁晨（2011）认为导致政府在政策执行过程中存在问题的因素中，体制因素是重中之重，任何政策执行活动都是在一定的体制框架内进行的，政策能否得到有效执行，关键在于行政体制是否科学合理。② 麻宝斌和钱花花（2013）认为制度自身是否科学合理、是否具有可操作性，以及制度执行程序的合理性，对制度执行力有着根本性的影响。③ 李拓和童泽林（2014）认为完善的制度是不断提高国家治理能力的基本前提，因为制度是一个完整体系且具有领导力，制度的执行过程也就是国家治理能力的提升过程。④ 莫勇波（2015）认为政府制度执行力的动力来源有以下几个方面：合法性、合理性和具有强制力的制度；心态优良、能力高的执行主体；科学合理的执行机制；适当力度的激励机制；有利的适宜执行环境。⑤

其次，制度执行力决定了制度建设能否达到预期效果。邓小平同志指出："社会主义国家有个最大的优越性，就是干一件事情，一下决心，一做出决议，就立即执行，不受牵扯。"⑥ 在强化政府执行力方面，胡锦涛同志认为："各级领导干部必须增强制度执行意识，切实提高制度执行力。"⑦ 2010 年，胡锦涛同志在中纪委十七届五次会议上指出："制度的运用取决于制度的执行""必须不断提高制度执行力"。⑧ 莫勇（2005）认为执行者对政策的认同、对政策执行行为的投入、创新精神、对工作的负责、较高的政策水平和管理水平是政策得以有效执行

① 薛瑞汉：《地方政府执行力：现存问题及对策研究》，载《北京行政学院学报》2008 年第 3 期。
② 麻宝斌、丁晨：《政府执行力的多维分析》，载《学习论坛》2011 年第 4 期。
③ 麻宝斌、钱花花：《制度执行力探析》，载《天津社会科学》2013 年第 3 期。
④ 李拓、童泽林：《制度执行力：国家治理能力现代化的关键》，载《领导科学》2014 年第 15 期。
⑤ 莫勇波：《政府制度执行力的生成机理及提升策略》，载《学术论坛》2015 年第 3 期。
⑥ 《邓小平文选（第 3 卷）》，人民出版社 1993 年版，第 240 页。
⑦ 胡锦涛：《努力开创新形势下党的建设新局面》，载《求是》2010 年第 1 期。
⑧ 胡锦涛：《建设科学严密完备管用的反腐倡廉制度体系，不断取得党风廉政建设和反腐败斗争新成效》，载《人民日报》2010 年 1 月 13 日。

的重要条件所在。① 邵银凌（2010）认为建立制度和执行制度是相辅相成的，制度能否产生应有效力，关键在于有效执行。② 居继清和何旗（2011）认为制定制度是基础，执行制度是关键，制度建设能不能达到预期目的、收到预期效果，关键在于增强制度的执行力。③ 李拓（2014）认为制度不断完善的过程中会逐渐形成完整的国家治理体系，为国家治理能力现代化提供制度基础，但是制度如果执行不力，治理能力也就无从谈起。④

　　总的来说，制度与制度执行力是相辅相成、相互补充的有机整体。建立完善的制度是基础，制度执行力为关键。作为基础，制度建设的质量往往决定制度的执行力；作为关键，制度执行力往往决定了良好的制度能否发挥到最大效能。

二、政府治理体系与治理能力现代化协同发展

　　2013 年党的十八届三中全会中作出的《中共中央关于全面深化改革若干重大问题的决定》中首次提出"推进国家治理体系和治理能力现代化"这一命题。习近平总书记指出："国家治理体系和治理能力是一个国家的制度和制度执行能力的综合体现，两者相辅相成。"⑤ 由于国家治理体系与治理能力是一个国家制度和制度执行能力的集中体现，国家制度与制度执行能力之间相辅相成的关系可以具体表现为国家治理体系与治理能力相辅相成、相互支撑的关系，国家治理体系与治理能力是国家治理的一体两面。

　　对于国家治理体系与治理能力现代化之间的关系，学术界基本一致

---

① 莫勇：《提升地方政府政策执行力的路径选择——基于制度创新角度的探析》，载《云南行政学院学报》2005 年第 6 期。

② 邵银凌：《好制度重在执行》，载《改革与开放》2010 年第 20 期。

③ 居继清、何旗：《增强党的制度执行力的几点思考》，载《理论探索》2011 年第 4 期。

④ 李拓：《制度执行力是治理现代化的关键》，载《国家行政学院学报》2014 年第 6 期。

⑤ 《习近平谈治国理政》，外文出版社 2014 年版，第 105 页。

认为两者是一个相辅相成的有机的统一整体。韩振峰（2013）认为治理体系与治理能力之间是相辅相成、密不可分的：一方面，治理体系是治理能力形成的基础，治理能力的提升有赖于治理体系的建构；另一方面，治理能力彰显治理体系的功能，只有不断提升治理能力才能充分发挥治理体系的效能。[①] 俞可平（2014）认为国家治理体系与治理能力是一个有机整体，有了良好的国家治理体系，才能提高国家治理能力；反之，只有提高国家治理能力，才能充分发挥国家治理体系的效能。[②] 胡鞍钢（2014）认为国家治理制度与治理能力是紧密联系的一体两面，国家治理体系是国家治理能力得以实施的重要制度平台，而国家治理能力是国家治理体系具体执行力的体现，因此，我们须在制度体系下不断提高执行能力，在执行过程中不断完善改进制度体系。[③] 高小平（2014）认为治理体系现代化和治理能力现代化的关系是结构与功能的关系，硬件与软件的关系，只有实现治理体系的现代化才能培养治理能力的现代化，同时，治理能力又对治理结构产生积极或消极的影响。[④] 郑言和李猛（2014）认为国家治理体系与国家治理能力是构成特定国家治理的"骨骼"与"血肉"，国家治理体系从根本上说是体现了国家治理的属性和类型，而国家治理能力的建设属于治理体系发挥作用的途径和方法，具有一定的从属性和灵活性。在国家治理体系建设的进程中，只有具有健全的国家治理能力，国家治理体系才能真正发挥作用，否则极有可能成为空中楼阁。[⑤] 李放（2014）认为优良的现代国家制度体系是现代国家治理体系的基本构成要素，有序推进现代国家

[①] 韩振峰：《怎样理解国家治理体系和治理能力现代化》，载《人民日报》2013 年 12 月 16 日。

[②] 俞可平：《国家治理体系的内涵本质》，载《理论导报》2014 年第 4 期。

[③] 胡鞍钢：《中国国家治理现代化的特征与方向》，载《国家行政学院学报》2014 年第 3 期。

[④] 高小平：《国家治理体系与治理能力现代化的实现路径》，载《中国行政管理》2014 年第 1 期。

[⑤] 郑言、李猛：《推进国家治理体系与国家治理能力现代化》，载《吉林大学社会科学学报》2014 年第 2 期。

制度建设是中国国家治理能力现代化的基本路径。① 刘建军（2020）认为国家治理体系强调的是国家治理的结构，国家治理能力更多强调的是国家治理的能量、工具及其成效。新时代国家治理现代化战略的重要特征，是追求体系与能力的相互统一、相互促进与相互强化，治理体系与治理能力的失衡甚至脱节会严重制约国家的经济发展和社会安定。②

　　政府治理现代化是国家治理现代化的重要组成部分，推进国家治理现代化必须要求同步推进政府治理现代化。显而易见，政府治理体系现代化与政府治理能力现代化也应该是协同发展的。何增科（2014）认为要进一步推进政府治理现代化，需要不断深化政府治理改革，需要将建立现代政府治理体制与增强政府治理能力同步进行。③ 魏淑艳等（2016）认为政府治理现代化的实现要求能力政府、法治与问责制三者的关系均衡，三位一体，不可偏废。④ 范柏乃和林哲阳（2022）认为在良法善治的理想下，如何实现法治与效能的并行共进是政府治理现代化必须面对的大问题。⑤ 习近平总书记指出："应以提高党的执政能力为重点，尽快提高各级干部、各方面管理者的思想政治素质、科学文化素质、工作本领，提高党和国家机关、企事业单位、人民团体、社会组织等的工作能力，国家治理体系才能更加有效运转。"⑥ 刘子晨（2019）认为改革开放以来特别是党的十八大以来，我国的制度体系日趋完善，制度执行力不断提升，但是在制度执行中还存在着不同程度的诸多问题，国家治理现代化重在提升制度执行力，政府作为制度执行主要主

---

① 李放：《现代国家制度建设：中国国家治理能力现代化的战略选择》，载《新疆师范大学学报（哲学社会科学版）》2014 年第 4 期。

② 刘建军：《体系与能力：国家治理现代化的二重维度》，载《行政论坛》2020 年第 4 期。

③ 何增科：《政府治理现代化与政府治理改革》，载《行政科学论坛》2014 年第 2 期。

④ 魏淑艳、稳玲、李富余：《中国政府治理现代化：能力政府、法治与问责制的均衡发展》，载《理论探讨》2016 年第 5 期。

⑤ 范柏乃、林哲杨：《政府治理的"法治—效能"张力及其化解》，载《中国社会科学》2022 年第 2 期。

⑥ 《习近平谈治国理政》，外文出版社 2014 年版，第 105 页。

体，是提升制度执行力的关键。① 洪富艳和费凯月（2021）认为地方政府治理体系是国家治理体系的重要组成部分，地方政府治理能力的现代化有助于进一步健全和完善公共服务体系，地方政府能力现代化水平不断提升，有助于实现国家治理能力的现代化。②

在党的十八届三中全会首次正式提出"推进国家治理体系和治理能力现代化"命题后，国家制度与制度执行力的协同发展可以具体体现为国家治理体系与治理能力现代化的协同发展。政府治理现代化是国家治理现代化的重要组成部分，政府治理体系与治理能力现代化的协同发展是政府治理面对的重大问题。两者协同发展的同时，提高政府治理能力现代化是关键。

三、数字时代下政府治理体系与治理能力现代化协同发展的新要求

数字技术作为一种新兴技术的出现，对我国政府治理体系与治理能力的协同发展提出了更高的要求。党的十九届四中全会通过的《中共中央关于坚持和完善中国特色社会主义制度　推进国家治理体系和治理能力现代化若干重大问题的决定》指出，顺应时代潮流，适应我国社会主要矛盾变化，不断满足人民对美好生活新期待，必须在坚持和完善中国特色社会主义制度、推进国家治理体系和治理能力现代化上下更大功夫。

关于数字时代要求政府治理体系与治理能力进一步协同发展的研究颇多。尹振涛和徐秀军（2021）认为数字时代给国家治理带来的挑战，本质上反映的是生产力的革命性变革引起生产关系和经济基础的调整，从而对上层建筑提出了新要求。面对如此形势，我国应该进一步完善作

---

① 刘子晨：《国家治理现代化视域下提升政府执行力的思考》，载《湖北社会科学》2019 年第 4 期。
② 洪富艳、费凯月：《推动地方政府治理能力现代化的对策研究》，载《经济研究导刊》2021 年第 9 期。

为上层建筑核心内容的国家治理体系与推进国家治理能力协同的现代化。① 高志华和谢标（2021）认为数据开放共享的制度保障和技术支撑缺失、领导干部数据共享意识薄弱，两者共同制约着政府大数据的开放共享。② 黄璜（2020）认为数字政府推动了政府作为一种组织的持续创新与转型，在技术层面表现出对信息资源更加富有效率的分配，在组织层面则进一步推动政府实现赋能、协同与重构，从而推进国家治理的现代化革命。③ 翟云（2021）认为"互联网＋政务服务"应对标政府治理的值选择和战略重点，以治理理念贯穿发展全过程，以转变政府职能、建设服务型政府、深化"放管服"改革、释放市场潜力活力、撬动供给侧结构性改革为突破口，以权力清单、电子监督、考核评估、业务协同、信息共享、电子证照、标准规范和系统安全等为支撑，切实提升"互联网＋政务服务"规范化发展能力、整体化服务能力、协同化共享能力、精准化供给能力和法治化保障能力，这既是政府治理现代化的内在要求和政府职责所系，也是对政府执政能力的严峻考验。④ 张腾和蒋伏心（2022）认为数字时代下传统问题异化与新问题频现是各级政府不可回避的重大治理挑战，同时也对政府部门事务提出更为严苛的要求。⑤ 冯锋（2022）认为总体来看，由于受到主体认识不到位、区域发展不平衡、体制机制不完善、人才支撑不充分等各种因素制约，我国数字政府运用大数据推进政府治理体系与治理能力现代化协同发展仍然面临一系列不容忽视的现实问题。⑥

---

① 尹振涛、徐秀军：《数字时代的国家治理现代化：理论逻辑、现实向度与中国方案》，载《政治学研究》2021 年第 4 期。

② 高志华、谢标：《政务大数据赋能政府治理现代化的逻辑、现实困境与调适对策》，载《决策与信息》2021 年第 12 期。

③ 黄璜：《数字政府：政策、特征与概念》，载《治理研究》2020 年第 3 期。

④ 翟云：《"互联网＋政务服务"推动政府治理现代化的内在逻辑和演化路径》，载《电子政务》2017 年第 12 期。

⑤ 张腾、蒋伏心：《数字时代的政府治理现代化：现实困境、转换机制与践行路径》，载《当代经济管理》2022 年第 1 期。

⑥ 冯锋：《大数据时代我国数字政府建设的路径探析》，载《山东社会科学》2022 年第 5 期。

面对着"互联网＋"时代对政府治理体系与治理能力现代化协同发展的更高要求，牛光正和奉公（2016）认为运用大数据技术的政府治理可以为政府管理者提供或完善他们认知经验所缺乏的智慧，提高依据数据智慧实施政府治理或掌控某项机制运作的能力，以"智慧化"重新塑造政府治理范式。① 张鸣（2019）认为数字时代政府治理改革应在治理目标方面，推行以公众为中心的服务供给侧改革；在运行机制方面，实行基于数据共享的跨部门在线协作；在治理结构方面，形成基于业务流程的整体性治理结构；在治理方式方面，灵活运用合作式、智能化治理工具。② 张成福和谢侃侃（2020）认为应从领导与治理、公民中心的设计、公共管理与变革管理、能力建设与文化、数字技术基础设施、数据治理、网络安全、法制化和规则数字化生态环境九个方面入手推动数字政府的建设。③ 江小涓（2020）认为政府要有效发挥作用，首先要提高自身数字化能力：要以积极有效的制度和政策促进数字经济发展；要利用数字技术更有效调控经济，监管市场；要提高社会管理和公共服务的数字化水平；要对数字技术应用进行有效监管。④ 梁华（2021）认为推进整体性精准治理的数字政府建设需要以整体性精准治理为导向，把握数字政府的发展趋势；以顶层设计为引领，将数字技术嵌入到国家治理体系；以地方学习竞争为动力，提升政府治理数字化水平；以服务对象满意度为标准，促进服务供给优化升级；以保障数据安全为底线，应对数字技术的伦理问题。⑤ 祁志伟（2021）认为未来数字政府建设主要聚焦于三个维度：数字政府基础平台与战略规划、技术支

① 牛正光、奉公：《应用大数据推动政府治理现代化的 SWOT 分析》，载《电子政务》2016 年第 1 期。
② 张鸣：《数字时代政府治理改革的实践与深化》，载《理论视野》2019 年第 4 期。
③ 张成福、谢侃侃：《数字化时代的政府转型与数字政府》，载《行政论坛》2020 年第 6 期。
④ 江小涓：《以数字政府建设支撑高水平数字中国建设》，载《中国行政管理》2020 年第 11 期。
⑤ 梁华：《整体性精准治理的数字政府建设：发展趋势、现实困境与路径优化》，载《贵州社会科学》2021 年第 8 期。

撑与治理协同以及数据安全与隐私保护。[①] 黄斌和阮英娇（2021）认为新时代可以从以下几条路径来更好实现政府治理现代化：注重跨界融合，着力拓展政府治理开放性空间；拓展开放共享领域，推进政府治理关系的调整；注重创新驱动，提升政府治理创新能力；大力推广智能服务，推动政府公共服务转型升级。[②] 任晓刚（2022）认为为更好提高大数据时代政府治理有效性，政府要从加快提升信息安全技术水平、构筑数据安全规范体系、健全数字政府建设的治理模式与运行机制、提升社会公众素养水平四个方面发力，建立数字政府安全保障体系。[③]

总之，伴随着全球科技革命与产业变革浪潮的到来，大数据、人工智能、区块链与云计算等的诞生，我国政府治理面临着数字时代背景下的现实难题，这也对我国政府治理体系与治理能力协同发展提出了更高的要求。面对着"互联网＋"时代对政府治理带来的机遇与挑战，我国应从加快政府治理体系与治理能力协同发展方向入手，推动政府治理的高质量发展。

四、政府治理体系与治理能力协同思想的主要特征

国家治理体系与治理能力是一个国家制度与制度执行能力的集中体现，在国家治理体系与治理能力现代化被正式提出以后，国家制度与制度执行力的协同发展已经受到重视。首先，建立完善的制度是基础与前提，没有良好的制度无从谈执行力；其次，制度执行力是关键，没有好的制度执行力，制度建设便形同虚设，制度只有执行起来才能起到制度的规范和引导作用。国家制度与制度执行力的协同发展是国家治理体系

[①]　祁志伟：《数字政府建设的价值意蕴、治理机制与发展理路》，载《理论月刊》2021年第10期。

[②]　黄斌、阮英娇：《"互联网＋"推进政府治理现代化的作用、目标与路径》，载《西安财经大学学报》2021年第1期。

[③]　任晓刚：《数字政府建设进程中的安全风险及其治理策略》，载《求索》2022年第1期。

与治理能力现代化协同发展的思想基础，从而也是政府治理体系与治理能力协同发展的思想基础。

对于政府治理体系与治理能力现代化两者之间的关系，学界一致认为二者相辅相成，是国家治理的一体两面。健全完善政府治理体系与增强政府治理能力应该同时进行，但是其中政府治理能力的提升是实现政府治理现代化的关键。进入数字时代后，面对大数据、人工智能、区块链和云计算等新兴技术带来的机遇与挑战，政府治理体系与治理能力现代化的协同发展应该要达到新的高度。为此，新时代我国政府应该将数字技术与政府治理更好结合，以此实现政府治理体系与治理能力现代化协同发展的新要求。

第四节　政府治理体系与治理能力现代化
思想演进的基本规律

一、治理主体：从单方到多主体协同

改革开放以前中国政府治理模式的主要特征之一是政府单方主体，政府单方主体会导致政策的制定与执行有较强的片面性，并且会伴随管理效率低下等问题。党的十九届三中全会提出要厘清政府和市场、政府和社会关系，深入推进简政放权、放管结合、优化服务，改善营商环境，更大激发市场活力和社会创造力。法治政府建设的一个重要目标就是实现政府单方治理向社会共治的转型，新型治理模式下强调政府在多元治理主体中的主要位置，充分利用政府在治理方面的丰富经验，引导社会组织与公民一起参与。此外，政府治理现代化思想中越来越强调政府、市场和社会三元共治，只有政府与市场、社会相互合作，相互补充，相互分工，特别是继续推进市场化改革、促进社会参与，才能弥补政府单一治理的不足。总的说来，三者关系发展的目标，应是政府有为、市场有效、社会有序。

二、政府职能：从全能到有限

新中国成立之后，在实行单一公有制和计划经济的时代背景下，形成了全能型政府。在计划经济条件下，政府全面、直接进行经济管理与社会管理，同时扮演了生产者、监督者、控制者的角色。在全能型政府推动下，我国基本建立起独立的现代工业体系和国防工业体系，为后来的改革开放奠定了物质基础。在当时历史状况下计划经济体制所打造的全能型政府具有其合理性，但是随着社会主义市场经济的发展，其治理弊端日益显现。20 世纪 80 年代初开始，伴随着社会主义市场化经济改革的推进，全能型政府逐渐改革走向一个有限且有效的政府，有限型政府以经济职能为中心，以经济和法律手段间接管理经济，政企分离，并充分发挥市场配置社会资源的基础作用。可以看出，改革开放以来政府开始还权于市场。政府治理现代化思想要求我国应继续从有限型政府转向服务型政府。服务型政府是在我国法律体系下形成的，通过与社会互动的方式，以实现最广大人民的根本利益为目标，接受全方位监督的阳光透明、有公信力的政府，其内涵中要求政府以提供公共产品和服务为核心，做到依法行政、公正透明。

三、治理结构：从高度集中到放权

中共十八届三中全会之前，中国政府历次改革均是以简政放权为总体逻辑。在改革开放初期，政府机构对企业和社会依然实行比较严格的管理，专业经济部门设置过多，直接对企业进行管理，阻碍了市场配置资源作用的发挥。从 20 世纪 70 年代末开始我国的经济体制逐步转型，这一转型过程中我国政府改革主要以中央向地方下放权力、政企分开为重点。简政放权是政府职能转化的核心内容，通过政府职能转化，进一步简政放权，可以为微观市场主体营造更为宽松的经营环境。中共十八届三中全会之后的政府机构改革则以放权为主线，放权给市场主体、社会组织、地方，并开始探索负面清单制度，尤其以 2018 年政府机构改革为代表，这次机构改革对提高政府执行力、推进国家治理现代化具有重要的作用和意义。

四、治理方式：从单一到多样

传统管理体制下，中国政府以管制作为主要治理手段。改革开放后，法治与民主成为政府改革的两个关键词。党的十一届三中全会以来，我国法治政府建设经历了酝酿、初创、发展与攻坚等阶段。党的十八大以来，以习近平同志为核心的党中央紧紧围绕深入推进依法行政、加快建设法治政府这一重大课题，形成了一系列法治政府建设的新理念、新思想、新战略。民主是法治政府的基本属性，我国政府在法治进程中反映出了对于民主的保障和构建。此外，随着社会进入信息化时代，以数据为核心生产要素、以数字技术为驱动力的新生产方式创新了政府治理方式，数字政府的建设为社会各领域问题提供了新颖、灵活、多元的解决工具与方案。

五、治理方向：政府治理体系与治理能力共同迈向现代化

总的来看，从"统治"到"治理"，再到"治理现代化"的提出是两次巨大的飞跃。其中最重要的是理解政府治理达到何种程度才能称之为现代化？可以从政府与市场、社会的关系，政府机构及其运行体系的自治性、高效性，政府治理技术手段的科学性、合规性等方面去理解政府治理现代化。最为重要的是，我国政府治理现代化过程中应始终坚持中国共产党对推进政府治理现代化的领导，始终坚持人民在推进政府治理现代化中的主体地位，始终坚持辩证思维的逻辑，这是推进过程中不可动摇的三个原则。新时代政府治理现代化包含政府治理体系与治理能力两大维度，这是新时代我国探索政府治理现代化取得的重大成果。政

府治理体系与治理能力是相辅相成的，制度起根本性、全局性作用，但是没有良好的治理能力，再好的体系也没有办法发挥作用，但是两者又不能完全等同起来，两者应该是一个有机整体，通过好的政府治理体系提高治理能力，通过提高政府治理能力充分发挥政府治理体系的效能，最终实现政府治理体系与治理能力共同迈进现代化。

第二章

政府治理体系与治理能力
现代化的理论

第一节 "治理"之辨

党的十八届三中全会首次提出了"推进国家治理体系和治理能力现代化"的观点，深刻反映了当下现代化改革发展的总趋势和新要求；党的十九届四中全会通过的《中共中央关于坚持和完善中国特色社会主义制度 推进国家治理体系和治理能力现代化若干重大问题的决定》提出"坚持和完善中国特色社会主义行政体制，构建职责明确、依法行政的政府治理体系"。在国家治理的多维度关系中，政府治理是执行国家治理各项任务的过程，故而政府治理在国家治理的整体格局之中居于基础性地位。[①] 要深刻地认识这一点，我们需要从治理、国家治理、政府治理的基本概念入手进行学理分析。

在 20 世纪 90 年代，"治理"一词开始作为"统治、管理"的对应事物而受到国际组织、各国政府及学术界的广泛关注。"治理"本身是一个政治学的概念，指政府如何使用治权来管理国家和人民，本意是指

[①] 王浦劬：《国家治理、政府治理和社会治理的含义及其相互关系》，载《国家行政学院学报》2014 年第 3 期。

以维护政治秩序为目标，以公共事务为对象的综合性政治行动；① 而"管理"是一个管理学或者说是经济学的概念，是指在特定的社会组织之中为了达成和实现预期的目标，而以人为中心进行的决策、组织、控制、协调活动。将政治学领域的"治理"引入管理学的研究有其时代背景，私有资本逐利性带来的生产过剩和经济危机导致的"政府失灵"催生了新公共管理理论和凯恩斯主义，政府的角色定位从维持国家正常运转的行政官僚体系转变为干预经济和社会事务的负责人。随着危机的缓解，政府开始无法避免地表现出"经济人"的自利本性，政府的权力边界不断扩张，直至政府失灵，阻碍经济的发展，政府开始失信于民。在市场和政府双重失灵的情况下，"公共治理"理论被提出，其更加强调社会多元主体的参与，与之前相比，政府的作用被弱化了。

1992 年，世界银行发表年度报告《治理与发展》，并于 1999 年推出受到广泛引用的全球治理测度"世界治理指标"（The Worldwide Governance Indicators）；1996 年，联合国开发署发表年度报告《人类可持续发展的治理、管理的发展和治理的分工》；同年，经济合作与发展组织（OECD）发布《促进参与式发展和善治的项目评估》等。美国的克林顿政府、英国的布莱尔政府与德国的施罗德政府等明确把"少一些统治，多一些治理"作为其不同于往届政府的新政治目标。研究治理理论的权威学者詹姆斯·罗西瑙（James N. Rosenau）、罗茨（R. Rhodes）、格里·斯托克（Gerry Stoker）等指出，治理与统治有重大区别，治理意味着社会管理的主体未必是政府，意味着政府管理行为必须符合法治、民主、责任、效率、有限、合作、协调等治理理念。

国内学者也从不同的角度阐释了对"治理"的理解。徐勇认为"治理"的内涵丰富，"治理"不仅包括"管理"中的管控和稳定，更在于进步与发展；"治理"内含着民众的主体地位和积极作用，② 这与

---

① 许尔君：《习近平国家治理现代化重要思想综论》，载《观察与思考》2015 年第 10 期。

② 徐勇：《热话题与冷思考—〈关于国家治理体系和治理能力现代化的对话〉》，载《当代世界与社会主义》2014 年第 1 期。

我国现代化的目标一致。丁志刚（2014）则认为治理与管理之间的联系和相通性要比差异性多，不管是治理还是管理都是国家实现统治阶级意志、维护统治阶级根本利益的活动，同时它们都需要充分利用国家政权的力量。① 总的来说，治理既不等同于统治，也不等同于管理，既有一定的强制性，又有一定的包容性，是介于统治与管理之间的行为或活动。② 在这个基础上，我们可以界定国家治理和政府治理的概念。丁志刚（2014）从学理上辨析了广义的国家治理和狭义的国家治理。他认为广义的国家治理中，"国家"指的是治理的范围，是国家政权统辖的领域，这里的治理包括了对国家的政治、经济、社会、文化以及公民进行控制、支配、规范和引导、组织协调；③ 而狭义的国家治理仅仅指国家对政治领域的治理，也即政治治理或者政府治理，这里的国家指的是国家政权系统，国家本身是治理者或者治理主体。在本书中我们采纳后一种观点，认为政府治理就是在现代政治活动之中，政府作为重要的政治行为主体，与社会组织、企事业单位、公民等不同的主体，通过平等的合作伙伴关系，依法、民主、科学地对国家的经济、政治、社会、文化等事务进行规范和管理，最终实现公共利益最大化的过程。与此对应，政府治理体系和治理能力的现代化即为国家治理体系和治理能力的现代化。因为政府治理体系是党和国家大政方针的执行机构、行使公权力主动性和强制性最强的主体，在这个意义上持续推动政府治理现代化就是坚持和完善中国特色社会主义行政体制，旨在通过优化政府治理体系提升政府治理能力，进而促进国家治理现代化的整体效能的提升。按照王浦劬的理解，我国的政府治理应该包含三方面的内容：一是政府对自身的内在管理、优化政府组织结构改进政府运行方式和流程，强化政府治理能力，提高政府行政管理的科学性、民主性、有效性；二是更好地发挥政府在市场经济中的作用；三是在党委领导、政府负责、社会协同、公众参与和法治保障的格局下，对社会公共事务进行管理，全面深化政府改革，规范政府

---

① ② ③　丁志刚：《如何理解国家治理与国家治理体系》，载《学术界》2014 年第 2 期。

行为。① 现代化的政府治理在这三方面内容的基础上，还应具备治理主体的多元性、多元主体的平等性、治理过程的民主性和治理手段的丰富性。

在对国家治理体系和治理能力的研究中，很多学者将治理体系等同于制度体系，② 包括一系列国家的制度体系、体制机制和法律法规，比如根本政治制度、基本政治制度、基本经济制度、中国特色社会主义法律体系，以及经济、政治、文化、社会、生态文明建设和党的建设等各个领域的体制机制。③ 习近平总书记在 2013 年 12 月 31 日的讲话"切实把思想统一到党的十八届三中全会精神上来"中，对国家治理体系进行了权威性说明和概括，他指出："国家治理体系是在党领导下管理国家的制度体系，包括经济、政治、文化、社会、生态文明和党的建设等各领域体制机制、法律法规安排，也就是一整套紧密相连、相互协调的国家制度。"④ 可以看到，制度和法律是国家治理体系之中最为重要的因素，但不能简单地把国家治理体系等同于国家制度体系，我们应该将其视为围绕着国家治活动形成的一系列要素及其相互关系构成的完整系统，其中包括治理主体、治理客体、治理目标和治理方式，从这四个要素的角度衡量，政府是最重要、最基础的治理主体和治理客体，政府治理体系和治理能力的现代化又可以看作是国家治理最终要实现的目标之一以及进行国家治理最有效的治理方式。

关于"治理"的讨论虽然由来已久，但关于治理体系和治理能力现代化的研究依然还是一个崭新的课题。现代化不是一个抽象的概念，而是一个动态的有机整体。罗纳德·英格尔哈特（R. Inglehart）指出，现代化的进程与工业社会的进步带来了社会文化的转型，即物质主义的

① 王浦劬：《国家治理、政府治理和社会治理的基本含义及其相互关系辨析》，载《社会学评论》2014 年第 3 期。
② 俞可平：《国家治理体系和治理力现代化》，载《前线》2014 年第 1 期。
③ 应松年：《加快法治建设促进国家治理体系和治理能力现代化》，载《中国法学》2014 年第 6 期。
④ 习近平：《切实把思想统一到党的十八届三中全会精神上来》，载《人民日报》2014 年 1 月 1 日。

价值观（强调经济与物质安全的第一位）向后物质主义的价值观（强调自我表现与生活质量）转型，这种转型会使得民众越发渴求民主制度，并在民主制度建立时予以支持。① 在工业化完成之后的20世纪70年代，西方社会发展方向发生了根本转变，开始进入后现代社会，后现代化的核心社会目标是由加快经济增长转变为提高人们的生活质量与增加人类幸福，不仅是西方社会，英格尔哈特提出中国也必将沿着这样一条道路向前发展。由此可见，随着工业化推进与社会民众文化价值观转变，新的"现代化"不仅仅指经济的丰裕，而且包括能给社会带来普遍幸福、提高人们生活质量的其他要素，这些要素包括自由、公正、平等、自主参与、协作等。因此，新的"现代化"既意味着"生产力（效率）的解放"，又包括"人性的解放与平等"。

所谓"推进国家治理体系和治理能力现代化"，即是改革国家治理体系和治理能力以使其适应现代社会发展的要求，同理，推进政府治理现代化，即是改革政府治理体系和治理能力以使其适应现代社会发展的要求。20世纪五六十年代，我国提出了实现"四个现代化"，即工业、农业、国防及科学技术的现代化的战略规划，这"四个现代化"体现的是工业社会的特点和物质主义的价值观，是针对彼时我国社会发展的阶段性特点和社会的主要矛盾提出的，在那之后我国经历了30多年的经济高速增长，但这个阶段的增长也付出了很多代价，比如环境污染、收入不平等等，社会的主要矛盾转变为人民群众对美好的生活的向往和不平衡不充分的发展之间的矛盾，人民群众对于经济发展和社会治理有了新要求，从对经济发展的聚焦到对民主政治和对国家有效治理的关注，对党和政府的要求从领导经济建设转变为以经济增长为基础的社会建设，党和国家适时提出"推进国家治理体系和治理能力现代化"的第五个现代化，② 此战略规划适应了时代的要求，回应了民众的呼声，

---

① ［美］罗纳德·英格尔哈特：《现代化与后现代化》，严挺译，社会科学文献出版社2013年版，第235页。

② 李景鹏：《关于推进国家治理体系和治理能力现代化"四个现代化"之后的第五个"现代化"》，载《天津社会科学》2014年第2期。

恰逢其时，体现的是社会主义社会的特点和价值观。在此，"治理现代化"既是一种治理理念，也是一种治理过程和治理结果，意味着国家与政府的治理要适应中国特色社会主义现代化事业的发展要求，要建立并实践与时俱进的现代化治理理念，能够在促进社会生产力（效率）解放的基础上促进人性的解放与平等，以改善民众的生活质量、提高民众的幸福指数。

至此，通过梳理治理、国家治理、政府治理、国家治理体系和治理能力与政府治理能力的概念以及这些概念之间的相互关系，阐释了政府治理体系和治理能力的定义和内涵，梳理了政府治理体系和治理能力现代化在国家治理范围内的定位，为下文进一步深入探讨政府治理体系的现代化、政府治理能力的现代化以及政府治理体系和治理能力现代化协同发展作出了基本的说明。

第二节　政府治理体系现代化的理论

一、政府治理体系内涵

体系即系统，任何体系都是由一定要素及其相互关系构成的。体系分析要立足于要素及其相互关系。目前学界对于政府治理体系这个概念的理解主要是从以下两条路径展开的：一是政府治理体系包含的要素；二是政府治理体系与国家治理体系的关系。

李军鹏（2021）认为政府治理体系是以政府为主的多元治理主义，依据法律法规、程序等规则要求，以法定的制度来组织与运行，承担公共治理责任、履行公共管理职能、实现公共管理目标的现代治理系统。[①] 政

---

① 李军鹏：《"十四五"时期政府治理体系建设总体思路研究》，载《行政论坛》2021年第 2 期。

府治理体系具有治理主体的多元性、治理制度的规范性和治理职责的法定性。政府治理主体由从中央到地方的各层级政府、非政府公共部门、事业单位以及参与公共治理的其他组织构成，这就构成了政府治理的多元主体体系；政府治理主体在治理过程中必须依据法律法规要求，以法定的制度进行组织与运行，这就形成了政府治理的法治体系与制度体系；政府治理主体依法必须承担起公共治理的责任、履行相应的公共管理职能，这就构成了政府治理的职责体系。因而，政府治理体系主要由政府治理主体体系、政府治理法治体系、政府治理制度体系和政府治理职责体系构成。李军鹏（2021）认为政府治理体系是以党政机构为主的公共部门履行公共职能、行使公共权力、厉行行政法治的系统，主要由国家行政组织体系、国家行政职能体系、国家行政权力体系、国家行政法治体系构成。[①] 谭桔华（2020）认为政府治理体系是包含在国家治理体系之中的一个层级，国家治理体系是包括规范行政行为、市场行为和社会行为（俞可平，2013）的一系列制度和程序，现代国家治理体系包含了政府治理、市场治理和社会治理三个层级体系[②]，其中政府治理体系居于首位，是国家治理体系的重要组成部分，是制度优势转化为治理效能的行政载体。[③] 田玉麒（2020）[④] 认为政府治理体系是国家治理体系的有机组成部分，是充分发挥中国特色社会主义行政体制优势的重要载体，也是推动经济社会持续健康发展、管理社会事务稳定有序高效、服务人民群众美好生活需要的执行机制。他认为政府治理体系的功能发挥与结构设置对于国家治理体系实践效能具有关键作用，是从行政体制角度将中国特色社会主义制度优势转化为治理效能的具体路径。

[①] 李军鹏：《论全面建成社会主义现代化强国新阶段的政府治理体系现代化》，载《中共天津市委党校学报》2021 年第 5 期。

[②] 俞可平：《衡量国家治理体系现代化的基本标准——关于推进"国家治理体系和治理能力现代化"的思考》，载《北京日报》2013 年 12 月 9 日。

[③] 谭桔华：《国家治理现代化视域下的政府治理体系构建》，载《湖湘论坛》2020 年第 3 期。

[④] 田玉麒：《职责优化与组织调适：政府治理体系现代化的双重进路》，载《社会科学战线》2020 年第 4 期。

随着公共理论的发展，政府的治理模式产生了变革，基本的趋势是从管制功能变为治理功能，更加重视"善治"的政府价值，倡导政府、社会协同，官民协同。与此相适应，在现代国家治理体系之中要求政府作为执掌社会公共权力的主体，承担管理社会公共事务的主要角色和主要责任，政府可以通过合法的使用国家强制力量决定社会公共资源的分配，维护社会的公共秩序，但现代的政府治理体系更强调政府不能是社会公共管理的唯一主体，社会成员的个体和团体，比如非政府组织等公民自组织、私营机构等都要与政府一起共同承担起管理公共事务、提供公共服务的责任。

二、政府治理体系现代化

（一）政府治理体系现代化的内涵

李军鹏认为现代化的实质是现代性的实现。现代化的基本特征是现代理性，现代理性是价值理性、法理理性、管理理性、工具理性的统一，所以政府治理体系现代化也要从治理理念现代化、法治现代化、管理现代化、方法现代化的维度入手[①]；张贤明和张力伟认为，从政治学的角度来看，国家行政体制在狭义上可以理解为政府体制或政府治理体系，在这个意义上持续推动政府治理现代化就等同于坚持和完善中国特色社会主义行政体制，就是旨在通过优化政府治理体系来提升政府治理能力，进而盘活国家治理现代化的整体效能。他们还认为政府治理体系是党和国家大政方针的执行机构、行使公权力制动性和强制性最强的主体，政府治理体系及其治理能力决定着是否能够将国家的发展战略与政策转化为实际的治理效能，也深刻影响着国家治理有效性及其现代化进程。

---

① 李军鹏：《"十四五"时期政府治理体系建设总体思路研究》，载《行政论坛》2021年第2期。

总的来说，推进国家治理现代化，需要构建职责明确、依法行政的政府治理体系。以往国家治理中的诸多弊端都源于没有正确处理政府、市场和社会的关系，政府治理中存在"错位""越位""缺位"的问题，因此必须要在明确政府治理边界的基础上推进政府治理的现代化。

（二）政府治理体系现代化的路径选择

田玉麒从功能结构的视角出发，认为政府的职责体系和组织结构是政府治理体系现代化的关键维度，在职责体系维度上要坚持权责一致的基本原则，[①] 构建相互匹配的权力清单和责任清单，厘清政府纵向、横向以及条块职责体系的内在关联，构建运行顺畅的职责运行机制；在组织结构维度上，政府应该注重组织内部组成要素的衔接配合，[②] 构建协同型政府，强化政府组织和其他治理主体的新型互动关系，构建协同治理体系。

1. 加快政府职能转变，划清权力边界，承担应有责任

政府最根本的性质和最突出的特征是公权力的代表，政府是社会公权力的行使者，是社会权利和责任的有机统一体，所以政府治理体系现代化过程中，科学定位政府自身角色的前提和关键是对政府公权力的科学定位。[③] 有观点认为应该建立强势政府，公权力越大越好；另有观点则认为应该建立弱势政府，公权力越小越好，但在笔者看来，这两种观点都有其片面之处，我们应该具体地分析哪些是政府的基本权力，进而去思考哪些权力应该加强，哪些权力应该减弱。

首先要划清政府和市场、政府和社会、政府和事业单位等主体之间的权责边界。党的十八大以来，我国全面推动"放管服"改革，取得了可喜的成效，但仍然存在政府应该管的事没有管好或者没管到位，政

---

① 田玉麒：《职责优化与组织调适：政府治理体系现代化的双重进路》，载《社会科学战线》2020 年第 4 期。

② 张喜红：《论现代国家治理体系的协同性》，载《湖北社会科学》2014 年第 11 期。

③ 欧阳康、钟林：《国家治理能力现代化进程中的政府问题》，载《学术界》2015 年第 3 期。

府应该承担的责任还没有很好地完成，有些应该下放的权力还是没有下放到位，出现职能错位、越位、缺位等问题，不利于市场经济的良性运行，也阻碍了社会组织的发育和成熟。转变职能要求界定政府的"能"与"不能"，在政府合理定位的基础上厘清政府与市场、政府与社会、政府与事业单位等主体的权力边界。"放管服"改革取得了巨大的成效，但简政放权还有很大的空间，要充分发挥市场和社会的作用，政府就必须放权于市场、放权于社会。将该管的和能管的管好做好，如市场的监督与管理、公平正义的维护与彰显，而不该管的和管不好的，如资源的配置，要通过有效方式和途径让市场社会主体去管，从而更好地发挥政府的作用。

其次，要划清中央政府和地方政府之间的权力边界。长期以来，我国的中央政府与地方政府之间的行政权力划分简单而模糊，地方政府各级行政权力配置高度同质化，这是不利于集中统一协调的，要构建完善的政府治理体系，必须要理顺中央和地方政府之间的关系，协调好中央到地方各个层级、各个部门之间的安排，确保中央和地方都能充分地发挥治理的积极性。要理顺协调中央和地方关系，就必须理顺垂直机构与地方管理的关系。① 要按照权责一致的原则，在确保上下贯通、执行有力的基础上，"规范垂直管理体制和地方分级管理体制"。规范垂直机构与地方管理，要根据中央地方事权划分来处理，具体分三个层面：首先是中央设立的垂直机构，这主要是指那些属于中央事权并由中央负责的事务；其次是中央和地方分级管理的机构，是指中央和地方有共同事权但需要地方负责的事务，要求中央政府加强对地方政府的监督，落实主体责任制，优化考核机制，从而倒逼推进地方改革；最后是地方政府独立管理的机构，是指那些属于地方事权并且由地方负责的事务，地方政府要形成职责明确、权责一致、协同配合的政府治理体系。

2. 处理好政府与其他多元主体之间的关系，构建协同型政府

要实现治理体系的现代化，必须要处理好政府和多元治理主体之间

---

① 谭桔华：《国家治理现代化视域下的政府治理体系构建》，载《湖湘论坛》2020 年第 3 期。

的关系,其中,很重要的一个环节就是构建治理主体协同化的治理体系。政府治理体系具有治理主体的多元性,政府治理主体由从中央到地方的各层级政府、非政府公共部门、事业单位以及参与公共治理的其他组织构成,这就构成了政府治理的多元主体体系。

治理主体协同化是指在推进治理体系现代化的进程中,党和政府的领导与多元社会主体参与治理的耦合状态。政府应该认识到自身是治理体系的主体之一,不是全部,也不是唯一,因此不能"错位"和"越位";但政府又是治理体系之中极其重要的主体之一,所以也不能"缺位"和"让位"。① 政府要在划清自己权责边界的基础上接受其他主体的监督,并努力打造多元主体积极参与治理的条件和环境,引导其他多元主体积极互动。

3. 加强法治政府建设

在"十四五"时期,完善职责明确、依法行政的政府治理体系,② 就要在推进政府治理集成化改革的基础上加快法治政府建设。要推进政府治理集成化改革,综合推进政府治理主体、政府治理法治、政府治理制度与政府治理职责体系的改革。要在优化政府组织结构、推进事业单位改革与群团组织改革、培育社会组织的基础上,改革完善政府治理主体体系;要从一体推进法治国家、法治政府、法治社会建设以及完善行政立法、健全法治保障、加强法治监督等方面入手,改革完善政府治理法治体系;要从完善行政领导制度、健全决策科学化民主化制度、优化行政执行制度、强化行政监管制度等方面入手,改革完善政府治理制度体系;③ 要从正确处理政府与市场关系、优化政府职能体系、强化政府问责体系与绩效管理体系等工作入手,改革完善政府治理职责体系。全

---

① 欧阳康、钟林:《国家治理能力现代化进程中的政府问题》,载《学术界》2015 年第 3 期。

② 《中共中央关于制定国民经济和社会发展第十四个五年规划和二〇三五年远景目标的建议》,人民政府网,https://www.gov.cn。

③ 李军鹏:《"十四五"时期政府治理体系建设总体思路研究》,载《行政论坛》2021 年第 2 期。

面推进依法行政是加快法治政府建设的重要抓手。在"十四五"时期，要以规范化、标准化、法治化为方向推进全面依法行政，把政府活动与治理行为全面纳入法治轨道。首先，全面规范政府行为，防止出现政府行为的法治"盲区"。按行政活动环节来讲，要将政府领导行为、决策行为、执行行为、监管行为都纳入法治轨道，一些地方和个别单位以"内部掌握规定""绿色通道""批条""口头指导"等名义存在的行政领导、行政指导、行政干预行为，成为法治的"灰色地带"，亟待加以规范；行政领导行为是决定行政活动方向的重要法治行为，加强对行政领导的法治规范是全面推进依法治国的应有之义，要研究制定行政指导法则或行政领导规程，对行政领导行为进行规范化、标准化与法治化。要加大行政决策法治化力度，科学界定行政决策、市场决策与公民决策的界限与范围，防止出现违法决策、越权决策、不当决策与越界决策。要健全规范共同行政行为的法律法规，要研究完善行政程序法、决策程序法、行政组织设置法与政务公开等方面的法律规范。其次，要以执法行为规范化为抓手推进公正文明执法。要全面推行行政执法公示、执法全过程记录、重大执法决定法制审核"三项制度"，普及设立集全程讯问工作于一体、全程办案无盲区的综合执法办案管理中心，完善综合行政执法体系，全面实施行政裁量权基准制度。最后，要完善公平公正的行政法治环境。要用法治来规范政府与市场、政府与企业、政府与社会中介组织的职能边界，更加注重用法律法规和制度规范来遏制不当干预经济活动的行政行为，完善加强市场监管、维护市场竞争、保持政策中性、保护产权的法律制度与执法法则，建立多元化商事纠纷解决机制，形成权责明晰统一、规范有序的行政法治运行体系。[①]

（三）政府治理体系现代化的衡量标准

衡量政府治理体系现代化的程度时，对测度指标的选取要依据各级

---

① 李军鹏：《"十四五"时期政府治理体系建设总体思路研究》，载《行政论坛》2021年第 2 期。

政府承担的法定职能，只有从政府承担的法定职能出发遴选和设计测度指标，才能真实地反映政府治理体系现代化的水平。选择测度指标时要遵循可度量性，不管是选用主观指标还是客观指标都要有相关的数据资料做支撑，数据资料需要具有可获得性、公开性和易处理性，从而使测度指标具有可操作性。此外，测度指标还需要充分地体现现代化的治理理念，即法治、民主、责任、效率、有限、合作、协调等。

参考唐天伟等关于地方政府治理体系现代化的测度指标[1]，可以将政府治理体系现代化的衡量标准分为政府行政体制与行政人员能力两个二级测度指标。行政体制是政府发挥治理职能的载体，行政体制现代化指标反映着政府规范与有效履行其职能的状况，可以选取权力机构、组织机构设计、决策体制和权力运行机制4个三级指标来反映；考虑到了政府官员的受教育水平和职业化程度，行政人员能力的现代化可以用专业结构、学历结构、年龄结构这几个三级指标来衡量。

第三节　政府治理能力现代化的理论

一、政府治理能力的内涵

从党的十八届三中全会以来，国家治理现代化成为理论界、学术界聚焦的热点问题。但在国家治理现代化这个大框架之内，国家治理体系和国家治理能力两个要素受到的关注度稍显不同。与国家治理体系相比，学者们对于国家治理能力的研究还缺乏独立性、系统性。

国家治理能力是什么？《中国国家能力报告》将国家能力定义为国家将自己的意志、目标转化为现实的能力。[2] 黄宝玖（2004）认为，国

---

[1]　唐天伟、曹清华、郑争文：《地方政府治理现代化的内涵、特征及其测度指标体系》，载《中国行政管理》2014年第10期。

[2]　王绍光、胡鞍纲：《中国国家能力报告》，辽宁人民出版社1993年版，第6页。

家能力就是统治阶级通过国家机关运用公共权力，履行国家职能，有效统治国家，治理社会，实现统治阶级意志、利益以及社会公共目标的能量和力量；① 张长东（2014）认为，在国家能力的理论视角下现代化的治理能力包含四个特征，即能力强大；国家、市场、社会共治且相互赋权；能力的多元化及各种能力间的协调发展而非相互冲突；制度化和法治化等。② 可见，国家治理能力是各种具体能力要素之间的关系结构的优化整合，是各种能力要素之间形成的结构合理安排，是国家能力的综合实现形式。更具体地说，不管是国家将自身的意志转换为现实，还是运用公权力、履行职能、实现国家统治，都离不开一个执行主体，一个功能主体，这就是政府。国家治理水平的高低还是要看政府治理水平怎么样，政府治理能力强，国家治理的水平自然就高，也就是说，国家的治理能力最终浓缩为政府的治理能力。我国学者对政府的治理能力也有更具体的阐述。李文彬和陈晓运（2015）认为政府的治理能力包括价值塑造能力、资源集聚能力、网络构建能力、流程创新能力和问题回应能力。③ 对于治理能力的内涵，从治理能力性质差异角度，辛向阳（1994）区分了权利能力、政策能力、权威能力、组织能力。④ 从资源获取和能力运用角度，胡宁生和张成福（1998）区分了政府集体行动的能力和政府获取资源的能力，包括社会汲取能力、合法性能力、政治强制能力、社会干预能力、改革适应能力等⑤，王绍光、胡鞍钢（1993）将其分为汲取财政能力、宏观调控能力、合法化能力、强制能力⑥，汪仕凯（2014）则将其分为汲取能力、再分配能力、强制能力、建制能力和协商能力组成⑦。

---

① 黄宝玖：《国家能力：涵义、特征与结构分析》，载《政治学研究》2004 年第 4 期。

② 张长东：《国家治理能力现代化研究——基于国家能力理论视角》，载《法学评论》2014 年第 3 期。

③ 李文彬、陈晓运：《政府治理能力现代化的评估框架》，载《中国行政管理》2015 年第 5 期。

④ 辛向阳：《新政府论》，中国工人出版社 1994 年版，第 56 页。

⑤ 胡宁生、张成福：《中国政府形象战略》，中共中央党校出版社 1998 版，第 240 页。

⑥ 王绍光、胡鞍钢：《中国国家能力报告》，辽宁人民出版社 1993 版，第 5 ~ 18 页。

⑦ 汪仕凯：《后发展国家的治理能力：一个初步的理论框架》，载《复旦学报（社会科学版）》2014 第 3 期。

从目标、资源和管理工具三个维度，楼苏萍（2010）提出目标识别与整合能力、资源整合能力、沟通协调能力以及合作治理的控制能力是地方治理能力的关键要素。[1] 从全球化的视野出发，郭蕊、麻宝斌（2009）强调治理能力包括系统思考能力、制度创新能力、公共服务能力、电子治理能力、沟通协调能力和危机应对能力。[2] 从党的领导的角度，沈传亮（2014）提出治理能力包括接纳参与能力、政治整合能力、精英录用能力、战略规划能力、法律实施能力、资源提取能力、监管能力、公正保障能力、政治沟通能力、政治革新能力、危机应对能力、制度建构能力、科学决策能力等方面。[3]

总的来说，政府的治理能力是一个复杂的系统，政府治理能力可以从多方面发展从而释放强大的效应，为国家治理的现代化提供动力。政府治理能力的发展可以用"现代化"的视角从宏观上进行理解，换句话说，政府治理能力的进步归根结底还是为了实现政府治理和国家治理的现代化。

二、政府治理能力现代化

（一）政府治理能力现代化的内涵

治理能力现代化是实现国家治理体系现代化的内在要求，这是一个比较新的概念，目前学界的研究还比较少，由于对"治理"熟悉进而可能对治理能力有一些熟悉感，但实际上对"治理能力现代化"的内涵不甚明晰。

米恩广和权迎（2014）认为政府治理能力现代化可以理解为：政府在国家治理体系中运用法律赋予的公权力、采取科学有效的方法将管

---

① 楼苏萍：《地方治理的能力挑战：治理能力的分析框架及其关键要素》，载《中国行政管理》2010 第 9 期。
② 郭蕊、麻宝斌：《全球化时代地方政府治理能力分析》，载《长白学刊》2009 第 4 期。
③ 沈传亮：《建立国家治理能力现代化评估体系》，载《学习时报》2014 第 6 期。

理社会事务的机制体制转化为实现对经济社会有效治理的能力，运用国家制度管理社会公共事务、增进人民福祉，实现社会繁荣稳定、和谐发展的能力，主要包括：政治、经济、文化、社会、生态等领域的治理能力、组织建设、制度执行、民主协商、责任承担等方面。[①] 高小平（2013）认为，"治理能力现代化"是要把治理体系的体制和机制转化为一种能力，发挥其功能，提高公共治理能力。[②] 俞可平（2014）认为，国家治理能力现代化是指国家制度构建和制度执行能力的现代化，他强调政府要实现从"单一治理"向"多元治理"、从"单向治理"向"互动治理"、从"强权治理"向"协商治理"的转变。[③] 戴长征（2014）认为，国家治理能力现代化是指实现对社会生活的有效控制和调节的能量及其作用的总称，他强调政府应该积极增强合法化能力、规范能力、一体化能力、危机响应和管控能力。[④] 由此可见，关于治理能力的概念至今尚无定论，但治理能力现代化的提出意味着，国家、政府对政府执政能力建设的高度自信和理念升华，治理能力现代化依然是一个崭新的课题，虽然有治理方面的相关经验可供参考，但仍未有定论，对治理能力的认识有待加强，对治理能力的理解有待深化。

总结而言，政府治理能力现代化主要是指政府作为治理的多元主体之一能在治理网络中通过与其他主体的协商和互动，能够共同科学、合理有效地解决现代社会的各种公共问题，从而实现现代社会"善治"。

（二）政府治理能力现代化的实现路径

国家治理体系与国家治理能力现代化之间是相互促进、发展的关系。没有哪一种制度体系是完美的，体系的发展始终是为能力的提升服

[①] 米恩广、权迎：《政府治理能力现代化：政府"共谋行为"的运行机理及其治理》，载《理论与改革》2014年第3期。

[②] 高小平：《治理体系和治理能力如何实现现代化》，载《光明日报》2013年12月4日。

[③] 俞可平：《推进国家治理体系和治理能力现代化》，载《前线》2014年第1期。

[④] 戴长征：《中国国家治理体系与治理能力建设初探》，载《中国行政管理》2014年第1期。

务的，因此治理能力现代化是治理体系转型和发展的最终目的。[①] 基于我国的现实情况，我国的政府治理在国家治理体系内居于咽喉之位，并且政府治理能力现代化作为回应"政府如何在社会主义国家的治理过程中更好地扮演自身的角色"的战略性举措，其目标的实现离不开组织制度的完善，其中，行政体制作为政府运行的基石，是推进政府治理能力现代化的重要突破口。

要深刻地理解这一点，必须对我国的行政体制有基本的认识。我国的行政体制的产生和发展贯穿整部中国史，从封建社会的中央集权到如今的行政体制，我国的行政体制有些典型的特征：国家权力与保证权力有效实施的行政权力之间的张力、行政强调服从、掌权者个性魅力色彩突出、权威难以复制、非正式权力的制度化、低度的专业化分工等，而这些特点都对政府治理能力的发挥形成了一定程度的阻碍，那么是什么原因导致了中国行政体制与政府治理能力现代化之间呈现出对立冲突呢？一是党管干部的制度和我国的央地关系成为我国行政体制运行的重要体制背景，所以党的治理水平和央地关系的运转程度直接决定政府治理能力现代化的水平。中国共产党居于国家权力中心，掌握着人事任免权、官员的考核、任免和奖惩等权力，一个"善治"的政党直接影响行政官僚的治理水平，不过现实中"一把手""一言堂"的制度缺陷仍然存在。此外，我国的央地关系运行容易滋生地方官员的自利性腐败，容易激励地方官员追求组织内部的非正式权力关系，忽视制度的规范性、整体性和延续性，我国的央地关系"人治"色彩更浓。二是政府职能改革的方向和路径成为中国行政体制度运转的导航和发动机，政府职能改革的科学、合理化程度决定了有无可能实现政府治理能力现代化的目标。事实上，政府治理能力现代化不仅要求政府在权力方面进行必要的约束，同时还要求强化政府的某些公共责任，提升在某些领域的履职能力。若政府在履职过程中的责任意识不强，责任追究和倒查的机制

---

① 冷涛、周雅颂：《中国官僚制何去何从？——一个政府治理能力现代化的视角》，载《黑龙江社会科学》2016 年第 1 期。

落实不到位最终反映到行政体制运行层面上就会出现"官本位"的问题。要实现政府、市场和社会合作共治，协同发展，就必须要强化政府公共治理的责任意识，加强责任机制的落实。三是根植于我国传统文化的"差序格局"的人际关系在我国的行政体制内促成了非正式权力关系的蔓延，而官员对于规则意识与契约精神的重视程度与执行力度将影响政府治理能力现代化目标实现的可能性。① 基于对我国行政体制度的认识，我们可以把政府治理能力现代化暂且概括为政府实现协商民主的能力、政府提供公共服务的能力、政府实现依法治理的能力以及政府承担责任的能力。

截至目前，我国唯一的"中国国家治理评估框架"中提出的目前最权威的中国国家治理的 12 个维度之中，"党内民主"就包含在内。中国共产党位于国家的权力中心，党的建设水平高低直接决定了行政体制度运转的民主化、科学化、法治化的程度。实现政府治理能力的现代化，必须以加强党的建设为前提，党内制度与法规的完善，党外参与和监督渠道的拓宽是两条路径，具体而言，可以将完善党内民主和提升党内监督有效性的地方有效治理经验上升到国家制度层面，可以推进党内民主制度、领导干部责任追究机制等试点改革工作，也可以拓宽党外力量参与和监督，从而改善党的领导和服务功能，帮助实现政府治理能力的现代化。

顺应着时代发展的要求，政府成为公共服务的主要提供者，政府的社会角色从统治者逐步转变为服务的提供者。要着力改善民生和优化公共服务的供给水平，从"官本位"转向"民本位"。在新时代，政府的公共服务能力是政府治理能力和政府治理能力现代化的内涵之一，是衡量治理能力强弱和治理能力现代化水平高低的重要指标。政府提供公共服务的能力与政府治理能力现代化水平是正相关的，现代化程度高，则有利于政府公共服务能力的提升，反之则相反。

政府具有合法性和权威性，根据哈贝马斯的政府合法性理论，政府

---

① 周黎安：《中国地方官员的晋升锦标赛模式研究》，载《经济研究》2007 年第 7 期。

合法性是基于公民对其公共性的认可，但在政府实际的运行过程中可能会存在公共性丧失、公权力成为谋取利益的工具、法治被践踏以及政府的伦理道德破灭的现象。因此，政府治理能力的现代化过程中，全面贯彻依法治国的方针是其重要标志。政府治理法治化是政府治理能力现代化的必要条件和重要保障，只有具备依法治理能力的政府才能避免法治精神的丧失、避免政策的执行者置公共伦理于不顾、避免人治凌驾于法治、避免民众的合法权益被侵害等现象，要扶正和强化规则意识和契约精神，这是培养官员平等、自由、协商、民主等精神的思想利器。法治政府的构建离不开官僚对于法治文明的高度重视与严格执行，官员要认识到权力的分配是受制于宪法和法律契约的，这样才能破"违法乱纪"的腐化之风，立"遵规守约"的行为新貌，因此，政府治理能力的现代化水平离不开建设法治型政府。

要建成具有现代化治理能力的政府就要建成责任型的政府。随着利益多元化的格局逐渐成形，政府的职能改革在推进权力约束的同时，还要强化政府承担责任和回应关切的能力，将其作为新一轮政府职能改革的重点。首先要合理界定政府组织机构的权力运作范围，列出政府的权力清单，管好该管的事，重点解决行政审批制度改革"去部门利益化"等问题。责任的承担是政府治理能力现代化的内在要求，责任承担不仅仅局限于政府组织内部的责任，更包含了对社会的责任。要提升政府的责任性和回应性，可以尝试公布政府的责任清单，也可以吸纳社会力量参与政府的日常运作，以化解政府回应性低，履行职责不到位的问题。建设责任型政府，反映了人民的时代诉求，在政府、市场和社会的关系之中，利益的博弈时刻存在，公权力容易被扭曲，公民的需求容易被忽视，在这种情况下，政府能否承担责任，令行禁止就成为衡量政府能力现代化的重要标准。

（三）政府治理能力现代化评估指标体系的构建

据世界银行有关部门统计，目前使用的治理评估指标体系大概有140种。俞可平基于具有中国本土特色的治理评估框架，提出了公民参与、人权与公民权、党内民主、法治、合法性、社会公正、社会稳定、政务公开、行政效益、政府责任、公共服务、廉政共 12 个维度的评价指标。[1] 中央编译局与清华大学提出的"中国社会治理评价指标体系"，包括人类发展、社会公平、公共服务、社会保障、公共安全和社会参与六个评价维度。[2] 褚松燕将目前已有的治理评估指标归纳为权力配置、公民参与和满意度三大核心要素。[3] 世界银行的治理指标（WGI）包含了表达权与问责、政治稳定性、腐败控制、政府绩效、监管质量、法治水平六个不同方面的指数，美国国际发展署的"民主与治理评估框架"（Democracy and Governance Assessment Framework）则主要集中于法律、民主和责任政府体制、政治自由和竞争、公民参与和建议四个方面。[4] 关于治理体系现代化的评估标准，俞可平[5]和徐勇[6]都提出了制度化、民主化、法治化、高效化和协调化五大标准。

治理能力现代化要求治理能力具有现代性的特征，并且符合现代社会治理的要求。外部环境、社会环境以及政府目标的多元性决定了对政府治理能力现代化的评估内容是复杂的、多样的。

与传统的政府统治不同，现代化的政府治理应对公共问题不应该再采取"刺激—回应"的模式，而应该具有战略性、前瞻性，即应构建"预防—规划"的治理新模式。[7] 政府应该强化风险管控，防患于未然，在公共事件的处置之中应该能提前形成合理的流程，这是对现代政府治理的战略层面的新要求；随着互联网和数字技术等新兴技术的发展和应用，政府治理的传统行政体制、政府管理和服务方式必须要随之改变，

---

[1] 俞可平：《中国治理评估框架》，载《经济社会体制比较》2008 年第 6 期。

[2] "中国社会管理评价体系"课题组：《中国社会治理评价指标体系》，载《中国治理评论》2012 第 2 期。

[3] 褚松燕：《我国公共治理评估之核心要素》，载《中国行政管理》2008 年第 9 期。

[4] 周红云：《国际治理评估指标体系研究述评》，载《经济社会体制比较》2008 年第 6 期。

[5] 俞可平：《推进国家治理体系和治理能力现代化》，载《前线》2014 年第 1 期。

[6] 徐勇：《关于国家治理体系和治理能力现代化的对话》，载《当代世界与社会主义》2014 年第 1 期。

[7] 陈振明：《公共部门战略管理途径的特征、过程和作用》，载《厦门大学学报》2004 年第 3 期。

政府治理问题的信息收集、分析和决策能力，政府运用新技术的能力等都需要纳入政府治理能力现代化的考量之中，这是对现代政府治理技术层面的新要求；现代社会日益"扁平化"，传统的以政府为中心，单向的、垂直的治理模式逐渐失效，现代的政府治理是多中心的，风险社会、互联网、新媒体等力量重塑了政府之间，政府与社会、政府与市场、政府与公民之间的关系，这就要求现代政府治理具备协同性，既要找准自身的定位，又能激发其他治理主体的力量，可以构建多元共治的格局，这是对现代政府治理能力多元、包容的新要求；现代政府治理要求各个治理主体具备法治思维，恪守法律法规，从过去的"人治"转变为"法治"，要建成各项行为符合宪法和法律要求的法治政府，在法律的框架内最大限度地开展治理创新，充分发挥各个主体的能动性，营造依法有序，又充满活力和创意的治理格局，这是对现代政府治理能力使用的法治化要求。

衡量这些内容的实现程度，需要借助可操作、可量化的指标体系。李文彬和陈晓运提出，可以将评价指标分为以下四类：一是主观和客观指标，如认同度、满意度属于主观指标，而利用率、覆盖率等则属于客观指标；二是投入、过程、产出和效果指标，如资源可得性、主体多样性等属于投入性指标，违法行为发生率、流程的创新性等属于过程性指标，社会组织成立的便利性、社会参与渠道的畅通性等属于产出性指标，问题解决率、协同有效性等属于效果性指标；三是单一指标和复合指标，如资源利用率、参与治理实现率等属于单一性指标，认同度属于复合性指标；四是定性指标和定量指标，如最优性、多样性等指标属于定性指标，共享率、交换率等属于定量指标。①

对于政府治理能力现代化水平的评价主体主要可以分为两类：一类是包括党委、人大、政府的体制内评价主体；另一类是包括社会组织、企业、专家、重要人物、公众、服务对象等在内的体制外评价主体。②

---

①② 李文彬、陈晓运：《政府治理能力现代化的评估框架》，载《中国行政管理》2015年第5期。

前者的优势在于掌握充分的信息，实施评价时较为便利，缺点在于评价
的公信力不足；后者的优势在于公信力较强，但获取信息的能力不
足。① 因此，较为全面的评价需要引入第三方组织，同时纳入以上这两
类评价主体，提高评价的客观性和公正性。

第四节　政府治理体系与治理能力
协同发展的理论

一、政府治理体系与治理能力协同发展的内涵

习近平总书记明确指出，国家治理体系和治理能力是一个国家制度
和制度执行能力的集中体现。国家治理体系是在党的领导下管理国家的
制度体系，是一套紧密相连、相互协调的国家制度；国家治理能力则是
运用国家制度管理社会各方面事务的能力，包括改革发展稳定、内政外
交国防、治党治国治军等各个方面。② 国家治理体系和治理能力是相辅
相成的一个有机整体，要实现治理体系的现代化，治理能力必须现代
化；治理能力提升了，国家治理体系才能发挥现代化的效用，治理体系
现代化是实现治理能力现代化的前提和基础，治理能力现代化是治理体
系现代化的最终目标。正如高小平认为的，"治理能力现代化"是要把
治理体系的体制和机制转化为一种能力，发挥其功能，提高公共治理能
力，治理体系现代化和治理能力现代化的关系是结构与功能的关系，硬
件与软件的关系。治理体系的现代化具有质的规定性，是治理结构的转
型，是体制性"硬件"的更换，只有实现了治理体系的现代化，才能

---

① 郑方辉、张文方、李文彬：《中国地方政府绩效评价：理论与方法》，中国经济出版
社 2008 年版，第 62~63 页。

② 《十八大以来重要文献选编》（上），中央文献出版社 2014 年版，第 547~548 页。

培养治理能力的现代化，[①] 同时，治理能力又对治理结构会产生积极或者消极的影响，善于治理、敢于变革，才能有效地推动治理体系现代化。

在实现国家治理体系和治理能力现代化的道路上，政府善治应当发挥不可替代的作用。所谓的政府善治，就是要创新政府治理的方式，发挥政府的主导作用。党的十八届三中全会明确指出，社会治理要"发挥政府主导作用"，其明确地把过去的政府行政管理、政府负责引导向"政府主导"，也就是要求政府治理在国家、社会、政府、公民的关系中明确定位，构建政府与社会公众共治的合作机制。在这里，政府作为治理主体发挥的是"主导性"作用，扮演的是关键性角色，这是对构建现代化政府，促进政府治理体系与治理能力协同发展，实现政府善治的明确要求。政府是公共权力的行使者和公共事务的管理者，在国家治理体系中发挥着重要作用，"善治"要求政府在全面履行政府职能的同时，加快转变政府职能，创新执政方式，切实建立起服务型政府或有限型政府，推动政府职能向创造良好发展环境、提供优质公共服务、提高服务质量和效能、维护社会公平正义的方向转变，由"政府负责"向"政府主导"，是实现政府治理体系和治理能力现代化的根本要求。

在政府治理体系和治理能力的关系问题上，首先要处理的是价值选择问题，即政府的价值追求、价值实现，也就是所谓的制度模式选择的问题，这个问题的答案是确定的，是刚性的价值选择。对于中国而言，我国的政府治理体系是在中国的历史传承、文化传统、经济社会发展的基础上不断发展、渐进改进、内生性演化的结果，它决定了我国政府治理体系的独特性和方向选择的刚性，这就是中国特色社会主义制度。[②] 也就是说，我国政府的治理体系和治理能力现代化的价值追求，应当是完善和发展中国特色社会主义制度，培育社会主义核心价值体系和核心

---

① 高小平：《国家治理体系与治理能力现代化的实现路径》，载《中国行政管理》2014年第1期。

② 娄成武：《浅议国家治理体系和治理能力现代化》，载《中国高校科技》2014年第11期。

价值观。在完善和发展中国特色社会主义制度的刚性价值选择以外，民主法治建设也是国家治理体系的基本制度预设和刚性价值选择。没有这个前提，整个社会就难以跨越国家统治和权力强制的制度藩篱，现代政府治理体系最终也难以成功建构，治理能力的现代化也就无从谈起了。刚性的价值选择是建立现代国家治理体系的基础和根本，柔性的价值选择则是提升国家治理能力现代化的关键，这也是"善治"的选择。"善治"主张正义基础上的多元主体参与，主张多元社会主体和组织公平自由地参与到治理活动中来，这是政府治理体系和治理能力现代化的直接体现。

在确定了政府治理价值选择这一关键问题之后，关于政府治理的现代化的思考，进一步深入为怎么才能使政府治理体系和治理能力适应现代社会的各种要求。政府治理体系，就是指政府作为参与国家治理主体，所参与的各种活动相互结合所形成的总体状态，而政府治理能力就是政府在治理活动中表现出来的政府活动质量。要为实现国家治理体系和治理能力的现代化创造条件，最重要的就是使治理体系的核心——政府，充分地发挥自己的治理能力，用全新的面貌迎接这一艰巨的任务。

首先，政府治理体系和治理能力要适应民主政治的要求，主要有：实现公民对政治权利的监督、实现公民对自身利益的表达、实现公民治理的多元主体参与国家和政治事务、实现宪法赋予各级人民代表大会的权力等。[①] 其次，要使政府治理体系和治理能力能适应市场经济的要求，现代化的政府治理体系要与市场治理的体系区分开来，要充分转变政府职能，落实"放管服"的改革思路，[②] 对于市场能够自行调节的领域，政府必须退出，但这不意味着政府不再承担责任，而是要把政府的管制职能转变为服务职能，将现代化的治理能力体现在落实利于市场经济发展的法律法规上，例如，对垄断以及不正当竞争等的管制等，合理

---

① 李景鹏：《关于推进国家治理体系和治理能力现代化——"四个现代化"之后的第五个"现代化"》，载《天津社会科学》2014 年第 2 期。

② 马怀德：《深刻认识"放管服"改革的重大意义加快构建现代政府治理体系》，载《中国行政管理》2022 年第 6 期。

运用公权力营造一个利于市场经济发展的外部环境；再次，政府治理体系和治理能力的现代化要适应法治政府的要求，政府是树立宪法最高权威的执行人，治理体系的运行和治理能力发挥都要在宪法的框架下进行，政府的一切司法程序和执法程序都要遵循宪法，真正做到"有法必依、执法必严、违法必究"，[1] 时刻牢记"法"大于"权"；政府治理体系和治理能力的现代化要适应社会主义发展的要求，"公民是社会和国家真正的主人"的理念深入人心，现代化的政府要从官本位来到公民本位，要以服务公民作为治理的目标，改善社会风气、建设公民道德；最后，政府治理体系和治理能力要适应现代文化发展的要求、生态社会发展的要求。总的来说，我们对政府治理体系和治理能力现代化的要求，从根本上还是基于对一个现代化的国家理解，政府现代化的治理体系和治理能力是我们通往现代化国家的最有力的工具和手段，也是现代化国家的应有之义。

二、政府治理体系和治理能力现代化协同发展的实现路径

党的十八届三中全会通过的《中共中央关于全面深化改革若干重大问题的决定》（以下简称《决定》）指出：推进国家治理体系和治理能力现代化的根本方法是全面深化改革。治理改革是一项复杂艰巨的系统性工程，推进治理改革首先要找准改革的发力点，在此基础上完善治理体制机制，创新治理方法手段，为全面推进治理的现代化开辟道路。以此作为参考，本书将从治理结构、治理制度、治理方法三个方面来探讨实现政府治理体系和治理能力现代化协同发展的路径。

（一）理顺政府治理体系，明确政府治理权责，为治理改革找准最佳的发力点

治理改革是一项复杂系统的工程，全面推进治理改革首先要找准改

---

① 李秋风：《推进国家治理体系和治理能力现代化的逻辑理路》，载《理论建设》2019年第 1 期。

革的发力点，也就是对治理主体及其权责关系进行正确的界定。从现代国家为应对治理挑战而不断改革治理模式的实践可以看出，政府、市场与社会的权责分工及其互动关系是现代国家治理体系成长的主轴。因此，要实现政府治理体系和治理能力的现代化，就要在国家治理体系这个宏观视域划分好政府治理的权责范围，正确理顺政府、市场和社会三大治理主体的行为边界及其相互关系。对政府、市场、社会三者权责及其相互关系的正确梳理，是科学设计治理制度和正确运用治理方法的前提。

（二）创新治理体制机制，完善治理制度体系，为实现协同发展提供制度遵循

治理制度是治理体系运行和治理能力形成的根本保障，制度的"根本性、全局性、稳定性、长期性"的特点，决定了推进治理体系和治理能力现代化协同发展的核心任务是推进治理制度改革，实现治理制度现代化。[①] 我国的治理制度改革包含三大内涵：即对决定国家社会性质的基本制度进行完善、对延伸和支撑基本制度的具体体制进行改革调试、对传动具体体制的运行机制进行改革创新。就当前我国的治理制度改革而言，首要任务是推进政治体制改革，推进政治体制改革涉及各方面的内容，但最根本的还是要规范权力运行，转变政府职能，严格实行政企分开、政事分开、政社分开，切实地制约政府的权力，保证市场机制和社会组织具备发挥治理功能的空间。根据十八届三中全会《决定》精神，当前我国的治理制度改革应该形成"系统完备、科学规范、运行有效的制度体系"，[②] 为全面推进政府治理体系和治理能力现代化协同发展提供制度保障。

（三）把握好治理的方向，创新治理方法手段，为推进协同发展提供方向动力

要达成既符合规律又符合目的的治理绩效，除了理顺治理结构，完

---

① 《十七大以来重要文献选编（上）》，中央文献出版社 2009 年版，第 61 页。
② 《中共中央关于全面深化改革若干重大问题的决定》，人民出版社 2013 版，第 514 页。

善治理制度以外，还需要以科学的治理方法来传动治理体系，以正确的价值引导治理方向，从这个角度来说，推进治理改革必须要立足我国的国情，坚持改革的大方向，遵循党的领导和政府主导的原则。在治理改革的问题上，我国"致力于个人、集体和国家整个集合体福祉的合理性"① 的价值目标，决定了治理改革所要构建的是"党委领导、政府负责、社会协同、公众参与、法治保障"② 的治理体制，而不是西方资本主义的治理模式。就方法论层面而言，推进治理改革首先要重视改革的顶层设计，制定国家治理改革的路线图和任务表，统筹规划，周密安排，彻底解决我国治理实践中存在的地方主义、部门主义、短期行为等顽疾。其次要善于总结并发扬好的治理经验，创新治理方式，始终坚持依法治理、民主治理、综合治理、源头治理。最后，要坚持解放思想，以"促进公平正义、增进人民福祉"作为治理改革的出发点和落脚点，为全面推进政府治理体系和治理能力现代化协同发展创造有利的条件，力求达成全面治理、科学治理、有效治理的"善治"格局。

三、政府治理体系和治理能力现代化协同发展的评价指标

国家治理的现代化构建，以规范公权力的运行、提高公共服务质量和达成理想政治绩效为基本目标，因此，政府治理体系契合社会问题的程度，政府治理能力回应社会诉求的有效性是衡量政府治理现代化的重要标尺。关于国家治理主要考虑三个基本问题，即"谁治理""如何治理"以及"治理得怎么样"，③ 现代治理理论通常把合法性、回应性、责任性、有效性、透明性以及民主、法治、效率、公平等要素视为基本的善治指标，④ 所以，参考朱建田关于国家治理体系和治理能力现代化

---

① 张文喜：《政治哲学中的国家治理之"道"》，载《中国社会科学》2015 年第 7 期。
② 胡锦涛：《坚定不移沿着中国特色社会主义道路前进　为全面建成小康社会而奋斗》，人民出版社 2012 年版，第 34 页。
③ 俞可平：《国家治理现代化须超越任何群体局部利益》，人民网，2013 年 11 月 30 日。
④ 俞可平：《治理与善治》，社会科学文献出版社 2000 年版，第 9～11 页。

的评价指标，从治理主体、治理机制和治理效果三个方面来构建政府治理体系和治理能力现代化协同发展的评价指标。[①]

（一）要求多元治理主体的合理分工与协同共治

1. 治理主体的多元化

当代中国的社会阶层结构、利益格局已经发生了深刻的变化，与之相对应的社会各阶层的权利要求和公共需求也日益多样和复杂，在这个前提下，传统的政府缺乏足够的知识、信息、技术和能力去应对和解决复杂艰巨的治理问题。[②] 要化解政府在新形势下面临的治理压力，提高公共服务的效率，促进公共问题的解决，就必须把政府以外的社会力量纳入治理体系之中，实现治理主体多元化。治理主体的多元化是对治理实践提出的新要求，是民主政治发展的必然结果，是传统治理向现代化治理转变的重要标志之一。

2. 治理主体合理分工

实现治理主体多元化的目的就是要达成不同的治理主体各司其职、各归其位、密切配合、协同共治。要实现这个目标，各个治理主体之间必须有合理的权责分工和明确的权责边界，只有各个治理主体之间权责配置合理了，才能保障每一个参与治理的主体都能够正确地履行自身的职能，并在现代化治理中发挥积极作用。以现代治理标准看，理想的角色分担模式应当是"市场主体竞争有序；政府主体主动有度、社会主体积极有位、个人主体创业有利"。[③]

3. 治理主体协同共治

现代化的政府治理体系要求治理主体能在关于社会问题的理解上达成共识，各个治理主体能基于公共理性进行协同共治是达成"善治"

[①] 朱建田：《国家治理现代化的评价指标及建构路径探讨》，载《天中学刊》2017 年第 2 期。

[②] ［美］B. 盖伊·彼得斯：《政府未来的治理模式》，吴爱明等译，中国人民大学出版社 2001 年版，第 68 页。

[③] 辛向阳：《问题倒逼改革改革解决问题》，载《马克思主义研究》2014 年第 1 期。

这一目标的必要前提。① 因此，评价政府治理体系和治理能力是否实现了现代化，就要看该治理体系中的各个治理主体是否具备平等协作的契约精神、制约互动的相互关系以及和谐高效的共治格局。

（二）要求具有完备的制度和程序、灵活的治理方法和畅通有效的权力运行方式

1. 具有完备科学的治理制度和程序

治理主体的权责分工、治理体系的有效运转和治理目标的合理界定都离不开完备的科学治理制度和程序，比如法律制度、官员激励机制、机构间的协作章程等。制度的科学、合理与否，程序的有无是政府治理体系能否充分发挥自身的能力，实现现代化的决定因素，完备科学的治理制度和程序可以将多元治理主体之间的治理权责和治理行为有效地纳入法治化轨道、程序化轨道，这能够有效规避违法乱纪行为的产生。

2. 具有灵活管用的治理方法和治理手段

具有灵活管用的治理方法，相较于传统的行政管理模式而言在解决现代社会复杂多样的治理问题之时，要求治理主体善于协同运用多样化的治理方法和手段。因此，评价政府的治理体系和治理能力是否实现了现代化，除了考察其是否善于运用直接高效的行政手段来贯彻国家意志之外，还要考察其是否善于综合运用法律、经济等手段，以及宣传教育、道德引导等方法，因时制宜、因地制宜地实施公共治理，确保治理结果合情、合理、有效。

3. 具有畅通有效的权力运行方式

畅通有效的运行方式是基于多元主体共同存在和协同共治的要求提出的评价标准。多元主体的存在和协同共治要求改变传统的、自上而下的、单向度、强制性的权力运行方式，构建起网格化的、立体复合的权力运行模式。现代社会治理并不排斥自上而下的权力运行方式，只是其

---

① 周谨平：《社会治理与公共理性》，载《马克思主义与现实》2016 年第 1 期。

运行要理顺央地政府之间的关系，分清上级与下级政府之间的权责关系，这是保证"顶层设计"得以落实的基础。现代社会治理的服务意识、契约精神和共赢理念强调多元主体的对话、协商与合作，这要求治理权力既能够单独行使、平行运用，又能够横向互动协同运作。现代社会治理强调"把权力关进制度的笼子"，要限制政府的权力，赋权于公民，赋权于社会公共组织等其他治理主体，使政府的权力受到制约。自上而下、平行互动和自下而上的权力运行是否畅通有效是评价治理机制是否现代化的重要指标。

（三）要能达成社会预期的善治结果，政府治理体系具备完备充足的治理能力

从治理的结果来看，评价政府治理体系和治理能力现代化协同发展的标准主要有两个维度。

1. 能达成社会预期的善治结果

现代社会所要求的善治结果包括能实现既定的治理目标，不产生无效治理，或者与预期背道而驰的结果；也包括在高效地实现治理目标的同时尽量付出最小的治理成本，即遵循效率和效益的原则。从国家治理的层面来看，善治的结果就是具有安全、稳定、福利、自由、效率、公平等特点的治理。

2. 能具备完备充足的治理能力

治理结果是治理能力的直接体现，而治理能力集中体现为治理制度的执行力、创新力和保障力。[①] 治理能力关乎政治整合、战略规划、法律实施、资源配置、自我革新等多个方面，具体而言，现代化的政府治理体系要有能力实现社会整合，即能凝聚全社会发展力量，妥善协调各方的利益诉求，增强社会成员的对国家的向心力，提高全社会的组织程度和整合能力，增强社会的动员组织功能；现代化的政府治理体系要具

①　李良栋、汪洋：《再论中国式国家治理及其现代化》，载《马克思主义研究》2015年第2期。

备提供公共服务的能力，要能正确认识、科学配置、优化使用各类社会资源，能提供优质、高效和多样化的公共服务和公共产品，满足日益多样化的社会需求；现代化的政府治理体系要具备危机处理能力，即具备预测、研判和处理危机的能力以及危机的善后处理能力，能把因突发事件引发的社会危机及时高效处置得当，把危机造成的负面影响和社会损失最小化，确保人民安居乐业、社会团结稳定、国家长治久安。

第三章

东北地方政府治理体系和治理能力现代化现状

提升政府治理能力体系和治理能力现代化水平是促进东北地区发展的重要途径。本章主要针对东北三省的整体状况，基于《中国统计年鉴》《中国城市统计年鉴》《辽宁统计年鉴》《吉林统计年鉴》《黑龙江统计年鉴》以及各省（市）《国民经济和社会发展统计公报》等数据，对东北地方政府治理体系和治理能力现代化发展的基础条件进行全面的描述性分析。首先，从经济治理体系、政府治理体系和社会治理体系三个指标出发，分别对东北各省地方治理能力体系现代化及其影响因素的发展现状进行分析，其次，从经济能力、安全能力、生态能力以及公共服务能力等方面对东北各省地方治理能力现代化及其影响因素的发展现状进行分析。最后，通过对东北各市地方政府治理体系与治理能力协同发展现状进行分析，对东北地区政府治理体系和治理能力现代化发展水平形成全面的认识。

第一节　东北地方政府治理体系现代化现状

一、东北地方政府治理体系现代化现状

东北地方政府治理体系现代化主要包括经济治理体系、政府治理体

系以及社会治理体系三个子系统。

（一）经济治理体系发展情况

完善经济治理体系是提升地方政府治理体系现代化水平的基础。党的十九届三中全会以来，党和国家各级部门积极围绕国家治理现代化的总目标，推进实施一系列经济改革措施，促进了我国经济社会的高质量发展。本书通过东北各省2011～2020年经济发展、产业结构和城乡差距等指标在10年中的变化情况，从经济治理的角度探究东北地区政府治理体系现代化的发展趋势。

1. 经济发展情况

共享程度可以反映一个地区经济发展水平和发展程度，因为该指标足够直观及客观，因此，可以用来分析东北地区经济发展情况，如图3-1所示，从图3-1中可以直观地看出，东北三省在2011～2020年的人均GDP呈现上升的趋势，但是低于全国人均GDP，2011～2013年，辽宁省人均GDP超过了全国人均GDP，一方面表明东北三省的人民生活水平在不断提高，另一方面也意味着东北三省的经济水平还有待提升。具体而言，辽宁省人均GDP在2011～2020年整体呈现上升趋势，但是经济共享程度在2011～2020年呈现整体下降趋势，2020年相比2011年下降0.21个百分点；吉林省人均GDP在2011～2020年整体呈现上升的趋势，但是经济共享程度在2011～2020年呈现整体下降趋势，相比2011年下降0.08个百分点；黑龙江省人均GDP在2011～2020年整体呈现上升的趋势，虽然在2015年有下降趋势，但是不影响大趋势的上升，经济共享程度在2011～2020年也呈现整体下降趋势，相比2011年下降0.13个百分点。由此可以说明，辽宁省、吉林省、黑龙江省地区人民生活水平虽有逐年提升，为当地地区的经济增长提供了动力，但是与全国整体水平还存在一定的差距。

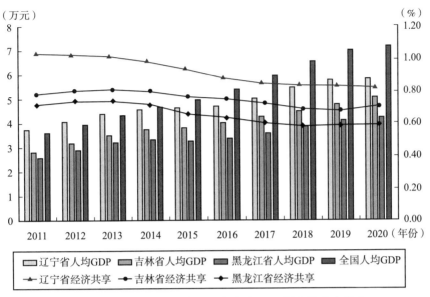

图 3 – 1　2011 ~ 2020 年东北三省人均 GDP 及经济共享程度

2. 产业结构发展情况

加快产业结构优化升级是促进经济高质量发展的必然要求。东北地区第三产业占全国比重较小，2020 年中国国内第三产业生产总值为553976. 8 亿元，其中东部地区生产总值为 302249. 9 亿元，占全国比重54. 9%，而东北地区第三产业占比只有 4. 8%，远远低于东部地区。具体分析东北各省产业结构变化情况，2020 年辽宁省地区生产总值为25115. 0 亿元，比上年增长 0. 6%。其中，第一产业增加值 2284. 6 亿元，增长 3. 2%；第二产业增加值 9400. 9 亿元，增长 1. 8%；第三产业增加值 13429. 4 亿元，下降 0. 7%。三次产业结构为 9. 2：37. 4：53. 4。2020 年吉林省全年实现地区生产总值 12311. 32 亿元，按可比价格计算，比上年增长 2. 4%。其中，第一产业增加值 1553. 00 亿元，增长 1. 3%；第二产业增加值 4326. 22 亿元，增长 5. 7%；第三产业增加值 6432. 10 亿元，增长 0. 1%。三次产业结构为 12. 6：35. 1：52. 3。黑龙江省 2020 年地区生产总值为 13698. 5 亿元，按可比价格计算，比上年增长 1. 0%。从三次产业看，第一产业增加值 3438. 3 亿元，增长 2. 9%；第二产业增加值

3483.5 亿元，增长 2.6%；第三产业增加值 6776.7 亿元，下降 1.0%。三次产业结构为 25.1 : 25.4 : 49.5。由此可以看出，东北地区三次产业结构整体呈现"三、二、一"格局，正在逐步迈向高效综合发展阶段。

上文从三次产业结构的角度，通过纵向比较分析得出东北各省产业结构的发展情况，在三次产业中，第三产业占比程度是衡量一个地区发展水平和发达程度的重要标志，是国民经济的重要组成部分。因此，具体通过东北各省 2011～2020 年第三产业占比这个指标在 10 年中的变化情况，从横向的角度观察东北三省经济治理的发展趋势。

从图 3－2 可以清楚地看出，2011～2020 年东北地区的第三产业增加值占 GDP 比重整体呈现上升趋势。分省份来看，2011～2015 年，吉林省比重高于辽宁省、黑龙江省，第三产业占比在 50% 左右，但在 2016 年之后，辽宁省和吉林省占比基本保持一致，高于黑龙江省；在 2020 年，辽宁省比重超过吉林省，这说明，2016 年之后辽宁省加快了发展第三产业的步伐。由此可见，东北三省应该继续加快现代服务业与传统服务业互动发展，大力发展现代物流、高技术、交通运输等生产性服务业，为产业结构优化升级做支撑，从而促进东北地区经济平稳较快发展。

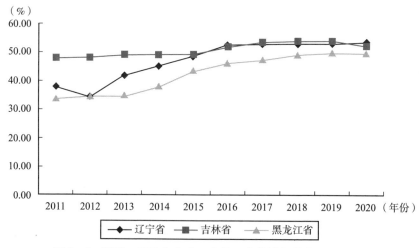

图 3－2　2011～2020 年东北三省第三产业增加值占 GDP 比重

3. 城乡差距发展情况

缩小城乡差距是实现共同富裕的关键，也是实现地区治理体系和治理能力现代化的前提条件。通过东北三省 2011～2020 年城乡居民收入比在 10 年中的变化情况，可以从城乡差距的角度看出东北地区经济治理的发展趋势。2021 年，中国居民人均收可支配收入为 35128 元，其中，东部地区居民人均可支配收入为 44980 元、中部地区居民人均可支配收入为 29650 元、西部地区居民人均可支配收入为 27798 元、东北地区居民人均可支配收入为 30518 元，与 2012 年相比，分别累计增长 110.1%、116.2%、123.5% 和 89.5%，可以看出，东北地区居民人均可支配收入虽然仅排在东部地区之后，但是其增速却是全国最低。从东北地区城镇居民收入的发展趋势来看，根据表 3－1 可以得出，东北地区城镇居民人均可支配收入历年来低于全国平均水平，2020 年东部、中部、西部和东北地区城镇居民人均可支配收入分别为 52027.1 元、37658.2 元、37548.1 元、35700.1 元，由此可以看出，东北地区城镇居民人均可支配收入与全国其他地区仍存在一定差距。具体来看，辽宁省在东北三省相对较高，与全国平均水平最为接近，吉林省和黑龙江省的城镇居民可支配收入较低；省际发展也不均衡，辽宁省城镇居民人均可支配收入在 2011～2020 年整体呈现增长趋势，但是增长速度逐渐变缓；而吉林省和黑龙江省城镇居民人均可支配收入在 2011～2020 年整体也呈现增长趋势；但辽宁省与另外两省的差距逐步变大。2020 年辽宁省与黑龙江的人均可支配收入绝对值的差额为 9260.9 元，相比 2011 年的 4770.8 元，十年间差距扩大了 0.94 倍，省际之间的收入差距持续扩大。

表 3－1　2011～2020 年东北三省及全国城镇居民人均可支配收入　单位: 元

年份	辽宁省城镇居民人均可支配收入	吉林省城镇居民人均可支配收入	黑龙江省城镇居民人均可支配收入	全国城镇居民人均可支配收入
2011	20466.8	17796.57	15696	21810
2012	23222.7	20208.04	17760	24565

续表

年份	辽宁省城镇居民人均可支配收入	吉林省城镇居民人均可支配收入	黑龙江省城镇居民人均可支配收入	全国城镇居民人均可支配收入
2013	25578.2	22274.6	19597	26955
2014	29081.7	23217.82	22609	28844
2015	31125.7	24900.86	24203	31195
2016	32876.1	26530.42	25736	33616
2017	34993.4	28318.75	27446	36396
2018	37341.9	30171.94	29191	39251
2019	39777.2	32299.18	30945	42359
2020	40375.9	33395.7	31115	43834

从东北地区农村居民收入的发展趋势来看，2020年中国农村居民人均可支配收入为17131.5元，其中东部、中部、西部以及东北地区农村居民人均可支配收入分别为21286元、16213.2元、14110.8元、16581.5元，由此说明东北地区农民居民可支配收入相比全国其他地区较高。除此之外，根据表3-2可以得出，东北地区农村居民人均可支配收入在2011~2020年整体呈现增长趋势，在2011~2014年高于全国平均水平，但2015年以后只有辽宁省高于全国平均水平，省际发展不均衡，辽宁省与另外两省的差距逐步变大。2020年，辽宁省与吉林省农村人均可支配收入绝对值的差额为1383.27元，相比2011年的787.55元，十年间差距扩大了0.76倍，由此说明东北地区之间的收入差距持续扩大。

表3-2　2011~2020年东北三省及全国农村居民人均可支配收入　单位：元

年份	辽宁省农村居民人均可支配收入	吉林省农村居民人均可支配收入	黑龙江省农村居民人均可支配收入	全国农村居民人均可支配收入
2011	8297.5	7509.95	7591	6977
2012	9383.7	8598.17	8604	7917

年份	辽宁省农村居民人均可支配收入	吉林省农村居民人均可支配收入	黑龙江省农村居民人均可支配收入	全国农村居民人均可支配收入
2013	10522.7	9621.21	9634	8896
2014	11191.5	10780.12	10453	9892
2015	12056.9	11326.17	11095	11422
2016	12880.7	12122.94	11832	12363
2017	13746.8	12950.44	12665	13432
2018	14656.3	13748.17	13804	14617
2019	16108.3	14936.05	14982	16021
2020	17450.3	16067.03	16168	17131

　　从城乡居民收入比的发展趋势来看，根据图 3 - 3 可知，2011 ~
2020 年东北地区的城乡居民收入比整体呈现先增长再下降的趋势。其
中，辽宁省城乡居民收入之比在 2014 年达到最大值，城乡居民收入比
为 2.6，在 2020 年缩小到 2.31，说明辽宁省收入分配格局明显改善；
吉林省城乡居民收入之比在 2011 年达到峰值，城乡居民收入比为 2.37，

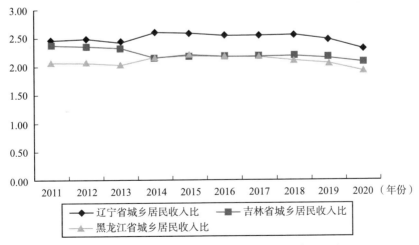

图 3 - 3　2011 ~ 2020 年东北三省城乡居民收入之比

在 2020 年下降为 2.08；黑龙江省城乡居民收入之比在 2015 年达到峰值，城乡居民收入比为 2.18，在 2020 年缩小为 1.92。由此说明，东北各省城乡居民收入得到了大幅度的提升，并且城乡收入差距持续缩小，推动了东北地区的共同富裕。

（二）政府治理体系发展情况

完善政府治理体系是提升地方政府治理体系现代化水平的必然要求。政府治理体系主要包括收入保障、安全维护、科教发展和城乡结构四个方面。

1. 收入保障发展情况

我们可以从纵向和横向角度来分析东北地区有关政府治理体系的发展情况，纵向主要是分别从辽宁省、吉林省和黑龙江省 2011～2020 年收入保障等方面来进行分析，横向主要是东北三省做比较。收入保障是衡量政府治理体系的重要因素，因此，通过东北各省 2011～2020 年地方财政一般预算内收入增速这个指标在 10 年间的变化情况，可以从收入保障的角度看出东北地区政府治理体系的发展趋势。

具体分析各省收入保障变化情况，辽宁省地方财政一般预算内收入在 2011～2019 年整体呈现先下降后增长趋势，其中 2015 年大幅度下降，随后在 2016 年有回升的态势，在 2013 年地方财政一般预算内收入达到最高值，为 3192.8 亿元；与此同时，当年的地方财政一般预算内收入增速为负数，其速度为 −33.37%，如图 3−4 所示，由此说明，辽宁省政府应该促进财政增收节支，控制财政支出，以提高资金效率。吉林省地方财政一般预算内收入在 2011～2019 年整体呈现上升趋势，2017 年、2019 年有小的波动，但是地方财政一般预算内收入增速呈现大幅度下降的趋势，其中 2016 年、2018 年、2019 年增速为负值，如图 3−5 所示。黑龙江省地方财政一般预算内收入在 2011～2019 年整体呈现先上升后下降再上升的趋势，其中 2014 年、2018 年达到了峰点，但是地方财政一般预算内收入增速则呈现先下降再上升后又下降的趋势，其中 2014 年、2015 年、2018 年、2019 年增速为负值，如图 3−6 所示。

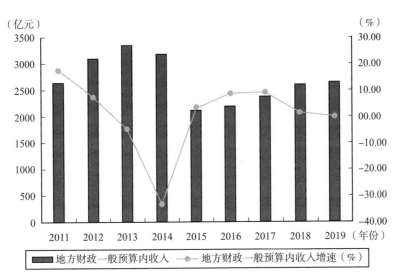

图 3 - 4　2011～2020 年辽宁省地方财政一般预算内收入及增速

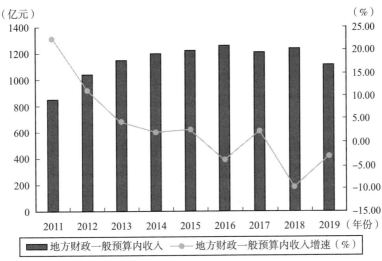

图 3 - 5　2011～2020 年吉林省地方财政一般预算内收入及增速

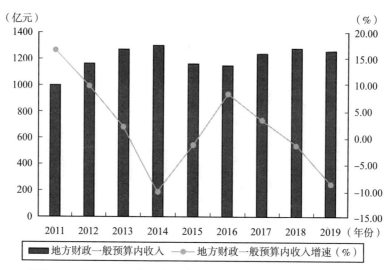

图 3 - 6　2011～2020 年黑龙江省地方财政一般预算内收入及增速

　　从对东北各省的纵向分析来看，东北各省 2011～2020 年地方财政一般预算内收入增速整体呈下降趋势。而在收入保障子系统中，影响政府治理的重要因素除了地方财政一般预算内收入之外，还有企业所得税占各项税收比例。因此，可以通过横向对比 2011～2020 年辽宁、吉林和黑龙江三省在企业所得税各项税收比例方面，说明东北地区政府治理的发展情况，如图 3 - 7 所示。从中可以清楚地看出，2011～2020 年东北三省企业所得税占各项税收的比重整体趋势平缓向上。吉林省在 2011～2018 年处于领先地位，企业所得税占各项税收的比重历年都在 12% 以上，而黑龙江省在 2011～2017 年企业所得税占各项税收的比重在东北三省中处于中间位置，但在 2018 年之后被辽宁省赶超，企业所得税占各项税收的比重在 10% 左右。辽宁省在 2011～2017 年间企业所得税占各项税收的比重在东北三省中占比最少，2018 年开始大幅度上升，并在 2019 年超过吉林省，在 2020 年企业所得税占各项税收的比重超过 17%。由此说明，东北地区企业整体收入增长幅度较大，整体发展呈现向好的态势。

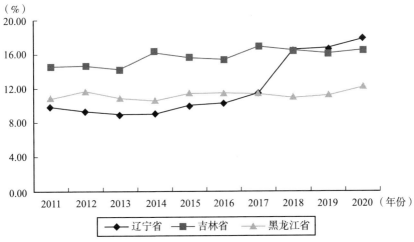

图 3 – 7　2011～2020 年东北三省企业所得税占各项税收比重

2. 安全维护发展情况

　　为了了解东北地区政府治理的发展情况，除了可以从收入保障等方面来分析外，还要分析东北各省安全维护的发展情况。安全维护主要体现在粮食安全方面，粮食安全是治国理政的头等大事，因此以东北各省 2011～2020 年的人均粮食产量这个指标在 10 年间的变化情况，分析东北地区政府治理的发展状况。东北地区是我国的重要粮食生产基地，根据《东北黑土地保护与利用报告（2021 年）》显示，2000～2021 年，东北地区粮食产量增长了近 2 倍，粮食产量占全国粮食总产量的比例由 12.74% 上升到 25.36%，粮食增加量占全国粮食产量增量的 50.71%，即全国一半的粮食增产量来自东北地区。2021 年，东北三省粮食增产达 153 亿斤，对全国粮食增产的贡献率达 57.2%，由此说明，东北地区的粮食安全发展呈现向好的态势。根据图 3 – 8 可以看出，辽宁省 2011～2020 年人均粮食产量整体趋势平缓向上，但人均粮食产量处在东北地区末位；2011～2020 年吉林省人均粮食产量在 1.1～1.6 吨，人均粮食产量整体向上提升，仅在 2018 年有下降趋势；2011～2020 年黑龙江省人均粮食产量在东北地区处于领先地位，整体呈现上升趋势，人均粮食产量历年都在 1.5 吨以上，反映出该地区粮食产量状况较为良好。东北地区应该继续深化改革，理顺粮食收储制度和价格体系，建立长效的制度和政策体系，同时也要建立适度的经营规模，确保粮食安全治理体系。

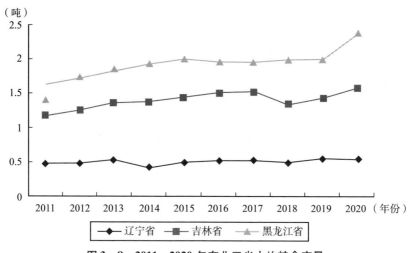

图 3-8　2011~2020 年东北三省人均粮食产量

3. 科教发展情况

科教发展情况主要是指对于科学和教育的重视程度，可以通过这两个指标对科教发展情况进行分析。科学技术在国家治理体系中占有十分重要的地位，是支撑现代国家治理的重要基础。通过东北各省 2011~2020 年科学支出占地方公共预算支出的比重这一指标在 10 年中的变化情况，可以从科教发展的角度看出东北地区政府治理的发展趋势。从图 3-9 可以看出，东北地区科学支出占地方公共预算支出的比重整体呈现下降的趋势，分地区来看，辽宁省处于领先地位，吉林省在 2013 年开始超过黑龙江省科学支出占比，排在第二位，黑龙江省排在最后一位，由此可知，辽宁省整体科技创新能力在东北地区具有相对优势。具体分析来看，2011~2020 年辽宁省科学支出占地方公共预算支出的比重整体呈现下降的趋势，仅在 2018 年有提升，尤其是在 2015 年及 2017 年，下降趋势明显；2011~2020 年吉林省科学支出占地方公共预算支出的比重平缓向下，无较大波动，但在 2013 年、2015 年、2017 年这三年有较大的提升，但是总体仍呈现下降的趋势；2011～2020年黑龙江省科学支出占地方公共预算支出的比重整体呈现下降的趋势，尤其在2018年，下降趋势明显。东北三省应该重视该变化情况，政府应该加强科技创新投入，使该地区科技创新能力的发展保持较高水平。

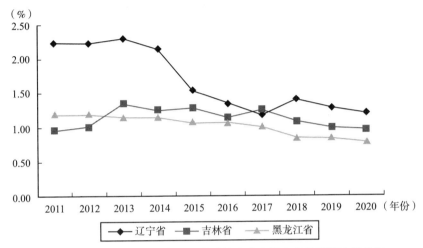

图3-9　2011～2020年东北三省科技支出占地方公共预算支出比重

科技支出占地方公共预算支出比重则体现了政府对科技的重视程度，而教育支出占地方公共预算支出比重则体现了地区对教育发展的支持力度。完善和发展中国特色高等教育制度，推进高等教育治理体系与治理能力现代化，是我国国家治理体系与治理能力现代化建设的重要组成部分。通过分析2011～2020年东北各省的教育支出占地方公共预算支出比重以说明东北地区政府治理的发展情况，如图3-10所示，东北地区2011～2020年教育支出在逐年增长，但是教育支出占地方公共预算支出的比重整体呈现下降的趋势，分地区来看，吉林省处于领先地位，教育环境在东北地区具有相对优势。具体分析，2011～2020年辽宁省教育支出占地方公共预算支出的比重从2011年13.93%下降到2020年12.37%，整体为下降的趋势，下降1.54个百分点，其中2012年大幅度下降，2015年略有上升；2011～2020年吉林省教育支出占地方公共预算支出的比重整体呈现出下降的趋势，仅在 2015 年有回升趋势，其中在 2012 年教育支出占比地方公共预算支出最高，达到了 18.25%；2011～2020 年黑龙江省教育支出占地方公共预算支出的比重也是整体呈现下降的趋势，尤其是在 2015 年后，教育支出占比低于辽宁省，排在东北地区教育支出占比地方公共预算支出的最后一位。因此，东北地区除了重视对科学技术方面的投入，也应该加大对教育经费的投入，推进我国教育治理体系与治理能力现代化，逐步完善政府与高等教育的关系，为东北地区的科教发展提供一个良好的环境氛围。

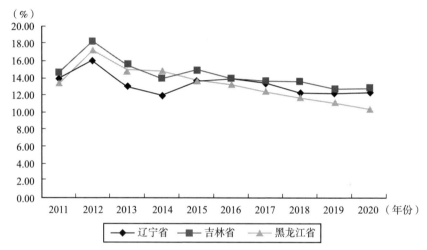

图 3 – 10　2011～2020 年东北三省教育支出占地方公共预算支出比重

4. 城乡结构发展情况

城乡结构发展情况主要是以城市化率为基准进行分析。城市化率的提升是实现城市治理体系和治理能力现代化的必由之路。通过东北各省 2011～2020 年城市化重这一指标在 10 年中的变化情况，可以从城乡结构的角度看出东北地区政府治理的发展趋势。从图 3 – 11 可以看出，2020 年全国常住人口城市化为 63.89%，辽宁省城市化率排名全国第 7 位、吉林省排名第 16 位，黑龙江省排名第 11 位，城市化率分别为 72.14%、65.69%、62.64%，由此说明，东北地区是我国城市化率水平较高的区域。其中，辽宁和黑龙江均高于全国平均水平，辽宁城市化

率最高，吉林省城市化略低于全国平均水平。与 2019 年相比，东北地区
城市化率均呈现不同程度的提高。以城市化人口和常住人口比值衡量的城
市化率来看，辽宁省城市化率在 2011～2020 年整体呈现上升趋势，十年
期间城市化率由 64.05% 上升到 72.14%，城市化率历年都在 60% 以上。
2020 年，辽宁城镇人口数量超 3000 万人，达到 3072 万人；吉林省城市化
率在 2011～2020 年整体呈现上升趋势，十年期间城市化率由 53.4% 上升
到 65.69%；黑龙江省城市化率在 2011～2020 年整体也呈现上升趋势，十
年期间城市化率由 56.5% 上升到 62.64%。从表 3－3 可以看出，在常住
人口方面，东北地区 2011～2020 年整体呈现下降趋势，辽宁省从 2015 年
常住人口开始下降，2020 年比 2011 年常住人口减少 128 万人；吉林省从
2016 年开始常住人口逐年下降，十年间常住人口减少 350 万人；黑龙江
省则是从 2014 年常住人口开始下降，2020 年比 2011 年常住人口减少 663
万人，是东北地区人口流失最严重的省份；由此可以得出，尽管目前东北
地区城市化水平处于全国的中上游水平，为政府治理发展提供了一定的基
础，但是近年来发展速度已经远远落后于全国平均水平，而且东北地区人
口不断流失，特别是高端人才的流失影响了政府治理的发展。

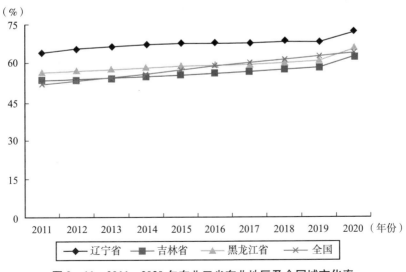

图 3－11 2011～2020 年东北三省东北地区及全国城市化率

表 3 − 3　　　　　　　2011～2020 年东北三省年末常住人口　　　　单位：万人

省份	2011 年	2012 年	2013 年	2014 年	2015 年	2016 年	2017 年	2018 年	2019 年	2020 年
辽宁省	4383	4389	4390	4391	4382.4	4378	4369	4359	4351.7	4255
吉林省	2749	2750	2751	2752	2753.32	2733	2717	2704	2690.73	2399
黑龙江省	3834	3834	3835	3833	3811.7	3799	3788.7	3773	3751.3	3171

（三）社会治理体系发展情况

社会治理体系是治理能力现代化的理想表达。党的十九大以来，我们党努力推进科学化治理、制度化治理以及智能化治理，网格化治理的推广就是其具体表现，因此，我国地方政府将社会和谐作为治理现代化的价值目标。地方政府社会治理体系主要包括医疗卫生、就业保障、环境保护、文化体育、农林水利、城乡社区六个方面。

通过 2011～2020 年东北各省社会治理方面支出占地方财政支出的比重变化情况，从社会治理的角度分析东北地区政府治理体系的发展情况。2011～2020 年东北地区在社会治理方面支出占比整体呈现上升趋势，2011 年，辽宁省社会治理方面支出占比为 44.9%，吉林省为 45.4%，黑龙江省为 44.2%，2020 年辽宁省、吉林省和黑龙江省分别支出占比为 55.3%、54.9%、62.2%，由此看出，黑龙江省在社会治理方面的支出占比高于辽宁省和吉林省，并且整体涨幅最大。根据图 3 − 12 可知，2011～2020 年辽宁省社会治理体系财政支出整体呈上升趋势，其中涨幅最大的财政支出是社会保障和就业支出占比，涨幅 10.75 个百分点；2011～2020 年地方财政城乡社区事务支出占比波动幅度较大，呈现先增长后下降的趋势，2014 年为占比峰值；农林水事务支出在 2016 年超过城乡社区事务支出占比，并达到峰值，但是随后在 2018 年又被城乡社区事务支出占比所超越；医疗卫生、环境保护、文化体育与传媒支出占比波动不大；在 2020 年，辽宁省在社会治理体系的地方财政较高支出为社会保障和就业支出、城乡社区事务支出以及农林水事务支出，分别占地方财政一般预算内支出的 27.58%、9.29%、8.39%。由此说明，辽宁省政府对社会保障、城乡事务以及农业方面的支持力度较大。

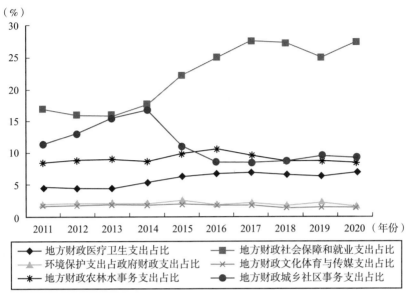

图 3 – 12 2011 ~ 2020 年辽宁省社会治理体系情况

根据图 3 – 13 可知，2011 ~ 2020 年吉林省社会治理体系财政支出整体呈上升趋势，其中涨幅最大的财政支出是社会保障和就业支出占比，涨幅 6.26 个百分点；在 2011 ~ 2020 年期间，城乡社区事务支出占比波动幅度较大，呈现先下降后增长再下降的趋势，在 2016 年达到峰值并超过社会保障和就业支出占比，随后在 2017 年逐渐下降；2011 ~ 2020年期间，吉林省地方财政在农林水事务支出呈上升趋势，环境保护和文化体育支出呈下降趋势，但是整体波动幅度不大。在 2020 年，吉林省在地方财政支出较高的项目为社会保障和就业支出、农林水事务支出、城乡社区事务支出，分别占地方财政一般预算内支出的 19.84%、14%、8.88%。由此说明，吉林省政府对于社会保障、农业以及城乡事务的支持力度较大，但同时也应该加大公共服务、环境保护方面的支出。

根据图 3 – 14 可以看出，黑龙江省社会治理体系方面的地方政府财政支出在 2011 ~ 2020 年期间波动较大，没有表现出普遍性波动规律。2011 ~ 2015 年期间地方财政社会保障支出和就业支出占比领先与其他

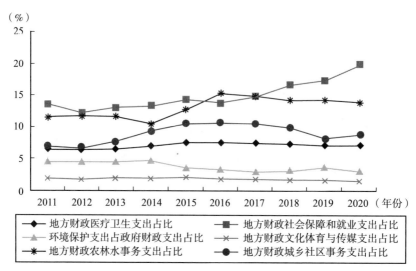

图 3 – 13　2011 ~ 2020 年吉林省社会治理体系情况

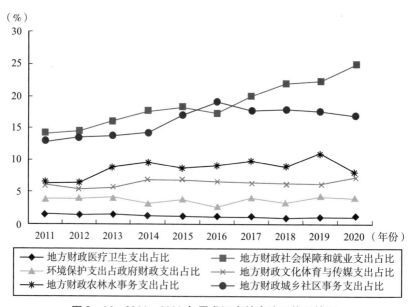

图 3 – 14　2011 ~ 2020 年黑龙江省社会治理体系情况

支出占比，2016 年地方财政城乡社区事务支出占比超过社会保障和就业支出占比，并且达到峰值。2011～2020 年期间，医疗卫生支出占比一直排在最后。2020 年，占比较高的为社会保障和就业支出、农林水事务支出、城乡社区事务支出，分别占地方财政一般预算内支出的 24.79%、16.78%、8.16%。由此说明，黑龙江省政府对于社会保障和就业的支持力度比较大。

二、治理体系现代化影响因素的发展现状

（一）人力资本发展情况

人力资本是治理体系现代化的重点领域，要把坚持和完善人才制度体系放到推进国家治理能力现代化的高度。通过 2011～2020 年东北各省自然增长率、人口密度等指标，从人力资本的角度来分析治理体系现代化的发展情况。

根据图 3－15 所示，从人口自然增长率方面来看，2011～2020 年东北地区人口自然增长率整体呈下降趋势，且长期低于全国平均水平。2020 年全国自然增长率为 1.4‰，而东北三省均出现负增长，分别为－2.5‰、－3‰、4.5‰，由此说明，东北地区可能存在人口净流出趋势。具体来看，2011～2020 年期间辽宁省自然增长率整体呈现下降趋势，虽然在 2014 年人口自然增长率由负转正，但随后又呈现出下降的态势，且连续 6 年人口出现自然负增长，2011 年辽宁自然增长率为－0.34‰，2020 年下降 2.16 个千分点。2011～2020 年期间吉林省自然增长率整体呈现下降趋势，虽然在 2014 年、2018 年有上升趋势，但是不影响大趋势的下降。2011～2015 年吉林省自然增长率虽然低于全国自然增长率，但是吉林人口自然增长率为正，随后在 2016 年自然增长率开始下降，变为－0.05‰，但是 2017 年吉林人口自然增长率由负转正，随后在 2019 年大幅下降。2011 年吉林省自然增长率为 1.02‰，2020 年下降 4.02 个千分点。2011～2020 年期间黑龙江省自然增长整

体呈现下降趋势，且降幅较大，尤其是 2020 年大幅下降。2011 年自然增长率为 1.07‰，2020 年下降 5.57 个千分点。可以看出，东北地区人口呈现负增长且出生率逐年减少，因此，东北地区要实施积极人口政策，加大生育养育补助力度；推进产业转型升级，形成经济发展新动力，以留住和吸引人才。

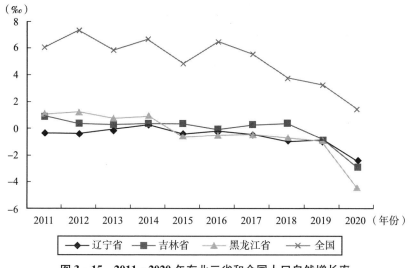

图 3 - 15　2011～2020 年东北三省和全国人口自然增长率

2020 年，第七次全国人口普查数据显示，东北地区人口为 9851.1 万人，比 1949 年增加了 6000.2 万人。但是从人口增速上看，改革开放以后，东北地区人口年增速不断降低，并长期低于全国水平。2011 年东北地区人口年增速跌破 0，出现负增长，人口净流出现象一直持续到现在。从人口密度来看，2011～2020 年东北地区人口密度呈下降趋势，从省份来看，辽宁省人口密度高于吉林省和黑龙江省，人口密度历年都在 200 人/平方公里，而吉林省人口密度在 100～150 人/平方公里，黑龙江省人口密度在 100 人/平方公里以下。明显可以看出，辽宁和吉林省人力资本优于黑龙江省，但是东北各省人口外流形势仍然在进一步持续。

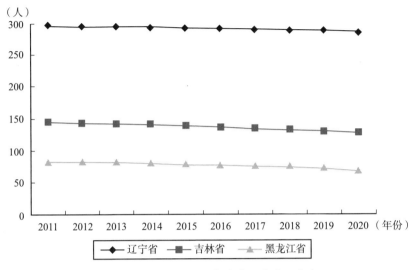

图 3 – 16　2011 ~ 2020 年东北三省人口密度

（二） 对外贸易发展情况

对外贸易依存度能够反映一个地区的市场开放程度，同时也能揭示一个地区经济对外贸易的依赖程度。从总体上看，2011 ~ 2020 年东北地区对外贸易依存度低于全国水平，分地区来看，辽宁省对外贸易依存度平均水平最高，其次是吉林省、黑龙江省。具体分析东北各省对外贸易依存度，根据图 3 – 17 可以看出，2011 ~ 2020 年辽宁省对外贸易依存度呈现先下降后上升的趋势，在 2015 年达到 10 年以来的最低值，为 20. 85%，2016 年开始逐渐上升，到 2018 年达到 10 年以来的最高值，为 29. 89%，另外，辽宁省对外贸易依存度与全国相比，正在逐渐缩小差距。2011 ~ 2020 年吉林省对外贸易依存度整体呈现下降趋势，近 10 年的外贸依存度均值处于 10. 6% 的水平，对外贸易依存度较低，在 2017 年达到近 10 年以来最低值，为 8. 2%，与全国相比，吉林省对外贸易依存度最高为 2011 年的 13. 47%，全国最高为 2011 年的 48. 9%，是吉林的 3 倍之多。2011 ~ 2020 年黑龙江省对外贸易依存度整体呈下降趋势，特别是 2011 ~ 2016 年，从 19. 77% 下降至 7. 11%，下降 12. 66 个百分点，在 2017 年有回升趋势，随后 2020 年又呈现下降趋势，下降至 11.22%，与全国水平相比，对外贸易依存度还比较低，始终与全国平均水平存在 20 个百分点以上的差距。由此可以得出结论，东北三省中，吉林省、黑龙江省对外贸易依存度较低，会影响到其参与国际分工的能力，对外贸易竞争力有待加强。因此，东北地区应该加大经贸往来，进一步发展对外贸易，优化出口商品结构。

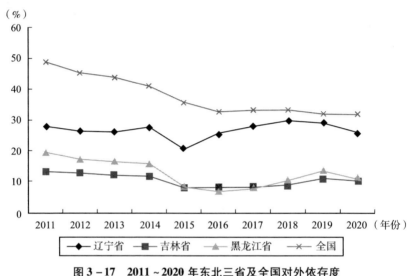

图 3 - 17　2011 ～ 2020 年东北三省及全国对外依存度

（三）基设交通发展情况

基设交通是治理体系现代化的重要组成部分。基础设施和交通运输的高质量发展对地区现代治理能力和治理效能的发展有明显的提升。通过东北各省 2011 ～ 2020 年公共客运量这个指标的变化情况，可以从基设交通的角度看出东北地区治理体系现代化水平的发展趋势。从图 3 - 18可以看出，2011 ～ 2020 年东北地区公共客运量人数在整体上呈现下降趋势。辽宁省公共客运量在东北三省排在首位，近 10 年下降幅度最多，从 2011 年 86013 万人下降到 2020 年的 26221 万人。具体分析东北各省公共客运量，辽宁省在 2011 ～ 2020 年期间呈现下降趋势，虽然在 2012年、2014 年有小幅度上升，但是不影响大趋势的下降，尤其是在 2020

年大幅下降。吉林省在2011～2020年呈现下降趋势，主要有两个大幅度下降阶段，分别是2013年和2020年。黑龙江省在2011～2020年同样也呈现下降趋势，并且在东北地区公共客运量人数最少，在2019年之后客运量不到1000万人。以上说明，地方政府应该广泛应用新技术努力提高公共交通的总体效率，不仅要提高单车、单线和区域的效率，也要努力提高不同公共交通方式间的转乘/衔接效率。

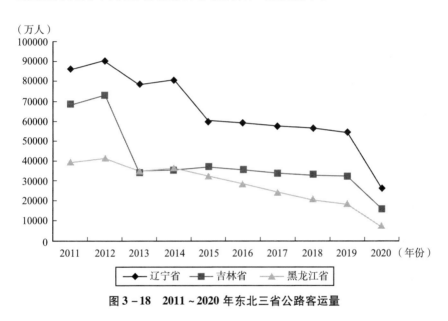

图3－18 2011～2020年东北三省公路客运量

第二节 东北地方政府治理能力现代化现状

一、东北地方政府治理能力现代化现状

（一）经济能力发展情况

经济治理能力现代化是推进国家治理体系和治理能力现代化的重要

环节。刘承礼认为，经济治理能力是政府与市场对经济主体进行调节的能力，可以通过东北各省 2011~2020 年地区生产总值以及增速这两个指标，从经济能力的角度分析东北地区政府治理能力现代化的发展趋势。

从整体经济规模看，2020 年东部、中部、西部、东北地区生产总值分别为 525752.3 亿元、222246.1 亿元、213291.9 亿元以及 51124.8 亿元，占全国比重分别为 51.9%、22.0%、21.2% 以及 5.0% 东北地区占比较小。由此可以看出，东北地区生产总值落后于其他地区。从东北三省来看，2020 年，辽宁省经济发展处于东北地区领先地位，排名全国第 16 位，吉林省和黑龙江省分别排名第 26 位、25 位，除此之外，2020 年只有吉林国内生产总值（GDP）增速（2.4%）超过全国增速（2.3%）。具体分析东北各省经济能力发展状况。从图 3-19 可以看出，2011~2020 年辽宁省 GDP 呈现逐年上升趋势，但是 GDP 增速整体呈现下降趋势，且波动较大；在 2011~2016 年呈现下降趋势，随后在 2017 年有回升的态势，2020 年又呈现下降的趋势；在 2011 年辽宁省地区生产总值为 16354.93 亿元，地区生产总值增速为 10.2%。而 2020 年辽宁省地区生产总值为 25115 亿元，地区生产总值增速为 0.6%，同比 2011 年下降 9.6 个百分点。2011~2020 年吉林省 GDP 吉林省 GDP 呈现逐年上升趋势，但是 GDP 增速整体呈现下降趋势，虽然在 2013 年、2016 年有上升趋势，但是不影响大趋势的下降。2020 年吉林省地区生产总值为 12311.32 亿元，GDP 增速为 2.4%，同比 2011 年下降 8.1 个百分点。黑龙江省地区生产总值在 2011~2020 年呈现上升趋势，但是 GDP 增速同样呈现下降趋势，虽然在 2015 年、2017 年、2019 年有小的波动，之后又呈下降趋势。2020 年黑龙江地区生产总值为 13698.5 亿元，GDP 增速为 1%，同比 2011 年下降 9.9 个百分点。通过以上数据分析可以看出，2020 年东北三省经济增速普遍不高，东北地区应该加强体制机制的改革，大力扫除体制机制障碍，为东北地区经济高质量发展做好铺垫。

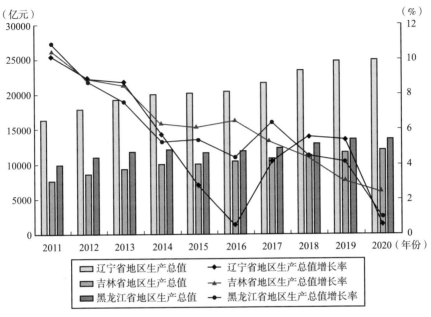

图 3 -19　东北三省地区生产总值和增长率

（二）安全能力发展情况

安全能力主要包括能源安全和社会安全，可以从城市煤气和液化石油气总量以及城镇医疗保险、基本养老保险、失业保险参保人数的指标对该能力的发展情况进行分析。安全能力是于政府治理能力现代化发展的保障，通过东北各省 2011～2020 年的指标在 10 年中的变化情况，看出东北地方政府安全能力的发展情况。

在能源安全方面，从图 3 -20 可以看出，2011～2020 年东北三省城市煤气和液化石油气总量整体呈现上升趋势，反映出东北三省在能源安全方面发展情况较为良好。其中，辽宁省煤气总量位居东北三省首位，并且涨幅最大，在 2020 年达到了 405756 万立方米，吉林省煤气总量在 2018 年以前落后于黑龙江省，在 2020 年，吉林省煤气总量达到 187954 万立方米，同年，黑龙江省煤气总量达到 147380 万立方米，总量排在东北三省最后一名。从图 3 -21 可以看出，辽宁省城市液化石油气在东北三省排名第一, 在 2020 年达到了 503754 吨; 吉林省在 2020 年达到了 101925 吨, 仅仅是辽宁省的 1/5; 而黑龙江省也是辽宁省的 1/5, 拥有液化石油气 101716 吨。

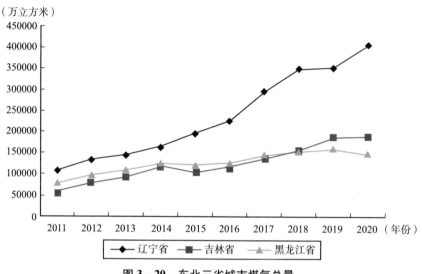

图 3 – 20　东北三省城市煤气总量

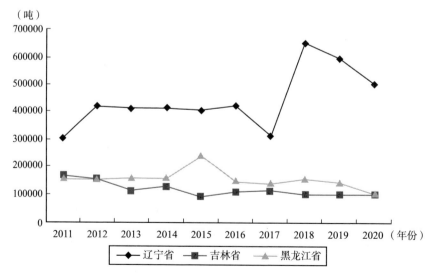

图 3 – 21　东北三省城市液化石油气总量

在社会安全方面，从图 3 - 22、图 3 - 23 和图 3 - 24 可以看出，2011～2020 年，城镇基本医疗保险参保人数最多，其次是城镇职工基本养老保险人数，最后是失业保险参保人数，由此可见医疗保险在社会安全中的重要性。具体分析东北地方政府各省情况，2011～2020 年辽宁省城镇职工基本养老保险、城镇基本医疗保险和失业参保人数基本保持不变，但城镇基本医疗保险在 2013 年、2015 年、2017 年出现参保人数下降，在 2018 年出现大幅上升趋势。2011～2020 年吉林省城镇职工基本养老保险、失业参保人数基本保持不变，但城镇基本医疗保险参保人数在 2019 年开始呈现大幅下降趋势。从 2018 年的 4919924 人减少到 2019 年的 1652811 人。2011～2020 年黑龙江省城镇职工基本养老保险、城镇基本医疗保险和失业参保人数基本保持不变。以上反映出东北各省政府应该继续完善兜底保障机制，提高各项参保人数，形成现代化多层次的参保机制，推动社会和谐发展。

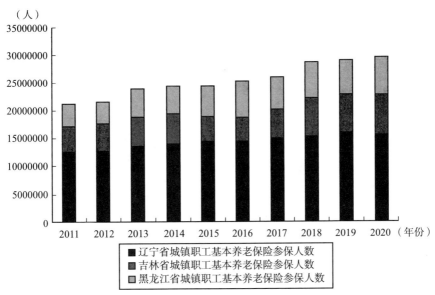

图 3 - 22　东北三省城镇职工养老保险参保人数

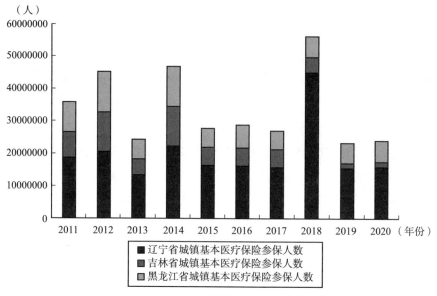

图 3 - 23   东北三省城镇基本医疗保险参保人数

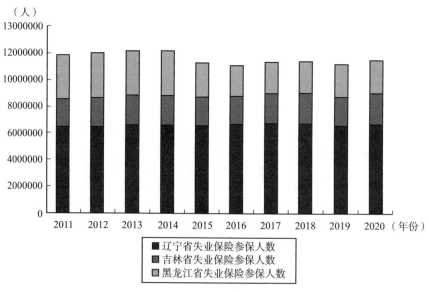

图 3 - 24   东北三省失业保险参保人数

（三）生态能力发展情况

生态能力主要包括资源利用和环境保护两方面的内容，可以通过生活垃圾无害化、污水处理厂集中处理率、城市建成区绿化覆盖率、农林水利事务支出指标数据对生态能力的发展情况进行分析。生态能力是政府治理能力现代化发展的基础，通过对东北三省 2011~2020 年指标数据的变化情况，分析辽宁省、吉林省和黑龙江省生态能力现代化发展趋势。

从表 3-4 可以直观地看出，从 2011~2020 年东北各省在生活垃圾无害化处理率呈现大幅度的提升，在 2020 年处理率均已达到 99% 以上，反映出东北三省城市生活垃圾得到了及时有效的处置。其中，2020 年，辽宁省生活垃圾无害化处理率 99.5%，吉林省生活垃圾无害化处理率 100%，黑龙江省生活无害化处理率 99.9%。

表 3-4　　　2011~2020 年东北地区生活垃圾无害化处理率　　单位：%

省份	2011 年	2012 年	2013 年	2014 年	2015 年	2016 年	2017 年	2018 年	2019 年	2020 年
辽宁	80.45	87.16	87.61	91.60	95.23	93.27	99.05	99.57	99.42	99.50
吉林	49.21	45.79	60.85	61.90	84.70	86.30	71.78	87.23	90.24	100.00
黑龙江	43.69	47.58	54.41	58.90	78.24	80.62	82.73	86.94	95.49	99.90

生活垃圾无害化处理率体现了地区环境的治理情况，而农林水事务支出占公共地方财政支出的比重体现地区政府对当地环境保护的支持力度。通过东北各省 2011~2020 年农林水事务支出占地方公共财政预算支出的比重这一指标变化情况，可以分析东北地区政府生态治理能力的发展趋势。从图 3-25 可以看出，2011~2020 年东北三省农林水事务支出整体呈现上升趋势，其中辽宁省上升幅度较小，虽然在 2013 年有上升趋势，在 2014 年开始农林水事务支出金额下降，2016 年又逐渐增加支出，从 2013 年开始辽宁省农林水事务支出占地方公共财政预算支出的比重超过 8%。吉林省在 2011~2020 年期间，吉林省农林水事务支出

占地方公共财政预算支出的比重均超过10%，特别是在2016年农林水事务支出占比达到顶峰，农林水事务支出在整体上呈现上升趋势，虽然在2014年、2015年、2016年有下降趋势，但是不影响大趋势的上升。黑龙江省在2011~2020年期间农林水事务支出涨幅最大，虽然在2014年有下降趋势，但仍高于其他两省，但黑龙江省农林水事务支出占公共财政支出占比呈现先增长后下降的趋势，在2016年达到顶峰。因此，黑龙江省需要重视该变化情况，政府应该不断加强农林水事务投入，使该地区的生态环境高质量发展。

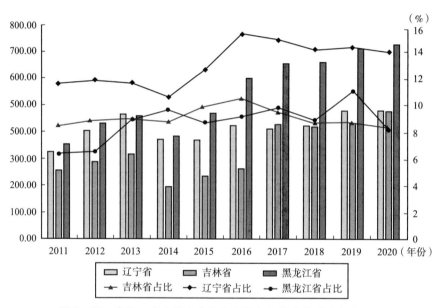

图3-25　东北三省农林水事务支出及占公共地方财政支出比重

（四）公共服务能力发展情况

公共服务能力主要包括文化设施建设、教育水平以及医疗能力。公共服务能力是经济社会发展文明程度的重要标志，努力提升公共服务能力是我国地方政府治理能力现代化的重要一环。由此，本书站在公共服务能力的角度来分析东北地方政府治理能力现代化的现状情况。由表3-5可以看出，东北各省在 2011～2020 期间文化、教育以及医疗水平均呈现上升趋势，表明东北各省的公共服务能力在不断提升，有利于地方政府治理能力现代化的发展。其中，在人均公共图书馆藏书量、人均教育支出指标上，黑龙江省远低于辽宁省和吉林省；在医院、卫生院床位数以及执业医师和职业助理指标上，吉林省远低于辽宁省和黑龙江省，这反映出黑龙江省和吉林省仍与辽宁省在公共服务能力方面有差距。为了缩小东北三省的省际差距，吉林省应加强对医疗卫生服务的投入，除此之外，黑龙江省也应加强对文化设施建设以及教育能力方面的投入。

表 3－5　　　　　　　　2011～2020 年东北三省公共服务能力

地区	人均公共图书馆藏书量（册）		人均教育支出（元）		医院、卫生院床位数（张）		执业医师和执业助理医师数（人）	
	2011 年	2020 年	2011 年	2020 年	2011 年	2020 年	2011 年	2020 年
辽宁省	0.81	1.05	1065.05	1444.74	189345	269057	95821	124669
吉林省	0.56	0.92	878.84	1786.77	97478	141367	53865	78433
黑龙江省	0.47	0.59	775.06	1384.50	145021	219677	78652	98275

二、治理能力现代化影响因素

（一）人口因素

人口是社会治理的核心要素，人口治理同人口管理一样，是国家在新时期制定各项政策的重要依据，是在城市化中实现治理现代化的关键领域。现代化的国家治理体系更加强调以人为本，更加重视人口治理，以东北各省 2011～2020 年的城镇常住人口这个指标变化情况，可以从人口角度看出东北地区治理能力现代化的发展趋势。根据图 3－26 所示，东北地区近 10 年城镇常住人口数量整体呈现下降趋势，特别是在 2020 年，东北各省呈现大幅度下降。分省来看，辽宁省城镇常住人口人数最多，吉林省城镇常住人口数量在东北三省仍处于落后地位；与

2011 年相比，黑龙江省城镇人口流失最严重，减少人数 2223.4 万人；辽宁省和吉林省分别减少 1183 万人和 1182.8 万人，三省合计减少 4589 万人，由此可见，近十年有大量的城市人口从东北迁出，人口流失严重。具体分析各省人口变化情况，辽宁省在 2011～2019 年城镇常住人口变动幅度不大，但是在 2020 年出现断崖式下降，全年城镇常住人口为 3072 万人，比上年年末人口减少 1120 万人；吉林省和辽宁省变化趋势相同，在 2011～2019 年城镇常住人口变动幅度不大，但是在 2020 年出现大幅度下降，全年城镇常住人口为 1325 万人，比上年年末人口减少 1072 万人；黑龙江省同样也是在 2020 年开始呈现大幅度下降趋势，全年城镇常住人口为 1561 万人，比上年年末人口减少 1949 万人，人口流失速度加快。

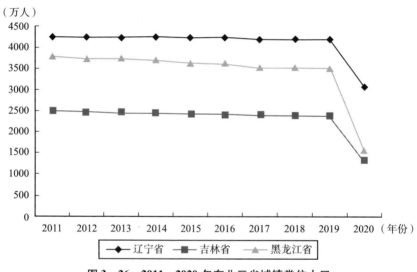

图 3 - 26　2011～2020 年东北三省城镇常住人口

（二）就业因素

就业是民生之本、财富之源。不断扩大就业，创造更多就业岗位，实现更加充分更高质量就业，推动劳动者体面劳动、全面发展，对于保障广大人民群众的生存权、发展权具有十分重要的地位和作用，也是扎实推动治理能力现代化发展和共同富裕的重要前提和基础。通过东北各省 2011～2020 年城镇非私营单位从业人员人数这个指标的变化情况，从就业的角度来分析东北地方政府治理能力现代化的现状情况。

从图 3-27 可以看出，东北各省在 2011～2020 年期间城镇非私营单位从业人员人数变化幅度不大。分省来看，辽宁省处于领先地位，但在 2011～2020 年城镇非私营从业人员人数整体呈下降趋势，尤其是在 2013 年开始大幅下降，在 2020 年从业人员不到 500 万人；黑龙江省城镇非私营从业人员人数在 300 万人到 500 万人之间，吉林省在 300 万人以下。可以看出，辽宁省和黑龙江省两地城镇非私营从业人员人数高于吉林省，整体就业形势都较吉林省具有优势。

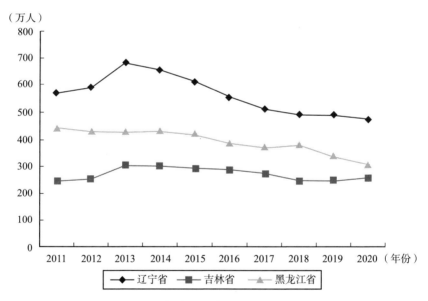

图 3-27　2011～2020 年东北三省城镇非私营单位从业人员人数

（三）创新因素

创新是治理体系现代化能力发展的核心因素。创新能力对于提升治理体系现代化能力水平具有重要影响。通过东北各省 2011～2020 年专利申请数这个指标的变化情况，可以从创新能力的角度看出东北治理能力现代化的发展水平趋势。从图3-28可以看出，2011～2020年东北地区专利申请数量总体呈现上升的趋势，但是占全国比重总体呈现下降的趋势。分省来看，2011年辽宁省专利申请数量排名全国11位，吉林省排名第22位、黑龙江省排名第17位，专利申请数量分别为37102件、8196件、23432件；2020年辽宁省专利申请数量排名全国17位、吉林省和黑龙江省分别排名24位、22位，这说明2011～2020年东北地区的创新能力在不断增加，但是与全国其他地区的差距在逐渐增大。从专利申请数量占全国比重来看，辽宁省在东北三省占全国比重最高，科技创新能力相对较强，但是从变化趋势来看，辽宁省在2011～2017年期间专利申请数量下降幅度最快，随后在2018年开始逐渐上升；与此同时，吉林省、黑龙江省在2018年专利申请数量也开始呈上升趋势，说明东北三省的科技创新能力在不断增强，同时吉林省和黑龙江省的专利申请数量差距在不断变小。

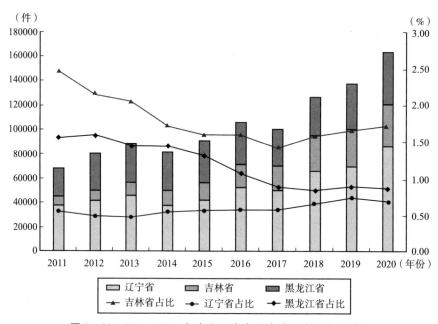

图3-28　2011～2020年东北三省专利申请及全国占比情况

第三节　东北地方政府治理体系
与治理能力协同现状

为进一步了解东北各城市治理体系和治理能力现代化的差异及现状，本部分从经济能力、创新能力、公共服务、基础设施等方面对东北各城市相关数据进行横向对比，其中有个别城市指标数据尚未公开，在这些方面不纳入对比分析行列。

一、经济能力情况

张弘认为较低的收入阶段，治理能力与经济产出的相关性不高，但在较高的收入阶段，治理能力与经济产出则呈现出强相关，治理能力的提升也伴随着显著的经济增长。经济发展是推进地方政府治理体系和治理能力现代化的前提条件。通过 2011～2020 年 34 市地区生产总值增长率这一指标的变化，可以从经济能力的角度分析东北地区治理体系和治理能力的协同发展趋势。

经济能力主要包括地区生产总值增长率和城市化率。2011～2020 年期间，东北各城市地区生产总值增长率整体呈下降趋势，说明东北各城市经济发展速度变缓，必须要转变经济结构，以激发其活力。2021 年东北 34 市中没有 GDP 过万亿的城市，最高的城市大连为 7826 亿元，全国排名第 29 位，沈阳市和长春市 GDP 总量均突破 7000 亿元大关，其中沈阳市 GDP 占辽宁省 GDP 的 26.3%，长春市 GDP 占吉林全省 GDP 的 53.7%。哈尔滨在东北三个省会城市中 GDP 总量最少，仅为 5352 亿元，但 GDP 占黑龙江省 GDP 的 36%。2020 年，东北三省各城市地区生产总值增长率排在前三的城市分别为辽源市、长春市、齐齐哈尔市，辽源市以 3.7% 的地区生产总值增长率位居首位；排名后三位的城市已经出现经济负增长，分别为七台河市、抚顺市和葫芦岛市。与

2010 年对比，白山市的地区生产总值增长率出现明显下降，排名后退了 27 位，其次是牡丹江市地区生产总值增长率有所下降，排名后退了 19 位。长春市、黑河市地区生产总值增长率上升趋势最为明显，排名分别上升 23、22 位。

表 3－6　　　　2011～2020 年东北 34 市地区生产总值增长率

地区	地区生产总值增长率（%）		排名		排名上升/降低
	2011 年	2020 年	2011 年	2020 年	
沈阳市	12.29	0.75	29	20	+9
大连市	13.5	0.9	23	19	+4
鞍山市	11	0.35	32	27	+5
抚顺市	13.7	－3	19	33	－14
本溪市	13.6	2.5	21	9	+12
丹东市	13.6	0.35	22	26	+4
锦州市	13.2	0.05	27	31	－4
营口市	13.9	1.6	13	16	－3
阜新市	13.7	2.3	20	11	+9
辽阳市	13.5	0.7	24	21	+3
铁岭市	13.8	2.3	16	10	+6
朝阳市	13.9	2.8	14	8	+6
盘锦市	13.9	3.1	15	6	+9
葫芦岛市	12.1	－4.8	30	34	－4
长春市	13.3	3.6	25	2	+23
吉林市	14.3	0.6	8	23	－15
四平市	17.6	3.3	1	5	－4
辽源市	15.2	3.7	7	1	+6
通化市	16.5	1.6	4	15	－11
白山市	16.7	0.1	3	30	－27
白城市	16.7	1.4	2	17	－15

地区	地区生产总值增长率（%）		排名		排名上升/降低
	2011 年	2020 年	2011 年	2020 年	
松原市	13.8	2.1	17	13	+4
哈尔滨市	12.3	0.55	28	24	+4
齐齐哈尔市	14	3.5	11	3	+8
牡丹江市	15.53	0.38	6	25	−19
佳木斯市	14.2	2.8	9	7	+2
鸡西市	14	2.1	12	12	0
鹤岗市	14.1	0.3	10	28	−18
双鸭山市	15.8	1.2	5	18	−13
七台河市	5.3	−2.5	34	32	+2
黑河市	13.3	3.5	26	4	+22
伊春市	8	0.16	33	29	+4
大庆市	12.06	0.7	31	22	+9
绥化市	13.8	2	18	14	+4

地区生产总值增长率是衡量一个地区总体经济实力增长速度的标志，是反映一个地区政府治理能力的直观体现，而城镇化这一指标可以体现出当地经济发展的水平。通过分析东北 34 市的城镇化对地区政府治理体系和治理能力现代化具有重要影响，如图 3 - 29 所示，以城镇化人口与常住人口比值衡量，2020 年东北 34 市中有 19 座城市的城镇化超过了全国水平（63.89%），共有 6 座城市的城镇化超过 80%，分别为伊春市、沈阳市、鹤岗市、盘锦市、大连市以及白山市，其中排名第 1 的伊春市城镇化达到了 84.65%；排名后五位的城市分别为朝阳市、松原市、绥化市、牡丹江市、佳木斯市，城镇化分别为 50.17%、47.11%、44.09%、28.51%、24.19%。综上分析，虽然东北多数城市城镇人水平较高，为政府治理体系和治理能力现代化建设提供一定的基础，但是东北各市人口大多仍处于净流出城市，因此，东北各市应该充分发挥区

位优势和资源禀赋条件，集中力量加强东北三省区域中心城市建设，打造中心城市都市圈，吸引人才留住，提升地区经济能力。

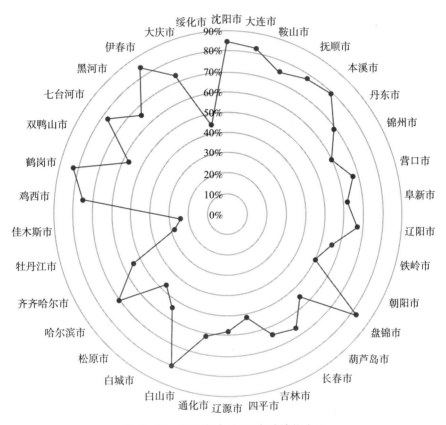

图 3－29　2020 年东北 34 市城镇化水平

二、创新能力情况

创新能力是政府治理体系和治理能力现代化的核心要素，科技支出占比可以体现出当地对科技创新能力的支持力度。通过东北 34 市的科技支出占地方公共财政预算支出比重的变化情况以及各市之间的对比，可以分析东北各市科技创新能力的发展趋势。

从表 3－7 可以看出，2020 年科学支出占比排在前五的分别为大连

市、沈阳市、长春市、七台河市、哈尔滨市，占比分别为 2.3％、
2.1％、1.71％、1.7％、1.09％；排在后五位的分别是朝阳市、伊春
市、四平市、本溪市、葫芦岛市。与 2011 年相比，东北各市科学支出
占地方公共财政支出的比重整体呈下降趋势。2011～2020 年，东北 34
市排名上升最多的城市是七台河市，从第 33 名上升到第 4 名，上升
1.38 个百分点；排名下降幅度最大的城市是本溪市，从第 9 名下降到
33 名，下降 1.46 个百分点。由此说明，东北各市政府应该进一步优化
经费投入结构，不断加强科技创新投入，提高投入质效，促进地区科技
创新能力的发展。

表 3-7　　　　　　　2011～2020 年东北 34 市创新能力

地区	科学技术占比（％）		排名		排名上升/降低
	2011 年	2020 年	2011 年	2020 年	
沈阳市	3.18	2.10	2	2	0
大连市	4.51	2.30	1	1	0
鞍山市	0.86	0.34	17	14	+3
抚顺市	0.96	0.23	16	22	-6
本溪市	1.54	0.08	9	33	-24
丹东市	0.77	0.14	22	27	-5
锦州市	0.85	0.31	19	16	+3
营口市	1.64	0.29	7	18	-11
阜新市	0.69	0.23	24	21	+3
辽阳市	1.50	0.45	10	9	+1
铁岭市	1.87	0.39	4	11	-7
朝阳市	1.04	0.13	13	30	-7
盘锦市	0.97	0.81	15	7	+8
葫芦岛市	1.15	0.06	12	34	-24
长春市	0.85	1.71	18	3	+15
吉林市	0.99	0.28	14	19	-5

地区	科学技术占比（%）		排名		排名上升/降低
	2011 年	2020 年	2011 年	2020 年	
四平市	0.35	0.10	32	32	0
辽源市	0.60	0.14	26	26	0
通化市	1.74	0.96	6	6	0
白山市	0.38	0.22	31	23	+8
白城市	0.47	0.29	28	17	+11
松原市	0.15	0.14	34	29	+5
哈尔滨市	2.07	1.09	3	5	−2
齐齐哈尔市	1.57	0.32	8	15	−7
牡丹江市	1.77	0.26	5	20	−15
佳木斯市	0.43	0.36	30	13	+17
鸡西市	0.76	0.72	23	8	+15
鹤岗市	0.78	0.20	21	25	−4
双鸭山市	0.66	0.14	25	28	+3
七台河市	0.32	1.70	33	4	+29
黑河市	0.52	0.22	27	24	+3
伊春市	1.16	0.11	11	31	−20
大庆市	0.80	0.40	20	10	+10
绥化市	0.46	0.38	29	12	+17

三、公共服务情况

衡量东北地方政府治理体系与治理能力，不仅要看东北地区的经济、创新等能力，还要考虑基本公共服务发展质量，公共服务发展质量是衡量经济社会发展文明程度的重要标志，高质量公共服务是人民群众获得感、幸福感和安全感的重要来源，是国家治理体系和治理能力现代化的重要体现。以东北地区 34 市公共服务的数据横向对比分析生态环境服务、教育服务、公共卫生服务以及社会保障服务四个方面的发展情况。

生态环境治理是公共服务高质量发展的基础。根据表 3 - 8 可以看出，在生态环境服务方面，东北 34 市中有 23 个城市的生活垃圾无害化处理率达到 100%，有 7 个城市生活垃圾无害化处理率达到 90% 以上，只有丹东市、通化市、白城市、鸡西市 4 个城市的生活垃圾无害化处理率比较低，说明这 4 个城市需要加强环境保护的投入，确保生态文明的绿色发展。

"人才资源是第一资源"，各城市的竞争归根到底就是人才的竞争，而高等学校则是人才的集中地。因此，考察各城市的高等学校数量有一定意义。2000 ~ 2019 年，东北公共教育投入人均值由 141.54 元增至 1625.55 元，2019 年是 2000 年的 11.43 倍，说明东北地区的教育建设在不断增加。具体分析东北各市公共教育对比情况，2020 年，东北 34 市中每百万人普通高等学校数最多的五个城市分别是本溪市、沈阳市、哈尔滨市、长春市和大连市，分别拥有 5.3 所、5.18 所、5 所、4.52 所、4.03 所；排名后 5 位的城市分别为鞍山市、白城市、葫芦岛市、盘锦市、绥化市，分别拥有 0.6 所、0.44 所、0.41 所、0.35 所和 0.27 所，与其他城市有着较大的差距，需要进一步提升当地的教育建设投入。

公共卫生是公共服务高质量发展的重要组成部分。在公共卫生服务方面，2000 年以来东北地区公共卫生投入 18.09%，期间 2005 年以来年均增长 19.06%，2010 年以来年均增长 10.42%，2015 年以来年均增长 4.98%，这意味着东北地区对于公共卫生投入呈明显上升趋势。具体分析东北各市公共卫生对比情况，2020 年，东北 34 市医生数排在前五的城市分别为沈阳市、长春市、哈尔滨市、大连市和吉林市，东三省省会城市均上榜，医生数分别为 33644 人、29854 人、23298 人、17851 人、14068 人；而排名后五位的城市为本溪市、双鸭山市、辽源市、鹤岗市、七台河市，由此可以看出他们在公共卫生方面的资源比较匮乏。但是与 2011 年相比，东北 34 城市在公共卫生服务能力方面整体呈上升趋势，可以为人民提供更好的医疗服务。

社会保障是公共服务高质量发展的支撑。2000～2019 年，东北公共服务保障人均投入由 408.74 元增至 7613.15 元，2019 年是 2000 年的 18.63 倍；东北公共服务保障占财政支出比由 37.5% 升至 56.05%。具体分析东北各市社会保障对比情况，2020 年，沈阳市、哈尔滨市、大连市、齐齐哈尔市、吉林市在社会保障和就业支出排在东北 34 市的前五名，分别支出为 266.23 亿元、260.41 亿元、231.44 亿元、136.65 亿元以及 135.93 亿元，约为 2011 年的 2 倍支出，说明这些地方政府在社会保障服务方面给予了较大支持，使得人民在就业、养老等方面有了良好的保障。盘锦市、辽源市、黑河市、鹤岗市、七台河市在社会和就业支出方面排名靠后。除此之外，与辽宁、吉林两个省份的绝大多数城市相比，黑龙江省地级市在后五位的排名中上榜居多，说明该省份政府应该加强对当地养老等有关社会保障的服务以及相关的政策支持。

表 3－8　　　　　　　2011～2020 年东北 34 市公共服务能力

地区	生活垃圾无害化处理率（%）		医生数（执业医师＋执业助理医师）（人）		每百万人普通高等学校数（所）		社会保障和就业支出（亿元）	
	2011 年	2020 年	2011 年	2020 年	2011 年	2020 年	2011 年	2020 年
沈阳市	100	100	22002	33644	6.09	5.18	109.44	266.23
大连市	85.7	100	15941	23298	5.27	4.03	109.22	231.44
鞍山市	100	100	5480	7066	0.85	0.60	44.46	89.45
抚顺市	100	100	4920	5228	2.73	2.69	41.98	75.01
本溪市	84.97	100	2946	3825	1.94	5.30	25.59	52.36
丹东市	100	84.81	3434	6250	1.24	1.38	28.74	53.24
锦州市	87.29	100	9327	6112	2.92	3.33	33.77	72.27
营口市	77.8	100	4535	6284	0.85	1.29	30.89	64.57
阜新市	90.91	100	3778	4582	1.04	1.21	29.38	48.11
辽阳市	100	100	3996	5368	2.19	1.25	22.22	52.21

续表

地区	生活垃圾无害化处理率（%）		医生数（执业医师+执业助理医师）（人）		每百万人普通高等学校数（所）		社会保障和就业支出（亿元）	
	2011 年	2020 年	2011 年	2020 年	2011 年	2020 年	2011 年	2020 年
铁岭市	85.19	100	7014	5410	1.52	1.53	18.55	57.64
朝阳市	97.83	100	4000	8103	1.31	1.68	34.85	69.23
盘锦市	78.05	100	3563	4238	0.29	0.35	18.81	45.57
葫芦岛市	85.64	100	4885	5261	0.36	0.41	27.8	62.88
长春市	84.83	100	17851	31919	4.73	4.52	69.01	134.84
吉林市	93.9	99.81	10194	14068	1.85	2.21	43.68	135.93
四平市	70.38	95.6	6360	6040	1.17	2.21	27.57	79.22
辽源市	91.64	100	2538	3312	0.82	1.00	14.57	37.82
通化市	88.02	46.86	5257	6666	0.44	0.77	23.41	69.73
白山市	85.39	57.55	3326	3956	0.78	1.05	22.29	51.79
白城市	39.35	100	4210	5464	0.34	0.44	20.04	55.33
松原市	91.64	100	4129	7008	1.48	1.94	16.82	48.29
哈尔滨市	79.7	100	20684	29854	5.03	5.00	84.55	260.41
齐齐哈尔市	60.96	95.9	8040	12192	0.88	1.49	40.91	136.65
牡丹江市	100	100	5953	8179	0.53	0.67	24.62	73.75
佳木斯市	100	95	5557	6779	4.60	1.12	21.51	63.40
鸡西市	85	85	4194	4861	0.66	0.83	20.17	59.03
鹤岗市	36.59	99.53	2797	3141	1.78	2.16	6.83	31.53
双鸭山市	100	100	3048	3777	0.79	1.15	12.43	42.68
七台河市	100	100	1155	1961	2.79	2.33	7.81	22.80
黑河市	61.9	100	7802	3982	1.08	1.45	10.96	41.64
伊春市	81	95.1	2569	2749	1.12	3.07	20.4	60.82
大庆市	87	100	8703	9675	0.57	0.78	22.36	64.80
绥化市	70.59	98.5	8150	11125	0.17	0.27	28.06	100.58

四、基础设施建设情况

基础设施是公共服务高质量发展的保障。加强质量基础设施建设，可以为国家治理体系和治理能力现代化提供重要支撑。以东北地区 34 市基础设施的数据，通过公路客运量、互联网宽带接入用户、移动电话用户数以及污水处理厂集中处理率等指标，从基础设施建设的角度来分析东北地区政府治理体系和治理能力现代化的发展水平，如表 3 - 9 所示。

表 3 - 9　　　　　　　　东北 34 市基础设施建设情况

地区	公路客运量（万人）		互联网宽带接入用户数（万户）		移动电话年末用户数（万户）		污水处理厂集中处理率（%）	
	2011 年	2020 年	2011 年	2020 年	2011 年	2020 年	2011 年	2020 年
沈阳市	31625	4893	152.15	284.4	881.5	1263.40	85.2	98.94
大连市	13724	4321	133.11	224.66	776.51	885.44	93.7	98.5
鞍山市	6696	2976	55.33	112.36	317.82	372.11	71.22	96.48
抚顺市	3383	1032	33.6	71.07	185.29	210.74	67.79	89.77
本溪市	4530	1514	25.72	50.74	126.8	158.34	88.22	96.81
丹东市	5563	631	32.07	75.37	176.04	226.24	85.26	86.87
锦州市	5012	2632	46.38	90.4	237.51	285.70	66.53	97.18
营口市	4766	873	32.01	76.71	204.9	230.24	64.04	96.54
阜新市	1261	546	26.21	60.86	142.37	175.68	81	100
辽阳市	4872	1565	25.25	56.91	144.31	185.10	83.4	98.26
铁岭市	3899	1272	27.67	67.16	169.63	235.58	89.87	99.45
朝阳市	6280	1414	30.37	80.5	199.26	246.95	77.9	99.35
盘锦市	4076	884	17.67	48.21	131.49	182.70	100	98.55
葫芦岛市	3649	1658	27.57	77.61	190.92	240.29	42.53	96

地区	公路客运量（万人）		互联网宽带接入用户数（万户）		移动电话年末用户数（万户）		污水处理厂集中处理率（％）	
	2011 年	2020 年	2011 年	2020 年	2011 年	2020 年	2011 年	2020 年
长春市	13631	3399	96.9	—	669.19	1315.42	87.26	96
吉林市	11732	1637	53.7	—	415	—	93.9	—
四平市	5418	972	27.4	—	220.86	297.17	70.38	95.88
辽源市	1595	425	15.2	—	86.24	90.72	91.64	96.23
通化市	8302	1042	24.8	39.60	207.06	104.00	88.02	—
白山市	5026	753	15.2	32.90	88.86	130.20	85.39	—
白城市	8561	1144	18	46.71	131.64	204.49	39.35	95.99
松原市	2467	626	18.6	40.94	358	274.57	91.64	100
哈尔滨市	14837	1652	132.8	270.87	851	1242.10	73.94	95
齐齐哈尔市	7492	1362	42.54	103.77	348.75	409.60	67.46	90.35
牡丹江市	4661	1148	34.45	72.32	191.6	256.20	67.56	95
佳木斯市	535	193	27.77	69.61	220	273.40	59	88.5
鸡西市	702	389	17.53	45.52	159.1	182.20	50	—
鹤岗市	2590	460	10.95	26.19	96.2	122.60	43.88	96.15
双鸭山市	1353	251	15.28	36.55	129.27	151.90	—	96.01
七台河市	3455	594	10.05	20.55	69.82	101.60	85.2	95.29
黑河市	1364	187	16.21	38.36	103.49	177.60	63.9	95.26
伊春市	4440	284	14.22	31.65	77.31	115.20	85	99.5
大庆市	1431	221	25.37	75.43	347.31	353.90	92.23	96.15
绥化市	3930	463	32.54	80.77	111.77	401.30	—	—

　　公路基础设施建设是国民经济发展的基础，公路是基础设施建设的重点之一。从公路基础设施建设的角度看，东北 34 市公路客运量整体呈现下降的趋势，下降幅度最大的五个城市分别为沈阳市、哈尔滨市、长春市、吉林市以及大连市，分别减少 26732 万人、13185 万人、10232

万人、10095 万人、9403 万人，比 2011 年分别下降 84.5%、88.9%、75.1%、86%、68.5%，由此说明，市民出行方式在逐渐多样化，原本公路运输承担的运输任务，近年来逐步向其他交通运输方式进行转变，且私家车普及率提升，分担了传统的运输总量。

在网络基础设施建设方面，东北 34 市互联网宽带接入用户数整体呈现上升的趋势。截至 2021 年 12 月，我国互联网网民规模达 10.32 亿人，互联网普及率达 73.0%，截至 7 月末，东、中、西部和东北地区 100Mbps 及以上固定宽带接入用户渗透率分别为 93.4%、94.8%、93.3% 和 93.8%，1000Mbps 及以上接入速率的宽带接入用户分别达 3464 万、1327.8 万、1635 万、143.4 万户，说明东北地区的互联网接入率在全国排在前列。根据表 3 - 9 可以看到，互联网宽带接入用户 10 年间增长速度最快的三个城市分别为哈尔滨市、沈阳市以及大连市，分别增长 138.07 万人、132.25 万人、91.55 万人。2020 年互联网宽带接入户数最少的五个城市是伊春市、双鸭山市、大庆市、佳木斯市、黑河市，这些城市应该大力发展互联网基础设施建设，同时也要提高公民对互联网知识的认知，强化对互联网的使用需求。在移动电话年末用户人数上，东北 34 市在 2011～2020 年都有大幅度提升，表明东北各市的网络基础环境得到了很好的改善，有利于地区政府治理体系和治理能力水平的提高。

环境基础设施是基础设施的重要组成部分，是打好污染防治攻坚战、改善生态环境质量、增进民生福祉的基础保障。2011～2020 年东北 34 市的污水处理厂集中处理率基本呈上升趋势，特别是松原市、伊春市、朝阳市、铁岭市、沈阳市、大连市、辽阳市、盘锦市等，污水处理厂集中处理率已经达到 98% 以上，说明东北各市环境逐年得到改善。

综上所述，随着国家治理体系现代化的深入推进，各省份及地区之间治理能力差异较大、治理难度增加等问题难以避免，东北地区政府治理体系和治理能力发展水平，与全国还存在一定的差距。前文主要是基于东北地方政府治理体系和治理能力现代化各个子指标的发展情况分别进行的描述与分析，同时影响因素状况显示东北地区政府治理体系和治理能力发展具有一定的基础，整体发展态势向好，但是也存在一定的问题，因此，后文将进一步对东北地方政府治理体系和治理能力的发展水平进行测度，并具体分析各个因素对地方政府治理体系和治理能力现代化的影响，并以治理体系和治理能力发展水平为目标进行有针对性的调整。

第四章

东北地方政府治理体系现代化水平的测度

1977年，世界银行报告首次正式提出"国家治理"理念，政府治理能力现代化研究源于世界银行1989年度报告《治理与发展》。党的十八大报告中，我国以"国家治理"取代了"国家管理"，表明国家领导层在国家治理主体、形式上做出了重大转变。党的十八届三中全会通过的《中共中央关于全面深化改革若干重大问题的决定》中明确指出，全面深化改革的总目标是完善中国特色社会主义制度，推进国家治理体系和治理能力现代化。[①]

习近平总书记将国家治理体系和国家治理能力分开阐述，"国家治理体系是在党领导下管理国家的制度体系，包括经济、政治、文化、社会、生态文明和党的建设等各领域体制机制、法律法规安排，也就是一整套紧密相连、相互协调的国家制度；国家治理能力则是运用国家制度管理社会各方面事务的能力，包括改革发展稳定、内政外交国防、治党治国治军等各个方面"。

第一节　国家治理体系现代化相关问题研究

一、对国家治理体系现代化指标体系的研究

在国际上，衡量国家治理体系的指标最早是由世界银行于1996年

---

① 习近平：《切实把思想统一到党的十八届三中全会精神上来》，载《求是》2014年第1期。

提出，"全球治理指数"（WGI）分别是话语权和责任、政治稳定与低暴力、政府效率、规制质量、法治以及控制腐败。2020年，中国、美国、法国获得了最高级的A＋＋级，中国连续三年位列全球三甲之列。1995年，全球治理委员会对"治理"提出定义："治理是各种公共和私人的机构管理其共同事务的诸多方式的总和。它是使相互冲突的或不同的利益得以调和并采取联合行动的持续过程"。全球治理委员会科学界定了政府治理能力体系，为测度地方政府治理现代化提供了参考。联合国开发计划署的研究报告表明，以人为本开展政府治理能力建设，实施分权化治理，是推进地方政府治理现代化的有效路径。经合组织（OECD）探究了"民主治理""治理网络"等有关地方政府治理现代化的重大理论问题。

在国内具体实践方面，各地政府在治理体系现代化指标体系方面研究最多的是社会治理指标体系。2012年6月，中央编译局与清华大学联合发布了"中国社会治理评价指标体系"标准。2018年5月，上海首次发布了社会治理指数评价体系，把指数分为社会投入、基本保障、社会民生、社区服务四大类。2020年12月，浙江大学社会治理研究院以县域为单位，开发了中国县域社会治理指数模型，从社会治理、政社共治、社会自治、科技支撑四个维度评价县域社会治理格局。

在国内学术研究方面，部分学者对国家治理体系现代化指标体系进行了研究。戴长征（2014）认为国家治理体系至少包含规划和决策体系、支持体系、评估体系和监督体系四个方面，国家治理能力应涵盖国家治理的合法化能力、规范能力、一体化能力、危机响应和管控能力。俞可平（2013）认为，国家治理体系应包括规范行政行为、市场行为和社会行为的一系列制度和程序，政治治理、市场治理和社会治理是现代国家治理体系中三个最重要的次级体系，而衡量国家治理体系是否现代化要具备五个标准，分别是公共权力运行的制度化和规范化、民主化、法治、效率和协调。"中国社会管理评价体系"课题组构建了"人类发展、社会公平、公共服务、社会保障、公共安全和社会参与"六个一级指标、35 个二级指标组成的中国社会治理评价指标体系的基本框架，体现了民主、法治、公平、正义、稳定、参与、透明、自治等社会治理的重要价值和理念，目前公认度较高。杨琛等（2016）构建了国家治理体系和治理能力现代化指标体系，包含经济治理、政治治理、文化治理、社会治理、生态治理和党的建设六个一级指标，以及产业结构分配、人均地区生产总值、恩格尔系数等共 28 个二级指标（定性指标 +定量指标），并着重分析了其中 8 个定性指标。郑吉峰（2014）认为国家治理体系由价值、制度与行动构成，其中价值包括民主、法治、科学三个基本价值理念，制度涵盖行政体制、经济体制、社会体制三部分，行动则细化为政策制定和政策执行。莫纪宏（2014）认为应运用法治思维来不断提升国家治理能力，从整体上实现国家治理体系和治理能力的现代化，并强调"国家治理体系法治化"是"国家治理体系和治理能力现代化"的核心要求。

总结来看，国家治理体系现代化建设提出的时间虽短，却取得了丰富成果。部分学者是从政府治理、市场治理和社会治理三大角度出发构建指标体系，部分学者是从经济、政治、文化、社会、市场、环境、制度等多个角度出发构建指标体系，还有学者从价值判断出发构建指标体系，但现有文献多从定性角度阐述，而对于量化处理少有文章提及。

二、地方政府治理体系现代化与国家治理体系现代化的概念辨析

国家治理现代化①可分为中央政府治理现代化与地方政府治理现代化。中央政府与地方政府的职能范围及其治理效果不同，地方政府的治

---

① 此处以及后文的"治理现代化"指"治理体系现代化和治理能力现代化"。对中央政府和地方政府的辨析包含："地方政府治理体系现代化"及"中央政府治理体系现代化"、"地方政府治理能力现代化"及"中央政府治理能力现代化"。本章及下一章研究的是"东北地方政府治理体系现代化"。

理只能在中央政府既定的宏观调控政策下进行，自主性较弱，因此须将地方政府治理现代化的内涵、特征及其测度评估与国家治理现代化或者中央政府治理现代化区别开来，中央负责国家战略规划，战略的执行者则是各地方政府，地方政府是推进国家治理现代化战略的重要主体，其治理能否实现现代化是国家治理能否实现现代化的关键。

各省份及地区之间治理能力差异大、治理难度增加等一系列问题难以避免，而社会主义阶段的治理现代化更是没有先例可循，需要经过反复验证，渐进创新思路，释放更多制度红利，才能真正实现国家长治久安、社会和谐稳定，才能真正适应市场经济发展规律，把握发展脉搏，提高综合国力。联合国、世界银行等一些重要的国际组织以及中外学术界的诸多专家学者已经制定出了诸多关于政府治理现代化的测度指标体系，但这些测度指标评估的对象是国家或者说是一般意义上的政府，而缺乏根据地方政府的治理特点而制定的地方政府治理现代化测度指标体系。

由于地方政府治理现代化与国家治理现代化之间具有共同的理论基础，因此，地方政府治理现代化具有主体多层化和多元化、结构分权化和网络化、制度理性化、方式民主化和手段的文明化等内在特征，并且在治理主体格局、运行方式和效果评估等方面呈现出多元化、透明化、法治化和科学化等微观特点；地方政府治理现代化不仅体现在理念的更迭，而且呈现"执行性与衔接性"，具有实践属性；运用法治思维和法治方式调整中央与地方关系有助于推进地方政府治理现代化。从评估标准看，除与中央政府共同使用的合法性、有效性、稳定性、回应性等宏观性绩效考核指标外，"地方政府的治理现代化还在行政体制、行政人员能力、经济、政治、社会、文化与生态方面有着以可度量性为核心的具体评估标准"，因此，基于地方政府治理体系与治理能力两个方面建立相关测度指标体系，能够测度分析地方政府治理现代化。本书结合东北地方政府治理体系现代化内涵、外延及影响因素，尝试构建我国地方政府治理现代化测度指标体系。

第二节　指标体系构建

体系，泛指一定范围内或同类的事物按照一定的秩序和内部联系组合而成的整体，是不同元素组成的系统。"治理体系"是基本制度，是包含一系列治理元素的系统。能力①，是完成一项目标或者任务所体现出来的综合素质，直接影响活动效率。"治理能力"是国家或地方政府有效运用相关制度管理社会公共事务，使之相互协调、相互促进、共同发展的能力。治理体系与治理能力的区别在于，在同一治理体系下，不同时期的治理能力可能存在很大差异。体系也可以理解为"有没有"这项指标，"有"这项指标，体系则更趋于完整；能力是代表"行不行"，这项（正）指标越大，代表能力越强，效率越高。

因此在选择治理体系现代化指标时，本书着重考虑这项指标是不是构成治理体系这个大系统的重要因素，通常选择结果性指标，结果性指标代表了经济行为后的一定结果。在选择治理能力现代化指标时，着重考虑这项指标能不能代表地方政府行为过程和治理过程中所施展的能力、政策执行的力度、行为结果的效率等，所以通常选择的是过程性指标，过程性指标在行为过程中可以随着外界因素的变化而变化。

治理体系现代化，是深层次的现代化维度，是贯通型的现代化维度。政治、经济、生态、军事等其他维度的现代化，都既有赖于治理体系现代化，又有赖于治理能力现代化。基于国内学者、国际组织、习近平总书记对国家治理体系现代化的定义，并结合东北地区经济发展和现代化目标，本书将东北地方政府治理体系现代化的内涵解释为：

东北地方政府治理体系现代化是以全面振兴和全方位振兴东北为目标，以维护国家国防安全、粮食安全、生态安全、能源安全、产业安全

---

① 这里为了进行"治理体系现代化"和"治理能力现代化"的比较分析，加入了涉及第七章和第八章的"治理能力现代化"的概念辨析。

为手段，在经济、政治、文化、社会、生态文明和党的建设等各领域构建一套紧密相连、相互协调的地方政府治理制度，包含经济治理体系、行政治理体系、市场治理体系、社会治理体系、环境治理体系、法治体系、社会保障体系、文化治理体系等。

一、指标选取

主要依据治理体系现代化的内涵、特点、目标及数据的可获得性，选取了东北三省 34 个 2011～2020 年的 16 个指标数据，构建东北地方政府治理体系现代化指标体系，如表 4-1 所示。

表 4-1　　　　　　　　地方政府治理体系现代化指标体系构建

序号	一级指标	二级指标	三级指标	方向	权重
1	经济治理体系	经济发展	共享程度（%）	正	4.64%
2		市场发育	劳动要素市场化程度（%）	正	6.67%
3		产业结构	第三产业比重（%）	正	7.86%
4		城乡差距	城乡居民收入比	负	7.85%
5	政府治理体系	收入保障	地方财政收入增速（%）	正	8.21%
6			企业所得税比例（%）	正	7.31%
7		安全维护	人均粮食产量（吨/人）	正	5.57%
8		科教发展	科学重视度（%）	正	3.45%
9			教育重视度（%）	正	9.02%
10		城乡结构	城市化率（%）	正	7.24%
11	社会治理体系	医疗卫生	医疗卫生支持度（%）	正	6.77%
12		就业保障	就业维稳度（%）	正	5.78%
13		环境保护	环境保护力度（%）	正	4.36%
14		文化体育	文化体育传媒重视度（%）	正	3.87%
15		农林水利	农林水利重视度（%）	正	5.56%
16		城乡社区	城乡社区重视度（%）	正	5.83%

注：权重通过纵横向拉开档次法计算而得。

二、指标合理性分析

三级指标的具体计算公式、单位和数据来源如表 4 – 2 所示。

表 4 – 2　　　　　　　　指标计算公式及数据来源

序号	三级指标	具体计算公式	单位	数据来源
1	共享程度	各市人均 GDP（元）/全国人均 GDP（元）	%	国家统计局
2	劳动要素市场化程度	城镇私营和个体从业人员数（万人）/全部从业人员数量（万人）	%	国家统计局/历年各省统计年鉴
3	第三产业比重	第三产业增加值（亿元）/GDP（亿元）	%	国家统计局
4	城乡居民收入比	城镇居民人均可支配收入（元）/农村居民人均纯收入（元）	%	国家统计局/历年各省统计年鉴
5	地方财政收入增速	地方财政一般预算内收入（亿元）：（后一年 – 前一年）/前一年	%	中国城市统计年鉴
6	企业所得税比例	企业所得税（亿元）/各项税收（亿元）	%	中国城市统计年鉴
7	人均粮食产量	粮食产量（万吨）/年末总人口（万人）	（吨/人）	中国城市统计年鉴
8	科学重视度	科学支出（亿元）/地方财政一般预算内支出（亿元）	%	中国城市统计年鉴
9	教育重视度	教育支出（亿元）/地方财政一般预算内支出（亿元）	%	中国城市统计年鉴
10	城市化率	城镇常住人口（万人）/全市常住人口（万人）	%	中国城市统计年鉴
11	医疗卫生支持度	医疗卫生支出（亿元）/地方财政一般预算内支出（亿元）	%	中国城市统计年鉴
12	就业维稳度	社会保障和就业支出（亿元）/地方财政一般预算内支出（亿元）	%	中国城市统计年鉴

序号	三级指标	具体计算公式	单位	数据来源
13	环境保护力度	环境保护支出（亿元)/地方财政一般预算内支出（亿元）	%	中国城市统计年鉴
14	文化体育传媒重视度	文化体育与传媒支出（亿元)/地方财政一般预算内支出（亿元）	%	EPS 区域经济数据库
15	农林水利重视度	农林水利事务支出（亿元)/地方财政一般预算内支出（亿元）	%	EPS 区域经济数据库
16	城乡社区重视度	城乡社区事务支出（亿元)/地方财政一般预算内支出（亿元）	%	EPS 区域经济数据库

三、测度方法

计算经济高质量发展水平使用的主要是综合评价方法，主要包括专家评分法（德尔菲法）、数据包络分析方法（DEA）、主成分分析法、熵值法、TOPSIS 法和纵横向拉开档次法等。表 4 - 3 是各类代表性综合评价方法的比较。

表 4 - 3   代表性综合评价法比较

评价方法	具体名称	内容描述	优点	缺点
定性评价方法	专家评分法	专家主观判断	操作简单	主观性较强
运筹学方法	数据包络分析方法（DEA）	评价多输入和多输出决策单元的相对有效性	不需要决策者偏好的权重和函数关系	只表明相对水平，无法表示实际水平
统计分析方法	主成分分析	利用降维技术将指标简化	全面性、可比性、客观合理性	因子负荷符号有正负时函数意义不明确
信息论方法	熵值法	根据各项指标信息量来确定指标权重	可排除人为因素等的干扰	指标之间缺乏横向比较

评价方法	具体名称	内容描述	优点	缺点
TOPSIS 评价法	优劣解距离法	根据有限个评价对象与理想化目标的接近程度进行排序	对数据分布及样本量、指标多少无严格限制，信息损失比较少	不能解决评价指标间相关造成的评价信息重复问题
动态综合评价方法	纵横向拉开档次法	对面板数据进行综合评价	针对时序面板数据，原理简单	对指标权重确定仅依赖于评价矩阵①

专家评分法的权重大小取决于专家自身的偏好和知识经验，主观性较强，缺乏科学性和稳定性。数据包络分析方法（DEA）用来评价多输入和多输出的"部门"（决策单元）的相对有效性，无须给出决策者的权重及函数关系，只表明相对发展水平，无法表示出实际发展水平。主成分分析法能够充分地反映各维度对综合性指数的贡献程度，但是主成分因子负荷符号在有正有负时，会使函数意义不明确。熵值法则是根据指标的相对变化程度对系统整体的影响来决定指标的权重，针对单一时点的截面数据，且各项指标之间缺乏横向比较。TOPSIS 法通过比较各个测度对象与最优方案、最劣方案的相对距离进行量化排序，但是权重事先给定，导致结果具有一定主观性。熵权 TOPSIS 法则是将熵值法和TOPSIS 法两种方法相结合，用熵值法计算权重，用 TOPSIS 法对指标进行排序。纵横向拉开档次法可以对三维立体数据进行处理，能够体现出截面数据的时间趋势，是一种客观的评价方法。用纵横向拉开档次法和熵值法所确定的权重有一定的区别，用纵横向拉开档次法确定权重主要是从整体上尽量体现出各个被评价对象之间的差异，而用熵值法确定权重系数时，其出发点是根据某同一指标观测值之间的差异程度来反映其重要程度，如果各个评价对象的某项指标的数据差异不大，则反映该指标对评价系统所起的作用不大，则用熵值法计算出来的权重系数

---

① 唐晓彬、王亚男、唐孝文：《中国省域经济高质量发展评价研究》，载《科研管理》2020 年第 41 期。

也不大①，本书所选数据为时序面板数据，因此，采用纵横向拉开档次法使用 MATLAB 软件进行测度。

纵横向拉开档次法原理如下所示：

假设有 i 个市（i = 1，2，⋯，34），有 j 个评价指标（j = 1，2，⋯，16），且按时间顺序 k（k = 1，2，⋯，10）获得原始时序面板数据 $\{x_{ij}(t_k)\}$。令 $x_{ij}^*(t_k)$ 为 $x_{ij}(t_k)$ 经过无量纲化处理后的值，

$$X_k = \{x_{ij}^*(t_k)\} = \begin{bmatrix} x_{11}(t_k) & \cdots & x_{1,16}(t_k) \\ \vdots & \ddots & \vdots \\ x_{34,1}(t_k) & \cdots & x_{34,16}(t_k) \end{bmatrix}$$

$$k(k = 1，2，\cdots，10)$$

取综合评价函数为线性加权：

$$y_i(t_k) = \sum w_j^* x_{ij}^*(t_k)$$

其中 w_j^* 为每个指标的归一化权重系数，$W = (w_1，w_2，\cdots，w_{16})^T$ 为权重系数矩阵。确定权重系数的原则是在时序面板数据上，最大可能地体现出各被评价对象之间的差异。各个省份在时序面板数据 $\{x_{ij}^*(t_k)\}$ 上的整体差异，可以用 $y_i(t_k)$ 的总离差平方和来表示：

$$e^2 = \sum_{k=1}^{10} \sum_{i=1}^{34} (y_i(t_k) - \bar{y})^2$$

由于 $\{x_{ij}^*(t_k)\}$ 是经过标准化后的数据，因此有：

$$\bar{y} = 0$$

$$e^2 = \sum_{k=1}^{10} \sum_{i=1}^{30} (y_i(t_k))^2 = \sum_{k=1}^{10} [W^T H_k W] = W^T \sum_{k=1}^{10} [H_k W] = W^T H W$$

其中，$H = \sum_{k=1}^{10} H_k$ 为 16 × 16 的对称矩阵，$H_k = X_k^T X_k$，k（k = 1，2，⋯，10）。

由线性代数中的弗罗贝尼乌斯定理可知，当对称矩阵 H 为正矩阵，即所有元素都大于 0 时，H 的最大特征值所对应的（标准）特征向量也

---

① 郭亚军：《综合评价理论、方法及应用》，科学出版社 2007 年版。

是正的，该特征向量的值即为所求权重的值。

使用纵横向拉开档次法求权重的步骤如下：

第一步：数据归一化。数据归一化是指将负向指标（极小型）数据转化为正向指标（极大型）数据，公式为：

$$x_j' = \max(x_j) - x_{ij}(t_k)$$

第二步：数据的无量纲化。数据量纲不同给比较指标大小带来了不便，为了消除各项指标量纲不同带来的影响，需要进行无量纲化处理，也叫标准化处理或者规范化处理，它是通过数学变换来消除原始指标量纲的方法。采取极值处理法进行数据的无量纲化：

$$x_{ij}^* = \frac{x_{ij} - m_j}{M_j - m_j}$$

其中 x_{ij} 均为极大型指标，$M_j = \max_i\{x_{ij}\}$，$m_j = \min_i\{x_{ij}\}$，$x_{ij}^* \in [0, 1]$。

第三步：计算对称矩阵及其最大特征值对应的特征向量。

H_k 的最大特征值所对应的特征向量 $W = (w_1, w_2, \cdots, w_{16})^T$ 也是正的，此时权重系数加总之和大于1，因此用下面公式将权重归一：

$$w_j^* = \frac{w_j}{\sum\limits_{j=1}^{16} w_j}$$

其中，$\sum\limits_{j=1}^{16} w_j^* = 1$；$w_j^*$ 即为所求权重的值。

第四步：线性加权求综合得分及排序。

$$y_i(t_k) = \sum w_j^* x_{ij}^*(t_k)$$

第三节　实证分析

一、实证结果

通过使用纵横向拉开档次法求得权重，进行平均加权后，得出东北三省 34 个市地方政府治理体系现代化水平，如表 4 - 4 所示。

表 4 - 4　　东北地方政府治理体系现代化水平（**2011 ~ 2020 年**）

序号	地区	2011 年	2012 年	2013 年	2014 年	2015 年
1	沈阳市	0.438	0.435	0.471	0.496	0.489
2	大连市	0.412	0.348	0.436	0.425	0.451
3	鞍山市	0.330	0.328	0.312	0.317	0.328
4	抚顺市	0.341	0.371	0.289	0.320	0.348
5	本溪市	0.349	0.334	0.348	0.372	0.315
6	丹东市	0.291	0.308	0.292	0.368	0.324
7	锦州市	0.317	0.358	0.290	0.414	0.401
8	营口市	0.368	0.360	0.344	0.345	0.388
9	阜新市	0.360	0.384	0.319	0.310	0.339
10	辽阳市	0.319	0.324	0.289	0.267	0.312
11	铁岭市	0.271	0.288	0.269	0.296	0.305
12	朝阳市	0.299	0.321	0.256	0.319	0.311
13	盘锦市	0.265	0.286	0.256	0.297	0.278
14	葫芦岛市	0.270	0.345	0.311	0.320	0.338
15	长春市	0.466	0.429	0.468	0.490	0.506
16	吉林市	0.422	0.476	0.469	0.506	0.457
17	四平市	0.407	0.484	0.461	0.447	0.442
18	辽源市	0.376	0.449	0.425	0.458	0.474
19	通化市	0.405	0.466	0.446	0.454	0.432
20	白山市	0.378	0.377	0.369	0.357	0.420
21	白城市	0.388	0.430	0.456	0.425	0.431
22	松原市	0.352	0.447	0.396	0.408	0.447
23	哈尔滨市	0.434	0.444	0.473	0.497	0.512
24	齐齐哈尔市	0.548	0.378	0.482	0.435	0.454
25	牡丹江市	0.406	0.418	0.473	0.356	0.366

序号	地区	2011 年	2012 年	2013 年	2014 年	2015 年
26	佳木斯市	0.443	0.518	0.461	0.418	0.423
27	鸡西市	0.510	0.586	0.417	0.570	0.552
28	鹤岗市	0.376	0.361	0.299	0.399	0.352
29	双鸭山市	0.304	0.334	0.320	0.420	0.446
30	七台河市	0.306	0.258	0.285	0.359	0.371
31	黑河市	0.344	0.471	0.396	0.397	0.408
32	伊春市	0.344	0.328	0.379	0.388	0.331
33	大庆市	0.360	0.420	0.429	0.542	0.520
34	绥化市	0.300	0.454	0.393	0.375	0.397
	平均值	0.368	0.392	0.376	0.399	0.402

序号	地区	2016 年	2017 年	2018 年	2019 年	2020 年	平均值
1	沈阳市	0.586	0.623	0.584	0.526	0.586	0.544
2	大连市	0.522	0.541	0.555	0.497	0.530	0.493
3	鞍山市	0.404	0.429	0.451	0.414	0.400	0.371
4	抚顺市	0.404	0.386	0.406	0.405	0.395	0.361
5	本溪市	0.428	0.456	0.376	0.413	0.399	0.380
6	丹东市	0.480	0.465	0.438	0.445	0.393	0.377
7	锦州市	0.472	0.461	0.448	0.369	0.403	0.387
8	营口市	0.418	0.436	0.463	0.388	0.385	0.387
9	阜新市	0.434	0.439	0.450	0.423	0.379	0.375
10	辽阳市	0.405	0.409	0.425	0.379	0.365	0.343
11	铁岭市	0.387	0.372	0.409	0.357	0.337	0.326
12	朝阳市	0.395	0.432	0.506	0.417	0.393	0.361
13	盘锦市	0.344	0.365	0.403	0.323	0.395	0.321
14	葫芦岛市	0.407	0.447	0.463	0.383	0.411	0.359
15	长春市	0.569	0.545	0.579	0.506	0.481	0.510
16	吉林市	0.529	0.584	0.537	0.460	0.379	0.483

序号	地区	2016 年	2017 年	2018 年	2019 年	2020 年	平均值
17	四平市	0.490	0.452	0.431	0.443	0.436	0.438
18	辽源市	0.415	0.476	0.486	0.455	0.390	0.425
19	通化市	0.467	0.513	0.447	0.467	0.414	0.438
20	白山市	0.427	0.443	0.469	0.503	0.449	0.411
21	白城市	0.487	0.425	0.450	0.470	0.441	0.426
22	松原市	0.488	0.470	0.480	0.468	0.450	0.427
23	哈尔滨市	0.503	0.535	0.539	0.482	0.447	0.494
24	齐齐哈尔市	0.281	0.406	0.436	0.433	0.406	0.411
25	牡丹江市	0.411	0.417	0.424	0.540	0.385	0.405
26	佳木斯市	0.437	0.367	0.406	0.386	0.298	0.392
27	鸡西市	0.342	0.311	0.342	0.389	0.357	0.422
28	鹤岗市	0.335	0.337	0.398	0.406	0.344	0.348
29	双鸭山市	0.349	0.353	0.392	0.356	0.294	0.343
30	七台河市	0.302	0.414	0.411	0.339	0.343	0.323
31	黑河市	0.417	0.331	0.409	0.419	0.362	0.371
32	伊春市	0.332	0.311	0.295	0.348	0.276	0.323
33	大庆市	0.497	0.490	0.488	0.535	0.443	0.470
34	绥化市	0.396	0.400	0.448	0.399	0.317	0.377
	平均值	0.428	0.437	0.448	0.428	0.397	0.401

将表 4－4 中的 34 市地方政府治理体系现代化水平按照年份求增速，如表 4－5 所示。

表 4－5　　东北地方政府治理体系现代化水平年增速（2012～2020 年）

单位：%

序号	地区	2012 年	2013 年	2014 年	2015 年	2016 年
1	沈阳市	－ 0.71	8.32	5.20	－ 1.43	19.98
2	大连市	－ 15.49	25.37	－ 2.51	6.16	15.64

续表

序号	地区	2012 年	2013 年	2014 年	2015 年	2016 年
3	鞍山市	-0.83	-4.88	1.64	3.62	23.27
4	抚顺市	8.83	-22.07	10.79	8.79	15.85
5	本溪市	-4.36	4.22	7.02	-15.33	35.89
6	丹东市	6.11	-5.38	26.03	-11.95	48.23
7	锦州市	12.83	-18.95	42.74	-3.07	17.61
8	营口市	-2.27	-4.48	0.39	12.61	7.61
9	阜新市	6.78	-16.94	-2.84	9.36	28.03
10	辽阳市	1.52	-10.96	-7.62	16.91	30.06
11	铁岭市	6.07	-6.38	10.08	2.79	26.96
12	朝阳市	7.35	-20.28	24.63	-2.51	26.83
13	盘锦市	7.87	-10.46	15.76	-6.42	23.95
14	葫芦岛市	27.88	-9.89	2.96	5.51	20.70
15	长春市	-7.99	9.11	4.76	3.09	12.47
16	吉林市	12.95	-1.58	8.05	-9.81	15.91
17	四平市	18.77	-4.62	-3.19	-1.15	11.00
18	辽源市	19.25	-5.27	7.74	3.48	-12.45
19	通化市	14.87	-4.25	1.92	-4.98	8.24
20	白山市	-0.35	-2.01	-3.26	17.72	1.60
21	白城市	10.67	5.96	-6.77	1.38	13.20
22	松原市	26.95	-11.57	3.15	9.63	9.15
23	哈尔滨市	2.27	6.64	4.99	2.96	-1.61
24	齐齐哈尔市	-31.07	27.68	-9.72	4.37	-38.09
25	牡丹江市	2.78	13.21	-24.66	2.77	12.20
26	佳木斯市	16.80	-10.95	-9.22	1.19	3.13
27	鸡西市	14.94	-28.83	36.78	-3.22	-38.10
28	鹤岗市	-4.02	-17.30	33.78	-11.99	-4.63
29	双鸭山市	9.78	-4.17	31.17	6.37	-21.89

序号	地区	2012 年	2013 年	2014 年	2015 年	2016 年
30	七台河市	- 15. 50	10. 36	26. 06	3. 10	- 18. 62
31	黑河市	36. 79	- 15. 99	0. 26	2. 78	2. 40
32	伊春市	- 4. 59	15. 53	2. 17	- 14. 72	0. 34
33	大庆市	16. 69	2. 26	26. 39	- 4. 21	- 4. 30
34	绥化市	51. 38	- 13. 50	- 4. 61	5. 87	- 0. 31
	平均值	7. 44	- 3. 59	7. 65	1. 17	8. 54

序号	地区	2017 年	2018 年	2019 年	2020 年	年均值
1	沈阳市	6. 28	- 6. 26	- 9. 90	11. 38	5. 01
2	大连市	3. 72	2. 45	- 10. 43	6. 69	4. 02
3	鞍山市	6. 02	5. 07	- 8. 10	- 3. 46	2. 48
4	抚顺市	- 4. 36	5. 16	- 0. 35	- 2. 30	1. 97
5	本溪市	6. 47	- 17. 53	9. 78	- 3. 19	2. 53
6	丹东市	- 3. 03	- 5. 86	1. 52	- 11. 69	4. 88
7	锦州市	- 2. 26	- 2. 92	- 17. 66	9. 23	3. 89
8	营口市	4. 29	6. 22	- 16. 19	- 0. 84	0. 87
9	阜新市	1. 16	2. 53	- 6. 05	- 10. 30	1. 32
10	辽阳市	0. 97	3. 90	- 10. 81	- 3. 76	2. 40
11	铁岭市	- 3. 84	10. 01	- 12. 73	- 5. 53	3. 02
12	朝阳市	9. 42	17. 16	- 17. 62	- 5. 65	4. 15
13	盘锦市	6. 10	10. 23	- 19. 80	22. 40	5. 49
14	葫芦岛市	9. 69	3. 64	- 17. 40	7. 54	5. 61
15	长春市	- 4. 15	6. 18	- 12. 54	- 4. 87	0. 61
16	吉林市	10. 20	- 8. 03	- 14. 25	- 17. 56	- 0. 42
17	四平市	- 7. 79	- 4. 64	2. 75	- 1. 53	1. 26
18	辽源市	14. 73	2. 18	- 6. 55	- 14. 28	2. 00
19	通化市	9. 76	- 12. 88	4. 54	- 11. 30	1. 14
20	白山市	3. 81	5. 69	7. 30	- 10. 76	2. 90
21	白城市	- 12. 75	5. 75	4. 44	- 6. 09	3. 38

序号	地区	2017 年	2018 年	2019 年	2020 年	年均值
22	松原市	-3.65	2.06	-2.52	-3.81	3.35
23	哈尔滨市	6.37	0.59	-10.51	-7.21	0.71
24	齐齐哈尔市	44.51	7.25	-0.67	-6.31	6.10
25	牡丹江市	1.47	1.78	27.27	-28.63	3.57
26	佳木斯市	-15.95	10.64	-4.87	-22.80	-1.26
27	鸡西市	-8.84	9.81	13.86	-8.26	-1.85
28	鹤岗市	0.47	18.22	1.98	-15.39	1.49
29	双鸭山市	1.36	10.90	-9.14	-17.44	3.16
30	七台河市	37.45	-0.86	-17.63	1.28	16.18
31	黑河市	-20.81	23.74	2.42	-13.53	4.26
32	伊春市	-6.19	-5.17	17.79	-20.67	0.58
33	大庆市	-1.44	-0.36	9.62	-17.24	2.99
34	绥化市	1.19	11.90	-10.89	-20.63	1.27
	平均值	2.66	3.49	-3.92	-6.96	1.87

注：此表由表4-4计算而来。

二、东北地方政府治理体系现代化整体水平和省级水平分析

1. 整体均值和增速表现

将表4-4的最后一行"平均值"作为东北地方政府治理体系现代化整体均值水平单独列出来，并计算整体均值的年增速，如表4-6所示。

表4-6　东北地方政府治理体系现代化水平均值（2011~2020 年）
和均值年增速（2012~2020 年）

年份	整体均值	均值年增速（%）
2011	0.368	—
2012	0.392	6.52

续表

年份	整体均值	均值年增速（%）
2013	0.376	−4.08
2014	0.399	6.12
2015	0.402	0.75
2016	0.428	6.47
2017	0.437	2.10
2018	0.448	2.52
2019	0.428	−4.46
2020	0.397	−7.24

注："均值年增速"是用本表中的"整体均值"按照年份求得。

将表4-6中的整体均值和均值年增速以图形式展现出来，如图4-1所示。

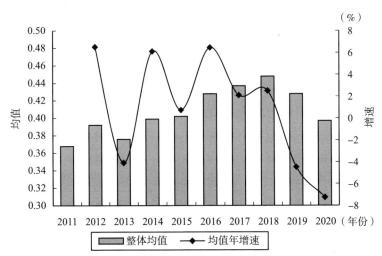

图4-1　东北地方政府治理体系现代化水平整体均值和增速

图4-1显示了东北三省34个市治理体系现代化水平的平均值，柱形表示每一年"整体均值"，代表了该年34个市的治理体系现代化水

139

平的平均值；实线表示"均值年增速①"，通过使用"整体均值"按照时间计算而来。

可以发现，十年间，治理体系现代化水平整体均值总体呈上升趋势，在2012年和2013年经过短暂上升和下降后，在2014年开始趋于平稳，一直到2018年达到最大值。2019年和2020年因各个指标可能受外界因素如人力资本、新冠肺炎疫情、人口增长率等的影响，下降幅度较大，从2018年最高值0.448下降到2019年0.428，再下降到2020年0.397，两年下降幅度达到11.38%。

在增速方面（见表4-5），2012~2020年，9年时间内，增速呈现大幅波动至小幅波动，最后急速下降的趋势。在2012~2013年，年增速均值从7.44%跌落至-3.59%，此时期增速波动幅度最大，上下相差了11.03%。在2014~2018年，增速小幅波动，最大为8.54%，最小为1.17%，增速数值均大于0，说明此阶段均值都在增加。

2. 省级均值和增速表现

将表4-4中34个市按照辽宁、吉林、黑龙江三个省份求平均值，得出辽宁14个市治理体系现代化均值水平、吉林8个市治理体系现代化均值水平、黑龙江12个市治理体系现代化均值水平，以及由表4-4得出的34个市治理体系现代化均值水平，如表4-7所示。将表4-7数据以图形表现，以比较每一地区治理体系现代化均值水平与34市均值水平，如图4-2所示。

表4-7　东北三省地方政府治理体系现代化均值水平及其与市级均值的差值

年份	辽宁均值	吉林均值	黑龙江均值	34市均值	辽宁差值	吉林差值	黑龙江差值
2011	0.3307	0.3995	0.3896	0.3733	-0.0426	0.0262	0.0163
2012	0.3421	0.4447	0.4141	0.4003	-0.0582	0.0444	0.0138

① 均值年增速（%）=（后一年整体均值-前一年整体均值）/前一年整体均值。

年份	辽宁均值	吉林均值	黑龙江均值	34市均值	辽宁差值	吉林差值	黑龙江差值
2013	0.3201	0.4362	0.4006	0.3856	− 0.0655	0.0506	0.0149
2014	0.3475	0.4432	0.4297	0.4068	− 0.0593	0.0364	0.0229
2015	0.3519	0.4510	0.4275	0.4101	− 0.0582	0.0408	0.0174
2016	0.4348	0.4842	0.3834	0.4341	0.0007	0.0500	− 0.0507
2017	0.4473	0.4886	0.3895	0.4418	0.0055	0.0468	− 0.0523
2018	0.4555	0.4848	0.4157	0.4520	0.0035	0.0328	− 0.0363
2019	0.4098	0.4714	0.4193	0.4335	− 0.0237	0.0379	− 0.0142
2020	0.4123	0.4301	0.3560	0.3995	0.0128	0.0306	− 0.0435
平均值	0.3852	0.4534	0.4025	0.4074	− 0.0222	0.0460	− 0.0048

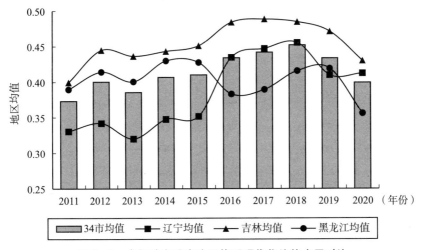

图 4 - 2 省级地方政府治理体系现代化均值水平对比

将表 4 - 7 中 34 市按照东北三省求平均增速，如表 4 - 8 和图 4 - 3 所示。

表 4 - 8　　　　　东北市级地方政府治理体系现代化水平地区
年均增速（2012 ~ 2020 年）　　　　　单位：%

年份	辽宁 14 市 年均增速	吉林 8 市 年均增速	黑龙江 12 市 年均增速	34 市 增速均值
2012	4.40	11.89	8.02	7.44
2013	- 6.63	- 1.78	- 1.26	- 3.59
2014	9.59	1.55	9.45	7.65
2015	1.79	2.42	- 0.40	1.17
2016	24.33	7.39	- 9.12	8.54
2017	2.90	1.27	3.30	2.66
2018	2.41	- 0.46	7.37	3.49
2019	- 9.70	- 2.11	1.60	- 3.92
2020	0.75	- 8.77	- 14.74	- 6.96
平均值	3.32	1.27	0.47	1.83

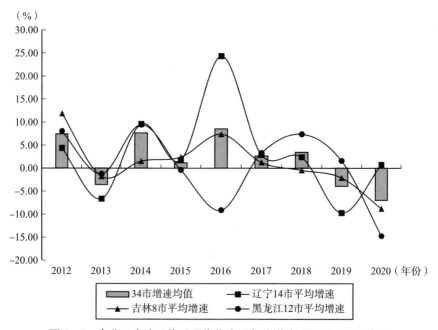

图 4 - 3　东北三省治理体系现代化水平年均增速（2012 ~ 2020 年）

将表4-7和表4-8中的东北三省治理体系现代化均值水平和治理体系现代化水平年均增速合并，如表4-9所示，以图形展示，如图4-4所示。

表4-9 东北三省治理体系现代化均值水平对比和平均增速对比

单位：%

年份	辽宁14市均值	辽宁14市平均增速	吉林8市均值	吉林8市平均增速	黑龙江12市均值	黑龙江12市平均增速
2011	0.331	—	0.399	—	0.390	—
2012	0.342	4.40	0.445	11.89	0.414	8.02
2013	0.320	-6.63	0.436	-1.78	0.401	-1.26
2014	0.348	9.59	0.443	1.55	0.430	9.45
2015	0.352	1.79	0.451	2.42	0.428	-0.40
2016	0.435	24.33	0.484	7.39	0.383	-9.12
2017	0.447	2.90	0.489	1.27	0.389	3.30
2018	0.455	2.41	0.485	-0.46	0.416	7.37
2019	0.410	-9.70	0.471	-2.11	0.419	1.60
2020	0.412	0.75	0.430	-8.77	0.356	-14.74
平均值	0.385	3.32	0.453	1.27	0.403	0.47

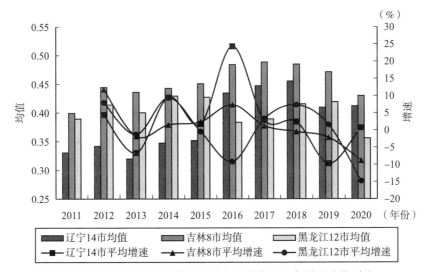

图4-4 东北三省治理体系现代化均值水平和年增速均值对比

从图 4 - 2 和图 4 - 3 可以看出：

2011～2020 年，东北 34 个市治理体系现代化均值水平整体上呈先降后升再降趋势：在 2013 年小幅下降，从 2012 年的 0.400 下降到 2013 年的 0.386；之后从 2014 年到 2018 年均为增长态势，治理体系现代化均值水平增加到 0.452；2019 年末，新冠肺炎疫情暴发，治理体系现代化均值水平也随之下降，2019 年下降到 0.434，2020 年下降到 0.399，与 2012 年大约持平。

（1）辽宁省 14 市治理体系现代化均值水平在 6 年时间范围内（2011 年、2012 年、2013 年、2014 年、2015 年、2019 年）要低于 34 个市级治理体系现代化均值水平，在四年时间范围内（2016 年、2017 年、2018 年、2020 年）要高于 34 个市级治理体系现代化均值水平。

从差值角度看，辽宁省 14 市治理体系现代化均值水平与 34 个市级治理体系现代化均值水平的差值，2013 年、2014 年、2015 年和 2012 年差值最大，辽宁均值比 34 市均值分别低了 0.066、0.059、0.058、0.058。

从增长角度看，辽宁省 14 市均值增长幅度最大的一年是 2016 年，从 0.352 增加到 0.435（增速 24.33%），其次是 2014 年，从 0.320 增加到 0.348（增速 9.59%）。值得注意的是，2020 年辽宁省 14 个市治理体系现代化均值水平是唯一提升的省份，从 0.410 增加到 0.412，虽然增速只有 0.75%，但对比 2020 年吉林省 8 市平均增速 - 8.77%、黑龙江省 12 市平均增速 - 14.74% 和 34 个市平均增速 - 6.96%，辽宁总体上表现得更好。在增速方面，辽宁省 14 市平均增速有 7 年大于 0，仅有 2 年增速小于 0，说明大多数年份辽宁省 14 市治理体系现代化均值水平处于上升状态。从下降角度看，辽宁省 14 市均值降幅度最大的一年是 2019 年，从 0.455 下降到 0.410（降速 9.70%，且大于同期吉林降速 2.11% 和 34 市降速 6.96%）。

（2）吉林省 8 市治理体系现代化均值水平在所有时间范围（2011～2020 年）内都要高于 34 个市级治理体系现代化均值水平，且从图 4 - 2 可以看出吉林远在辽宁之上。从吉林省 8 市治理体系现代化均值水平与

34 个市级治理体系现代化均值水平的差值角度看，在 2013 年差值最大，吉林省比 34 市平均值高了 0.051，其次在 2016 年高了 0.050，在 2017 年和 2012 年分别高了 0.047 和 0.044。

从增长角度看，吉林省 8 市均值在 2012 年和 2016 年增幅最大，在 2012 年从 0.399 增加到 0.445（增速 11.89%），2016 年从 0.451 增加到 0.484（增速 7.39%）。在增速方面，吉林省 8 市平均增速有 5 年大于 0，有 4 年增速小于 0，且波动幅度较大，从 2020 年的最小值 −8.77% 波动到 2012 年的最大值 11.89%，说明这十年间吉林省 8 市治理体系现代化均值水平处于大幅波动状态。

从下降角度看，吉林省 8 市均值有四年下降，其中 2019 年和 2020 年下降幅度最大，在 2019 年从 0.485 下降到 0.471（降速 2.11%），在 2020 年从 0.471 下降到 0.430（降速 8.77%）。

（3）黑龙江省 12 市治理体系现代化均值水平在后半段的时间范围内（2016～2020 年）要低于 34 个市级治理体系现代化均值水平，在前半段的时间范围内（2011～2015 年）要高于 34 个市级治理体系现代化均值水平。从黑龙江 12 市治理体系现代化均值水平与 34 个市级治理体系现代化均值水平的差值角度看，2017 年和 2016 年差值最大，黑龙江均值比 34 市均值分别低了 0.052 和 0.051。

从增长角度看，增长幅度最大的一年是 2014 年，在 2014 年从 0.401 增加到 0.430（增速 9.45%），其次是 2012 年增速较大，2014 年从 0.390 增加到 0.414（增速 8.02%）。

从下降角度看，黑龙江省 12 市均值有四年下降，其中 2020 年和 2016 年下降幅度最大，在 2020 年从 0.419 下降到 0.356（降幅 14.74%），在 2016 年从 0.428 下降到 0.383（降幅 9.12%）。

在增速方面，黑龙江省 12 市平均增速有 5 年大于 0，有 4 年增速小于 0，且增速波动幅度较大，从 2020 年的最小值 −14.74% 波动到 2014 年的最大值 9.45%，相差了 24.19%，说明这十年间黑龙江省 12 市治理体系现代化水平也处于大幅波动状态。

三、东北地方政府治理体系现代化市级水平分析

1. 沈阳市地方政府治理体系现代化水平分析

将表4-4中沈阳市地方政府治理体系现代化水平和表4-5中沈阳市地方政府治理体系现代化水平年增速以图形展示，如图4-5所示。

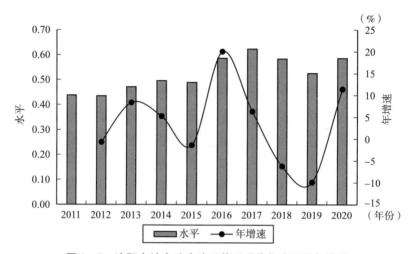

图4-5　沈阳市地方政府治理体系现代化水平及年增速

从图4-5可以看到，沈阳市地方政府治理体系现代化水平在2017年最高（0.623），2012年最低（0.435）。整体上，后期治理体系现代化发展好于前期，但在疫情暴发后的2019年末至2020年属于明显回升阶段。在2011~2015年波动平稳（呈小"V"型波动），2015~2020年波动幅度较大（呈大"V"型波动）。有5年增速大于0，即治理体系现代化水平增长，其中2016年增速最高，达到19.98%，2019年降速最高，达到-9.90%。

在经济治理体系现代化方面，沈阳市2021年地区生产总值（GDP）7249.7亿元，比上年增长7.0%。其中，第一产业增加值326.3亿元，增长4.2%；第二产业增加值2570.3亿元，增长7.8%；第三产业增加值4353.0亿元，增长6.7%。三次产业结构为4.5∶35.5∶60.0。全市

人均地区生产总值 79706 元，比上年增长 5.9%。[①]

在政府治理体系现代化方面，沈阳市 2021 年一般公共预算支出 1032.3 亿元，比上年同口径增长 5.2%。全年固定资产投资比上年增长 4.1%。第一产业投资下降 24.0%，第二产业投资增长 16.9%，第三产业投资增长 1.8%。工业投资增长 17.6%，其中制造业投资增长 17.3%。高技术产业投资增长 14.2%。基础设施投资增长 13.7%。社会领域投资增长 9.0%。民间投资增长 8.6%。

在社会治理体系现代化方面，沈阳市 2021 年城镇居民人均可支配收入 50566 元，比上年增长 6.6%；人均生活消费支出 36834 元，增长 16.7%。农村居民人均可支配收入 21662 元，增长 10.5%；人均生活消费支出 14872 元，增长 19.8%。

2. 大连市地方政府治理体系现代化水平分析

将表 4-4 中大连市地方政府治理体系现代化水平和表 4-5 中大连市地方政府治理体系现代化水平年增速以图形展示，如图 4-6 所示。

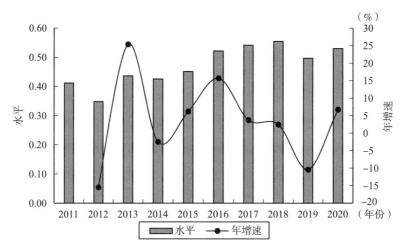

图 4-6　大连市地方政府治理体系现代化水平及年增速

① http：//www.shenyang.gov.cn/zwgk/fdzdgknr/tjxx/tjgb/202205/t20220507_2927013.html 《2021 年沈阳市国民经济和社会发展统计公报》。

147

从图4-6可以看到，大连市地方政府治理体系现代化水平在2018年最高（0.555），2012年最低（0.348），与沈阳市类似，也是在疫情暴发后的2019年至2020年明显下降后又回升。在2011~2015年波动幅度较大（呈"大M型"波动），2015~2020年波动幅度较大（呈大"V"型波动），仅有3年增速小于0，在2012年增速最低，达到了-15.49%；其次在2019年增速也下到零水平线之下，增速为-10.43%。在其余年份，增速均大于0，在2013年增速最高，达到了25.37%，在2016年增速次高，达到了15.64%。

在经济治理体系现代化方面，大连市2021年地区生产总值7825.9亿元，比上年增长8.2%。其中，第一产业增加值513.3亿元，比上年增长5.8%；第二产业增加值3301.6亿元，增长9.4%；第三产业增加值4011.0亿元，增长7.5%。

在政府治理体系现代化方面，大连市2021年固定资产投资（不含农户）比上年增长1.2%。其中，建设项目投资比上年增长6.0%，房地产开发投资下降3.2%。分产业看，第一产业投资比上年增长19.6%，第二产业投资下降6.0%，第三产业投资增长4.2%。全年基础设施投资比上年增长24.9%。全年高技术产业投资比上年增长79.6%，其中高技术制造业和高技术服务业投资分别增长89.0%、49.5%。

在社会治理体系现代化方面，全年全体居民人均可支配收入44267元，比上年增长7.1%。按常住地分，城镇居民人均可支配收入50531元，比上年增长6.7%；农村居民人均可支配收入23763元，增长10.2%。全年全体居民人均消费支出29771元，比上年增长15.5%。按常住地分，城镇居民人均消费支出34678元，比上年增长15%；农村居民人均消费支出13710元，增长20%。[①]

3. 鞍山市地方政府治理体系现代化水平分析

将表4-4中鞍山市地方政府治理体系现代化水平和表4-5中鞍山

---

① 《2021年大连市国民经济和社会发展统计公报》，大连市统计局网，https://stats.dl.gov.cn/art/2022/6/1/art_3812_2020540.html。

市地方政府治理体系现代化水平年增速以图形展示，如图4-7所示。

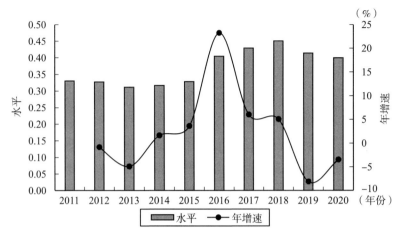

图4-7　鞍山市地方政府治理体系现代化水平及年增速

从图4-7可以看到，鞍山市地方政府治理体系现代化水平年增速整体上呈现出明显的倒"V"型。现代化水平在2018年最高（0.451），2013年最低（0.312），整体后期治理体系现代化发展要好于前期。2011～2015年波动平稳（增速也呈小"V"型），2015～2020年波动幅度较大，2016年增速最高，达到了23.27%，但随即在2019年迎来了低谷，增速降到了-8.10%，但仍较前面的沈阳和大连表现得要好。

在经济治理体系现代化方面，鞍山市2021年实现地区生产总值1888.1亿元，按可比价格计算，比上年增长4.5%，其中，第一产业增加值120.3亿元，比上年增长4.7%；第二产业增加值789.4亿元，比上年增长2.1%；第三产业增加值978.4亿元，比上年增长6.2%。

在政府治理体系现代化方面，鞍山市2021年全年固定资产投资比上年增长6.8%，其中建设项目投资比上年增长20.9%，房地产开发投资比上年下降17.8%。第一产业投资比上年增长39.2%；第二产业投资比上年增长15.9%；第三产业投资比上年下降2.0%。固定资产投资三次产业构成为4.3：45.2：50.5。公有制经济投资比上年增长

48.2%；非公有制经济投资比上年下降4.7%。

在社会治理体系现代化方面，鞍山市2021年城镇登记失业率为4.13%。全年城镇常住居民人均可支配收入41018元，比上年增长8.0%。农村常住居民人均可支配收入21038元，比上年增长10.4%。[①]

4. 抚顺市地方政府治理体系现代化水平分析

将表4-4中抚顺市地方政府治理体系现代化水平和表4-5中抚顺市地方政府治理体系现代化水平年增速以图形展示，如图4-8所示。

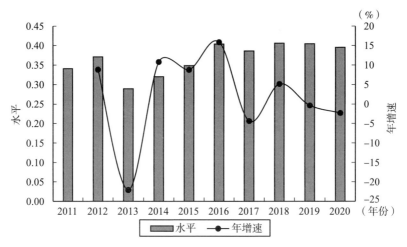

图4-8　抚顺市地方政府治理体系现代化水平及年增速

从图4-8可以看到，抚顺市地方政府治理体系现代化水平在2016年最高（0.404），2013年最低（0.289），2011～2015年波动幅度大（增速呈大"V"型），2015～2020年波动幅度小（增速呈小"V"型）。有5年增速大于0，即治理体系现代化水平增长，其中2016年增速最高，达到15.85%，2013年降速最大，达到-22.07%。

在经济治理体系现代化方面，抚顺市2021年实现地区生产总值

870.1 亿元，按可比价格计算，同比增长 1.0%，其中，第一产业增加值
61.2 亿元，增长 2.1%；第二产业增加值 414.9 亿元，下降 2.5%；第三
产业增加值 394.0 亿元，增长 4.4%。三次产业增加值占生产总值的比重
为 7.0∶47.7∶45.3。全年人均地区生产总值 47338 元，同比增长 3.1%。

在政府治理体系现代化方面，抚顺市 2021 年全年固定资产投资
（不含农户）完成 159.7 亿元，同比下降 9.2%，其中，建设项目完成
投资 112.6 亿元，下降 2.3%；房地产开发项目完成投资 47.0 亿元，下
降 22.4%。全年新开工建设项目 200 个，比上年增加 16 个。

在社会治理体系现代化方面，抚顺市 2021 年城镇居民人均可支配
收入 37512 元，同比增长 7.0%；农村居民人均可支配收入 18477 元，
同比增长 9.9%。水环境治理方面，抚顺市 11 条国考断面水质优良率达
到 100%。抚顺市集中式饮用水源地水质 100% 达标，抚顺大伙房水库
库区水质稳定保持国家Ⅱ类标准。大气环境治理方面，空气质量考核优
良天数为 315 天，优良天数比率 86.3%；细颗粒物（PM2.5）浓度 40
微克/立方米。[①]

5. 本溪市地方政府治理体系现代化水平分析

将表 4-4 中本溪市地方政府治理体系现代化水平和表 4-5 中本溪
市地方政府治理体系现代化水平年增速以图形展示，如图 4-9 所示。

从图 4-9 可以看到，本溪市地方政府治理体系现代化水平在 2017
年最高（0.456），2015 年最低（0.315）。增速整体呈现 "W 型"，在
2016 年增速最高，达到了 15.85%，2018 年增速最低，为 -17.53%。

在经济治理体系现代化方面，本溪市 2021 年全年地区生产总值
894.2 亿元，按可比价格计算，比上年增长 5.8%，其中，第一产业增
加值 55.2 亿元，增长 3.2%；第二产业增加值 437.3 亿元，增长
4.3%；第三产业增加值 401.7 亿元，增长 7.6%。三次产业之比为
6.2∶48.9∶44.9。

---

① http：//fstjj. fushun. gov. cn/tjgb/011001/20220330/6daa86b7 - 44b0 - 4464 - 8ef1 -
8595592ceded. html，《2021 年抚顺市国民经济和社会发展统计公报》。

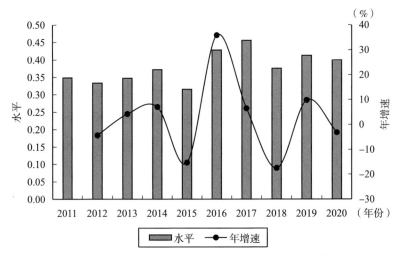

图4-9 本溪市地方政府治理体系现代化水平及年增速

在政府治理体系现代化方面，本溪市2021年全年固定资产投资比上年增长4.0%。其中，建设项目投资增长14.7%，房地产开发投资下降33.2%。第一产业投资比上年增长13.5%；第二产业投资增长14.7%；第三产业投资下降9.0%。分经济类型看，国有及国有控股投资比上年增长33.2%，非国有经济投资下降13.5%。

在社会治理体系现代化方面，本溪市2021年全年城镇常住居民人均可支配收入39004元，比上年增长8.2%。农村常住居民人均可支配收入20215元，增长10.3%。年末城镇登记失业人数23334人，城镇登记失业率4.54%，控制在省目标4.9%以内。①

6. 丹东市地方政府治理体系现代化水平分析

将表4-4中丹东市地方政府治理体系现代化水平和表4-5中丹东市地方政府治理体系现代化水平年增速以图形展示，如图4-10所示。

---

① https：//gsj.benxi.gov.cn/publicity/szfxx/tjxx/tjgb/103070，《二○二一年本溪市国民经济和社会发展统计公报》。

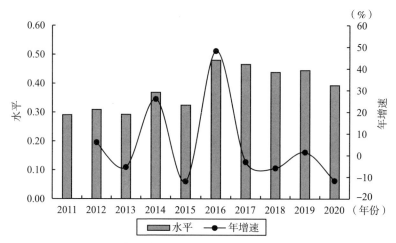

图 4 - 10　丹东市地方政府治理体系现代化水平及年增速

从图 4 - 10 可以看到，丹东市地方政府治理体系现代化水平年增速整体呈"M型"走势。2016 年达到最高值（0.480），增速也最高（达到了 48.23%），2011 年最低（0.291）。发展后期（2016 ~ 2020 年）的治理体系现代化水平明显高于前期（2011 ~ 2015 年），但整体上有超过一半的时间增速小于 0，增速最低在 2015 年，达到了 - 11.95%。

在经济治理体系现代化方面，丹东市 2021 年实现地区生产总值 854.4 亿元，按可比价格计算，比上年增长 6.3%，其中，第一产业增加值 171.2 亿元，增长 6.6%；第二产业增加值 221.1 亿元，增长 4.4%；第三产业增加值 462.1 亿元，增长 6.9%。

在政府治理体系现代化方面，丹东市 2021 年全年固定资产投资（不含农户）比上年增长 16.8%。其中，建设项目投资增长 31.4%；房地产开发投资增长 0.3%。第一产业投资比上年增长 1.1%；第二产业投资增长 23.5%，其中工业投资增长 23.4%，占比 26.4%，在工业投资中，工业技术改造投资占工业投资比重为 42.2%；第三产业投资增长 16.9%。三次产业投资构成比为 9.5∶26.4∶64.1。在全部投资中，高技术产业投资占比 3.2%；国有经济投资比上年增长 38.4%；非国有经济投资增长 12.8%。在非国有经济投资中，民间投资增长 8.5%，占固定资产投资比重为 74.1%。

在社会治理体系现代化方面，丹东市 2021 年全市城镇常住居民人均可支配收入 34804 元，名义增长 7.6%，扣除价格因素，实际增长 6.8%；农村常住居民人均可支配收入 20218 元，名义增长 9.6%，实际增长 8.9%；城乡居民人均收入比值为 1.72；城镇登记失业率为 3.9%，比上年下降 1.06 个百分点。①

7. 锦州市地方政府治理体系现代化水平分析

将表 4-4 中锦州市地方政府治理体系现代化水平和表 4-5 中锦州市地方政府治理体系现代化水平年增速以图形展示，如图 4-11 所示。

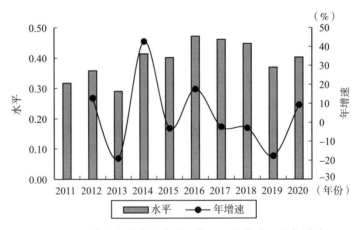

图 4-11　锦州市地方政府治理体系现代化水平及年增速

从图 4-11 可以看到，锦州市地方政府治理体系现代化水平在 2016 年值最高（0.472），2013 年值最低（0.290）。前期 2011~2015 年波动幅度大（呈大"V"型），增速出现了最高和最低：在 2013 年增速最低，达到了 -18.95%，在 2014 年增速最高，达到了 42.74%。后期 2016~2020 年波动平稳（呈小"V"型），增速出现了次高和次低：

① https://www.dandong.gov.cn/html/DDSZF/202204/0164886138343642.html，《二〇二一年丹东市国民经济和社会发展统计公报》。

2016 年次高增速为 17.61%，2019 年次低增速为 −17.66%。但在疫情暴发之前的 2017 年开始就已经呈现下降趋势，反而到 2020 年有明显回升，2020 年增速也达到了 9.23%。

在经济治理体系现代化方面，锦州市 2021 年实现地区生产总值（GDP）1148.3 亿元，按可比价格计算，比上年增长 6.2%。其中，第一产业增加值 212.9 亿元，增长 5.5%；第二产业增加值 296.4 亿元，增长 2.2%；第三产业增加值 639.0 亿元，增长 8.1%。全年人均地区生产总值 42063 元，比上年增长 7.9%。①

在政府治理体系现代化方面，锦州市 2021 年固定资产投资比上年增长 7.1%。第一产业投资比上年下降 6.7%，第二产业投资增长 16.0%，第三产业投资增长 4.8%。国有控股投资比上年下降 20.2%，民间投资增长 23.2%，外商及港澳台投资增长 79.8%。

在社会治理体系现代化方面，城镇登记失业率为 4.7%，城镇常住居民人均可支配收入 37329 元，比上年增长 6.0%。农村常住居民人均可支配收入 20010 元，增长 10.0%。锦州市地方政府为降低生产经营成本，为企业纾困稳岗采取了一系列举措。对符合租金减免政策的服务业小微企业和个体工商户，于 2022 年 5 月陆续开展租金减免工作；对受疫情影响无力足额缴纳水、电、气费用的小微企业和个体工商户，设立 6 个月的费用缓缴期，在缓缴期内实行"欠费不停供"措施，免收欠费滞纳金，6 个月内补缴；失业保险稳岗返还。

8. 营口市地方政府治理体系现代化水平分析

将表 4 − 4 中营口市地方政府治理体系现代化水平和表 4 − 5 中营口市地方政府治理体系现代化水平年增速以图形展示，如图 4 − 12 所示。

从图 4 − 12 可以看到，营口市地方政府治理体系现代化水平 2018 年值最高（0.463），2013 年值最低（0.344）。在 2011 ~ 2018 年波动平稳，其中发展最好的阶段是 2014 ~ 2018 年，增速均在 0 水平线之上，且

① https://tjgb. hongheiku. com/djs/26173. html，《2021 年锦州市国民经济和社会发展统计公报》。

2015 年增速最高，达到了 12.61%，2016 年增速次高，为 7.61%。2019 年急速下降，降速达到了 16.19%。2020 年有所回升，但增速仍没有大于 0（为 -0.84%）。整体来看，2019 年出现的波动最为突出。

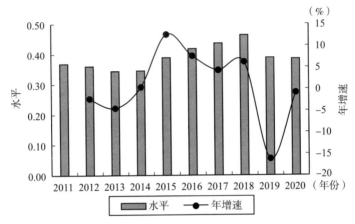

图 4 – 12　营口市地方政府治理体系现代化水平及年增速

在经济治理体系现代化方面，营口市 2021 年全年地区生产总值 1403.2 亿元，比上年增长 2.0%。其中，第一产业增加值 117.6 亿元，增长 4.3%；第二产业增加值 634.9 亿元，下降 1.1%；第三产业增加值 650.7 亿元，增长 4.4%。全年人均地区生产总值 60484 元，比上年增长 2.9%。[①]

在政府治理体系现代化方面，营口市遵循"创新为上"发展理念，着力构建科技创新政策体系，扶持发展高新技术企业，建立高新技术企业培育库，营口市民营市场主体占比达 98%，民营经济占经济总量超过 80%。2021 年，民营企业研发投入总额超过 20 亿元，全市研发投入在地区生产总值占比从 2019 年的 1.58% 跃升到 2021 年的 2%。2019 年，营口市获评"中国区域最具有投资营商价值城市"。

---

①　http：//tjj. yingkou. gov. cn/008/008002/20220428/dd9d8295 – 347e – 4086 – b2e4 – 44fc9b8729c9. html，《2021 年营口市国民经济和社会发展统计公报》。

　　在社会治理体系现代化方面，城镇登记失业率3.56%，低于省控指标0.54个百分点；人口自然增长率-2.67‰；全年城镇常住居民人均可支配收入42300元，比上年增长6.3%；农村常住居民人均可支配收入22128元，增长9.5%。全年城市空气优良天数308天，全年城市（县城）生活垃圾无害化处理率100%，年末城市（县城）供水普及率100%，燃气普及率99.79%。

　　9. 阜新市地方政府治理体系现代化水平分析

　　将表4-4中阜新市地方政府治理体系现代化水平和表4-5中阜新市地方政府治理体系现代化水平年增速以图形展示，如图4-13所示。

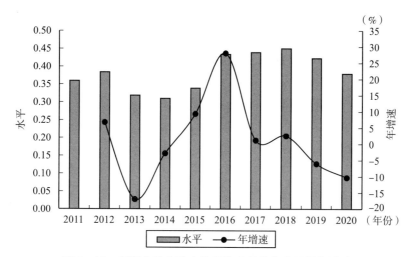

图4-13　阜新市地方政府治理体系现代化水平及年增速

　　从图4-13可以看到，阜新市地方政府治理体系现代化水平2018年最高（0.450），2014年最低（0.310）。发展后期（2016~2020年）的治理体系现代化水平明显高于前期（2011~2015年），但整体上有超过一半的时间增速大于0，增速最低在2013年，达到了-16.94%。增速最高还是在2016年，为28.03%。从2019年开始下降，2020年增速为次低，达到了-10.30%，后续发展需投入更多。

　　在经济治理体系现代化方面，阜新市2021年全年地区生产总值

544.7亿元,比上年增长6.4%。其中,第一产业增加值122.5亿元,增长6.9%;第二产业增加值146.3亿元,增长3.5%;第三产业增加值275.9亿元,增长7.6%。三次产业增加值比重为22.5∶26.9∶50.7。全年人均地区生产总值33376元,比上年增长8.0%。

在政府治理体系现代化方面,阜新市2021年全年固定资产投资(不含农户)比上年增长9.4%。分投资渠道看,建设项目投资增长16.4%;房地产开发投资下降24.5%。第一产业投资增长50.5%;第二产业投资增长5.2%;第三产业投资增长2.4%。分行业看,工业投资比上年增长7.0%;基础设施(不含电力、热力、燃气及水的生产和供应业)投资增长1.3%。

在市场治理体系完善方面,阜新市印发了《阜新市市场监督管理局助力市场主体纾困解难十条举措》,加强涉企收费监管,降低制度性成本,取得很好的效果。在环境治理方面,2022年上半年,阜新市环境空气质量持续改善,6项主要大气污染物全部达标,优良天数163天,优良比例90.1%,同比增加23天,改善比例排名全省第一;PM2.5浓度31.3微克/立方米,同比改善21.2%,市、县级水源水质达标率100%。

在社会治理体系现代化方面,阜新市2021年全年城镇常住居民人均可支配收入32842元,比上年增长7.9%;农村常住居民人均可支配收入17933元,比上年增长10.8%。[①]

10. 辽阳市地方政府治理体系现代化水平分析

将表4-4中辽阳市地方政府治理体系现代化水平和表4-5中辽阳市地方政府治理体系现代化水平年增速以图形展示,如图4-14所示。

从图4-14中可以看到,辽阳市地方政府治理体系现代化水平2018年最高(0.425),2014年最低(0.267),十年间波动较大,2016年增速最高,为30.06%,2013年增速最低,为-10.96%。2019年和2020年均有明显的下降。

---

① https://tjgb.hongheiku.com/djs/31730.html,《2021年阜新市国民经济和社会发展统计公报》。

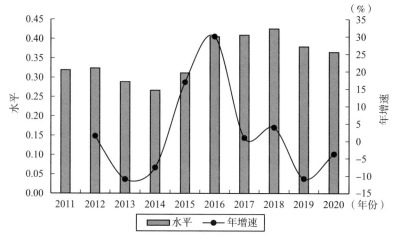

图4-14　辽阳市地方政府治理体系现代化水平及年增速

在经济治理体系现代化方面，辽阳市2021年全年地区生产总值859.7亿元，同比下降1.0%。其中，第一产业增加值96.0亿元，增长3.6%；第二产业增加值385.1亿元，下降7.0%；第三产业增加值378.7亿元，增长3.7%。全年人均地区生产总值54105元，比上年增长0.7%。

在政府治理体系现代化方面，辽阳市2021年全年固定资产投资（不含农户）比上年下降8.4%。分投资渠道看，建设项目投资下降14.1%，房地产开发投资增长6.7%，其中住宅投资增长13.5%。分产业看，第一产业投资比上年增长21.4%；第二产业投资下降34.1%，其中，制造业投资下降26.2%，占固定资产投资的比重为28.9%；第三产业投资增长16.2%。固定资产投资三次产业构成比例为4.0∶35.4∶60.6。分经济类型看，国有及国有控股企业投资比上年增长23.2%，占固定资产投资的比重为28.4%；民间投资下降9.7%，占67.2%；港澳台及外商投资下降62.0%，占4.5%。

在社会治理体系现代化方面，辽阳市2021年全年城镇常住居民人均可支配收入36868元，比上年增长5.9%；农村常住居民人均可支配收入19404元，增长9.8%。全年城镇常住居民人均消费支出24526

159

元，比上年增长 17.0% ；农村常住居民人均消费支出 15682 元，增长 19.1% 。①

11. 铁岭市地方政府治理体系现代化水平分析

将表 4-4 中铁岭市地方政府治理体系现代化水平和表 4-5 中铁岭市地方政府治理体系现代化水平年增速以图形展示，如图 4-15 所示。

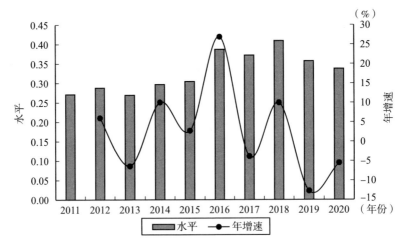

图 4-15 铁岭市地方政府治理体系现代化水平及年增速

从图 4-15 可以看到，铁岭市地方政府治理体系现代化水平 2018 年最高（0.409），2013 年最低（0.369），在 2011~2015 年波动平稳（呈小"W"型），2016~2020 年波动幅度较大（呈大"W"型）。有 5 年增速大于 0，即治理体系现代化水平增长，其中 2016 年增速最高，达到 26.96% ，2019 年降速最高，达到 -12.73% 。

在经济治理体系现代化方面，铁岭市 2021 年全年地区生产总值（GDP）实现 716.0 亿元，按可比价格计算，比上年增长 6.1% 。第一产业实现增加值 172.8 亿元，比上年增长 6.2% ；第二产业实现增加值

---

① http://www.tjcn.org/tjgb/06ln/37246.html，《辽阳市 2021 年国民经济和社会发展统计公报》。

203.0 亿元，比上年增长 3.0%；第三产业实现增加值 340.2 亿元，比上年增长 7.7%。三次产业增加值占生产总值（GDP）的比重分别为 24.1%、28.4% 和 47.5%。2022 年上半年，铁岭市地区生产总值增速排名全省第六，规模以上工业增加值增速排名全省第六，固定资产投资增速排名全省第五，社会消费品零售总额增速排名全省第六，城乡居民收入增速排名全省第七。

在政府治理体系现代化方面，铁岭市 2021 年全年固定资产投资比上年增长 16.4%。分投资渠道看，建设项目投资比上年增长 28.0%，房地产开发投资比上年下降 17.3%。分产业结构看，全年第一产业投资比上年下降 29.5%；第二产业投资比上年增长 38.0%；第三产业投资比上年增长 5.6%。分经济类型看，全年国有控股投资比上年增长 55.5%，民间投资比上年下降 10.8%，港澳台及外商投资比上年增长 60.3%。

在社会治理体系现代化方面，铁岭市 2021 年全年城镇常住居民人均可支配收入 29955 元，比上年增长 8.4%；农村常住居民人均可支配收入 18812 元，比上年增长 10.6%。[①]

12. 朝阳市地方政府治理体系现代化水平分析

将表 4-4 中朝阳市地方政府治理体系现代化水平和表 4-5 中朝阳市地方政府治理体系现代化水平年增速以图形展示，如图 4-16 所示。

从图 4-16 可以看到，朝阳市地方政府治理体系现代化水平 2018 年最高（0.506），2013 年最低（0.256），十年间波动较大，增速有两个高点：最高增速在 2016 年，达到 26.83%，次高增速在 2014 年，为 24.63%；降速有两个低点：最低在 2013 年，为 -20.28%，次低在 2019 年，为 -17.62%。有 5 年增速大于 0，治理体系现代化水平整体上属于上升趋势。

---

① http：//tjj. tieling. gov. cn/tltj/xxfb/1813188/index. html，《2021 年铁岭市国民经济和社会发展统计公报》。

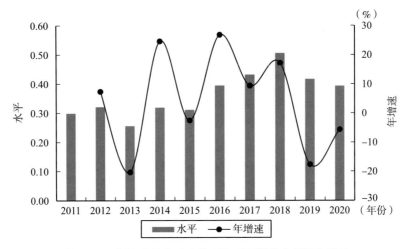

图 4 – 16　朝阳市地方政府治理体系现代化水平及年增速

在经济治理体系现代化方面,朝阳市 2021 年全年地区生产总值 944.8 亿元,比上年增长 5.5%。其中,第一产业增加值 228.0 亿元,增长 7.0%;第二产业增加值 274.7 亿元,增长 2.1%;第三产业增加值 442.1 亿元,增长 6.7%。三次产业增加值比重为 24.1∶29.1∶46.8。全年人均地区生产总值 33086 元,比上年增长 6.5%。

在政府治理体系现代化方面,朝阳市 2021 年全年固定资产投资(不含农户)比上年增长 14.5%。分领域看,房地产开发投资比上年增长 51.9%,建设项目投资增长 5.4%。分产业看,第一产业投资比上年下降 10.3%;第二产业投资增长 3.5%,其中工业投资增长 3.5%;第三产业投资增长 31.9%。分经济类型看,民间投资比上年增长 16.7%,外商及港澳台商投资下降 60.1%,国有控股投资增长 25.9%。

在社会治理体系现代化方面,朝阳市 2021 年全年城镇常住居民人均可支配收入 30041 元,比上年增长 7.3%;农村常住居民人均可支配收入 16813 元,增长 10.9%。[①]

---

　　① http://www.lnst.gov.cn/html/CYSTQ/202204/0164975060929670.html,《2021 年朝阳市国民经济和社会发展统计公报》。

13. 盘锦市地方政府治理体系现代化水平分析

将表4－4中盘锦市地方政府治理体系现代化水平和表4－5中盘锦市地方政府治理体系现代化水平年增速以图形展示，如图4－17所示。

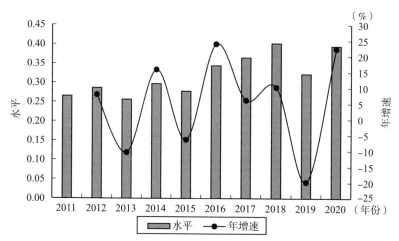

图4－17　盘锦市地方政府治理体系现代化水平及年增速

从图4－17可以看到，盘锦市地方政府治理体系现代化水平2018年最高（0.403），2013年最低（0.256）。在2011～2015年波动平稳（呈小"W"型），2015～2020年波动幅度较大（呈大"W"型），尤其在2019年，直接从0.403下降到0.323，增速为－19.80%。仅有3年增速小于0，有6年增速大于0，2016年增速最高，为23.95%，治理体系现代化水平有所提升。

在经济治理体系现代化方面，盘锦市2021年全年地区生产总值1383.2亿元，按可比价格计算，比上年增长0.5%。其中，第一产业增加值116.8亿元，增长5.2%；第二产业增加值731.3亿元，下降4.8%；第三产业增加值535.1亿元，增长7.2%。全市人均地区生产总值99443元。

在政府治理体系现代化方面，盘锦市2021年全年固定资产投资（不含农户）比上年下降4.3%。分投资渠道看，全年建设项目投资比上年下降 7.5%；房地产开发投资增长 10.5%。分产业看，全年第一产业投资比上年下降 68.2%；第二产业投资下降 4%；第三产业投资下降 2.9%。分经济类型看，全年民间投资比上年下降 9.2%；国有及国有控股企业投资下降 8.0%；港澳台及外商企业投资增长 115.1%。

在社会治理体系现代化方面，盘锦市 2021 年全年城镇常住居民人均可支配收入 45398 元，比上年增长 6.1%；农村常住居民人均可支配收入 22583 元，比上年增长 9.7%。全年城镇居民人均消费支出 28204 元，农村居民人均消费支出 13912 元。[①]

14. 葫芦岛市地方政府治理体系现代化水平分析

将表 4 – 4 中葫芦岛市地方政府治理体系现代化水平和表 4 – 5 中葫芦岛市地方政府治理体系现代化水平年增速以图形展示，如图 4 – 18 所示。

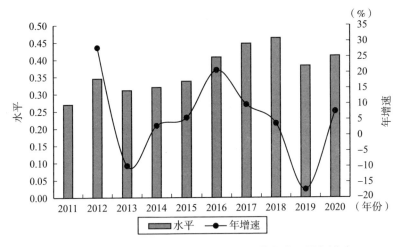

图 4 – 18　葫芦岛市地方政府治理体系现代化水平及年增速

从图 4 – 18 可以看到，葫芦岛市地方政府治理体系现代化水平 2018 年最高（0.463），2011 年最低（0.270）。整体上波动幅度较大（呈大

---

① https://www.panjin.gov.cn/html/1934/2022 – 03 – 14/content – 112668. html，《二○二一年盘锦市国民经济和社会发展统计公报》。

"W"型），尤其在 2019 年，直接从 0.403 下降到 0.323，增速为 -19.80%。仅有 2 年增速小于 0，有 7 年增速大于 0，治理体系现代化水平增长。在 2011~2016 年，2012 年增速最高，为 27.88%，增速先下降，降到了 2013 年的 -9.89%，后上升，上升到 2016 年的 20.70%。2016~2020 年也与前期走势一样，增速先下降后上升。

在经济治理体系现代化方面，葫芦岛市 2021 年地区生产总值841.7亿元，按可比价格计算，比上年增长 6.0%。其中，第一产业增加值147.6 亿元，增长4.0%；第二产业增加值308.9 亿元，增长7.7%；第三产业增加值385.1 亿元，增长 5.5%。全年人均地区生产总值 34823 元，比上年增长 7.2%；地区生产总值三次产业构成为 17.5∶36.7∶45.8。

在政府治理体系现代化方面，葫芦岛市 2021 年全年固定资产投资254.6 亿元，比上年下降 9.7%。其中，建设项目投资 133.3 亿元，增长 4.1%；房地产开发投资 121.3 亿元，下降 21.3%。分产业看，第一产业投资 1.1 亿元，下降 81.7%；第二产业投资 92.3 亿元，增长6.4%，其中工业投资 92.3 亿元，增长 6.4%；第三产业投资 161.1 亿元，下降 14.8%。全年民间投资 156.6 亿元，比上年下降 20.1%，占固定资产投资的比重为 61.5%。

在社会治理体系现代化方面，葫芦岛市 2021 年全年城镇居民人均可支配收入 34852 元，比上年增长 6.4%，农村居民人均可支配收入16365 元，增长 10.1%。城镇登记失业率 3.9%。全年人口出生率为5.21‰，人口死亡率为5.67‰。[①]

15. 长春市地方政府治理体系现代化水平分析

将表 4 - 4 中长春市地方政府治理体系现代化水平和表 4 - 5 中长春市地方政府治理体系现代化水平年增速以图形展示，如图 4 - 19所示。

---

① http：//www.hld.gov.cn/zwgk/fdzdgknr/tjxx/gongbao/202204/t20220426_1096810.html，《二○二一年葫芦岛市国民经济和社会发展统计公报》。

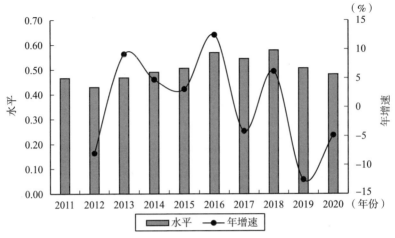

图 4 - 19　长春市地方政府治理体系现代化水平及年增速

从图 4 - 19 可以看到，长春市地方政府治理体系现代化水平 2018 年最高（0.579），2012 年最低（0.429）。有 4 年增速小于 0，有 5 年增速大于 0，2016 年增速最高，为 12.47%；2019 年增速最低，为 -12.54%。2019 年和 2020 年也与其他市情况相似，出现了下降后上升的趋势。

在经济治理体系现代化方面，长春市 2021 年全市地区生产总值 7103.12 亿元，按可比价格计算，比上年增长 6.2%，两年平均增长 4.8%。其中，第一产业增加值 523.74 亿元，增长 5.5%；第二产业增加值 2960.47 亿元，增长 3.9%；第三产业增加值 3618.90 亿元，增长 8.1%，三次产业结构比为 7.4∶41.7∶50.9。

在政府治理体系现代化方面，长春市 2021 年全年全市固定资产投资（不含农户）比上年增长 11.6%。其中，第一产业投资增长 25.9%；第二产业投资增长 4.1%；第三产业投资增长 13.1%。从投资主体看，国有经济投资增长 18.8%；非国有经济投资增长 6.0%，占固定资产投资的比重为 53.5%。民间投资增长 13.1%。全市工业投资增长 4.1%。

在社会治理体系现代化方面，长春市 2021 年末全市城镇常住居民人均可支配收入达到 43281 元，比上年增长 8.2%。农村常住居民人均可支配收入 18473 元，增长 11.0%。① 长春市高标准建设"长春人才创新港"，计划实施百万大学生来（留）长工程，建立 4 大方面、9 项行动、20 条举措支撑的"4920"工作体系，首批示范打造长春市大学生实训基地 20 家，增强青年人才与重点企业"双向"互通、"深度"互认，预计每年吸引留住高校毕业生 10 万名以上。②

16. 吉林市地方政府治理体系现代化水平分析

将表 4 - 4 中吉林市地方政府治理体系现代化水平和表 4 - 5 中吉林市地方政府治理体系现代化水平年增速以图形展示，如图 4 - 20 所示。

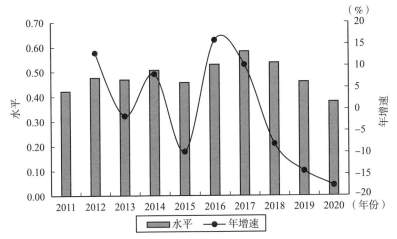

图 4 - 20 吉林市地方政府治理体系现代化水平及年增速

从图 4 - 20 可以看到，吉林市地方政府治理体系现代化水平 2017 年最高（0.584），2020 年最低（0.379）。有 5 年增速小于 0，有 4 年增速大于 0，2016 年增速最高，为 15.91%；2020 年增速最低，为 -17.56%。治

理体系现代化水平从 2018 年出现了大幅下降，且在 2019 和 2020 年下降更快。

在经济治理体系现代化方面，吉林市 2021 年全年实现地区生产总值 1550.0 亿元，比上年增长 7.0%。其中，第一产业增加值 200.1 亿元，增长 6.7%；第二产业增加值 565.3 亿元，增长 6.5%；第三产业增加值 784.6 亿元，增长 7.4%。三次产业结构的比例关系由上年的 13.9∶35.3∶50.8 调整为 12.9∶36.5∶50.6，产业结构进一步优化。[①]

在政府治理体系现代化方面，吉林市 2021 年全社会固定资产投资（不含农户）比上年增长 17.6%。其中，第一产业投资增长 39.3%，第二产业投资下降 0.8%，第三产业投资增长 24.5%。

在社会治理体系现代化方面，吉林市 2021 年全市城镇常住居民人均可支配收入 33479 元，比上年增长 7.9%。农村常住居民人均可支配收入 17777 元，增长 10.9%。环境治理方面，全年全市环境空气优良天数 329 天，优良天数比例 90.1%；主要污染物细颗粒物（PM2.5）平均浓度为 32.0 微克/立方米，比 2020 年 41.0 微克/立方米下降 22.0%；地表水 19 个国控考核断面水体优良比例为 89.5%，松花江吉林江段水质指标达到目标要求。十年间，吉林市粮食总产量从 76.46 亿斤跃升到 90.06 亿斤，从传统向现代转型的农业产业筑牢粮食安全之基，"十三五"期间，吉林市共投入资金 25.2 亿元，累计建成 364 万亩高标准农田，为粮食稳产和高产打下了坚实基础。[②]

17. 四平市地方政府治理体系现代化水平分析

将表 4-4 中四平市地方政府治理体系现代化水平和表 4-5 中四平市地方政府治理体系现代化水平年增速以图形展示，如图 4-21 所示。

---

① http://tjj.jl.gov.cn/tjsj/tjgb/ndgb/202208/t20220801_8528331.html，《吉林市 2021 年国民经济和社会发展统计公报》。

② http://www.jl.gov.cn/zw/yw/zwlb/sx/sz/202210/t20221011_8595269.html，《吉林市：时代潮涌十年路　踔厉笃行再出发》。

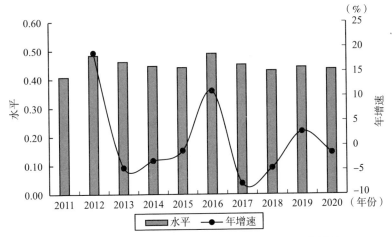

图 4 - 21　四平市地方政府治理体系现代化水平及年增速

从图 4 - 21 可以看到，四平市地方政府治理体系现代化水平 2016 年最高（0.490），2011 年最低（0.407），整体增速呈大"W"型，有两轮先下降又上升。第一轮是从 2012 年下降，2013 ~ 2016 年增速缓慢从负值上升到正值；第二轮是从 2016 年下降，后 2017 ~ 2019 年缓慢上升。有 2 年增速较高，最高增速在 2012 年，为 18.77%，次高增速在 2016 年，为 11.00%。

在经济治理体系现代化方面，四平市 2021 年实现地区生产总值（GDP）554.0 亿元[①]，同比增长 7.9%，全省排名第一位，高于全省平均水平 1.3 个百分点，比 2016 年提高 5.5 个百分点。第一产业、第二产业、第三产业分别增长 7%、6.5% 和 9.1%，分别比 2016 年提高 6 个、12.2 个、1.9 个百分点。[②]

在政府治理体系现代化方面，2021 年全年全市固定资产投资比上年增长 14.7%。全年完成房地产开发投资 65.4 亿元，比上年增长

[①]　http：//tjj. jl. gov. cn/tjsj/tjgb/ndgb/202208/t20220801_8528532. html，《四平市 2021 年国民经济和社会发展统计公报》。

[②]　http：//www. jl. gov. cn/zw/yw/zwlb/sx/sz/202210/t20221012_8596323. html，《四平市：只争朝夕换来日新月异》。

45.9%。商品房销售面积103.6万平方米，与上年持平，商品房销售额47.8亿元，比上年下降0.2%。住宅销售面积95.2万平方米，比上年下降0.2%。住宅销售额43.5亿元，比上年减少0.2%。

在社会治理体系现代化方面，2021年，全地区城镇和农村常住居民人均可支配收入同比分别增长7.2%和11.2%，是2016年的1.3倍和1.5倍，年均增长5.8%和7.9%。城乡居民可支配收入与GDP增速同步，农民收入增速高于城镇居民收入增速。四平市多层次社会保障体系加快构建，社会保障覆盖面持续扩大，待遇水平逐年提升，"健康四平"建设步伐加快。城镇登记失业率3.29%，比2012年下降0.41个百分点。

18. 辽源市地方政府治理体系现代化水平分析

将表4-4中辽源市地方政府治理体系现代化水平和表4-5中辽源市地方政府治理体系现代化水平年增速以图形展示，如图4-22所示。

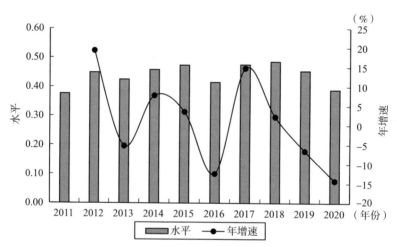

图4-22　辽源市地方政府治理体系现代化水平及年增速

从图4-22可以看到，辽源市地方政府治理体系现代化水平2018年最高（0.486），2011年最低（0.376）。增速最高的一年在2012年，达到了19.25%，次高在2017年，为14.73%。增速最低的一年在2020

年，低至 - 14.28%，次低在 2016 年，为 - 12.45%。

在经济治理体系现代化方面，辽源市 2021 年全市实现地区生产总值 463.49 亿元，按可比价格计算，同比增长 7.6%。其中，实现第一产业增加值 50.60 亿元，同比增长 8.9%；实现第二产业增加值 135.97 亿元，同比增长 9.1%；实现第三产业增加值 276.92 亿元，同比增长 6.6%。第一、二、三产业对经济增长的贡献率分别为 13.7%、33.4% 和 52.9%，分别拉动经济增长 1.0、2.5 和 4.0 个百分点。①

在政府治理体系现代化方面，2021 年全年全市固定资产投资（不含农户）同比增长 10.4%。从产业投资结构看，第一产业投资下降 9.6%；第二产业投资增长 3.4%，其中工业投资增长 3.4%；第三产业投资增长 15.5%。"最多跑一次"事项提高到 99.2%，企业开办时间由 5 天缩短到 1 天，企业投资项目开工审批压缩到 22 天，网上办事率提高到 90.2%，住房公积金贷款速度全国领先，新增市场主体 4.4 万户、总量达到 10.6 万户。推动麦达斯、利源精制等一批企业成功重整，如期完成政府到期债务化解工作，全市经济环境、金融环境得到较大改善，辽源正在全力打造市场化、法治化、国际化营商环境。

在社会治理体系现代化方面，辽源市 2021 年年末全地区城镇常住居民人均可支配收入 31294 元，同比增长 7.2%；农村常住居民人均可支配收入 17027 元，同比增长 9.5%。

19. 通化市地方政府治理体系现代化水平分析

将表 4 - 4 中通化市地方政府治理体系现代化水平和表 4 - 5 中通化市地方政府治理体系现代化水平年增速以图形展示，如图 4 - 23 所示。

从图 4 - 23 中可以看到，通化市地方政府治理体系现代化水平 2017 年最高（0.513），2011 年最低（0.405）。增速最高的一年在 2012 年，达到了 14.87%，次高在 2017 年，为 9.76%。增速最低的一年在 2018 年，低至 - 12.88%，次低在 2020 年，为 - 11.30%。

---

① http://tjj.jl.gov.cn/tjsj/tjgb/ndgb/202208/t20220801_8528531.html,《辽源市 2021 年国民经济和社会发展统计公报》。

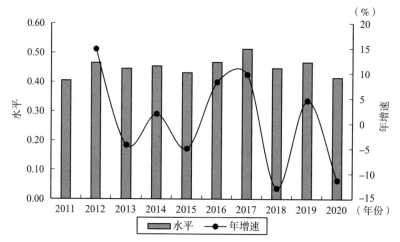

图 4 - 23　通化市地方政府治理体系现代化水平及年增速

在经济治理体系现代化方面，通化市 2021 年全市实现地区生产总值（GDP）567.9 亿元，按可比价格计算，比上年增长 6.8%。其中，第一产业增加值 66.9 亿元，增长 5.5%；第二产业增加值 166.1 亿元，增长 8.3%；第三产业增加值 334.9 亿元，增长 6.3%。人均 GDP 达 37080 元，比上年增长 7.3%。①

在政府治理体系现代化方面，通化市 2021 年完成全社会固定资产投资 207.1 亿元，比上年增长 11.1%。其中，第一产业完成投资 4.9 亿元，增长 2.4%；第二产业完成投资 57.2 亿元，增长 0.2%；第三产业完成投资 145.0 亿元，增长 16.4%。投资亿元以上的施工项目 110 个，完成投资 134.2 亿元，比上年增长 31.9%。

在社会治理体系现代化方面，通化市 2021 年全年全市城镇常住居民人均可支配收入 31581 元，比上年增长 7.4%；农村常住居民人均可支配收入 16083 元，增长 10.7%。环境治理方面，通化市森林覆盖率达 67.3%，13 个国控断面水质均值全部达到Ⅲ类水体及以上，优良水体比例达到 100%；全年空气优良天数为 349 天，优良比例达到 95.9%，

---

① http://tjj.jl.gov.cn/tjsj/tjgb/ndgb/202208/t20220801_8528534.html，《通化市 2021 年国民经济和社会发展统计公报》。

实现连续 6 年提升。①

20. 白山市地方政府治理体系现代化水平分析

将表 4 - 4 中白山市地方政府治理体系现代化水平和表 4 - 5 中白山市地方政府治理体系现代化水平年增速以图形展示，如图 4 - 24 所示。

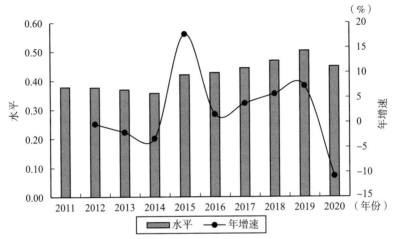

图 4 - 24　白山市地方政府治理体系现代化水平及年增速

从图 4 - 24 可以看到，白山市地方政府治理体系现代化水平 2019 年最高（0.503），2014 年最低（0.357）。增速最高的一年在 2015 年，达到了 17.72%，次高在 2019 年，为 7.30%。增速最低的一年在 2020 年，低至 -10.76%，次低在 2014 年，为 -3.26%。

在经济治理体系现代化方面，白山市 2021 年全年实现地区生产总值 541.41 亿元，按可比价计算，比上年增长 6.4%。其中，第一产业增加值 67.20 亿元，增长 6.5%；第二产业增加值 144.77 亿元，增长 6.3%；第三产业增加值 329.43 亿元，增长 6.3%。三次产业结构比为 12.4∶26.7∶60.9。②

---

① http：//www.jl.gov.cn/zw/yw/zwlb/sx/sz/202210/t20221014_8598479.html，《通化市：践行新发展理念　建设绿美"山城"》。

② http：//tjj.jl.gov.cn/tjsj/tjgb/ndgb/202207/t20220704_8498915.html，《白山市 2021 年国民经济和社会发展统计公报》。

在政府治理体系现代化方面，白山市 2021 年全市固定资产投资（不含农户）比上年增长 9.7%。其中，第一产业投资增长 24.6%；第二产业投资增长 3.7%；第三产业投资增长 13.2%。基础设施投资增长 13.8%，民间投资增长 8.5%。

在社会治理体系现代化方面，白山市 2021 年城镇常住居民人均可支配收入达到 28465 元，比上年增长 6.5%。农村常住居民人均可支配收入达到 14261 元，增长 9.8%。城镇新增就业 1.49 万人，失业人员实现再就业 9344 人，就业困难人员实现就业 4722 人，城镇登记失业率 3.3%。环境治理体系现代化方面，空气和水环境质量全省领先，森林覆盖率高达 87%，空气质量优良率 92.6%，PM2.5 浓度均值 29 微克/立方米；地表水国考断面水质达到或优于Ⅲ类水体比例高达 90% 以上，县级及以上城市集中式饮用水水源水质达到或优于Ⅲ类比例保持 100%。[1]

21. 白城市地方政府治理体系现代化水平分析

将表 4 - 4 中白城市地方政府治理体系现代化水平和表 4 - 5 中白城市地方政府治理体系现代化水平年增速以图形展示，如图 4 - 25 所示。

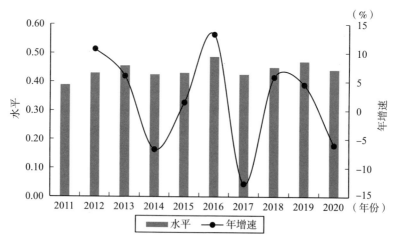

图 4 - 25　白城市地方政府治理体系现代化水平及年增速

---

① http://www.jl.gov.cn/zw/yw/zwlb/sx/sz/202210/t20221015_8599415.html，《蓄白山市：全力建设践行"两山"理念试验区》。

从图 4 - 25 可以看到，白城市地方政府治理体系现代化水平 2016 年最高（0.487），2011 年最低（0.388）。增速最高的一年在 2016 年，达到了 13.20%，次高在 2012 年，为 10.67%‰。增速最低的一年在 2017 年，低至 - 12.75%，次低在 2014 年，为 - 6.77%。

在经济治理体系现代化方面，白城市 2021 年全年全市实现地区生产总值 548.83 亿元，按可比价格计算，同比增长 7.8%。其中，第一产业增加值 148.81 亿元，同比增长 7.1%；第二产业增加值 97.82 亿元，同比增长 9.7%；第三产业增加值 302.21 亿元，同比增长 7.5%。三次产业结构比为 27.1 : 17.8 : 55.1。[①]

在政府治理体系现代化方面，白城市 2021 年全年全市全社会固定资产投资（不含农户）比上年增长 22.4%。在固定资产投资（不含农户）中，第一产业投资与上年相比同比增长 67.4%；第二产业投资同比增长 50.2%，其中，工业投资同比增长 76.9%；第三产业投资同比下降 12.7%。全市固定资产投资三次产业结构比为 13.2 : 53.4 : 33.4。

在社会治理体系现代化方面，白城市 2021 年全年全市城镇常住居民人均可支配收入 28428 元，比上年增长 6.6%；全市农村常住居民人均可支配收入 13510 元，比上年增长 10.7%。在环境治理体系现代化方面，2017 年以来，白城市全面推行河湖长制，构建系统化治理体系。市、县、乡、村四级河湖长组织体系全面建立，嫩江、洮儿河、霍林河等境内 19 条河流及 155 个湖泊全部落实河湖长，河湖生态环境显著改善。[②] 2022 年 1 月 1 日，《白城市草原生态保护条例》正式施行，这是白城市结合实际，为改善草原生态环境、防止草原生态退化制定的重要法规，为经济、社会和生态协调发展提供了有力保障。

22. 松原市地方政府治理体系现代化水平分析

将表 4 - 4 中松原市地方政府治理体系现代化水平和表 4 - 5 中松原

---

① http：//www.jlbc.gov.cn/sjfx_3333/tjgb_218/202207/t20220728_941382.html，《2021 年白城市国民经济和社会发展统计公报》。

② http：//www.jl.gov.cn/zw/yw/zwlb/sx/sz/202210/t20221017_8599664.html，《坚持绿色发展 实现华丽转身》。

市地方政府治理体系现代化水平年增速以图形展示，如图 4 – 26 所示。

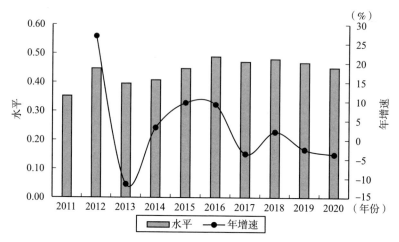

图 4 – 26　松原市地方政府治理体系现代化水平及年增速

从图 4 – 26 可以看到，松原市地方政府治理体系现代化水平 2016 年最高（0.488），2011 年最低（0.352）。增速最高的一年在 2012 年，达到了 26.95%，次高在 2015 年，为 9.63%%。增速最低的一年在 2013 年，低至 – 11.57%，次低在 2017 年，为 – 3.65%。

在经济治理体系现代化方面，松原市 2021 年全市地区生产总值 817.71 亿元，按可比价格计算，比上年增长 7.6%。其中，第一产业增加值 225.08 亿元，增长 6.7%；第二产业增加值 163.32 亿元，增长 5.0%；第三产业增加值 429.31 亿元，增长 8.9%。第一产业增加值占地区生产总值的比重为 27.5%，第二产业增加值比重为 20.0%，第三产业增加值比重为 52.5%。①

在政府治理体系现代化方面，松原市 2021 年全年全市固定资产投资（不含农户投资）比上年增长 9.8%。在不含农户的固定资产投资中

---

　　①　http://tjj.jl.gov.cn/tjsj/tjgb/ndgb/202208/t20220801_8528533.html,《松原市 2021 年国民经济和社会发展统计公报》。

（下同），第一产业投资比上年下降 11.7%；第二产业投资增长 33.4%，其中工业投资增长 33.2%；第三产业投资下降 3.6%。民间投资比上年增长 40.4%，占不含农户的固定资产投资比重达到 37.3%。

在社会治理体系现代化方面，松原市 2021 年全年城镇常住居民人均可支配收入达到 31819 元，比上年增长 7.7%；农村常住居民人均可支配收入达到 15408 元，增长 11.9%。万元 GDP 综合能耗降低率为 4.2%；万元规模以上工业增加值综合能耗降低率为 4.2%。全年全市空气质量状况总体稳定，市区达到国家二级标准天数为 343 天。

23. 哈尔滨市地方政府治理体系现代化水平分析

将表 4-4 中哈尔滨市地方政府治理体系现代化水平和表 4-5 中哈尔滨市地方政府治理体系现代化水平年增速以图形展示，如图 4-27 所示。

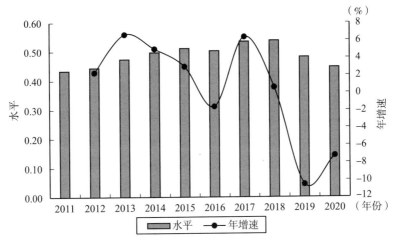

图 4-27 哈尔滨市地方政府治理体系现代化水平及年增速

从图 4-27 可以看到，哈尔滨市地方政府治理体系现代化水平 2018 年最高（0.539），2011 年最低（0.434）。增速最高的一年在 2013 年，达到了 6.64%，次高在 2017 年，为 6.37%。增速最低的一年在 2019 年，低至 -10.51%，次低在 2016 年，为 -1.61%。最高增速和最低增速相差了 17.15%，次高和次低增速相差了 7.98%。

在经济治理体系现代化方面，哈尔滨市 2021 年全年实现地区生产总值 5351.7 亿元，按可比价格计算，比上年增长 5.5%。其中，第一产业实现增加值 628.2 亿元，增长 6.6%；第二产业实现增加值 1239.2 亿元，增长 3.2%；第三产业实现增加值 3484.3 亿元，增长 6.1%。三次产业结构比由上年的 12.0：22.5：65.5 调整为 11.7：23.2：65.1。户籍人口人均地区生产总值 56580 元，增长 5.9%。

在政府治理体系现代化方面，哈尔滨市 2021 年全年固定资产投资比上年增长 4.2%。按产业分，第一产业、第二产业、第三产业投资分别增长 34.9%、18.6%、1.5%，其中工业投资增长 18.3%。按经济类型分，国有及国有控股投资增长 11.0%，民间投资下降 7.6%，港澳台及外商投资增长 65.1%。

在社会治理体系现代化方面，哈尔滨市 2021 年全市城镇居民家庭年人均可支配收入 42745 元，比上年增长 7.4%；人均生活消费支出 29922 元，增长 10.0%。农村居民家庭年人均可支配收入 21512 元，增长 9.6%。①

24. 齐齐哈尔市地方政府治理体系现代化水平分析

将表 4-4 中齐齐哈尔市地方政府治理体系现代化水平和表 4-5 中齐齐哈尔市地方政府治理体系现代化水平年增速以图形展示，如图 4-28 所示。

从图 4-28 中可以看到，齐齐哈尔市地方政府治理体系现代化水平 2011 年最高（0.548），2016 年最低（0.281）。增速最高的一年在 2017 年，达到了 44.51%，次高在 2013 年，为 27.68%。增速最低的一年在 2016 年，低至 -38.09%，次低在 2012 年，为 -31.07%。最高增速和最低增速相差了 82.60%，次高和次低增速相差了 58.75%。

---

① http：//www.harbin.gov.cn/art/2022/5/18/art_25924_1259352.html，《2021 年哈尔滨市国民经济和社会发展统计公报》。

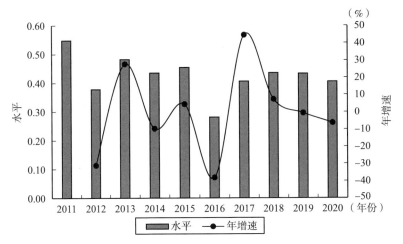

图 4 – 28　齐齐哈尔市地方政府治理体系现代化水平及年增速

在经济治理体系现代化方面，齐齐哈尔市 2021 年第一产业增加值 377.1 亿元，增长 6.5%；第二产业增加值 292.1 亿元，增长 10.5%；第三产业增加值 555.3 亿元，增长 4.8%。全年居民消费价格总指数比上年同期上涨 0.7%。① 全年固定资产投资比上年增长 7.0%。全年实际利用外资额 13527 万美元，比上年增长 10.0%。2021 年末，实施市级科技计划重点项目 26 项；获省级以上科学技术奖 8 项；科技成果验收 309 项；全年认定技术合同 564 项。

在政府治理体系现代化方面，齐齐哈尔市 2021 年全年财政总收入 164.6 亿元，比上年增长 9.9%；其中，一般公共预算收入 84.6 亿元，增长 13.4%。财政总支出 554.1 亿元，下降 4.5%；一般公共预算支出 510.7 亿元，下降 3.5%。

在社会治理体系现代化方面，齐齐哈尔市深入实施地方政府社会治理。深化平安齐齐哈尔建设，全力推进扫黑除恶专项斗争，开展信访积案化解攻坚战，一批矛盾纠纷得到有效解决。建立大应急管理体制，安

① http：//www.flej.gov.cn/yuetongjishuju/10382.html，《2021 年齐齐哈尔市国民经济和社会发展统计公报》。

全生产形势持续稳定。

25. 牡丹江市地方政府治理体系现代化水平分析

将表 4-4 中牡丹江市地方政府治理体系现代化水平和表 4-5 中牡丹江市地方政府治理体系现代化水平年增速以图形展示，如图 4-29 所示。

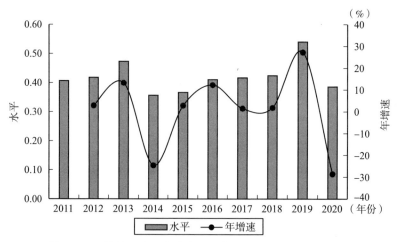

图 4-29　牡丹江市地方政府治理体系现代化水平及年增速

从图 4-29 可以看到，牡丹江市地方政府治理体系现代化水平 2019 年最高（0.540），2014 年最低（0.356）。增速最高的一年在 2019 年，达到了 27.27%，次高在 2013 年，为 13.21%。增速最低的一年在 2020 年，低至 -28.63%，次低在 2014 年，为 -24.66%。最高增速和最低增速相差了 55.90%，次高和次低增速相差了 37.87%。

在经济治理体系现代化方面，牡丹江市 2021 年全市地区生产总值同比增长 6.1%，其中第一产业增加值同比增长 6.3%，第二产业增加值同比增长 4.5%，第三产业增加值同比增长 6.7%。三次产业结构比为 24.2∶21.5∶54.3。

在政府治理体系现代化方面，牡丹江市 2021 年全市全年科技成果登记 36 项；签订技术合同 630 项，成交金额 11.5 亿元。全市一般公共预算收入 60.4 亿元，同比增长 10.8%；一般公共预算支出 267.7 亿元，同比下降 6%。

在社会治理体系现代化方面，全年城镇居民人均可支配收入 36641 元，同比增长 7.3%；农村居民人均可支配收入 23832 元，同比增长 9.7%。全市参加基本养老保险人数为 136.9 万人，参加失业保险人数为 17 万人，领取失业保险金人数为 2981 人；参加基本医疗保险人数为 172.4 万人，参加生育保险人数为 19.8 万人。[①]

26. 佳木斯市地方政府治理体系现代化水平分析

将表 4－4 中佳木斯市地方政府治理体系现代化水平和表 4－5 中佳木斯市地方政府治理体系现代化水平年增速以图形展示，如图 4－30 所示。

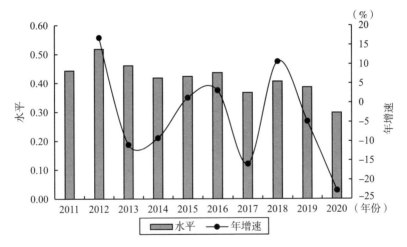

图 4－30　佳木斯市地方政府治理体系现代化水平及年增速

从图 4－30 可以看到，佳木斯市地方政府治理体系现代化水平 2012 年最高（0.518），2020 年最低（0.298）。增速最高的一年在 2012 年，

---

① http：//www.mdj.gov.cn/jjdsj/szmdj/tjgb/202205/t20220505_333951.html，《2021 年牡丹江市国民经济和社会发展统计公报》。

达到了 16.80%，次高在 2018 年，为 10.64%。增速最低的一年在 2020 年，低至 -22.80%，次低在 2017 年，为 -15.95%。

在经济治理体系现代化方面，佳木斯市 2021 年实现地区生产总值（GDP）816.2 亿元，按可比价计算，比上年增长 7.5%。第一产业增加值增长 6.0%，第二产业增加值增长 12.3%，第三产业增加值增长 7.7%。三次产业结构比为 45.5∶14.1∶40.4。[①] 全市通过评价国家科技型中小企业 135 家，比上年增长 15.38%。高新技术企业总数达 96 户，比上年增长 39.13%。技术合同成交额实现 9.7 亿元，比上年增长 250.4%。

在政府治理体系现代化方面，全市固定资产投资比上年增长 27.8%，提高 16.8 个百分点。其中，项目投资比上年增长 9.2%，下降 3.1 个百分点；房地产开发投资比上年增长 114.1%，提高 108.5 个百分点。民间投资比上年增长 36.9%，提高 45.4 个百分点，民间投资占固定资产投资比重 53.2%。大项目对投资支撑作用增强，亿元以上项目 213 个，比上年增长 9.8%；亿元以上项目完成投资比上年增长 34.4%，占投资比重 72.5%。房地产开发投资比上年增长 114.1%，占投资比重 29.7%，比上年同期提高 12 个百分点。

在社会治理体系现代化方面，全市城镇企业职工、城乡居民、机关事业单位养老保险、失业保险和工伤保险参保总人数分别达到 56.24 万人、59.5 万人、10.47 万人、15.14 万人和 15.64 万人，累计制发社会保障卡 206.36 万张。实现城镇新增就业 3.55 万人，开展就业技能和创业培训 2.4 万人，城镇登记失业率控制在 3.09%，调查失业率控制在 5.5% 以内。社会救助标准全面提高，农村低保提标增幅 9.3%，城镇低保提标增幅 5.4%。

27. 鸡西市地方政府治理体系现代化水平分析

将表 4-4 中鸡西市地方政府治理体系现代化水平和表 4-5 中鸡西

① https://tjgb.hongheiku.com/djs/24751.html，《2021 年佳木斯市国民经济和社会发展统计公报》。

市地方政府治理体系现代化水平年增速以图形展示，如图4-31所示。

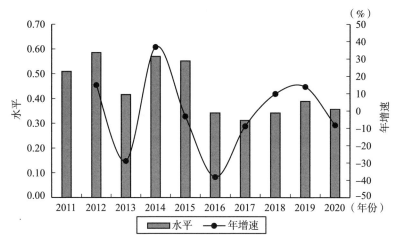

图4-31　鸡西市地方政府治理体系现代化水平及年增速

从图4-31可以看到，鸡西市地方政府治理体系现代化水平2012年最高（0.586），2017年最低（0.311）。增速最高的一年为2014年，达到了36.78%，次高在2012年，为14.94%。增速最低的一年为2016年，低至-38.10%，次低在2013年，为-28.83%。

在经济治理体系现代化方面，鸡西市2021年全年实现地区生产总值（GDP）603.7亿元，按可比价格计算，比上年增长7.1%。其中，第一产业增加值204.7亿元，增长6.7%；第二产业增加值152.0亿元，增长10.0%；第三产业增加值247.0亿元，增长5.8%。三次产业结构比为33.9：25.2：40.9。第一产业、第二产业、第三产业对GDP增长的贡献率分别为35.6%、32.8%和31.6%。年末全市有科学研究开发机构19个；专利授权810件，增长67.01%。

在政府治理体系现代化方面，全市一般公共预算收入39.6亿元，比上年增长17.7%。其中，税收收入21.9亿元，增长9.6%。在税收收入中，国内增值税7.6亿元，增长10.5%；企业所得税2.1亿元，增长7.3%；个人所得税1.1亿元，增长58.4%。全市一般公共预算支出

180.6 亿元，比上年下降 16.2%。

在社会治理体系现代化方面，年末全市户籍总人口 164.7 万人，其中，非农人口 107.9 万人；全市人口出生率 2.7%，死亡率 6.5%，人口自然增长率 -3.8%。城镇常住居民人均可支配收入为 28252 元，比上年增长 8.8%；农村常住居民人均可支配收入 23406 元，比上年增长 10.3%。①

28. 鹤岗市地方政府治理体系现代化水平分析

将表 4-4 中鹤岗市地方政府治理体系现代化水平和表 4-5 中鹤岗市地方政府治理体系现代化水平年增速以图形展示，如图 4-32 所示。

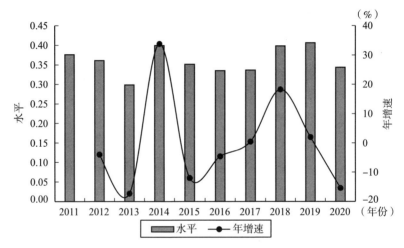

图 4-32　鹤岗市地方政府治理体系现代化水平及年增速

从图 4-32 可以看到，鹤岗市地方政府治理体系现代化水平 2019 年最高（0.406），2013 年最低（0.299）。增速最高的一年为 2014 年，达到了 33.78%，次高在 2018 年，为 18.22%。增速最低的一年为 2013 年，低至 -17.30%，次低为 2020 年，为 -15.39%。

在经济治理体系现代化方面，鹤岗市 2020 年实现地区生产总值

---

① http://www.jixi.gov.cn/zfxxgk_17496/fdzdgknr/xxtj/tjgb/202205/t20220520_282032.html，《2021 年鸡西市国民经济和社会发展统计公报》。

（GDP）340.2 亿元，按可比价格计算，比上年增长 0.3%。其中，第一产业增加值 103.9 亿元，增长 3.2%；第二产业增加值 99.5 亿元，下降 0.9%；第三产业增加值 136.8 亿元，下降 1.2%。三次产业结构为 30.5∶29.3∶40.2。

在政府治理体系现代化方面，全市固定资产投资完成额（不含农户）比上年增长 12.1%。第一产业投资增长 277.3%；第二产业投资增长 32.5%；第三产业投资下降 8.5%。全市施工项目 258 个，其中新开工项目 110 个。

在社会治理体系现代化方面，全市城镇常住居民人均可支配收入 24521 元，比上年增长 1.5%。农村常住居民人均可支配收入 17783 元，比上年增长 8%。城镇非私营单位从业人员平均工资为 55114 元。①

29. 双鸭山市地方政府治理体系现代化水平分析

将表 4 - 4 中双鸭山市地方政府治理体系现代化水平和表 4 - 5 中双鸭山市地方政府治理体系现代化水平年增速以图形展示，如图 4 - 33 所示。

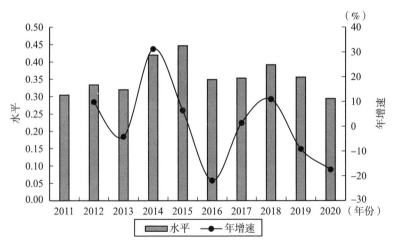

图 4 - 33　双鸭山市地方政府治理体系现代化水平及年增速

---

① http：//www.tjcn.org/tjgb/08hlj/36607.html，《鹤岗市 2020 年国民经济和社会发展统计公报》。

从图 4 - 23 可以看到，双鸭山市地方政府治理体系现代化水平 2015 年最高 （0.446），2020 年最低 （0.294）。增速最高的一年为 2014 年，达到了 31.17%，次高在 2018 年，为 10.90%。增速最低的一年为 2016 年，低至 - 21.89%，次低在 2020 年，为 - 17.44%。

在经济治理体系现代化方面，双鸭山市 2021 年全年实现地区生产总值 （GDP） 516.0 亿元，按不变价格计算比上年增长 6.3%。其中，第一产业增加值 199.3 亿元，增长 6.9%；第二产业增加值 138.9 亿元，增长 6.2%；第三产业增加值 177.7 亿元，增长 5.7%。三次产业结构比为 38.6 : 26.9 : 34.5，第一产业、第二产业、第三产业对 GDP 增长的贡献率分别为 46.7%、22.0% 和 31.3%。[①]

在政府治理体系现代化方面，双鸭山市 2021 年固定资产投资有所增长。全年完成固定资产投资 （不含农户） 比上年增长 6.6%。其中，第一产业完成投资同比下降 6.5%；第二产业完成投资同比增长 20.8%；第三产业完成投资同比下降 4.0%。全年施工项目 402 个，比上年下降 3.4%；新开工项目 216 个，下降 19.7%。

在社会治理体系现代化方面，双鸭山市 2021 年城乡居民生活水平继续提高。双鸭山市市本级城乡常住居民人均可支配收入持续增长，其中，城镇常住居民人均可支配收入 29448 元，同比增长 7.7%；农村常住居民人均可支配收入 18927 元，同比增长 9.5%。

30. 七台河市地方政府治理体系现代化水平分析

将表 4 - 4 中七台河市地方政府治理体系现代化水平和表 4 - 5 中七台河市地方政府治理体系现代化水平年增速以图形展示，如图 4 - 34 所示。

---

① http://www.shuangyashan.gov.cn/NewCMS/index/html/viewnews.jsp? jcnmlgb = 5E15937E - 2484 - 43DC - A544 - 53851BA183FF，《2021 年双鸭山市国民经济和社会发展统计公报》。

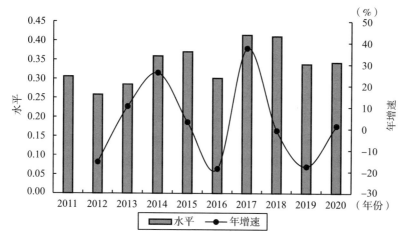

图 4 - 34　七台河市地方政府治理体系现代化水平及年增速

从图 4 - 34 可以看到，七台河市地方政府治理体系现代化水平2017
年最高（0.414），2012 年最低（0.258）。增速最高的一年为 2017 年，
达到了 37.45%，次高在 2014 年，为 26.06%。增速最低的一年为 2016
年，低至 - 18.62%，次低在 2019 年，为 - 17.63%。

在经济治理体系现代化方面，七台河市 2021 年地区生产总值
231.4 亿元，按可比价格计算，比上年增长 5.2%。其中，第一产业
增加值 37.3 亿元，比上年增长 6.1%；第二产业增加值 99.3 亿元，
比上年增长 3.1%；第三产业增加值 94.8 亿元，比上年增长 6.8%。
全市人均地区生产总值实现 34055 元，比上年增长 5.5%。三次产业
比例为 16.1 : 42.9 : 41.0。

在政府治理体系现代化方面，全市固定资产投资（不含农户）完
成额比上年增长 31.8%。第一产业完成投资下降 22.9%；第二产业投
资增长 46.0%。其中，工业投资增长 46.0%；第三产业投资增长
33.0%。按经济类型分，国有投资增长 37.7%，民间投资增长 24.2%。
按隶属关系分，中央投资下降 87.5%，地方投资增长 38.5%。

在社会治理体系现代化方面，全年城镇居民人均可支配收入 28298
元，比上年增长 7.5%；农村居民人均可支配收入 17238 元，比上年增长

11.4%。全年城镇居民人均消费性支出 20176 元，比上年增长 9.7%；农村居民人均消费性支出 12382 元，比上年增长 8.9%。2021 年全市城镇非私营单位就业人员平均工资 65675 元，比上年增长 4.5%。①

31. 黑河市地方政府治理体系现代化水平分析

将表 4-4 中黑河市地方政府治理体系现代化水平和表 4-5 中黑河市地方政府治理体系现代化水平年增速以图形展示，如图 4-35 所示。

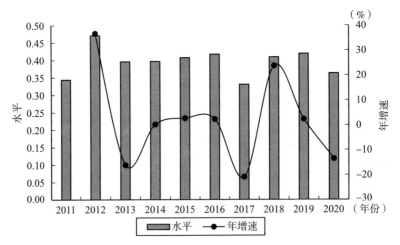

图 4-35　黑河市地方政府治理体系现代化水平及年增速

从图 4-35 可以看到，黑河市地方政府治理体系现代化水平 2012 年最高（0.471），2017 年最低（0.331）。增速最高的一年为 2012 年，达到了 36.79%，次高在 2018 年，为 23.74%。增速最低的一年为 2017 年，低至 -20.81%，次低在 2013 年，为 -15.99%。

在经济治理体系现代化方面，2021 年黑河市地区生产总值（GDP）637.1 亿元，同比增长 6.2%。其中，第一产业增加值 280.7 亿元，增长 7.1%；第二产业增加值 85.9 亿元，增长 5.9%；第三产业增加值

---

① http：//tjj. hlj. gov. cn/tjj/c106779/202208/c00_31327032. shtml，《2021 年七台河市国民经济和社会发展统计公报》。

270.5 亿元，增长 5.5%。三次产业占 GDP 比重分别为 44.1%、13.5% 和 42.4%。

在政府治理体系方面，固定资产投资同比增长 5.8%。从三次产业看，第一产业投资下降 15.9%，第二产业投资增长 8.5%，第三产业投资增长 8.5%。从经济类型看，国有控股投资增长 10.3%，民间投资增长 2.3%，外商及港澳台投资下降 53.3%。

在社会治理体系现代化方面，人口出生率 2.9‰，死亡率 5.7‰，人口自然增长率 -2.8‰。年末城镇新就业人员 20034 人，新增就业人员 14500 人，失业人员再就业人数 7462 人，城镇登记失业率 3.25%。城镇常住居民人均可支配收入 33477 元，同比增长 8.3%；农村常住居民人均可支配收入 20528 元，增长 12.5%。[①]

32. 伊春市地方政府治理体系现代化水平分析

将表 4-4 中伊春市地方政府治理体系现代化水平和表 4-5 中伊春市地方政府治理体系现代化水平年增速以图形展示，如图 4-36 所示。

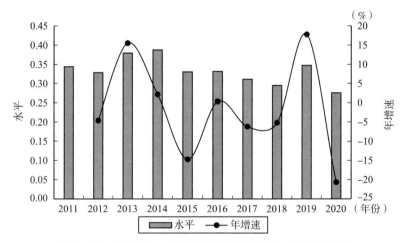

图 4-36　伊春市地方政府治理体系现代化水平及年增速

① http://zwgk.heihe.gov.cn/info/1474/1374.htm，《2021 年黑河市国民经济和社会发展统计公报》。

从图 4-36 可以看到，伊春市地方政府治理体系现代化水平 2014 年最高（0.388），2020 年最低（0.276）。增速最高的一年为 2019 年，达到了 17.79%，次高在 2013 年，为 15.53%。增速最低的一年为 2020 年，低至 -20.67%，次低在 2015 年，为 -14.72%。

在经济治理体系现代化方面，伊春市经济运行总体呈现稳步恢复的运行态势，但仍面临较大下行压力。2022 年 1~8 月工业经济再次呈现下降趋势，全市规模以上工业增加值同比下降 2.9%，分别低于全国（3.6%）和全省（3.0%）6.5 和 5.9 个百分点；固定资产投资增势依然强劲，1~8 月，全市固定资产投资同比增长 30.8%。[①]

在政府治理体系方面，伊春市不动产登记中心与自然资源、税务部门紧密合作，在不动产登记、税费缴纳、出让金审核信息互通共享的基础上，构建起"前台一窗受理、后台分类审批、统一窗口收费"的运行机制，实现不动产登记"一次取号，一窗受理，一次办结"，并通过对 171 项不动产登记事项逐一梳理，将办理时限压缩 96.6%，实现即来即办、立等可取，走在了全省前列。[②]

在社会治理体系现代化方面，2021 年伊春市民生支出 160 亿元，占公共预算支出的 85%。城镇新增就业 1.56 万人，城乡低保标准实现"十五连增"，投入 1.89 亿元改造提升 135 所学校和幼儿园，高考文理科平均分位居全省前列，本科入段率达到 79.6%，普惠性幼儿园覆盖率高于省定标准 11.9 个百分点，职业教育毕业生就业率达到 90% 以上，市综合实践学校入围全国研学实践教育营地。基本医疗保险实现市级统筹，169 种药品和耗材实行带量采购，平均降价 60%，市传染病医院建成并投入使用，全市农村卫生室标准化建设达标率 98.6%。[③]

33. 大庆市地方政府治理体系现代化水平分析

将表 4-4 中大庆市地方政府治理体系现代化水平和表 4-5 中大

---

① https：//www.hlj.gov.cn/n200/2022/1009/c39-11043137.html，《伊春市 1—8 月份全市宏观经济运行情况》。

② https：//www.hlj.gov.cn/n200/2021/0530/c43-11018198.html，《伊春持续优化政务环境》。

③ https：//yc.gov.cn/zwxxgk/zfgzbg/2022/01/156063.html，《政府工作报告——2022 年 1 月 13 日在伊春市第十五届人民代表大会第一次会议上》。

庆市地方政府治理体系现代化水平年增速以图形展示，如图 4 - 37 所示。

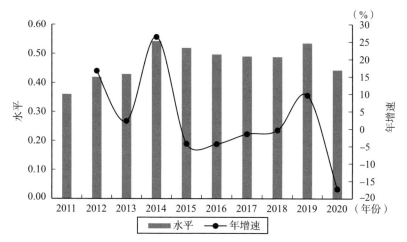

图 4 - 37 大庆市地方政府治理体系现代化水平及年增速

从图 4 - 37 可以看到，大庆市地方政府治理体系现代化水平 2014 年最高（0.542），2011 年最低（0.360）。增速最高的一年为 2014 年，达到了 26.39%，次高在 2012 年，为 16.69%。增速最低的一年为 2020 年，低至 -17.24%，次低在 2016 年，为 -4.30%。

在经济治理体系现代化方面，大庆市 2021 年地区生产总值 2620.0 亿元，比上年增长 6.2%（按不变价格计算，下同）。其中，第一产业增加值 250.5 亿元，增长 6.3%；第二产业增加值 1378.2 亿元，增长 5.9%；第三产业增加值 991.3 亿元，增长 6.5%。三次产业增加值占地区生产总值的比重由上年的 10.9：47.3：41.8 调整为 9.6：52.6：37.8。人均地区生产总值 94790 元，增长 7.4%。

在政府治理体系方面，全市固定资产投资比上年增长 0.2%。按隶属关系分，中直投资增长 24.9%，地方投资下降 20.1%。按产业分，第一产业投资增长 30.4%，第二产业投资增长 9.6%（工业投资增长 4.1%），第三产业投资下降 25.5%。按经济类型分，国有及国有控股投资增长 18.1%，民间投资下降 26.8%，外商及港澳台投资下降 47.7%。

在社会治理体系现代化方面，全市城镇居民人均可支配收入 45876 元，比上年增长 7.0%。农村居民人均可支配收入 20424 元，比上年增长 9.9%。全年全社会用电量 244.6 亿千瓦时，比上年增长 6.8%。行业用电量 229.0 亿千瓦时，比上年增长 7.1%。其中，第一产业用电量 3.3 亿千瓦时，增长 27.0%。[①]

34. 绥化市地方政府治理体系现代化水平分析

将表 4-4 中绥化市地方政府治理体系现代化水平和表 4-5 中绥化市地方政府治理体系现代化水平年增速以图形展示，如图 4-38 所示。

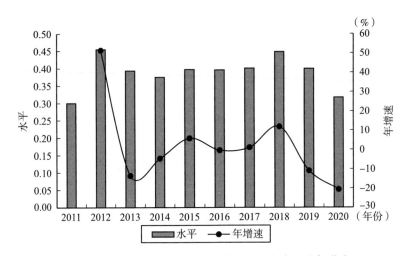

图 4-38　绥化市地方政府治理体系现代化水平及年增速

从图 4-38 可以看到，绥化市地方政府治理体系现代化水平 2012 年最高（0.454），2011 年最低（0.300）。增速最高的一年为 2012 年，达到了 51.38%，次高在 2018 年，为 11.90%。增速最低的一年为 2020

---

① http://www.tjcn.org/tjgb/08hlj/37161.html，《大庆市 2021 年国民经济和社会发展统计公报》。

年，低至 - 20. 63%，次低在 2013 年，为 - 13. 50%。

在经济治理体系方面，绥化市 2021 年地区生产总值（GDP）实现 1177. 7 亿元，同比增长 6. 3%，高于全省平均水平 0. 2 个百分点，增幅列全省第 6 位。第一产业实现增加值 570. 5 亿元，同比增长 6. 7%；第二产业实现增加值 136. 2 亿元，同比增长 5. 1%；第三产业实现增加值 470. 9 亿元，同比增长 6. 0%，三次产业比重为 48. 4∶11. 6∶40. 0。[①]

在政府治理体系方面，绥化市大力推进"数字政府"和"诚信绥化"建设，目前已为各部门提供了国家和省部门数据共享接口 217 个，初步实现市场监管、自然资源、税务、公安等部门的数据共享应用，36 个中省市直部门推送至全省一体化政务平台政务服务事项 1348 项，网办率达 94. 44%。[②]绥化市加快数字政府建设，提升政府服务水平、优化政府职能体系，目前已完成全市 8400 条政务数据资源目录梳理，政务服务"一网通办"办件率达到 100%；梳理编制"全省事"App 高频政务服务事项 601 项；全市 209 个乡镇（街道）完成电子政务外网建设，覆盖率达 100%。

在社会治理体系现代化方面，用于民生保障的财政支出达到 85% 以上。城镇登记失业率保持低于全省平均水平。养老、教育、医疗、文化、体育等社会保障和公共服务水平逐年提高。绥化市成为国家粮食高产创建整市整建制推进试点市、国家级粮食生产先进市。高标准农田项目建设规模连续 3 年全省领先，生猪饲养量和肉蛋奶总产量全省第一。绿色食品综合评价系数连续 7 年全省第一，寒地黑土品牌价值达 602 亿元。[③]

---

① https：//tjgb. hongheiku. com/djs/30752. html，《2021 年绥化市国民经济和社会发展统计公报》。

② https：//www. hlj. gov. cn/n200/2021/0716/c43 - 11020044. html，《绥化市提升质效打造优良发展环境》。

③ https：//www. hlj. gov. cn/n200/2021/0708/c43 - 11019723. html，《"农业经济""工业经济""城市经济"齐头并进　开启绥化奋进新征程》。

第四节　主 要 结 论

一、政策导向作用突出

从上节东北 34 市的地方政府治理体系现代化水平分析可以明显看出，大部分地级市地方政府治理体系现代化水平在 2016 年前后有明显的变化，这与 2016 年发布的《中共中央　国务院关于全面振兴东北地区等老工业基地的若干意见》和 2014 年国务院发布的《关于近期支持东北振兴若干重大政策举措的意见》等政策导向作用相关。2014 年，吉林省建立吉林老工业基地振兴重大项目推进机制，并制定了关于国务院近期支持东北振兴若干重大政策举措的落实意见；辽宁省出台关于进一步促进投资增长的若干意见；2015 年，黑龙江省出台关于深化体制机制改革加快实施创新驱动发展战略的实施意见。在政策推动下，2015 年，黑吉两省 GDP 增速企稳反弹，2017 年三省 GDP 筑底升趋势更加明显（辽宁统计数据在 2016 年"脱水"，当年 GDP 增率对东北振兴政策响应分析无纵向可比性）。2018 年 9 月，习近平总书记在沈阳主持召开深入推进东北振兴座谈会，强调新时代东北振兴，是全面振兴、全方位振兴。① 党的十九届五中全会和我国"十四五"规划更是提出，"十四五"时期推动东北振兴要取得新突破。

在 2019 年和 2020 年多数呈现下降趋势，这与 2019 年末暴发的新冠疫情导致各个指标数据大幅度下降相关。2020 年初，新冠疫情严重冲击中国经济社会发展，东北三省政府积极落实"六稳""六保"政策，适时复工复产，稳定了经济社会发展的基本盘。2022 年 8 月，

---

① 第二阶段引文：《习近平在辽宁考察时强调在新时代东北振兴上展现更大担当和作为奋力开创辽宁振兴发展新局面》，中国政府网，https：//www.gov.cn。

习近平总书记在辽宁考察时进一步强调，"党中央高度重视东北振兴，"我们对东北振兴充满信心、充满期待"，这就要求东北地区要立足新发展阶段，贯彻新发展理念，促进区域协同发展，推动产业转型升级，实现高质量发展。

二、经济治理体系现代化水平显著提升

2022 年上半年东北地区经济增速仍不理想，仅黑龙江省经济总量增速略高于全国平均水平。辽宁省的大连市、沈阳市和黑龙江省的大庆市，在经济发展同样面临着疫情带来的负面冲击下，由于组织有力、措施到位，相对来说经济"企稳回升"较快，为稳定区域经济大盘提供了良好条件。在创新和产业升级等相关政策推动下，传统第二产业优势显著提升，第三产业增加值快速增长，至 2020 年三省均形成了"三产主导、二产次之、一产基础"的产业金字塔结构，产业规模和结构变化明显，但结合前述分析可知，宏观产业结构改善对经济发展的贡献并不突出，产业结构调整的质量效益仍有待挖掘。国家通过新兴产业创投计划，设立创业投资基金，并出台《关于促进东北老工业基地创新创业发展打造竞争新优势的实施意见》等相关政策，增强自主创新能力，促进战略性新兴产业及第三产业发展。在该政策的指导下，各省纷纷出台相应政策。辽宁省设立企业创新奖励机制；吉林省实施战略性新兴产业培育计划和"双百"技术创新工程；黑龙江省出台深化体制机制改革加快实施创新驱动发展政策。但传统产业发展转型困难，东北地区是我国重要的老工业基地，拥有健全的能源、化工、汽车、装备制造等产业体系，在全国的制造业与能源业中占据着重要地位。然而，近些年来，东北地区制造业在全国的地位不断下降。从产业链与价值链来看，东北地区制造业仍然以组装和制造为主，产业链不长、中间产品占比较高，处于产业链附加值比较低的环节，同时也缺乏具备一定规模的龙头企业，在全国乃至国际市场缺乏足够竞争力，盈利能力较弱。2020 年，东北地区拥有规模以上工业企业 14630 家，占全国比重仅为 3.66%，规模以

上工业企业利润总额为 2226.7 亿元，仅占全国的 3.25%，平均利润为 0.15 亿元，仅为全国平均水平 0.17 亿元的 88.78%。面对突发疫情，高技术产业发展势头却仍然强劲，国内一些重点城市的高技术产业发展数据都充分说明了这一点，如，沈阳市规上高技术制造业同比增长 23.5%，新能源汽车同比增长 16.8%；大连市高技术制造业同比增长 10.1%，医药制造业增长更快，达 65%，这些数据表明，高技术产业正站在产业技术的"制高点"引领行业的发展。

三、政府治理体系现代化水平有待加强

在收入保障方面，沈阳作为东北地区第一大城市，2021 年，一般公共预算收入达到 773 亿元，与 2020 年相比增加了 36.9 亿元，同比增长 5.01%，虽然经济体量并非最高，但却是东北地区财政实力最强的城市；沈阳的财政收入增速中规中矩，排名全国第 22 位。2021 年，大连一般公共预算收入为 737.6 亿元，同比增长 4.97%，在全国的财政排名同时被东莞、福州两个城市超越，排名全国第 25 位；大连财政收入表现略显弱势的一个主要的原因是疫情反反复复多次，严重影响了大连的经济发展质量，大连的财政收入增速仅略低于沈阳。长春是 2021 年前三季度东北四大城市中 GDP 增速最低的城市，但是财政收入增速却最高，进入四季度后，长春的财政依然持续高位运行，最终实现了量级上的大跨越。2021 年长春一般公共预算收入达到 617 亿元，与 2020 年相比增加了 176.6 亿元，同比增长 40.1%，如此增速在全国范围内也是排名靠前，原因在于，2020 年第四季度长春的财政收入连续暴跌，一反一正之间造成了长春 2021 年财政收入增速暴涨的假象。

在粮食安全维护方面，东北三省粮食产量占全国逾 1/5，是国内粮食安全最重要的压舱石。东北地区是我国重要的工业和农业基地，在维护国家国防安全、粮食安全、生态安全、能源安全、产业安全方面的战略地位十分重要，关乎国家发展大局。目前，仅是黑龙江一个省，其粮食产量就占了全国粮食总产量的 1/9，再加上吉林与辽宁两省，东北地

区的粮食产量就占了全国粮食总产量的 1/5 之高，尤其是大豆和玉米这两种主产农作物，而东北的水稻产量也位列全国前茅，尤其是粳稻稳居第一。《中共中央关于制定国民经济和社会发展第十四个五年规划和二〇三五年远景目标的建议》提出，以保障国家粮食安全为底线，健全农业支持保护制度；完善粮食主产区利益补偿机制等要求，因此，"十四五"时期东北地区要更好地发挥国家粮食安全保障作用，就必须发挥东北区域优势和比较优势，切实把国家的粮食支持保护政策落实到位。进行粮食区域化支持，在着力扶持东北粮食主产区粮食发展的同时，大力探索改革和完善东北地区粮食安全与利益补偿机制。

在城乡结构方面，从城市群定位来看，东北地区城市群在国家总体布局中定位相对不高。在"十四五"规划中，"两横三纵"城镇化战略格局将全国各大城市群划分为"优化提升""发展壮大"和"培育发展"三类，东北地区的哈长和辽中南两大城市群被定为"培育发展"类，不仅与京津冀、长三角、粤港澳大湾区三大经济增长极有较大的定位差距，也落后于西南的成渝、中南的长江中游、西北的关中平原等传统大区的核心板块。从城市群经济水平来看，东北地区的城市群发展相对落后于国内其他主要城市群，以城市群所在省份全域比较，2021 年，东北地区哈长城市群所在的黑龙江省和吉林省，与辽中南城市群所在的辽宁省，GDP 仅为 28114.7 亿元和 27584.1 亿元，人口为 5500 万人和 4229 万人，人均 GDP 为 5.1 万元和 6.5 万元，远落后于京津冀、长三角和粤港澳大湾区三大经济增长极，甚至与成渝、长江中游与关中平原等主要城市群也存在较大差距。

四、社会治理体系现代化水平不断完善

社会治理体系现代化是国家治理体系现代化和地方政府治理体系现代化的重要方面，其目的是通过不断改革创新促成体制体系、制度机制形成合力。无论是在健康、教育还是收入方面，东北地区支撑经济高质量发展的社会基础是较为扎实的。其在近年来的经济增长低迷甚至停

滞,在很大程度上是因为欠缺将这种深厚的社会基础与有为政府、有效市场相协同的机制和路径。数字技术与平台经济为不断完善东北地方政府治理体系现代化提供了新的契机,也为激发东北社会活力提供了全新的起跑线,新经济组织、新社会组织等多元社会要素得以逐步成长起来,为新型治理结构的诞生提供了质料与活力空间。党的十九届五中全会对数字化技术如何服务推进社会治理现代化提出了要求,可见,要把智能化建设上升为重要的治理方式——"智治",推进社会治理体系架构、运行机制、工作流程智能化再造。数字化治理日益向纵深推进,数字化转型通过移动互联网、物联网、大数据、云计算、人工智能、区块链等新一代信息技术,赋能社会治理体系的传统要素,提升社会治理的专业化和智能化水平。例如,"一网通办"等对政府职能和政务流程的再造与重构,联通原本孤立的一个个"小系统",形成一体化的"大服务",大幅提升了政务服务的水平和效能。

第五章

东北地方政府治理体系现代化
影响因素分析

第一节 指标体系构建

基于前面章节对东北地方政府治理体系现代化的外延、机制分析、影响因素理论分析，可以归纳出东北地方政府治理体系的五大影响因素，分别是资本投入、人口红利、自然资源、对外贸易、基础设施。本章选取了与这五大因素相关的 7 个具体指标，覆盖了东北三省 34 个地级市，时间为 2011 年到 2020 年；被解释变量（y）为第四章测算的东北地方政府治理体系现代化水平。东北地方政府治理体系现代化影响因素、计算公式及其数据来源如表 5 - 1 所示，对 7 个解释变量进行多重共线性检验，使用 STATA 软件计算方差膨胀因子 VIF 的值为 1.61，远远小于 10，严格标准小于 5，表明变量间不存在多重共线性问题。

表 5 - 1　东北地方政府治理体系现代化影响因素及其数据来源

序号	变量名称	代理变量	计算公式	单位	数据来源	影响因素
1	a	人均教育支出	教育支出（亿元）/年底总人口（万人）	元/人	国家统计局	资本投入

序号	变量名称	代理变量	计算公式	单位	数据来源	影响因素
2	b	人口密度	（城区人口＋城区暂住人口）（万人）/城区面积（平方千米）	人/平方千米	EPS 中国城乡建设数据库	人口红利
3	c	人口自然增长率	人口出生率（‰）－人口死亡率（‰）	‰	EPS 中国城市数据库	人口红利
4	d	土地产出率	地区生产总值（亿元）/行政区域土地面积（平方千米）	万元/平方千米	国家统计局，EPS 中国城市数据库	自然资源
5	e	贸易依存度	货物进口额（亿元）/地区生产总值（亿元）	%	国家统计局	对外贸易
6	f	人均道路面积	城市道路总面积（平方米）/城市人口总数（万人）	平方米	EPS 中国城乡建设数据库	基础设施
7	g	公路客运量	无	万人	EPS 中国城市数据库	基础设施

注：影响因素指标排列的先后顺序不代表指标的重要程度。

一、模型设定

考察解释变量对被解释变量的影响，经典做法是进行最小二乘法（OLS）回归。最小二乘法回归是从平均数的角度得到参数结果，它描述了因变量的条件均值分布受自变量 x 的影响过程，只能分析 x 对 y 的平均影响效果，难以反映出自变量 x 在不同条件位置上的差异化影响，其结果只能得到一条回归线，所能反映的信息量是有限的。此外，均值回归往往会受到极端值的影响，使参数估计变得很不稳定。例如，当数据中存在严重的异方差，或者存在厚尾、尖峰等情况时，最小二乘法的估计将不再具有无偏性、有效性等优良性质。而分位数回归相对于最小二乘法回归，应用条件更加宽松，挖掘的信息量更加丰富，它依据因变量的条件分位数对自变量 x 进行回归，能够更精确地描述自变量 x 对于因变量 y 的变化范围，以及条件分布形状的影响。因此，分位数回归系数估计比最小二乘法回归系数估计更加稳健，本文选择分位数回归方法进行分析。

分位数回归方法，最早由肯克和巴西特（1978）提出，基于因变量的条件分布来拟合自变量的函数关系，其回归结果受异常值的影响不敏感，比传统面板均值回归更稳健。各分位数的回归对应着不同的系数，能够对因变量的分位点特征进行分解，使估计结果具有可信性和稳健性。

分位数线性回归模型假定条件分布 y/x 的总体 q 分位数 $y_q(x_i)$ 是 x 的线性函数，公式表示为：

$$y_q(x_i) = x_i'\beta_q$$

其中，β_q 是 q 分位点上的估计系数，其估计值 $\hat{\beta_q}$ 是下式最小值：

$$\min \sum_{i \geqslant x_i\beta_q} q \,|\, y_i - x_i'\beta_q \,| + \sum_{i < x_i\beta_q} (1-q) \,|\, y_i - x_i'\beta_q \,|$$

面板分位数模型估计法能充分考虑参数异质性，同时把异常样本点对估计结果的影响降低，通过此方法考察各个影响因素对东北地方政府治理体系现代化的影响范围和方向走势。

二、数据平稳性检验

在面板数据处理好之后，第一步就是面板单位根检验，若直接对非平稳数据建模，很容易出现伪回归现象。面板单位根检验包括 LLC 检验、HT 检验、IPS 检验、费雪式检验、Breitung 检验和 Hardi LM 检验[①]。LLC 检验、Fisher 检验适用于 T→无穷大的长面板数据，HT 检验和 IPS 检验适用于 T 固定的面板数据。LLC 检验、HT 检验和 Breitung 检验则要求每位个体的自回归系数都相等，而 IPS 检验则克服了此缺点，

---

① 陈强. 高级计量经济学及 stata 应用［M］. 北京：高等教育出版社，2016：422 − 431.

允许具有不同的自回归系数。理论上，时间跨度 T 较小（T < 20）时，面板单位根检验方法功效低。本书的面板数据时间长度 T = 10，个体数量 n = 34，考虑到时间的长度以及共同根假设，选择 HT 检验和 IPS 检验，检验结果如表 5 - 2 所示，面板单位根检验表明，解释变量 g 一阶差分平稳，其余变量零阶平稳。因此，在后续面板分位数回归模型中，已经平稳的变量使用本身水平值、一阶差分平稳的解释变量取对数后进行回归。

表 5 - 2　　　　　　　　　面板单位根检验

变量	定义	平稳阶数	HT 检验 t 值	IPS 检验 t 值
y	东北地方政府治理体系现代化水平	水平	0.3569 ***	- 9.8671 ***
a	人均教育支出	水平	0.4366 ***	- 13.3125 ***
b	人口密度	水平	0.6072 ***	- 2.6758 ***
c	人口自然增长率	水平	- 0.0320 ***	- 10.7795 ***
d	土地产出率	水平	0.5870 ***	- 4.3654 ***
e	贸易依存度	水平	0.5717 ***	- 6.6537 ***
f	人均道路面积	水平	0.5835 ***	8.0075
g	公路客运量	水平	0.6717 ***	1.1744 ***
		一阶差分	0.4121 ***	- 2.1560 **

注：*** 表示 1% 的显著性水平。

三、描述性统计分析

首先，对被解释变量（y）和解释变量（a、b、c、d、e、f、g）进行描述性统计分析，如表 5 - 3 所示。

表 5 - 3　　　　　　　　　描述性统计分析

变量名称	定义	平均值	标准误	最小值	最大值
y	东北地方政府治理体系现代化水平（分）	0.4074	0.0733	0.256	0.623
a	人均教育支出（元/人）	1216.17	304.04	329.11	2320.18

变量名称	定义	平均值	标准误	最小值	最大值
b	人口密度（人/平方千米）	4185.828	2815.288	310	11547
c	人口自然增长率（‰）	-1.2997	3.9129	-16.64	5.54
d	土地产出率（万元/平方千米）	1130.393	1309.388	38.47	6148.91
e	贸易依存度（%）	0.1129	0.1629	0	1.25
f	人均道路面积（平方米）	23.6453	35.6111	2.95	196.68
g	公路客运量（万人）	3589.587	3618.28	187	29121

注：每个变量 T = 10，n = 34，N = 340。

从表 6 - 3 中可以看出，在全样本下，东北地方政府治理体系现代化平均水平为 0.4074，最小值为 0.256，最大值为 0.623。在资本投入方面，人均教育支出平均为每人 1216.17 元，最低为 329.11 元，最高为 2320.18 元。在人口红利方面，人口密度平均为 4185.828 人/平方千米，最小值为 310 人/平方千米，最大值为 11547 人/平方千米。人口自然增长率平均为 -1.2997‰，最小值为 -16.64‰，最大值为 5.54‰。在自然资源方面，土地产出率平均为 1130.393 万元/平方千米，最小值为 38.47 万元/平方千米，最大值为 6148.91 万元/平方千米。在对外贸易方面，贸易依存度平均为 0.1129，最小值为 0，最大值为 1.25。在基础设施方面，人均道路面积平均为 23.6453 平方米/人，最小值为 2.95 平方米/人，最大值为 196.68 平方米/人。公路客运量平均为 3589.587 万人，最小值为 187 万人，最大值为 29121 万人。

第二节 实证分析

一、整体估计结果

在面板数据模型估计的方法选择上，可以采用 F 检验决定使用混合模型还是固定效应模型，然后用 Hausman 检验确定应该建立随机效应模型还是固定效应模型。经过 Hausman 检验，表明进行固定效应模型优于随机效应模型。对非平稳变量采取对数方法进行平稳变换，对变量取对数不仅可以缓解异方差带来的影响，还能够在经济意义上进行更好的解释。使用混合回归作为固定效应模型的对照。

在面板分位数模型的回归估值结果中，加入混合回归和固定效应模型的结果作为对照。充分考虑参数异质性，选取最具代表性的 5 个分位点 1%、25%、50%、75% 和 90% 进行参数估计，表 5 – 4 是东北 34 市全样本面板分位数回归结果，图 5 – 1 直观描画出回归系数的趋势变化。

表 5 – 4　　　　　东北 34 市全样本面板分位数模型估计结果

变量	混合回归	固定效应	分位数回归				
			1%	25%	50%	75%	90%
lna	0.1067	0.0720	0.1173	0.1091	0.1508	0.1345	0.0682
	4.5000	2.2300	1.7000	3.3000	6.1600	3.2800	1.4500
	0.0000	0.0281	0.0922	0.0013	0.0000	0.0014	0.1501
lnb	0.0302	0.0047	0.0460	0.0389	0.0348	0.0188	0.0283
	3.9400	0.3500	2.0600	3.6400	4.4000	1.4100	1.8600
	0.0001	0.7264	0.0418	0.0004	0.0000	0.1599	0.0656
lnc	0.0005	0.0035	− 0.0059	0.0016	− 0.0072	0.0004	0.0204
	0.0900	0.5300	− 0.3500	0.2000	− 1.2100	0.0400	1.7900
	0.9258	0.5972	0.7242	0.8440	0.2290	0.9696	0.0763
lnd	− 0.0075	− 0.0685	− 0.0213	− 0.0107	− 0.0081	0.0026	0.0178
	− 0.7500	− 1.6800	− 0.7300	− 0.7700	− 0.7900	0.1500	0.9000
	0.4538	0.0973	0.4641	0.4430	0.4317	0.8793	0.3692
lne	− 0.0030	− 0.0187	− 0.0166	− 0.0057	− 0.0036	− 0.0026	− 0.0008
	− 0.4700	− 0.6800	− 0.8900	− 0.6300	− 0.5500	− 0.2300	− 0.0600
	0.6359	0.4962	0.3750	0.5271	0.5868	0.8166	0.9491

续表

变量	混合回归	固定效应	分位数回归				
			1%	25%	50%	75%	90%
lnf	0. 0179	- 0. 0110	0. 0265	0. 0220	0. 0188	0. 0035	- 0. 0022
	1. 6900	- 0. 9700	0. 8600	1. 4900	1. 7200	0. 1900	- 0. 1000
	0. 0933	0. 3328	0. 3931	0. 1399	0. 0886	0. 8484	0. 9174
lng	0. 0305	- 0. 0390	0. 0262	0. 0329	0. 0360	0. 0238	0. 0370
	2. 9300	- 1. 9900	0. 8600	2. 2700	3. 3400	1. 3200	1. 7900
	0. 0040	0. 0499	0. 3909	0. 0253	0. 0011	0. 1886	0. 0767
常数项	- 0. 8340	0. 6378	- 1. 0415	- 0. 9710	- 1. 2255	- 0. 8791	- 0. 6352
	- 4. 5700	1. 6900	- 1. 9600	- 3. 8100	- 6. 4900	- 2. 7800	- 1. 7500
	0. 0000	0. 0949	0. 0529	0. 0002	0. 0000	0. 0063	0. 0828

注：每个变量后的数字分别是系数，t 统计值，p 值。n = 34，t = 10，N = 340。

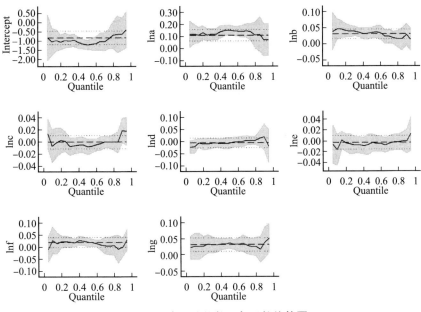

图 5 - 1　东北分位数回归系数趋势图

从表 5 - 4 可以看出，东北地区整体 34 个市人均教育支出增加 1%，东北地方政府治理体系现代化水平增加 0.0720%。人口密度增加 1%，东北地方政府治理体系现代化水平增加 0.0047%。人口自然增长率增加 1%，东北地方政府治理体系现代化水平增加 0.0035%。土地产出率增加 1%，东北地方政府治理体系现代化水平减少 0.0685%。贸易依存度增加 1%，东北地方政府治理体系现代化水平减少 0.0187%。人均道路面积增加 1%，东北地方政府治理体系现代化水平减少 0.0110%。公路客运量增加 1%，东北地方政府治理体系现代化水平减少 0.0390%。

地方政府治理体系的现代化是国家治理体系现代化的组成部分，国家治理体系的现代化是社会政治经济现代化的必然要求，它本身也是政治现代化的重要表征。东北地区作为新中国工业的摇篮，曾是中国工业化和城市化发展的重要区域。以工业经济主导的区域发展模式，形成了东北地区长期发展的路径依赖。

（1）资本投入。东北经济的快速发展离不开国家政策的支持，而经济增长的可持续性还要通过积极的内部发展因素来推动，在国家提出的新时代全面振兴东北的战略中，内生增长动力的培育与良好营商环境的营造被放在了重要位置。东北地区以重工业为主导产业，工业产业体系一度为当地经济增长作出了突出贡献，但随着产业结构不断优化升级，目前东北地区的财政收入与经济增长尚未形成稳定关系，这给未来东北经济发展带来更多的挑战。东北产业竞争力不强。2011~2020 年，东北三省规模以上工业企业利润总额年均下降 8.92%，而同期全国规模以上工业企业利润总额年均增长 1.22%。在教育水平方面，东北地区人才储备丰富，根据第七次人口普查结果，2020 年，东北三省总人口 9851 万人，拥有大专及以上文化程度的人口占总人口的 16.75%，15 岁以上人口平均受教育年限 10.16 年，以上两个能够反映人口受教育程度的指标均高于全国平均水平。此外，东北地区常住人口城镇化率达到 67.71%，这说明其城市发展基础较好。另外，城镇化率提高的同时人口流出速度却逐渐加快，而且各省份受教育程度高的人才占就业人口比重在逐渐降低，这也从侧面显示出东北地区人才的流失比较严重。

（2）人口红利。人口要素作为经济社会发展的基础，其规模、结构与空间分布影响着区域消费和经济发展。东北地区的人口自然增长率较低，且呈现波动式下降。东北地区长期存在人口外流问题。根据第七次人口普查结果，人口超 500 万的城市一共有 4 个，分别是哈尔滨 1000.99 万、长春 906.69 万、沈阳 902.78 万、大连 745.08 万。2020 年，辽宁省人口规模为 4259 万，较十年前减少了 115.5 万；吉林省人口规模为 2407 万，较十年前减少了 338 万；黑龙江省人口规模为 3185 万，较十年前减少了 646 万。相比 2010 年，人口出现正增长的城市只有 3 个，分别是长春、沈阳、大连。长春因为合并了公主岭，人口增加最多，十年时间增长 139.25 万，位居东北城市增量第一位，这个增长量可以媲美一些长三角和珠三角的中等城市。如果扣除公主岭 104 万人口，人口实际增量第一位的是沈阳，其次是大连，然后才是长春。

人口幅度减少较大的城市有，四平由 338.63 万减少到 181.47 万，下降幅度 46.41%、通化由 232.52 万减少到 130.285 万，下降幅度 43.97%，这种下降幅度在全国范围内也是极少见了，几乎接近 50%，呈断崖式下降，可见东北的部分城市的人口情况已经进入严重衰退的情况，一是没外来人口流入，同时流出情况严重，二是新生儿数量也呈下降趋势。人口结构上，第七次人口普查数据显示，2020 年东北地区老龄化程度较深，65 岁及以上人口的比重为 16.39%，提高了 7.26 个百分点，高于全国平均水平；出生人口性别比为 106.3，低于全国平均水平，但仍处于正常范围。性别结构上，辽宁女性占比 50.08%，男性占比 49.92%；吉林女性占比 50.08%，男性占比 49.92%；黑龙江占男性占比 50.09%，女性占比 49.91%。

（3）自然资源。东北发展中难以回避的就是能源和原材料的消耗以及废弃物的排放问题，对东北地方政府治理体系现代化提出了严峻的考验。东北地区的资源问题是把双刃剑，在区域经济发展趋势与国家大势高度契合的当下，如何更好地将现有资源与国家发展趋势相结合，是东北地方政府治理过程中必须要考虑的问题。当前东北三省仍以重工业作为经济发展的主要产业，占所有产业的七成以上，主要包括石油、煤炭、金属矿等资源的开采与利用，这些传统产业大多属于产能过剩行业，在地区经济发展过程中缺乏增长动力，因此，东北地区的矿产资源利用问题一直存在，而且主要为矿产资源的浪费现象与可持续利用问题。东北三省一直凭借着传统工业优势以及各种资源优势维持经济增长，错过了互联网崛起、金融业发展以及电子商务兴起的风口。东北在逐步告别传统工业方式的同时，现代新兴产业的发展规模并没有形成，因此缺乏地区竞争优势。

（4）对外贸易。在百年未有之大变局下，"双循环"战略为东北地区带来了新的希望。"一带一路"倡议是中国与沿线各国建立友好关系、实现共同发展的主要策略。东北各类自贸区、开发区、试验区、保税区，产业中心和产业集群的蓬勃发展，足以支撑东北全方位对外开放的新格局。当国内的供给和需求形成循环，上游资源、中游加工、下游市场都在国内完成时，以重工业为主的生产原料供给端则显得尤为重要。在重工业方面，东北地区的存量优势十分明显。东北地区的国企改革已取得显著成效，以老工业基地为代表的国有经济比重偏高局面得到明显改善，经济结构中的非公有制经济已过半数。东北地区在转变增长方式、调整产业结构、发展民营经济、深化对外开放等方面稳步发力，为实现东北振兴战略打下了新的基础。

二、估计结果：辽宁

将辽宁14个市做面板数据回归。表5-5表示了辽宁省面板分位数回归模型的估计结果，图5-2显示了辽宁地区分位数回归系数的趋势图。

表5-5　　　　　　辽宁12市地区面板分位数模型估计结果

变量	混合回归	固定效应	分位数回归				
			1%	25%	50%	75%	90%
lna	0.1298	0.1282	0.0308	0.0821	0.1463	0.1744	0.2134
	2.8200	2.1600	0.6500	1.1900	2.6600	2.2100	3.2700
	0.0071	0.0379	0.5192	0.2394	0.0106	0.0321	0.0020

续表

变量	混合回归	固定效应	分位数回归				
			1%	25%	50%	75%	90%
lnb	− 0.0131	0.0408	0.0005	0.0019	0.0199	− 0.0237	− 0.0387
	− 0.5300	1.2200	0.0200	0.0500	0.6800	− 0.5600	− 1.1100
	0.5971	0.2324	0.9850	0.9591	0.5025	0.5784	0.2740
lnc	− 0.0159	0.0065	− 0.0337	− 0.0194	− 0.0193	− 0.0140	− 0.0145
	− 1.8800	0.8400	− 3.8500	− 1.5300	− 1.9100	− 0.9700	− 1.2000
	0.0669	0.4058	0.0004	0.1328	0.0625	0.3394	0.2348
lnd	− 0.0151	− 0.2310	0.0121	− 0.0160	− 0.0245	− 0.0082	− 0.0551
	− 0.6900	− 3.1700	0.5400	− 0.4900	− 0.9500	− 0.2200	− 1.7900
	0.4915	0.0032	0.5911	0.6246	0.3478	0.8264	0.0798
lne	0.0214	− 0.0258	0.0248	0.0394	0.0201	0.0237	0.0461
	1.4700	− 0.9200	1.6500	1.8100	1.1600	0.9500	2.2300
	0.1478	0.3625	0.1056	0.0767	0.2538	0.3483	0.0304
lnf	0.0057	− 0.0277	0.0248	− 0.0037	0.0064	− 0.0109	− 0.0137
	0.3800	− 1.6100	1.5800	− 0.1600	0.3600	− 0.4200	− 0.6400
	0.7088	0.1173	0.1199	0.8703	0.7235	0.6760	0.5269
lng	0.0219	− 0.1024	0.0086	− 0.0038	0.0163	0.0265	0.0342
	1.1600	− 2.2600	0.4400	− 0.1400	0.7200	0.8200	1.2800
	0.2512	0.0301	0.6589	0.8923	0.4723	0.4164	0.2074
常数项	− 0.4863	1.7467	− 0.1044	− 0.0230	− 0.7473	− 0.7233	− 0.5147
	− 1.4300	2.4400	− 0.3000	− 0.0500	− 1.8500	− 1.2400	− 1.0700
	0.1583	0.0198	0.7662	0.9639	0.0708	0.2193	0.2898

注：每个变量后的数字分别是系数，t 统计值，p 值。n = 34，t = 10，N = 340。

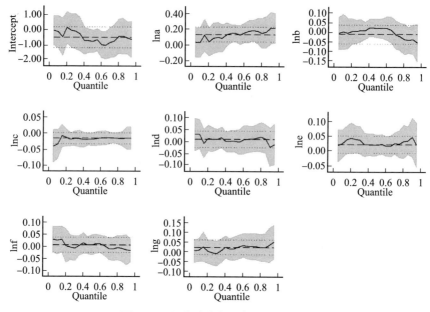

图 5－2　辽宁分位数回归系数趋势图

从表 5－5 可以看出，辽宁 14 个市人均教育支出增加 1%，东北地方政府治理体系现代化水平增加 0.1282%。人口密度增加 1%，东北地方政府治理体系现代化水平增加 0.0408%。人口自然增长率增加 1%，东北地方政府治理体系现代化水平增加 0.0065%。土地产出率增加 1%，东北地方政府治理体系现代化水平减少 0.2310%。贸易依存度增加 1%，东北地方政府治理体系现代化水平减少 0.0258%。人均道路面积增加 1%，东北地方政府治理体系现代化水平减少 0.0277%。公路客运量增加 1%，东北地方政府治理体系现代化水平减少 0.1024%。

根据第七次人口普查结果，在整个东三省中，辽宁省人口减少程度相对较低，其下辖城市的数据表现也比黑龙江和吉林要好。辽宁下辖的十多个城市中，没有一个城市的人口减少规模超过 100 万。人口减少最多的锦州，十年减少规模为 42.3 万。阜新十年人口减少了 17.2 万。大多数城市之间人口流失差距都比较接近，都介于 10 万至 50 万之间。辽宁省下辖的 14 个城市，有两个城市人口增加，这两个城市就是辽宁的双核沈阳与大连。沈阳过去十年人口增加了 92.2 万，大连人口增加了 76 万。沈阳和大连的人口增加，依靠的都是自身人口竞争力，而不是像长春一样通过合并实现。在东北人口整体流失的背景下，沈阳和大连打破了山海关内的人口流失困境。人口结构上，辽宁省 60 岁及以上人口为 10954467 人，占 25.72%，其中 65 岁及以上人口为 7417481 人，占 17.42%。已经远远超过人口深度老龄化的国际分界线（65 岁以上人口超过 14%），是全国老龄化程度最深的省。

2022 年上半年，辽宁建设项目的投资增幅达到了 23.8%，一大批上百亿元的项目相继在辽宁落地开工，高技术制造业投资和高技术服务业投资都实现了大幅的增长。2021 年辽宁省新增科技型中小企业数量增长 37%，科技型中小企业实现营业收入增长 22.9%，实现税收增长 51.6%。

三、估计结果：吉林

将吉林 8 个市做面板数据回归。表 5 - 6 表示吉林省地区面板分位数回归模型的估计结果，图 5 - 3 显示了吉林地区分位数回归系数的趋势图。

表 5 - 6　　　　　　吉林 8 市地区面板分位数模型估计结果

变量	混合回归	固定效应	分位数回归				
			1%	25%	50%	75%	90%
lna	0.0681	0.1319	0.0669	0.0327	0.0707	0.1425	0.1470
	1.7000	3.7300	2.9800	0.5500	1.2900	3.3500	10.5100
	0.0983	0.0009	0.0051	0.5890	0.2041	0.0019	0.0000
lnb	0.0042	0.0071	0.0323	0.0081	0.0032	-0.0167	-0.0286
	0.4700	0.8100	6.5200	0.6100	0.2700	-1.7800	-9.2200
	0.6415	0.4258	0.0000	0.5475	0.7904	0.0837	0.0000

续表

变量	混合回归	固定效应	分位数回归				
			1%	25%	50%	75%	90%
lnc	0.0006	0.0054	− 0.0038	0.0037	0.0049	0.0063	− 0.0050
	0.0600	0.6000	− 0.7200	0.2600	0.3800	0.6400	− 1.5300
	0.9533	0.5522	0.4777	0.7949	0.7049	0.5271	0.1354
lnd	0.0270	0.0067	0.0089	0.0031	0.0175	0.0196	0.0247
	1.9100	0.1300	1.1300	0.1500	0.9100	1.3100	5.0200
	0.0643	0.8942	0.2655	0.8836	0.3699	0.1983	0.0000
lne	0.0038	− 0.0024	0.0137	0.0234	0.0057	− 0.0065	− 0.0095
	0.3400	− 0.0500	2.1800	1.3900	0.3700	− 0.5400	− 2.4200
	0.7393	0.9643	0.0361	0.1720	0.7123	0.5899	0.0211
lnf	0.0041	− 0.0192	0.0232	0.0040	0.0052	− 0.0001	− 0.0006
	0.3200	− 1.4700	3.2300	0.2100	0.3000	− 0.0100	− 0.1400
	0.7499	0.1540	0.0027	0.8362	0.7684	0.9957	0.8926
lng	0.0010	− 0.0075	0.0055	− 0.0193	0.0005	0.0207	0.0262
	0.0600	− 0.5000	0.6200	− 0.8200	0.0200	1.2400	4.7600
	0.9504	0.6232	0.5378	0.4188	0.9827	0.2241	0.0000
常数项	− 0.2546	− 0.4954	− 0.4589	0.3325	− 0.1978	− 0.7188	− 0.7202
	− 0.6100	− 1.4600	− 1.9600	0.5300	− 0.3500	− 1.6200	− 4.9300
	0.5469	0.1543	0.0577	0.5983	0.7305	0.1139	0.0000

注：每个变量后的数字分别是系数，t 统计值，p 值。n = 34，t = 10，N = 340。

212

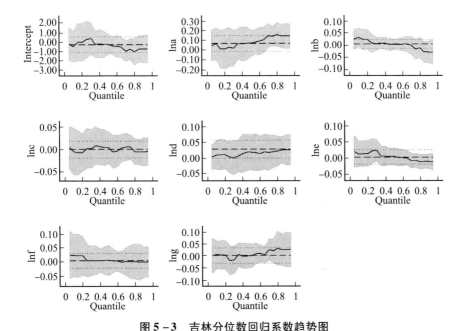

图 5 - 3　吉林分位数回归系数趋势图

从表5-6可以看出，吉林8个市人均教育支出增加1%，东北地方政府治理体系现代化水平增加0.1319%。人口密度增加1%，东北地方政府治理体系现代化水平增加0.0071%。人口自然增长率增加1%，东北地方政府治理体系现代化水平增加0.0054%。土地产出率增加1%，东北地方政府治理体系现代化水平增加0.0067%。贸易依存度增加1%，东北地方政府治理体系现代化水平减少0.0024%。人均道路面积增加1%，东北地方政府治理体系现代化水平减少0.0192%。公路客运量增加1%，东北地方政府治理体系现代化水平减少0.0075%。

根据第七次人口普查结果，吉林省下辖的城市中，除了省会长春人口增加外，其余全部减少。其中，长春人口增加最多，超过100万，达到了139万，四平人口流失最多，减少规模达到了157.2万。2020年6月，公主岭划归长春时，人口为104万。若长春扣除公主岭104万的人口数，过去十年实际增长人口应该是35万，如果四平加上公主岭的人口数，四平市实际减少人口为53.2万。通化人口减少也在百万以上。

吉林市、松原市，十年人口减少规模在 50 万以上。人口结构上，吉林省 60 岁及以上人口为 5551165，占 23.06%，其中，65 岁及以上人口为 3757224，占 15.61%。

2021 年，吉林 GDP 增速在全国位次明显前移，在东北三省居于首位。固定资产投资增速已经连续两年居全国第四位。在区域创新能力全国排名中，2021 年吉林前进 9 个位次，上升幅度在全国最大。长春自主创新示范区、吉林长春国家农业高新技术产业示范区相继获得国家批准，并启动建设。吉林营商环境持续优化，投资平台在线审批率居全国首位，不动产登记效率在全国处于第二位，连续两年新登记市场主体增速在全国处于第三位。吉林着眼"丝路吉林"大通道建设，面向东、南、西、北，实施"3631"工程，全面扩大开放的格局。

四、估计结果：黑龙江

将黑龙江 12 个市做面板数据回归。表 5 - 7 表示黑龙江地区面板分位数回归模型的估计结果，图 5 - 4 显示了黑龙江地区分位数回归系数的趋势图。

表 5 - 7　　　　黑龙江 12 市地区面板分位数模型估计结果

变量	混合回归	固定效应	分位数回归				
			1%	25%	50%	75%	90%
lna	- 0.0019	- 0.0609	0.0669	0.0327	0.0707	0.1425	0.1470
	- 0.0300	- 0.9200	2.9800	0.5500	1.2900	3.3500	10.5100
	0.9762	0.3751	0.0051	0.5890	0.2041	0.0019	0.0000
lnb	0.0041	- 0.4417	0.0323	0.0081	0.0032	- 0.0167	- 0.0286
	0.0700	- 2.4800	6.5200	0.6100	0.2700	- 1.7800	- 9.2200
	0.9484	0.0262	0.0000	0.5475	0.7904	0.0837	0.0000
lnc	- 0.0048	0.0190	- 0.0038	0.0037	0.0049	0.0063	- 0.0050
	- 0.2500	0.8400	- 0.7200	0.2600	0.3800	0.6400	- 1.5300
	0.8019	0.4142	0.4777	0.7949	0.7049	0.5271	0.1354

续表

变量	混合回归	固定效应	分位数回归				
			1%	25%	50%	75%	90%
lnd	0.0106	-0.0717	0.0089	0.0031	0.0175	0.0196	0.0247
	0.3400	-0.4100	1.1300	0.1500	0.9100	1.3100	5.0200
	0.7361	0.6887	0.2655	0.8836	0.3699	0.1983	0.0000
lne	-0.0060	0.0670	0.0137	0.0234	0.0057	-0.0065	-0.0095
	-0.2800	0.5000	2.1800	1.3900	0.3700	-0.5400	-2.4200
	0.7849	0.6223	0.0361	0.1720	0.7123	0.5899	0.0211
lnf	0.0742	-0.0609	0.0232	0.0040	0.0052	-0.0001	-0.0006
	0.8600	-0.3300	3.2300	0.2100	0.3000	-0.0100	-0.1400
	0.3978	0.7479	0.0027	0.8362	0.7684	0.9957	0.8926
lng	0.0324	-0.1106	0.0055	-0.0193	0.0005	0.0207	0.0262
	0.8200	-1.1900	0.6200	-0.8200	0.0200	1.2400	4.7600
	0.4188	0.2537	0.5378	0.4188	0.9827	0.2241	0.0000
常数项	-0.1187	6.3759	-0.4589	0.3325	-0.1978	-0.7188	-0.7202
	-0.2300	2.5500	-1.9600	0.5300	-0.3500	-1.6200	-4.9300
	0.8233	0.0231	0.0577	0.5983	0.7305	0.1139	0.0000

注：每个变量后的数字分别是系数，t 统计值，p 值。n＝34，t＝10，N＝340。

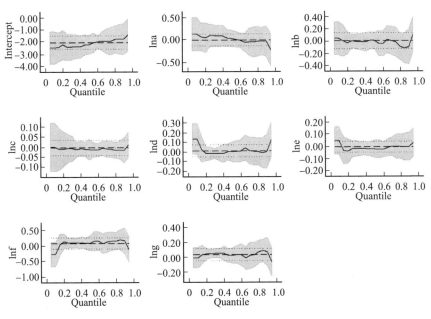

图 5－4　黑龙江分位数回归系数趋势图

从表 5 - 7 可以看出，黑龙江 12 个市人均教育支出增加 1%，东北地方政府治理体系现代化水平减少 0.0609%。人口密度增加 1%，东北地方政府治理体系现代化水平减少 0.4417%。人口自然增长率增加 1%，东北地方政府治理体系现代化水平增加 0.0190%。土地产出率增加 1%，东北地方政府治理体系现代化水平减少 0.0717%。贸易依存度增加 1%，东北地方政府治理体系现代化水平增加 0.0670%。人均道路面积增加 1%，东北地方政府治理体系现代化水平减少 0.0609%。公路客运量增加 1%，东北地方政府治理体系现代化水平减少 0.1106%。

根据第七次人口普查结果，黑龙江过去十年人口流失最多的城市是绥化，十年人口减少了 166 万，几乎减少了 1/3 的人口，绥化也是东北三省中人口流失最严重的城市。齐齐哈尔的人口流失也在百万以上，十年减少了 130 万。其余 11 个城市十年人口流失规模都在 10 万以上 100 万以下。鹤岗和双鸭山，十年人口分别减少了 16.7 万、25.4 万。城市人口的集体性流失，也让整个黑龙江成为全国人口减少最严重的省。人口结构上，黑龙江省 60 岁及以上人口 7395690，占 23.22%，其中 65 岁及以上人口 4972868，占 15.61%，均超过了深度老龄化界线。

黑龙江是国家重要的老工业基地，产业门类齐全，拥有中国一重、哈电集团、大庆油田、哈飞等一大批"国宝级"企业。黑龙江科教资源丰富，有哈工大、哈工程等 78 所高等院校，有 40 位两院院士，有 79 个国家级科技创新平台，以及一大批科研实力雄厚的专业院所。黑龙江将扩大东北对外开放，深度融入共建"一带一路"，将对深化东北亚区域经济合作发展产生深远影响。2019 年 8 月，国务院正式批复设立中国（黑龙江）自由贸易试验区，涵盖哈尔滨、黑河、绥芬河 3 个片区。按照计划，黑龙江将高标准规划建设黑瞎子岛中俄国际合作示范区，推进自贸区创新发展，构建全方位对外开放新格局。

第三节 主 要 结 论

一、资本投入是影响东北地方政府治理体系现代化的关键因素

东北振兴政策出台后，依托交通等基础设施建设和产业升级、技术更新等重点项目，固定资产投资规模扩大。2011 年，固定资产投资增速降缓，为此东北各省以《东北振兴"十二五"规划》为指导，出台扩大投资政策以振兴经济，例如，吉林省组织申报 2011 年重点产业振兴和技术改造专项资金，同年辽宁出台实施重大招商项目攻坚政策，2012 年黑龙江省出台政策全力支持产业结构调整重大项目建设。2014年后，各省也相继制定相关政策推动经济企稳，如辽宁省提出进一步促进投资增长的若干意见，吉林省建立吉林老工业基地振兴重大项目推进机制政策。2016 年，在 GDP 和固定资产投资复苏后，各省均出台落实国家《深入推进实施新一轮东北振兴战略加快推动东北地区经济企稳向好若干重要举措的意见》的相关政策，各层级政策的实施均对东北经济提升起到积极作用，全社会固定资产投资逐渐成为东北经济企稳向好的稳定性因素。

东北地区可以探索新型科技创新体制，将科技资源在企业、技术研发团队、教育部门之间进行合理配置，加速自主创新成果向科技方向转移。东北地区可以结合国家针对新兴产业的战略定位，将传统产业发展方式逐渐向新兴产业靠拢，致力于科技创新与新兴产业的联结，在保障东北地区工业制造业原有结构的同时，发挥科技在产业发展中的重要作用，例如，服务行业可以将信息加工、产业结构调整与金融服务相结合，为东北经济创造更多机会。

二、东北人口流失严重但人才储备丰富，政府亟须出台政策应对人口挑战

东北地区人口负增长的主要原因是东北地区与其他地区之间过大的经济发展差距加速了人口外流。党的十八大以来，中国经济进入新常态，供给侧结构性改革持续深化，"三去一降一补"有力推进，高耗能企业、过剩产能等不断出清。东北地区重化工业、能源、资源等类型的国有企业多，在经济发展转型期，受到较大的冲击。东北地区人口的减少，受到自然环境、地理环境、人口生育水平和经济社会发展等多方面因素的影响。此外，受生育观念、生育行为等因素的影响，东北地区的人口自然增长率长期低于全国平均水平。2020 年，东北三省总人口9851 万，接近 1 亿，规模依然较大，但比十年前减少了 1101 万。东北地区经济正处于结构调整的攻坚期，沿海一些经济发达省市多样化的发展机会和就业前景，对其他地区（包括东北地区）的人口有较大的吸引力。但东北经济发展的韧性仍在，潜力很大。

东北地区在科技人才、现代农业、装备制造、交通设施等方面具备良好的基础。东北地区受过高等教育的人口有 1650 万，粮食产量占了全国 1/5 还要多；同时，拥有鞍钢、沈飞、一汽、哈电等一批国家骨干企业，这些年又成长起来一批新兴的高技术企业，这为东北地区实现振兴发展提供了很多有利条件。东北早期城市化水平高，工业化程度高，教育资源也多，人口受教育程度高，东北人均受教育程度和城镇化率位居全国前列。

地方政府在提高治理体系现代化水平过程中应进一步加强对东北人口问题的研究，积极应对人口变化带来的挑战，抓住变化中存在的机遇，服务东北的经济社会发展。人口流动是反映东北地区经济发展趋势变化的显性因素，因此，要特别关注人口变动趋势，采取有效措施实现"留人增人"的目标，实现对人力资源的挖掘。目前的人口流动也是地区经济发展差距引起的一种结果，收入差距、发展前景差距等都会引发

人口的流动。对此，作为人口净流出的东北地区，可以从两个方面缓和这一趋势：一是创造更加公平的发展环境，让人们都有追求事业和发展的机会；二是更加注重保障民生，使人们有一个对未来生活的稳定预期。

三、破除"资源诅咒"，改变资源配置方式

东北地区面临着资源型产业衰退的问题。由于自然资源丰富，东北地区一些城市形成了资源开采、精炼、加工的完整产业体系，在经济发展上高度依赖自然资源。然而，东北地区重要煤矿、石油资源开发大多已进入后期阶段，面临枯竭问题，资源型产业经济效益迅速下滑，致使该区域的经济发展陷入停滞的困境。在国务院界定的全国 69 个资源枯竭城市中，东北地区共计 20 个，占全国的 28.99%，其中辽宁、吉林和黑龙江分别为 7 个、7 个和 6 个。东北地区在新中国 70 多年的发展历程中，从契合国家发展大势到滞后国家发展大势的变化，不仅使我们认识到东北地区经济发展的症结，而且也为我们寻求东北地区经济发展提出了方向。在如何契合与国家发展大势的问题上，要更多地激发主观因素，特别是创造性地实现自身优势的动态化调整。任何一个地区都会有自己的优势资源，但这种优势并不在于其量上的充裕程度，而在于质上与宏观发展趋势契合的程度，如东北属于我国资源富集的地区之一，但有些资源虽然具有量的优势，但缺乏经济效益，关键是不能把这些优势资源与国家发展大势很好地结合在一起。粮食是东北的优势，产量全国领先，但经济效益并不高，问题在于，没有实现粮食供给从吃得饱到吃得好转变，在实现绿色有机方面没有实现深度挖潜。因此，探索使资源优势与国家发展大势相结合是实现东北振兴重要的切入点。《"十四五"特殊类型地区振兴发展规划》提出要加快老工业城市转型发展，促进新旧动能转换。

在新中国 70 多年的东北地区经济发展历程中所看到的趋势，其背后最直接的根据是资源流动取向的变化，从改革开放前资源或生产要素

更多更大规模地向东北地区集中，到改革开放后资源或生产要素更多更大规模地向东部沿海地区集中，东北地区资源优势随着资源价格的回落、去产能的推进也变成了"资源诅咒"，这最直接地造成了东北地区与东部沿海地区经济增长的差距和经济地位的变化。如果进一步探寻其中原因，可以发现，资源配置方式的变化，使东北地区在计划经济体制下的先发优势到市场经济体制中变成了负担，由此引起的增长趋势改变就成为一个自然的事实了。分析这种趋势改变的逻辑，不仅可以得到一些有益的启示，也可以找到一些扭转目前东北地区经济发展趋势的策略。

四、政府与市场

东北地区拥有雄厚的自然资本，要从体制改革方面着手，转变人们的观念；要通过市场化改革的方法，理清政府和市场的关系，真正实现由市场来配置资源。计划经济思维根深蒂固，渗透到政府、企业和民众的方方面面，固化了东北的发展理念，使之成为难以扭转的体制惯性；各级政府的忧患意识不足，加之市场化程度始终落后于建立创新型国家和服务型政府的要求，给东北经济转型造成了多重阻碍。

在经济全球化建设进程不断加快的产业时代背景下，国际贸易往来的愈发频繁在为区域经济发展带来新机遇的同时，也使其面临着巨大挑战。在多元化市场竞争环境下，推动区域经济的进一步发展，提升创新驱动发展水平，不断提高地区经济开放程度成为目前地方政府工作的重中之重。在当前"振兴东北老工业基地"战略实施过程中，地方政府公共服务水平的高低对于战略实施效益具有重要影响，近年来，东北地区的主要社会保险参保率水平与全国平均水平相比略高一筹，但各省之间差异化较为显著，公共服务政策和配套措施不完善的情形也较为突出，尽管东北地区的公共服务拥有良好基础，但从长远发展来看增长乏力现象较为严重，长此以往对于东北地区发展而言是十分不利的。

第六章

东北地方政府治理能力现代化
水平的测度

　　本章研究的核心内容是测度东北地方政府治理能力现代化水平，在构建东北地方政府治理能力现代化水平指标体系的基础上，利用相关数据，从东北整体水平、东北各省（辽宁省、吉林省和黑龙江省）以及东北三省下辖各地级市这三个层面进行实证分析，最终得出主要结论。

第一节　东北地方政府治理能力
现代化指标体系

　　中共十八届三中全会明确提出"全面深化改革的总目标是完善和发展中国特色社会主义制度，推进国家治理体系和治理能力现代化"。全面深化改革的总目标明确了我们所推进的改革，"不是推进一个领域改革，也不是推进几个领域改革，而是推进所有领域改革，就是从国家治理体系和治理能力的总体角度考虑的"①。本章及下一章主要研究的是东北地方政府治理能力的问题。因此，我们需要再次强调"国家治理能力现代化"的内涵和外延，进一步地界定"东北地方政府治理能力现代化"的内涵及外延，在此基础上构建东北地方政府治理能力现代化指

---

　　① 习近平：《切实把思想统一到党的十八届三中全会精神上来》，载《人民日报》2014年1月1日。

标体系和东北地方政府治理能力影响因素指标体系，最后通过实证分析
得出相关结论。

一、东北地方政府治理能力现代化的内涵及外延

为了说明东北地方政府治理能力现代化的内涵及外延，我们将从以
下几个方面来进行阐述。

（一）治 理

根据世界银行的定义："治理是利用机构资源和政治权威管理社会
问题与事务的实践。"[①] 联合国发展计划署认为："治理是基于法律规则
和正义、平等的高效系统的公共管理框架，贯穿于管理和被管理的整个
过程，它要求建立可持续的体系，赋权于人民，使其成为整个过程的支
配者。"[②]

然而西方的"治理"（governance）概念本意为控制、引导和操纵
之意，体现的是一种"国家统治"的概念，即国家政权依靠国家暴力
运用强制压制控制等专政的方式来维护公共秩序。而国家统治又是政治
统治，它建立在阶级分裂、阶级斗争的基础上，本质上是一种阶级统
治，体现的是国家的阶级性。[③] 从本质上讲，治理不应该等同于统治。
自 20 世纪末开始，西方的"治理"概念不断发展，但其基本政治主张
和倾向仍是立足于社会中心主义，主张去除或者弱化政府权威，取向于
多中心社会自我治理。治理的理想目标是善治，即公共利益最大化的管
理活动和管理过程，强调以合法性、透明性、责任性、法治、回应、有
效为标准和规范，缓和政府与公民之间的矛盾，追求官民对社会事务的

---

① World Bank：《Managing Development：The Governance Dimension》，Washington D. C 出
版社 1994 年版，第 5 页。

② UNDP：《Public Sector Management，Governance，and Sustainable Human Development》，
New York 出版社 1995 年版，第 9 页。

③ 何增科：《理解国家治理及其现代化》，载《马克思主义与现实》，2014 年第 1 期。

合作共治。①

因此，在今天的西方学术语境中，"治理"一词主要意味着政府分权和社会自治。② 从总体上讲，治理"既包括政府机制，同时也包含非正式、非政府的机制，随着治理范围的扩大，各色人等和各类组织得以借助这些机制满足各自的需要、并实现各自的愿望。"③

中国共产党人的治理思想，在价值取向和政治主张上明显区别于西方。中国的国家治理思想是遵循马克思主义国家理论逻辑的思想，是对国家统治与国家管理两个概念的扬弃。国家管理强调国家的公共性而非国家的阶级性，它追求的是国家政权在处理社会公共事务过程中，如何实现国家利益和国民利益等社会公共利益的最大化。国家治理则在国家统治和国家管理的基础上，对政府、市场和社会进行重构并实现三者之间的合理分工与有效协作。④ 因此，我们所讨论的治理，实质上是一个多维度、多主体的治理，而以政府作为主体则是我们本书所要研究的内容，即政府治理，更具体来说，我们所研究的是东北地方政府的治理问题。

（二）治理能力与治理能力现代化

对于"国家治理能力"，习近平总书记在《切实把思想统一到党的十八届三中全会精神上来》一文中明确指出："国家治理体系和治理能力是一个国家制度和制度执行能力的集中体现。国家治理体系是在党领导下管理国家的制度体系，包括经济、政治、文化、社会、生态文明和党的建设等各领域体制机制、法律法规安排，也就是一整套紧密相连、相互协调的国家制度；国家治理能力则是运用国家制度管理社会各方面

---

① 俞可平：《治理与善治》，社会科学文献出版社 2000 年版，第 13 页。

② 王浦劬：《国家治理、政府治理和社会治理的含义及其相互关系》，载《国家行政学院学报》2014 年第 3 期。

③ 詹姆斯·N. 罗西瑙：《没有政府的治理》，张胜军，等译. 江西人民出版社 2001 年版，第 5 页。

④ 薛澜、张帆、武沐瑶：《国家治理体系与治理能力研究：回顾与前瞻》，载《公共管理学报》2015 年第 12 卷第 3 期。

事务的能力，包括改革发展稳定、内政外交国防、治党治国治军等各个方面。国家治理体系和治理能力是一个有机整体，相辅相成，有了好的国家治理体系才能提高治理能力，提高国家治理能力才能充分发挥国家治理体系的效能。"根据这个定义，国家治理能力包含了与整个国家以及公民利益密切相关的所有公共事务和公共事务治理过程，不仅包括对政治、军事、文化、经济、社会等所有领域的治理能力，而且包括公共产品生产与供给、社会资源协调与分配、公共政策的制定和实施、社会认同的维系、国家安全的维护以及国际关系的维持等所有治理过程的能力。此外，国家治理能力不仅包括人口领土、自然资源、国民生产总值、国家税收、财政收支、军事力量等国家资源的生产与汲取能力，也包括政治过程民主化、经济活动市场化、社会结构扁平化等国家资源管理与分配能力的现代化。① 习近平总书记又进一步阐明："推进国家治理体系和治理能力现代化，就是要适应时代变化，既改革不适应实践发展要求的体制机制、法律法规，又不断构建新的体制机制、法律法规，使各方面制度更加科学、更加完善，实现党、国家、社会各项事务治理制度化、规范化、程序化。要更加注重治理能力建设，增强按制度办事、依法办事意识，善于运用制度和法律治理国家，把各方面制度优势转化为管理国家的效能，提高党科学执政、民主执政、依法执政水平。"② 党的十九大报告阐释了新时代国家治理能力现代化的时间表和路线图，会议指出，我们国家治理体系现代化建设将在 21 世纪中叶完成，并将国家治理能力提升至社会主义现代化强国的水平。党的十九届四中全会积极贯彻党中央精神，通过了《关于坚持和完善中国特色社会主义制度、推进国家治理体系和治理能力现代化若干重大问题的决定》，以习近平总书记为核心的党中央领导集体，综合分析了国际国内所面临的形势和我国的具体发展条件，对我国未来发展做出重要判断和战略部署。

---

① 郑言、李猛：《推进国家治理体系与国家治理能力现代化》，载《吉林大学社会科学学报》，2014 年 3 月。

② 习近平：《切实把思想统一到党的十八届三中全会精神上来》，载《人民日报》2014年 1 月 1 日。

（三）关于"东北地方政府"的范畴界定

本书所涉及的"东北"的范围包括辽宁省、吉林省和黑龙江省三个省份。在这个基础上，我们对"东北地方政府"的分析包括3个层次：（1）东北整体水平，即由辽宁、吉林和黑龙江三个省级层面所构成的东北地方政府总体治理能力现代化水平；（2）省级水平，即辽宁、吉林和黑龙江各省的治理能力现代化水平；（3）市级水平，即辽宁省下辖14个地级市（沈阳市、大连市、鞍山市、抚顺市、本溪市、丹东市、锦州市、营口市、阜新市、辽阳市、盘锦市、铁岭市、朝阳市、葫芦岛市），吉林省下辖8个地级市（长春市、吉林市、四平市、辽源市、通化市、白山市、松原市、白城市）以及黑龙江省下辖12个地级市（哈尔滨市、齐齐哈尔市、鸡西市、鹤岗市、双鸭山市、大庆市、伊春市、佳木斯市、七台河市、牡丹江市、黑河市、绥化市）各市治理能力现代化水平。

二、东北地方政府治理能力现代化指标体系构建

根据"东北地方政府治理能力现代化"的内涵和外延，以全面振兴和全方位振兴东北为目标，从经济能力、安全能力、生态能力和公共服务能力这4个方面选择了2011~2020年17个指标数据构建了"东北地方政府治理能力现代化水平指标体系"，相关指标分别在经济能力、安全能力、生态能力和公共服务能力的划分下又分为经济发展速度、经济发展结构、能源安全、社会安全、资源利用、环境保护、文化设施建设、教育水平和医疗能力9个方面，具体指标见表6-1。相关数据来源于国家统计局、《中国城市统计年鉴》（2012~2021年）、《中国区域经济统计年鉴》（2012~2014年）、EPS数据库。对于缺失值，我们采用填充均值的方法进行了填充。

表 6 – 1 东北地方政府治理能力现代化指标体系

一级指标	二级指标	三级指标	单位	方向
东北地方政府治理能力现代化指标体系	经济能力	经济发展速度	地区生产总值增长率	%	正
		经济发展结构	第二产业产值占地区生产总值比重	%	正
			货物进出口总额	万美元	正
	安全能力	能源安全	城市煤气总量	万立方米	正
			城市液化石油气总量	吨	正
		社会安全	城镇职工基本养老保险参保人数	人	正
			城镇基本医疗保险参保人数	人	正
			失业保险参保人数	人	正
	生态能力	资源利用	生活垃圾无害化处理率	%	正
			污水处理厂集中处理率	%	正
		环境保护	城市建成区绿化覆盖率	%	正
			农林水利事务支出	亿元	正
	公共服务能力	文化建设	人均公共图书馆藏书量	册	正
		教育水平	人均教育支出	元	正
			每百万人普通高等学校数	所	正
		医疗能力	医院、卫生院床位数	张	正
			执业医师和执业助理医师数	人	正

第二节 实 证 分 析

基于表 6 – 1 所构建的东北地方政府治理能力现代化指标体系，利用熵值法对相关面板数据分别从省级层面和地市级层面进行求值，得出各项指标得分，考虑到指标得分的易操作性，对每个指标的得分乘以100 之后的最终数据再进行分析。

一、数据的处理及方法的选取

由于所选取指标的数据在度量单位上存在差异，因此要进行无量纲化处理，采用 min - max 归一化方法来消除数据的量纲差异，具体计算公式如式（6-1）。式中，$x_{i,j}$表示第 i 年第 j 个指标的原始数据，我们记 2011 年为 i = 1，…，2020 年为 i = 10。$y_{i,j}$表示无量纲化处理后的数据。

$$y_{i,j} = \begin{cases} \dfrac{x_{i,j} - \min\{x_{1,j}, \cdots, x_{n,j}\}}{\max\{x_{1,j}, \cdots, x_{n,j}\} - \min\{x_{1,j}, \cdots, x_{n,j}\}}, & x_{i,j} \text{为正向指标时} \\[4mm] \dfrac{\max\{x_{1,j}, \cdots, x_{n,j}\} - x_{i,j}}{\max\{x_{1,j}, \cdots, x_{n,j}\} - \min\{x_{1,j}, \cdots, x_{n,j}\}}, & x_{i,j} \text{为逆向指标时} \end{cases}$$

$$(6-1)$$

由于主观赋权分析方法存在较多的主观性干扰，故选择熵值法对城乡融合发展水平进行测度。具体测度步骤如下：

在无量纲化处理之后，计算第 j 项指标的熵值，

$$e_j = -k \sum_{i=1}^{10} p_{i,j} \ln(p_{i,j}) \qquad (6-2)$$

其中，$p_{i,j} = \dfrac{y_{i,j}}{\sum\limits_{i=1}^{10} y_{i,j}}$

$$k = \frac{1}{\ln(10)} > 0，满足 e_j \geq 0$$

由式（6-2）得到信息熵冗余度 $d_j = 1 - e_j$，进而计算各项指标的权重：

$$w_j = \frac{d_j}{\sum\limits_{j=1}^{17} d_j} \qquad (6-3)$$

从而得各项三级指标得分：

$$s_j = 100 \sum_{i=1}^{10} w_j y_{i,j} \qquad (6-4)$$

最后计算各二级指标和一级指标得分。

表6-2和表6-3分别给出了省级治理能力现代化指标权重和地市级治理能力现代化指标权重。

表6-2　　　　　　　省级治理能力现代化指标权重

地区生产总值增长率	第二产业占地区生产总值比重	货物进出口总额	城市煤气总量	城市液化石油气总量	城镇职工基本养老保险参保人数
0.0201	0.0383	0.0917	0.0583	0.1134	0.0929
城镇基本医疗保险参保人数	失业保险参保人数	生活垃圾无害化处理率	污水处理厂集中处理率	城市建成区绿化覆盖率	农林水利事务支出
0.0641	0.1396	0.0350	0.0181	0.0216	0.0347
人均公共图书馆藏书数	人均教育支出	每百万人普通高等学校数	医院、卫生院床位数	执业医师和执业助理医师数	
0.0944	0.0218	0.0620	0.0452	0.0488	

表6-3　　　　　　　地市级治理能力现代化指标权重

地区生产总值增长率	第二产业占地区生产总值比重	货物进出口总额	城市煤气总量	城市液化石油气总量	城镇职工基本养老保险参保人数
0.0049	0.0172	0.2085	0.1195	0.1583	0.0551
城镇基本医疗保险参保人数	失业保险参保人数	生活垃圾无害化处理率	污水处理厂集中处理率	城市建成区绿化覆盖率	农林水利事务支出
0.0933	0.0591	0.0034	0.0050	0.0071	0.0467
人均公共图书馆藏书数	人均教育支出	每百万人普通高等学校数	医院、卫生院床位数	执业医师和执业助理医师数	
0.0374	0.0059	0.0609	0.0635	0.0544	

二、东北地方政府整体治理能力现代化分析

考虑到对东北地方政府治理能力现代化分析的连贯性，在利用熵值法对辽宁省、吉林省和黑龙江省各项指标求得分之后，通过对同一年份各项指标得分的加总得到东北地方政府治理能力现代化整体得分。

（一）东北地方政府整体经济能力得分分析

经济能力指标下含经济发展速度和经济发展结构2个二级指标，其中，经济发展速度指标包括地区生产总值增长率1个三级指标，经济发展结构指标包括第二产业占地区生产总值比重和货物进出口总额2个三级指标。

1. 经济能力指标下的三级指标得分分析

经济能力指标下的三级指标得分如图6-1所示，东北地区生产总值增长率得分在2011～2016年总体呈下降趋势，之后在经过连续两年得分上升之后在2019年出现下降，并在2020年出现回升，但并未恢复到2018年的得分水平（得分3.77）。东北地区第二产业产值占地区生产总值比重得分在2011～2020年连续下降，这一方面说明了第二产业作为东北地区的支柱型产业正在失去其传统的地位，亟须进行转型升级；另一方面东北地区第二产业产值比重下降的背后，是第三产业产值比重的上升，这是一个比较乐观的现象。东北地区货物进出口总额得分在2011～2017年变化较为平缓，得分呈"先涨后降"的变化趋势，得分在2018年出现大幅的增加，约为2017年得分的4倍，之后两年出现了小幅下降。2018年得分的大幅度变化可能主要源于黑龙江省货物进出口总额得分的大幅变化，这可能与当年吉林省、黑龙江省的贸易政策变化有关，2018年7月，黑龙江省发布《黑龙江省人民政府关于印发黑龙江省支持对外贸易发展十条措施的通知》，这极大地促进了黑龙江省贸易的发展。

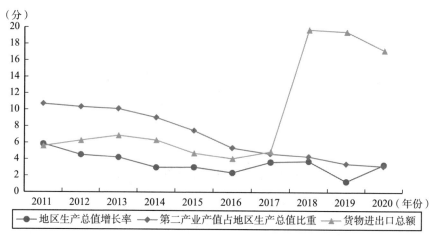

图6-1 经济能力指标下的三级指标得分

2. 经济能力指标下的二级指标得分分析

经济能力指标下的二级指标得分如图6-2所示，东北地区的经济发展结构波动在大部分年份中要明显比经济发展速度波动剧烈，而且经济发展结构的得分变化往往滞后于经济发展速度的得分变化。比如2011~2014年经济发展速度得分持续下降，但经济发展结构得分在经历2年小幅增加后，于2014年才开始下降；又如2017年经济发展速度得分出现较大幅度的上升，但2017年经济发展结构得分仅有0.142分的增加，反而得分在2018年出现猛增。

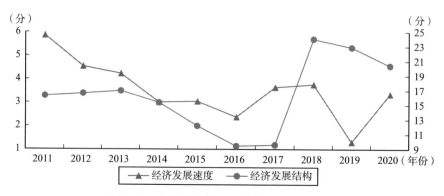

图6-2 经济能力指标下的各二级指标得分

（二）东北地方政府整体安全能力得分分析

安全能力指标下含能源安全和社会安全2个二级指标，其中，能源安全指标包括城市煤气总量和城市液化石油气总量2个三级指标，社会安全指标包括城镇职工基本养老保险参保人数、城镇基本医疗保险参保人数和失业保险参保人数3个三级指标。

1. 安全能力指标下的三级指标得分分析

经济能力指标下的三级指标得分如图6-3所示，2011~2020年，东北地区城市煤气总量得分与城镇职工基本养老保险参保人数得分呈现出连续上涨的趋势，2020年得分相比2011年得分分别增加712.1%和88.7%。失业保险参保人数得分在经历连续的小幅上涨之后，于2015年出现较为明显的下降（相比前一年得分降幅约为16.1%），但后续5年波动较为平缓且得分几乎持平。城市液化石油气总量得分和城镇基本医疗保险参保人数得分往往会出现幅度较大的波动，但前者得分总体上呈现上涨趋势，后者得分总体呈现下降趋势。

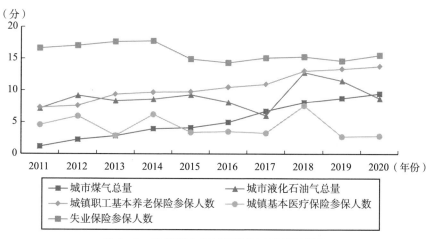

图6-3　经济能力指标下的各三级指标得分

2. 安全能力指标下的二级指标得分分析

安全能力指标下的二级指标得分如图 6 – 4 所示，相较东北地区能源安全能力得分而言，东北地区社会安全能力得分波动较为频繁且波动幅度较大，如 2014 年和 2018 年得分涨幅分别达到了 12.6% 和 22.5%，2019 年得分相比前一年降幅达到 14.5%，这种波动主要受城镇基本医疗保险人数指标的影响。能源安全能力得分在 2018 年出现了异常的大幅增长，涨幅达 64.6%，但之后两年又呈现下降趋势。

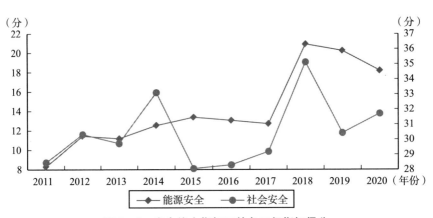

图 6 – 4　安全能力指标下的各二级指标得分

（三）东北地方政府整体生态能力得分分析

生态能力指标下含资源利用和环境保护 2 个二级指标，其中，资源利用指标包括生活垃圾无害化处理率和污水处理厂集中处理率 2 个三级指标，环境保护指标包括城市建成区绿化覆盖率和农林水利事务支出 2 个指标。

1. 生态能力指标下的三级指标得分分析

生态能力指标下的三级指标得分如图 6 – 5 所示，2011 ~ 2020 年东北地区生活垃圾无害化处理率指标得分除 2017 年出现小幅下降之外，其余各年均出现不同程度的上涨，其中 2015 年的得分涨幅最大，达到 56.3%，并且该项得分自 2013 年开始便始终高于其他三项指标得分。

农林水利事务支出指标得分在经历 2011~2014 年的"先增后降"之后也不断增加，但增幅自 2018 年开始放缓。相比其他三项指标而言，城市建成区绿化覆盖率指标得分波动较为频繁，在经历"先增—再降—再增—又降"之后，从 2017 年开始不断增加。污水处理厂集中处理率指标得分始终呈现出上涨趋势。除生活垃圾无害化处理率指标以外，其他三项指标得分高低在 2011~2015 年均互有领先，但 2016 年开始农林水利事务支出指标得分与其他两项指标得分显著拉开，得分排在第三位的是污水处理厂集中处理率指标得分，但城市建成区绿化覆盖率指标得分在近几年有着明显的赶超趋势。

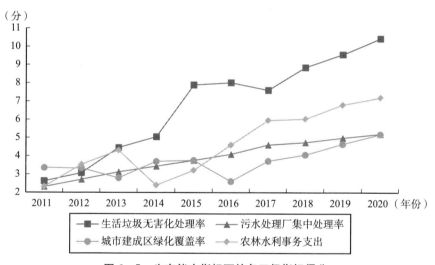

图 6–5　生态能力指标下的各三级指标得分

2. 生态能力指标下的二级指标得分分析

生态能力指标下的二级指标得分如图 6–6 所示，东北地区资源利用指标得分在 2011~2020 年始终保持上升趋势，且自 2013 年超过环境保护指标得分之后，一直处于领先地位，其中以 2015 年的增幅为最，增幅约为 37.2%。环境保护指标得分仅在 2014 年出现下降，2014 年以后其得分曲线与资源利用得分曲线大体上处于平行态势。

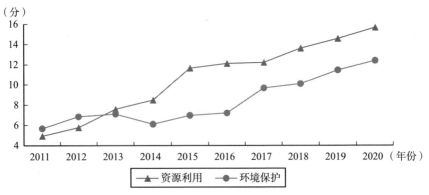

图 6 - 6　生态能力指标下的各二级指标得分

（四）东北地方政府整体公共服务能力得分分析

公共服务能力指标下含文化建设、教育水平和医疗能力 3 个二级指标，其中，文化建设指标包括人均公共图书馆藏书量 1 个三级指标，教育水平指标包括人均教育支出和每百万人普通高等学校数 2 个三级指标，医疗能力包括医院、卫生院床位数和执业医师和执业助理医师数 2 个三级指标。

1. 公共服务能力指标下的三级指标得分分析

公共服务能力指标下的三级指标得分如图 6 - 7 所示，2011～2020 年，东北地区人均教育支出水平指标得分始终低于其他四项指标得分，整体上呈现较为平缓的增长形势。2016 年以前，人均公共图书馆藏书量、每百万人普通高等学校数医院、卫生院床位数和执业医师和执业助理医师数四项指标得分差距不大，且互有领先，但 2017 年开始人均公共图书馆藏书数指标得分出现了较为明显的增加。每百万人普通高等学校数指标得分在 2015 年和 2020 年出现了幅度较大增长，并且其 2020 年得分超过了长期处于领先地位的人均公共图书馆藏书数指标得分。其他两项指标得分基本保持长期缓慢增长，并在 2016 年之后处于第三名和第四名。尽管执业医师和执业助理医师数指标得分在 2020 年超过了医院、卫生院床位数指标得分，但二者差距不大。

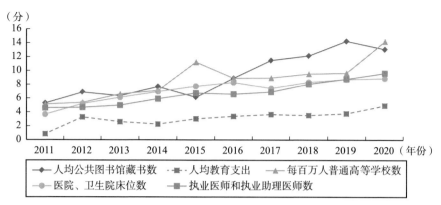

图 6-7 公共服务能力指标下的各三级指标得分

2. 公共服务能力指标下的二级指标得分分析

就各二级指标得分波动幅度而言，如图 6-8 所示，教育水平指标得分波动幅度较大，如 2015 年和 2020 年得分均出现较大幅度的增长，涨幅分别约为 51.9% 和 42.6%；医疗能力指标得分除 2017 年出现一定幅度的下降之外（相比前一年得分降幅约为 3.5%），其余各年均呈现出稳定的增长；文化建设指标得分波动较为频繁，但总体也是呈现增长趋势。

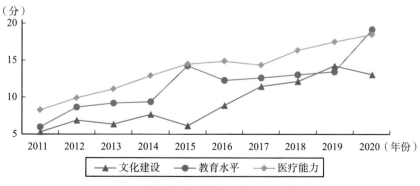

图 6-8 公共服务能力指标下的各二级指标得分

（五）东北地方政府各一级指标得分分析

东北地方政府各一级指标得分如图 6-9 所示，东北地方政府整体公共服务能力指标和生态能力指标得分在 2011 年到 2020 年这 10 年间大体呈现出稳定的上升趋势（生态能力得分仅在 2014 年出现略微下降，相比前一年得分降幅约 0.65%），其中公共服务能力得分增长速度更快。东北地方政府整体经济能力指标得分在 2011~2016 年总体上呈现出较为快速的下降趋势（除 2013 年有略微的增加以外，当年增幅约为 0.26%）。2016~2018 年经济能力指标得分出现增长，2018 年得分涨幅达到 11.9%，超过了 2011 年的得分水平，尽管随后两年得分又开始下降，但 2020 年经济能力指标得分仍高于 2011 年的得分水平。东北地方政府整体安全能力指标得分相较其他三项一级指标得分而言，其波动最为频繁，在 2011 年至 2020 年这 10 年间，安全能力指标得分先后经历 3 次"先增后降"的过程，其中 2018 年增幅最大（约为 35.2%），2019 年降幅最大（相比前一年得分降幅约为 10.4%，总体上，2018~2020 年安全能力指标得分要高于前 7 年指标得分）。

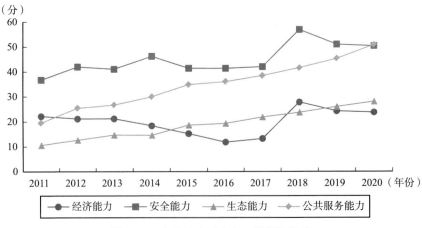

图 6-9　东北地方政府各一级指标得分

三、东北三省治理能力现代化分析

这一部分将从省级层面对东北地方政府治理能力现代化问题来进行分析，即从省级层面分析辽宁省、吉林省和黑龙江省的各项指标的得分情况，并进一步作出相关评价。

（一）辽宁省治理能力现代化分析

1. 辽宁省经济能力指标得分分析

（1）辽宁省经济能力指标下的三级指标得分分析。

经济能力指标下的三级指标得分如图 6-10 所示，2011~2020 年，辽宁省经济能力指标下的各三级指标中，货物进出口总额指标得分始终高于其他两项指标得分，地区生产总值增长率指标得分排名始终最低。货物进出口总额指标得分经历了"先增—再降—再增—又降"的"M"形变化，其中 2016 年得分最低，2018 年得分最高，2020 年得分甚至低于 2011 年得分。第二产业产值占地区生产总值比重指标得分除 2018 年有略微增加以外，其余各年均呈下降趋势，并以 2016 年下降幅度最大，相比前一年得分降幅约为 32.7%。地区生产总值增长率指标得分在经历 5 年的连续下降之后，出现了 2 年的小幅增加，2019 年则继续下降，尽管 2020 年得分略微增加，但得分仍然较低。

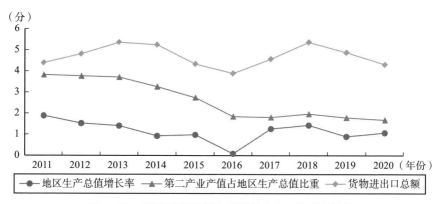

图 6-10　辽宁省经济能力指标下的各三级指标得分

（2）辽宁省经济能力指标下的二级指标得分分析。

经济能力指标下的三级指标得分如图 6–11 所示，辽宁省经济发展结构指标得分变化基本维持了其货物进出口总额指标得分和第二产业产值占地区生产总值比重得分的变化情况，即大趋势的下降与小幅度的增加并存，这种波动情况与经济发展速度指标得分的波动情况大致吻合，两个指标得分最低点均出现在 2016 年。

图 6–11　辽宁省经济能力指标下的各二级指标得分

2. 辽宁省安全能力指标得分分析

（1）辽宁省安全能力指标下的三级指标得分分析。

安全能力指标下的三级指标得分如图 6–12 所示，2011～2020 年，辽宁省安全能力指标下的各三级指标中失业保险参保人数指标得分排名始终保持第一（参考右侧副纵坐标轴），其得分总体呈上升趋势，但也存在"突增"和"突降"的情况。城镇职工基本养老保险参保人数指标得分始终保持相对稳定的增长态势，得分排名也基本稳定（2018 年之前得分始终保持在第二名，2018～2020 年得分被城市液化石油气总量指标得分反超）。液化石油气总量指标得分在 2016 年之前变化十分平缓，但自 2016 年开始其得分变化幅度较大，其中 2017 年降幅最大（相比前一年得分降幅约为 32.1%），2018 年增幅最大（约为149.5%）。城镇基本医疗保险参保人数指标与城市煤气总量指标得分排名始终保持在后两名，且二者之间会有互相反超的情况。城镇基本医疗保险参保人数指标得分除 2018 年达到一个"异常"高的得分以外，其他年份得分较为接近。城市煤气总量指标得分则始终保持稳定的增长趋势。

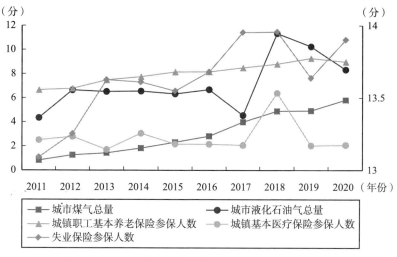

图 6 - 12　辽宁省安全能力指标下的各三级指标得分

（2）辽宁省安全能力指标下的二级指标得分分析。

安全能力指标下的二级指标得分如图 6 - 13 所示，2011～2020 年，辽宁省能源安全和社会安全指标得分总体上呈现增长趋势，尽管若干年份存在得分下降的情况，但近些年的得分普遍高于前些年的得分。需要注意的是，能源安全和社会安全指标得分均在 2018 年出现了较为异常的高得分，尤其是社会安全指标，其得分在 2019 年又急速下降，尽管能源安全指标得分从 2019 年也开始下降，但其下降幅度比社会安全能力指标得分小得多。

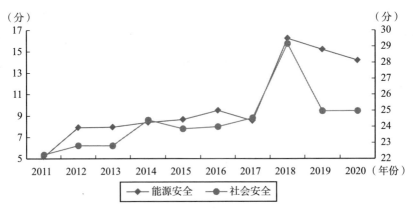

图 6-13　辽宁省安全能力指标下的各二级指标得分

3. 辽宁省生态能力指标得分分析

（1）辽宁省生态能力指标下的三级指标得分分析。

生态能力指标下的三级指标得分如图 6-14 所示，2011～2020 年，辽宁省生态能力指标下生活垃圾无害化处理率指标得分始终高于其他三项指标得分，并且呈现出较为稳定的增长趋势（除 2016 年有过短暂的下降之外）。其他三项指标得分则较为接近，其中除 2016 年城市建成区绿化覆盖率指标得分降到第四名以外，其余 9 年该指标得分均处于第二名的位置，并且 2019 年和 2020 年有着较为明显的上升趋势。农林水利

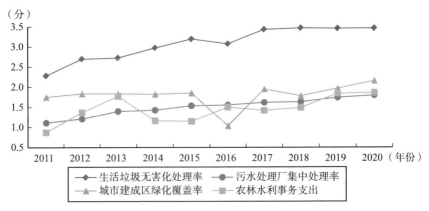

图 6-14　辽宁省生态能力指标下的各三级指标得分

事务支出指标相较其他三项指标而言，存在较为频繁的得分波动情况，但近年来波动幅度较小，总体上得分呈上升趋势。污水处理厂集中处理率指标得分则始终保持较为平缓的上升趋势。

（2）辽宁省生态能力指标下的二级指标得分分析。

生态能力指标下的二级指标得分如图6－15所示，2011～2020年，辽宁省资源利用指标得分基本保持稳步增加趋势（除2016年出现小幅下降以外，相比前一年得分降幅约为2.2％），且得分始终高于环境保护指标得分。环境保护指标得分波动则较为频繁且幅度较大，在2013～2016年有着连续3年的下降，并且得分在2016年增加之后，在2017年又有小幅度的下降，之后则保持持续增长。

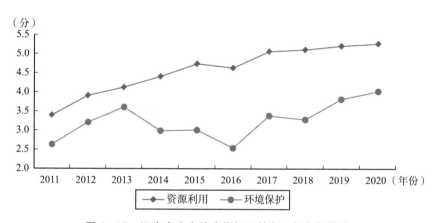

图6－15　辽宁省生态能力指标下的各二级指标得分

4. 辽宁省公共服务能力指标得分分析

（1）辽宁省公共服务能力指标下的三级指标得分分析。

公共服务能力指标下的三级指标得分如图6－16所示，2011～2020年，辽宁省公共服务能力指标下的人均教育支出指标相较其他四项指标，其得分排名始终保持最低，且得分仅有较小幅度的上升。人均公共图书馆藏书数指标的得分始终保持较高水平，并且从2016年开始其排名始终保持在首位，但其得分波动幅度也比较大，尤其是2020年有着大幅度地下降（相比前一年得分降幅约为31.4%）。每百万人普通高等学校数指标在2015年之前与人均公共图书馆藏书数指标得分相近且互有领先，自2016年开始便稳定保持在第二位，但同时该指标得分也保持着一定幅度的下降趋势。执业医师和执业助理医师数指标得分自2012年开始便保持稳定上升，并于2017年开始超过了医院、卫生院床位数指标得分，近年来有追赶每百万人普通高等学校数指标得分的态势。医院、卫生院床位数指标得分除2017年出现小幅下降以外，其他年份均保持增长，但增长速度略低。

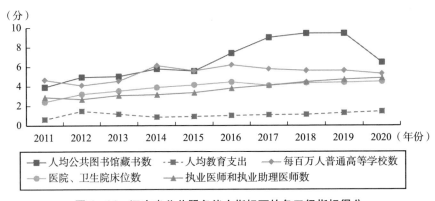

图6-16　辽宁省公共服务能力指标下的各三级指标得分

（2）辽宁省公共服务能力指标下的二级指标得分分析。

公共服务能力指标下的二级指标得分如图6-17所示，2011~2020年，辽宁省医疗能力指标得分保持着较为稳定的增长趋势（除2017年出现小幅下降之外，相比前一年得分降幅约为0.57%）。教育水平指标得分的变化较为平缓，且主要增长阶段出现在2016年之前，从2017年开始则大体上保持下降趋势。文化建设指标得分自2015年开始从最初的较低水平快速增长到最高水平，但2020年又急速下降。

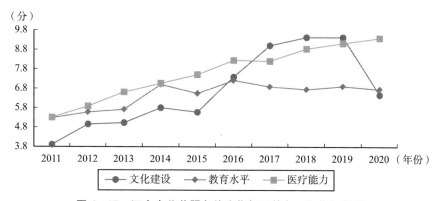

图 6 - 17　辽宁省公共服务能力指标下的各二级指标得分

5. 辽宁省一级指标得分分析

辽宁省各一级指标得分如图 6 - 18 所示，2011 ~ 2020 年，辽宁省安全能力、生态能力和公共服务能力指标尽管在某些年份出现得分下降的情况，但得分在总体上是增加的趋势，经济能力指标得分则出现了一定程度的下降。从得分数值上看，安全能力指标得分远远领先于其他三项指标得分，公共服务能力指标得分次之，经济能力指标和生态能力指标得分十分接近。

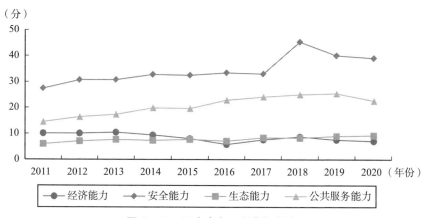

图 6 - 18　辽宁省各一级指标得分

（二）吉林省治理能力现代化分析

1. 吉林省经济能力指标得分分析

（1）吉林省经济能力指标下的三级指标得分分析。

经济能力指标下的三级指标得分如图 6－19 所示，2011～2017 年，吉林省经济能力指标下的各三级指标得分排名比较稳定，第二产业产值占地区生产总值比重指标得分排名第一，地区生产总值增长率指标得分排名第二，货物进出口总额指标得分最低，但 2018 年货物进出口总额指标得分大幅增加，与其他两项指标得分明显拉开。第二产业产值占地区生产总值比重指标得分在这 10 年间连续下降，其中 2019 年降幅最大（相比前一年得分下降约为 40.6%）。地区生产总值增长率指标得分在 2011～2014 年下降较快，经历了随后 5 年的一定程度上的增加之后，2019 年又急速下降，尽管 2020 年得分增加，但也未恢复到 2013 年的得分水平。

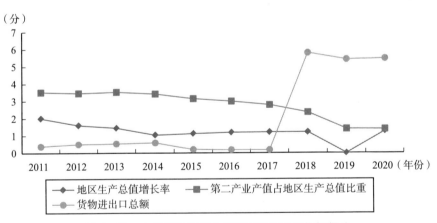

图 6－19　吉林省经济能力指标下的各三级指标得分

（2）吉林省经济能力指标下的二级指标得分分析。

经济能力指标下的二级指标得分如图 6－20 所示，2011～2017 年，吉林省经济发展结构指标得分呈下降趋势，其中 2014～2017 年得分的下降幅度要大于前 4 年得分的下降幅度。2017 年以后，主要受货物进出口总额指标得分的影响，经济发展结构指标得分变化情况与货物进出口总额指标得分变化情况基本吻合。

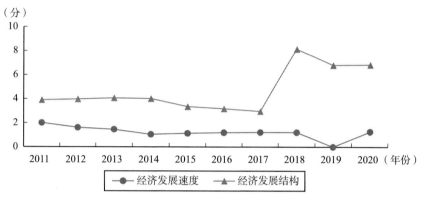

图 6 - 20　吉林省经济能力指标下的各二级指标得分

2. 吉林省安全能力指标得分分析

（1）吉林省安全能力指标下的三级指标得分分析。

安全能力指标下的三级指标得分如图 6 - 21 所示，2011～2020 年，吉林省安全能力指标下的各三级指标得分变化情况整体上较为复杂。城市煤气总量指标得分存在两个明显的增长区间，即 2011～2014 年（2015 年该指标得分下降约 25.4）和 2015～2019 年，2020 年该指标得分增加并不明显（得分仅增加 0.024）。城市液化石油气总量指标得分在 2011～2015 年总体上呈下降趋势（除 2014 年出现一定程度的增加以外），随后得分又有两年的增加，但在 2018 年再次出现下降之后的两年里，得分基本保持平稳。城镇职工基本养老保险参保人数指标得分在这 10 年内呈现出一种"先增—后降—再增"的趋势，2014～2016 年和 2016～2018 年分别是得分迅速下降和迅速上升的两个阶段，随后在经历 2019 年的小幅下降以后，该指标得分继续增加。城镇基本医疗保险参保人数指标得分在 2011～2015 年呈"M"形变化，但 2015 年之后则开始持续下降。2011～2019 年失业保险参保人数指标得分也基本呈"M"形变化，

2015 年为其得分的波谷，2020 年得分开始上升。

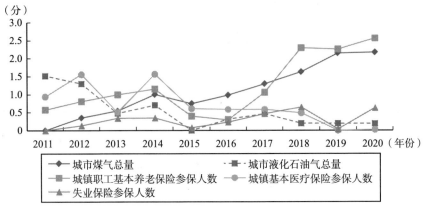

图 6 - 21　吉林省安全能力指标下的各三级指标得分

（2）吉林省安全能力指标下的二级指标得分分析。

安全能力指标下的二级指标得分如图 6 - 22 所示，2011 ~ 2017 年，吉林省能源安全和社会安全指标得分波动轨迹基本吻合，得分增降相互交替。社会安全能力指标得分在经历 2017 年和 2018 年连续两年的大幅增加之后，2019 年得分又出现大幅下降，但 2020 年得分开始回升。能源安全指标得分则从 2015 年开始持续增加，但增幅不大。

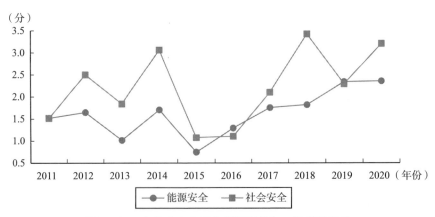

图 6 - 22　吉林省安全能力指标下的各二级指标得分

3. 吉林省生态能力指标得分分析

(1) 吉林省生态能力指标下的三级指标得分分析。

生态能力指标下的三级指标得分如图 6 - 23 所示，2011 ~ 2020 年，吉林省生态能力指标下的各三级指标得分普遍呈现增长趋势。生活垃圾无害化处理率指标得分波动幅度最大，并从 2015 年开始得分始终排在首位，且出现继续增加的态势。城市建成区绿化覆盖率指标得分在经历"先降—再增—又降"的变化之后，从 2016 年开始保持稳步增长。农林水利事务支出指标得分存在 2 个得分下降的年份，即 2014 年和 2018 年，其中 2014 年下降幅度较大，2018 年之后则保持小幅增加。污水处理厂集中处理率指标得分则保持基本稳定的增长趋势，2020 年得分相比 2011 年得分增长约 50.4%。

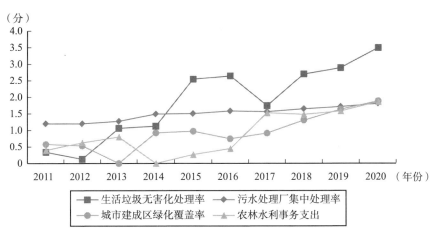

图 6 - 23　吉林省生态能力指标下的各三级指标得分

(2) 吉林省生态能力指标下的二级指标得分分析。

生态能力指标下的二级指标得分如图 6 - 24 所示，2011 ~ 2020 年，吉林省资源利用和环境保护指标得分均有明显的增加，其中资源利用指标得分涨幅更大，但同时在出现得分下降的年份时其下降幅度也较大，如 2017 年相比 2016 年得分下降约 21.8%。环境保护得分除 2013 年和

2016 年出现下降情况以外，其余年份均保持增加，并且近年来得分增长速度更快。

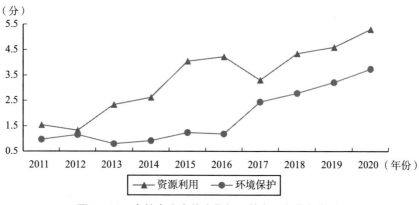

图 6-24　吉林省生态能力指标下的各二级指标得分

4. 吉林省公共服务能力指标得分分析

（1）吉林省公共服务能力指标下的三级指标得分分析。

公共服务能力指标下的三级指标得分如图 6-25 所示，吉林省公共服务能力指标下的各三级指标得分较为接近（除 2020 年每百万人普通高等学校数指标和人均公共图书馆藏书数指标得分出现突增以外，前一指标自 2016 年开始得分增长速度便开始加快）。人均公共图书馆藏书数指标得分在 2015 年之前呈下降趋势，而在此之后便始终保持增加。人均教育支出指标得分的递减区间则出现在 2012～2014 年，其他年份则保持一个较为平缓的增长态势。医院、卫生院床位数指标得分除 2017 年出现小幅下降以外，其余年份也保持增长，但近年来得分的增长速度要慢于早年。执业医师和执业助理医师数指标得分在这 10 年中则保持稳步增长。

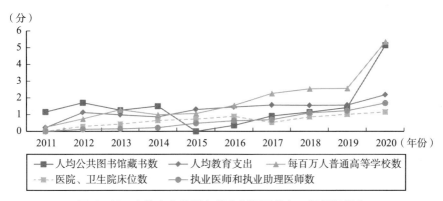

图 6 – 25　吉林省公共服务能力指标下的各三级指标得分

（2）吉林省公共服务能力指标下的二级指标得分分析。

公共服务能力指标下的二级指标得分如图 6 – 26 所示，2011 ~ 2020 年，吉林省公共服务能力指标下的各二级指标中，教育水平指标相较其他两项指标而言，得分增长较为稳定，且增长速度较快。文化建设指标得分下降的年份较多，下降幅度也较大，但近年来有一定的追赶态势。医疗能力指标得分增长较为稳定，但得分较低。

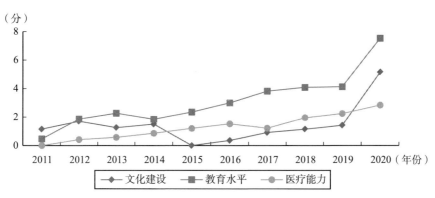

图 6 – 26　吉林省公共服务能力指标下的各二级指标得分

5. 吉林省一级指标得分分析

吉林省各一级指标得分如图 6 – 27 所示，2011 ~ 2017 年，吉林省经济能力指标得分逐年下降，随后几年有所回升，但 2019 年得分仍出现较大幅度的下降。安全能力指标得分在前 5 年内有增有降，从 2015 年开始，呈现出较为稳定的得分增长趋势（除 2019 年出现得分下降以外）。生态能力指标得分在这 10 年间始终保持增长，且近年来得分增速有一定程度的增加。公共服务能力指标得分在 2015 年出现小幅下降之后，始终保持增长，且 2020 年得分涨幅较大，与 2019 年得分相比约翻了一倍。

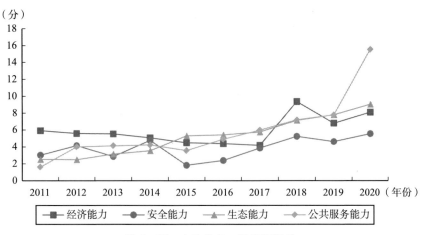

图 6-27　吉林省各一级指标得分

（三）黑龙江省治理能力现代化分析

1. 黑龙江省经济能力指标得分分析

（1）黑龙江省经济能力指标下的三级指标得分分析。

经济能力指标下的三级指标得分如图 6-28 所示，2011～2020 年，黑龙江省经济能力指标下的各三级指标得分普遍处于较低水平，货物进出口总额指标得分在 2018 年出现猛增之后，又连续下降 2 年。第二产业产值占地区生产总值比重指标得分则从 2011 年开始便开始连续下降 8 年，2019 年得分有所回升，但 2020 年又继续下降。地区生产总值增长率指标得分则在 2012～2018 年变化较为稳定，但仍在 2019 年开始下降，2020 年即使有所回升但也未恢复到 2018 年的得分水平。

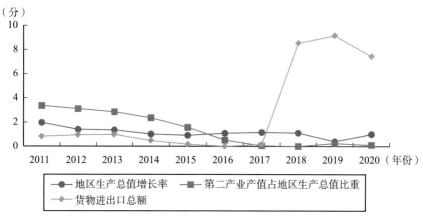

图 6 – 28 黑龙江省经济能力指标下的各三级指标得分

（2）黑龙江省经济能力指标下的二级指标得分分析。

经济能力指标下的二级指标得分如图 6 – 29 所示，2011 ~ 2017 年，黑龙江省经济发展结构指标得分逐年下降，并且指标得分的下降速度也逐年加快，2017 年、2018 年是仅有的 2 个得分增长的年份，并且 2017 年的增幅巨大。经济发展速度指标得分则始终保持在一个较低的水平，得分维持在 1 左右。

图 6 – 29 黑龙江省经济能力指标下的各二级指标得分

2. 黑龙江省安全能力指标得分分析

（1）黑龙江省安全能力指标下的三级指标得分分析。

安全能力指标下的三级指标得分如图 6 - 30 所示，2011 ~ 2020 年，黑龙江省安全能力指标下的各三级指标得分在大多数年份都比较接近。城市煤气总量指标得分基本保持稳步增长，在最近 5 年中，得分排名基本维持在第二名的水平。城市液化石油气总量指标得分在 2015 年前后出现突增和突降，随后 4 年中得分基本保持稳定，但 2020 年得分又出现明显下降，相比前一年得分降幅约 82.4%。城镇职工基本养老保险参保人数指标得分虽存在下降年份，但总体上呈增长趋势。城镇基本医疗保险参保人数指标得分在经历 2011 ~ 2015 年的"M"形变化之后，得分也基本保持稳定。失业保险参保人数指标得分在 2015 年出现大幅下降，相比前一年得分降幅约为 61.1%，得分从 2017 年才开始逐步回升。

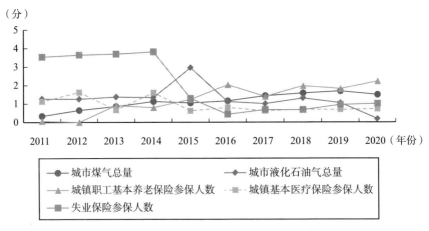

图 6 - 30　黑龙江省安全能力指标下的各三级指标得分

（2）黑龙江省安全能力指标下的二级指标得分分析。

安全能力指标下的二级指标得分如图 6 - 31 所示，黑龙江省能源安全指标得分在 2011 ~ 2015 年和 2016 ~ 2018 年均是保持增长的，但在出现得分下降的年份即 2016 年和 2020 年，得分降幅较大。社会安全指标得分在经历 2015 年的大幅下降之后，虽有上升趋势，但幅度不大，且就增长速度来看，很难恢复到十年前的水平。

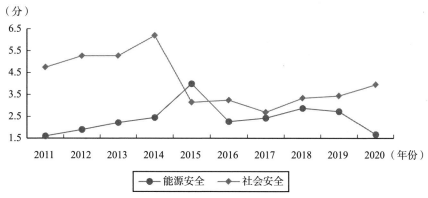

图 6 - 31　黑龙江省安全能力指标下的各二级指标得分

3. 黑龙江省生态能力指标得分分析

（1）黑龙江省生态能力指标下的三级指标得分分析。

生态能力指标下的三级指标得分如图 6 - 32 所示，2011 ~ 2020 年，黑龙江省生态能力指标下的四项三级指标中除城市建成区绿化覆盖率指标以外，其他三项指标得分总体呈上升趋势（除农林水利事务支出指标得分在 2014 年出现下降以外，其余年份得分均逐年增加，且生活垃圾无害化处理率指标和污水处理厂集中处理率指标得分逐年增加）。城市建成区绿化覆盖率指标得分在连续下降 6 年后，于 2017 年开始增加。得分增长速度最快的是生活垃圾无害化处理率指标。

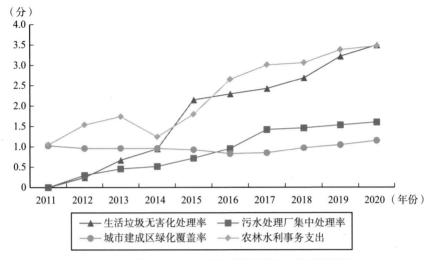

图6-32 黑龙江省生态能力指标下的各三级指标得分

（2）黑龙江省生态能力指标下的二级指标得分分析。

生态能力指标下的二级指标得分如图6-33所示，2011～2020年，黑龙江省生态能力指标下的各二级指标得分总体上呈上升趋势，也几乎从2015年开始资源利用指标得分实现了对环境保护指标得分的反超。其中，资源利用指标得分增加幅度更大，不存在得分下降的年份，

图6-33 黑龙江省生态能力指标下的各二级指标得分

且 2015 年得分增加幅度最大，约为 96.2%。环境保护指标得分除 2014
年出现下降情况外（相比前一年得分降幅约为 18.6%），其余各年均呈
增长态势。

4. 黑龙江省公共服务能力指标得分分析

（1）黑龙江省公共服务能力指标下的三级指标得分分析。

公共服务能力指标下的三级指标得分如图 6 - 34 所示，2011 ~
2020 年，黑龙江省公共服务能力指标下的人均教育支出指标和医院、
卫生院床位数指标相较其他三项指标，得分变化较为平缓，且有一定
幅度的增加。每百万人普通高等学校数指标得分变化幅度较大，尤其
是 2015 年、2016 年和 2020 年，得分均出现了较大幅度的增加和减
少。人均公共图书馆藏书数指标得分在经历了较为稳定的增长期后，
2019 年和 2020 年分别出现了突增和突降。执业医师和执业助理医
师数指标得分在 2015 年达到峰值之后，于 2016 年出现较大幅度的下
降，尽管随后几年得分持续增长，但得分并没有恢复到 2015 年的
水平。

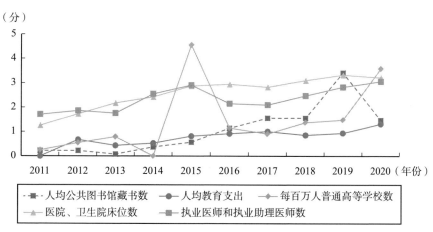

图 6 - 34　黑龙江省公共服务能力指标下的各三级指标得分

（2）黑龙江省公共服务能力指标下的二级指标得分分析。

公共服务能力指标下的二级指标得分如图 6 - 35 所示，2011～2020年，黑龙江省医疗能力指标得分始终高于教育水平指标得分。医疗能力指标得分在 2011～2015 年持续增加，此后在经历连续两年的下降之后，得分又开始增加，但增速明显放缓。教育水平指标得分在 2015 年和2016 年出现突增和突降之后的 3 年内只有小幅增加，但 2020 年得分又出现了大幅度的增加。

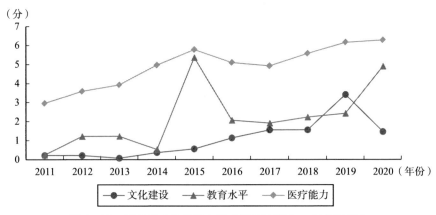

图 6 - 35　黑龙江省公共服务能力指标下的各二级指标得分

5. 黑龙江省一级指标得分分析

黑龙江省各一级指标得分如图 6 - 36 所示，黑龙江省各一级指标得分总体上波动幅度较大。2011～2017 年，黑龙江省经济能力指标得分出现连续大幅度地下降，而 2018 年得分相比 2017 年得分翻了约 6倍，但随后两年得分增长明显不足且出现得分下降的情况。安全能力指标得分自 2014 年增长至峰值过后，除 2018 年外，呈现连续减少的情况。生态能力指标得分除 2014 年外连续增加。公共服务能力指标得分在多数年份中处于领先地位，且除 2016 年外，其余年份均保持得分增长。

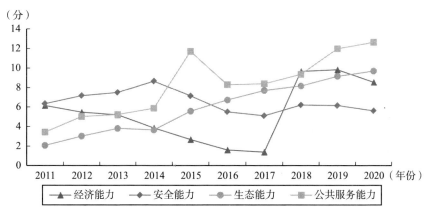

图 6 - 36 黑龙江省各一级指标得分

（四）东北三省各一级指标横向比较

1. 东北三省经济能力指标横向比较

东北三省经济能力指标得分如图 6 - 37 所示，2018 年以前，辽宁省经济能力指标得分领先于其他两省。但 2014 年至 2016 年间，辽宁省经济能力指标得分快速下降。尽管吉林省经济能力指标得分在此期间也逐年下降，但其下降速度明显小于其他两省。2017 年前后，是三省得分出现增加的年份，但自 2018 年开始，辽宁省经济能力指标得分，吉林省和黑龙江省则互有领先。

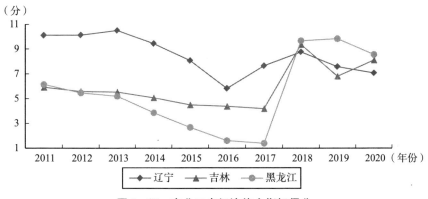

图 6 - 37 东北三省经济能力指标得分

2. 东北三省安全能力指标横向比较

东北三省安全能力指标得分如图 6-38 所示，2011~2020 年，辽宁省安全能力指标得分遥遥领先于其他两省，得分约为其他两省的 6 倍。吉林省和黑龙江省得分则较为接近，尤其是 2016 年以后，得分均维持在 5 左右。

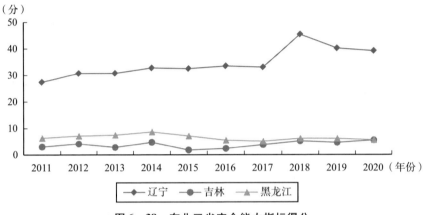

图 6-38　东北三省安全能力指标得分

3. 东北三省生态能力指标横向比较

东北三省生态能力指标得分如图 6-39 所示，2011~2020 年，辽宁省生态能力指标得分波动较为频繁，得分有涨有降，但总体呈上升趋势。2018 年以前，辽宁省生态能力指标得分始终领先于吉林省和黑龙江省，尤其是 2016 年以前，得分领先程度更大。黑龙江省生态能力指标得分除 2014 年出现下降之外，其余年份均保持得分增长，并于 2019 年超过辽宁省。吉林省生态能力指标得分尽管也保持连续增长，但始终排在最后一名。

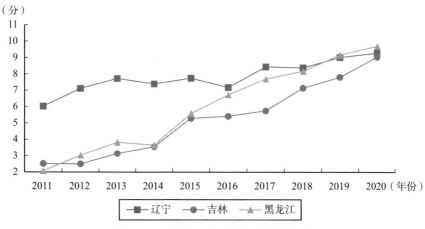

图6-39 东北三省生态能力指标得分

4. 东北三省公共服务能力指标横向比较

东北三省公共服务能力指标得分如图6-40所示，2011～2020年，辽宁省公共服务能力指标得分遥遥领先于吉林省和黑龙江省，且除2015年和2020年外，其余年份得分均保持增长，但2020年得分下降幅度较大（相比前一年得分降幅约为11.2%）。吉林省和黑龙江省公共服务能力指标得分则保持相对稳定的增长态势，且在2019年之前黑龙江省指标得分要高于吉林省得分，而吉林省则在2020年对黑龙江省实现了反超。

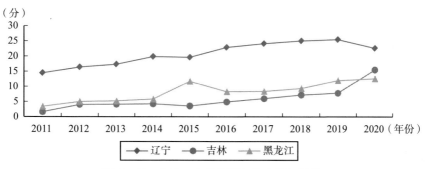

图6-40 东北三省公共服务能力指标得分

四、东北各地市治理能力现代化分析

考虑到数据量较大，本书只对东北各地市治理能力现代化一级指标进行分析。

（一）辽宁省各地市一级指标得分分析

1. 辽宁省各地市经济能力指标得分分析

辽宁省各地市经济能力指标得分如表 6 - 4 所示。2011 ~ 2020 年，辽宁省内各地市中，大连市经济能力指标得分遥遥领先于其他地市，得分是第二名（沈阳市）得分的 5 倍左右，营口市也具有较高的经济能力指标得分，且自 2012 年以后得分保持在第三名。除大连市、沈阳市和营口市以外，其他各市得分比较接近。在这十年间，辽宁省内各地市经济能力指标得分有着比较相似的变化轨迹，即 2016 年相当于一个分界点，2016 年以前和 2016 年以后，各市经济能力指标得分大体上均呈现出一种倒"U"型的增长轨迹。

表 6 - 4　　　　　　　辽宁省各地市经济能力指标得分

地市	2011 年	2012 年	2013 年	2014 年	2015 年	2016 年	2017 年	2018 年	2019 年	2020 年
沈阳	3.419	3.814	4.120	4.333	3.915	3.187	3.468	3.876	3.885	3.689
大连	13.304	13.987	14.882	13.930	11.925	11.382	13.172	15.317	13.496	11.917
鞍山	2.371	2.144	2.281	2.146	1.685	1.242	2.039	1.860	1.886	1.748
抚顺	1.747	1.696	1.683	1.503	1.326	1.241	1.507	1.455	1.209	1.155
本溪	2.441	2.329	2.350	2.228	1.892	1.412	1.870	1.806	1.675	1.630
丹东	2.123	2.181	2.252	2.002	1.720	1.457	1.430	1.139	1.019	0.877
锦州	1.791	1.857	1.910	1.970	1.476	1.101	1.731	1.558	1.282	0.964
营口	2.335	2.444	2.648	2.590	2.459	1.921	2.103	2.374	2.476	2.375
阜新	1.189	1.227	1.241	1.142	0.873	0.518	0.921	0.755	0.730	0.646
辽阳	1.800	1.765	1.735	1.614	1.546	1.177	1.485	1.382	1.226	1.144

地市	2011 年	2012 年	2013 年	2014 年	2015 年	2016 年	2017 年	2018 年	2019 年	2020 年
铁岭	1.841	1.809	1.837	1.586	1.429	1.077	1.206	1.357	1.434	1.400
朝阳	1.503	1.420	1.364	1.158	0.848	0.843	0.861	0.864	0.771	0.735
盘锦	1.511	1.481	1.508	1.201	0.790	0.904	1.046	1.185	1.331	1.238
葫芦岛	1.494	1.465	1.428	1.435	1.260	0.947	1.458	1.292	1.195	0.994

2. 辽宁省各地市安全能力指标得分分析

辽宁省各地市安全能力指标得分如表 6-5 所示。2011~2020 年，辽宁省内各地市中，沈阳市和大连市安全能力指标得分始终排在一、二名，其中 2012~2016 年，沈阳市安全能力指标得分要高于大连市。沈阳市和大连市得分较为相似的是均在 2018 年出现得分的大幅增加，但不同的是，随后两年大连市得分缓慢下降，而沈阳市得分在经历较大幅度下降之后又有所回升。得分排在沈阳市和大连市之后的是抚顺市和鞍山市（分列三、四名），其中抚顺市得分在 2016 年之前有着逐渐增加的增长速度，但随后开始小幅下降，而鞍山市得分则保持在一个较为稳定的水平上。其他地市得分较低且较为接近，基本维持在 1.5~3.5。

表 6-5　　　　　　　　辽宁省各地市安全能力指标得分

地市	2011 年	2012 年	2013 年	2014 年	2015 年	2016 年	2017 年	2018 年	2019 年	2020 年
沈阳	12.915	18.602	18.393	19.477	19.438	21.211	18.474	30.575	22.225	25.786
大连	15.194	15.551	16.024	16.492	16.175	16.161	19.622	30.387	30.065	27.084
鞍山	4.909	5.187	4.945	5.240	5.445	5.051	5.367	5.686	5.393	5.483
抚顺	5.129	5.160	5.559	6.776	7.971	8.670	8.382	8.370	8.047	7.842
本溪	3.171	3.356	3.455	3.349	3.077	3.074	3.223	3.310	3.442	3.440
丹东	2.622	2.623	2.677	3.081	3.071	3.068	3.003	3.009	3.054	2.681
锦州	3.262	3.364	3.150	3.282	3.207	3.018	3.478	3.511	3.335	3.518
营口	2.552	2.017	1.966	2.119	2.370	2.668	3.656	3.850	4.002	4.095
阜新	1.956	2.014	1.972	2.086	2.033	1.988	2.074	1.821	2.049	2.019

地市	2011 年	2012 年	2013 年	2014 年	2015 年	2016 年	2017 年	2018 年	2019 年	2020 年
辽阳	2.116	2.227	2.275	2.757	2.788	2.822	3.092	3.264	3.221	3.319
铁岭	2.541	2.220	2.171	2.199	2.170	2.431	2.532	3.076	2.945	3.102
朝阳	1.790	2.144	2.058	2.078	2.129	2.116	2.078	2.136	2.342	2.380
盘锦	2.197	2.330	2.361	2.407	2.399	2.396	2.263	2.328	2.459	2.408
葫芦岛	1.905	2.380	2.286	2.828	2.754	3.517	3.565	4.371	3.386	3.737

3. 辽宁省各地市生态能力指标得分分析

辽宁省各地市生态能力指标得分如表 6-6 所示，相较经济能力和安全能力指标，辽宁省内各地市生态能力指标得分相互之间比较接近，差距较小。生态能力得分比较高的城市有沈阳市、大连市和朝阳市，这三个城市的生态能力得分基本保持在前三名的水平。但大连市生态能力指标得分波动幅度更大，得分也呈现出较大幅度的下降趋势。除大连市以外，其他城市生态能力指标得分基本保持着不同程度的增长态势。

表 6-6　　　　　辽宁省各地市生态能力指标得分

地市	2011 年	2012 年	2013 年	2014 年	2015 年	2016 年	2017 年	2018 年	2019 年	2020 年
沈阳	2.059	2.412	2.684	2.839	2.772	2.984	3.008	3.150	3.343	3.421
大连	2.656	3.108	3.629	2.470	3.260	3.241	2.871	2.588	2.678	2.661
鞍山	1.262	1.596	1.699	1.507	1.531	1.602	1.573	1.713	1.908	1.967
抚顺	1.257	1.521	1.792	1.736	1.607	1.555	1.615	1.679	1.841	1.876
本溪	1.372	1.511	1.650	1.639	1.626	1.524	1.545	1.601	1.628	1.624
丹东	1.588	1.541	1.881	1.875	1.571	1.653	1.632	1.770	1.944	2.085
锦州	1.537	2.004	2.018	2.447	2.136	2.357	2.454	2.462	2.833	2.552
营口	1.218	1.306	1.475	1.381	1.444	1.080	1.399	1.429	1.635	1.799
阜新	1.299	1.351	1.683	1.972	1.843	2.143	2.140	1.993	2.114	2.371
辽阳	1.081	1.329	1.497	1.545	1.591	1.571	1.572	1.623	1.765	1.868
铁岭	1.588	2.026	2.206	2.257	2.047	2.461	2.515	2.444	2.641	2.696

续表

地市	2011 年	2012 年	2013 年	2014 年	2015 年	2016 年	2017 年	2018 年	2019 年	2020 年
朝阳	1.672	2.236	2.690	2.458	2.522	2.738	2.610	2.941	3.156	3.253
盘锦	1.108	1.446	1.505	1.519	1.445	1.492	1.489	1.674	1.730	1.852
葫芦岛	1.251	1.938	1.746	1.901	1.736	2.111	2.060	2.051	2.226	2.195

4. 辽宁省各地市公共服务能力指标得分分析

辽宁省各地市公共服务能力指标得分如表 6-7 所示。2011~2020年，辽宁省内各地市中，沈阳市和大连市安全能力指标得分始终排在第一、二名，其中沈阳市得分在 2011~2019 年始终保持较为稳定的增长，随后在 2020 年出现下降，而大连市则除 2017 年和 2020 年得分出现小幅下降外，其余年份得分也保持增长。除沈阳市和大连市外，本溪市和锦州市得分在大多数年份中保持在第三和第四名，其他城市得分较为接近，且基本保持小幅增长。

表 6-7　　　　辽宁省各地市公共服务能力指标得分

地市	2011 年	2012 年	2013 年	2014 年	2015 年	2016 年	2017 年	2018 年	2019 年	2020 年
沈阳	12.552	13.496	14.102	14.437	14.617	15.494	15.988	16.294	17.001	16.186
大连	10.077	10.568	10.983	11.333	11.577	11.803	11.661	12.372	12.628	11.587
鞍山	2.977	3.202	3.258	3.302	3.452	3.561	3.524	3.424	3.630	3.700
抚顺	3.451	3.721	3.346	3.336	3.520	4.344	4.247	3.667	3.663	3.762
本溪	2.770	2.943	3.059	5.313	5.009	5.293	5.447	5.403	5.624	6.030
丹东	2.533	2.781	2.961	3.068	3.151	3.121	2.939	3.002	3.077	3.276
锦州	4.470	3.869	3.827	4.814	4.876	5.020	4.429	4.577	4.584	4.935
营口	2.094	2.712	2.793	2.737	2.824	3.136	3.096	3.397	3.436	3.445
阜新	1.699	1.913	1.779	1.880	1.986	2.070	2.170	2.260	2.263	2.477
辽阳	3.060	3.246	2.559	2.779	2.557	2.622	2.719	2.779	2.891	3.150
铁岭	2.754	2.639	2.797	2.682	2.863	2.965	2.845	2.942	3.050	3.154
朝阳	1.996	2.157	2.029	2.643	2.759	2.864	3.107	3.159	3.146	3.413
盘锦	1.351	1.607	1.809	1.882	1.933	2.046	1.857	2.056	2.119	2.329
葫芦岛	1.613	1.732	2.322	1.987	1.468	1.921	1.842	2.062	2.137	2.328

（二）吉林省各地市一级指标得分分析

1. 吉林省各地市经济能力指标得分分析

吉林省各地市经济能力指标得分如表6-8所示。2011~2020年，长春市经济能力指标得分遥遥领先于其他地市，除2015年和2019年外，得分均保持增长，2018年得分涨幅巨大（约为2017年得分的4.4倍），其他城市也大多都在2018年出现得分的异常增长。在2018年以前，各地市得分差距不大，此后吉林市得分保持在第二名的水平，通化市次之。

表6-8   吉林省各地市经济能力指标得分

地市	2011年	2012年	2013年	2014年	2015年	2016年	2017年	2018年	2019年	2020年
长春	4.792	5.213	5.401	5.389	3.997	4.025	4.109	22.056	20.686	21.305
吉林	1.537	1.501	1.431	1.429	1.325	1.175	1.023	2.392	2.121	1.885
四平	1.187	1.254	1.225	1.230	1.138	0.903	1.313	0.780	0.600	0.554
辽源	1.479	1.536	1.590	1.487	1.465	1.457	1.456	1.441	1.042	1.045
通化	1.535	1.464	1.524	1.450	1.386	1.148	0.854	1.605	1.301	1.080
白山	1.640	1.606	1.493	1.509	1.455	1.405	1.262	1.409	1.071	0.779
白城	1.354	1.289	1.151	1.152	1.106	1.015	0.943	0.818	0.607	0.723
松原	1.272	1.250	1.246	1.173	1.156	1.093	0.363	1.004	0.617	0.628

2. 吉林省各地市安全能力指标得分分析

吉林省各地市安全能力指标得分如表6-9所示。2011~2020年，长春市和吉林市安全能力指标得分排名始终保持在第一和第二位，其他地市指标得分较低且差距不大，辽源市得分则始终保持在最后一名。长春市和吉林市得分变化轨迹比较相似，得分均在2015年以前有增有减，随后得分则保持持续增加。其他地市得分变化则较为平缓。

表 6 - 9　　　　　　　　　　吉林省各地市安全能力指标得分

地市	2011 年	2012 年	2013 年	2014 年	2015 年	2016 年	2017 年	2018 年	2019 年	2020 年
长春	12. 134	12. 358	11. 050	13. 386	11. 676	12. 912	13. 743	14. 199	15. 924	16. 942
吉林	5. 069	6. 563	6. 602	7. 727	6. 407	6. 914	8. 548	9. 495	10. 091	10. 541
四平	1. 977	2. 327	2. 155	2. 605	1. 427	1. 429	1. 593	2. 379	1. 961	1. 827
辽源	0. 859	0. 953	0. 885	0. 973	0. 802	0. 653	0. 808	0. 958	1. 057	1. 052
通化	1. 772	1. 814	1. 752	2. 148	1. 833	1. 779	1. 978	2. 086	2. 101	2. 192
白山	1. 112	1. 335	1. 202	1. 398	0. 924	0. 878	0. 936	1. 369	1. 443	1. 519
白城	1. 658	2. 022	1. 912	2. 031	1. 520	1. 625	1. 827	2. 021	1. 978	2. 106
松原	1. 304	1. 487	1. 371	1. 503	1. 420	1. 445	1. 455	1. 514	1. 492	1. 499

3. 吉林省各地市生态能力指标得分分析

吉林省各地市生态能力指标得分如表 6 - 10 所示。2011 ~ 2014 年，吉林省各地市生态能力指标得分变化较为平缓，大多数维持在一个较低的水平。2014 年以后，以长春市为代表的部分城市得分开始增长，这种增长幅度在 2016 年以后更加显著。长春市生态能力指标得分排名始终保持在首位，白城市得分则自 2013 年开始保持在较高水平（2013 ~ 2019 年得分排名第二，2020 年排名被松原市反超）。

表 6 - 10　　　　　　　　　　吉林省各地市生态能力指标得分

地市	2011 年	2012 年	2013 年	2014 年	2015 年	2016 年	2017 年	2018 年	2019 年	2020 年
长春	2. 154	2. 095	2. 140	2. 261	2. 646	3. 039	4. 688	4. 579	4. 231	5. 052
吉林	1. 785	1. 845	1. 875	1. 797	1. 897	1. 962	2. 727	2. 849	3. 030	3. 018
四平	1. 363	1. 224	1. 271	1. 708	1. 551	1. 616	2. 890	3. 090	3. 369	3. 630
辽源	1. 110	1. 171	1. 337	1. 305	1. 355	1. 300	1. 702	1. 611	1. 663	1. 749
通化	1. 625	1. 563	1. 716	1. 449	1. 817	1. 912	2. 082	2. 137	2. 064	2. 179
白山	1. 172	1. 014	1. 045	0. 856	1. 200	1. 506	1. 373	1. 525	1. 693	1. 372
白城	1. 260	1. 634	1. 913	2. 097	2. 536	2. 618	3. 573	3. 421	3. 780	3. 851
松原	1. 401	1. 475	1. 565	1. 768	1. 926	2. 376	3. 217	3. 333	3. 623	3. 953

4. 吉林省各地市公共服务能力指标得分分析

吉林省各地市公共服务能力指标得分如表 6 – 11 所示。2011～2020年，长春市和吉林市公共服务能力指标得分始终排在第一、第二名，且始终保持增长，但长春市和吉林市得分之间仍存在较大差距，前者得分约为后者得分的 2 倍。得分排在第三名的是四平市，其他城市得分之间差距不大，且得分变化趋势相似。

表 6 – 11   吉林省各地市公共服务能力指标得分

地市	2011 年	2012 年	2013 年	2014 年	2015 年	2016 年	2017 年	2018 年	2019 年	2020 年
长春	9.799	10.628	10.748	11.033	10.937	11.295	11.334	12.245	12.642	13.721
吉林	4.595	4.856	4.884	5.173	5.411	5.770	5.811	6.167	6.323	6.745
四平	2.559	2.756	2.811	2.846	2.961	3.173	2.969	3.293	3.333	3.566
辽源	1.163	1.354	1.961	1.398	1.493	1.574	1.456	1.569	1.631	1.870
通化	1.807	2.053	2.097	2.062	2.356	2.433	2.326	2.316	2.361	2.954
白山	1.618	1.914	1.911	1.932	2.097	2.251	2.199	2.331	2.385	2.920
白城	1.129	1.364	1.410	1.494	1.589	1.665	1.614	1.781	1.917	2.245
松原	2.007	2.230	2.235	2.397	2.489	2.601	2.534	2.738	2.827	3.297

（三）黑龙江省各地市一级指标得分分析

1. 黑龙江省各地市经济能力指标得分分析

黑龙江省各地市经济能力指标得分如表 6 – 12 所示。2017 年以前，黑龙江省各地市经济能力指标得分差距不大，但牡丹江市在 2011～2013 年有着较高的得分。2017 年以后哈尔滨市、牡丹江市和大庆市得分均出现大幅增加。大庆市得分在 2017 年以后始终排在第一名，牡丹江市和哈尔滨市位列第二、第三名，但与大庆市得分差距较大。其他地市得分则始终保持在较低水平。

表 6 – 12　　　　　黑龙江省各地市经济能力指标得分

地市	2011 年	2012 年	2013 年	2014 年	2015 年	2016 年	2017 年	2018 年	2019 年	2020 年
哈尔滨	1.985	1.844	1.855	1.923	1.745	1.555	1.405	4.698	5.425	5.549
齐齐哈尔	1.336	1.111	1.049	0.977	0.882	0.814	0.743	1.162	1.383	1.559
牡丹江	3.207	3.589	3.308	1.552	0.894	0.833	1.564	8.020	7.282	5.696
佳木斯	1.971	1.841	1.519	1.105	0.915	0.792	1.419	1.636	1.782	1.911
鸡西	1.486	1.411	1.246	0.620	0.584	0.551	0.711	0.844	0.956	1.009
鹤岗	2.083	2.032	1.926	1.846	1.532	1.338	1.503	1.439	1.633	1.534
双鸭山	1.327	1.143	1.077	0.627	0.508	0.486	0.666	0.742	0.766	0.618
七台河	0.807	0.745	0.757	0.580	0.554	0.541	0.640	0.490	0.292	0.309
黑河	2.467	2.196	1.684	1.310	1.040	0.959	1.135	1.852	1.753	1.850
伊春	1.152	1.212	1.243	0.981	0.895	0.894	0.887	0.895	0.588	0.597
大庆	0.924	1.062	1.111	1.229	1.669	1.493	2.377	19.686	20.813	15.140
绥化	0.736	0.757	0.782	0.734	0.694	0.676	0.693	1.345	1.073	0.944

2. 黑龙江省各地市安全能力指标得分分析

黑龙江省各地市安全能力指标得分如表 6 – 13 所示。2011～2020 年，哈尔滨市安全能力指标得分始终领先于其他地市，得分在连续增长 9 年之后，于 2020 年出现下降。得分排在第二、第三名的是齐齐哈尔市和鹤岗市，且近年来得分相比早年有一定的下降。其他城市得分则较为接近。

表 6 – 13　　　　　黑龙江省各地市安全能力指标得分

地市	2011 年	2012 年	2013 年	2014 年	2015 年	2016 年	2017 年	2018 年	2019 年	2020 年
哈尔滨	11.754	11.711	11.794	14.150	14.107	14.697	15.507	16.129	16.426	14.136
齐齐哈尔	4.181	4.964	4.473	5.076	5.220	5.363	3.944	3.981	3.992	4.222
牡丹江	1.667	1.492	1.453	1.614	1.252	1.355	1.491	1.523	1.641	1.502
佳木斯	1.191	1.420	2.320	1.970	1.567	0.862	1.108	1.396	1.210	1.155
鸡西	1.253	1.336	1.281	1.373	1.072	1.171	1.153	1.255	1.306	1.279

地市	2011 年	2012 年	2013 年	2014 年	2015 年	2016 年	2017 年	2018 年	2019 年	2020 年
鹤岗	2.866	3.237	3.909	3.651	4.865	2.736	2.992	3.129	3.322	3.501
双鸭山	0.919	1.004	0.975	1.064	1.022	1.174	1.211	1.207	1.264	1.399
七台河	0.996	1.546	1.807	1.379	1.056	0.991	1.140	1.792	1.778	1.699
黑河	0.640	0.983	0.914	1.071	0.994	0.404	0.522	0.576	0.630	0.646
伊春	1.680	1.725	1.613	1.759	1.611	1.543	1.400	1.433	1.396	1.391
大庆	1.515	1.577	1.556	1.692	1.420	1.285	1.326	1.664	1.473	1.605
绥化	1.792	1.841	1.665	1.871	1.063	1.476	1.408	1.243	1.177	1.298

3. 黑龙江省各地市生态能力指标得分分析

黑龙江省各地市生态能力指标得分如表 6 – 14 所示。2011 ~ 2020 年，黑龙江省各地市生态能力指标得分变化情况十分复杂，且得分波动十分频繁，但各地市得分差距不大。各地市生态能力指标得分最高的是黑河市 2020 年的得分（约为 1.30），得分最低的是牡丹江市 2013 年的得分（约为 0.67）。总体上，各地市近年来得分呈增加趋势。

表 6 – 14　　　　　黑龙江省各地市生态能力指标得分

地市	2011 年	2012 年	2013 年	2014 年	2015 年	2016 年	2017 年	2018 年	2019 年	2020 年
哈尔滨	0.942	1.070	1.053	1.031	1.062	1.059	1.037	1.037	1.042	1.097
齐齐哈尔	0.675	0.846	0.859	0.929	0.825	0.916	0.897	0.902	0.998	1.115
牡丹江	0.944	0.960	0.674	0.676	0.938	0.933	0.960	0.960	1.048	1.141
佳木斯	0.920	1.114	0.823	0.970	0.973	0.945	1.098	1.100	1.114	1.186
鸡西	0.788	1.002	0.964	0.925	0.993	0.965	0.980	0.992	1.257	1.026
鹤岗	0.679	0.934	0.948	1.034	1.082	1.168	1.145	1.154	1.147	1.275
双鸭山	0.809	0.888	0.910	0.788	0.949	0.815	0.920	0.864	1.063	1.159
七台河	0.943	1.151	1.130	0.984	0.892	1.168	1.177	1.194	1.195	1.221
黑河	0.816	1.051	1.056	1.036	1.237	1.239	1.169	1.178	1.181	1.299

地市	2011 年	2012 年	2013 年	2014 年	2015 年	2016 年	2017 年	2018 年	2019 年	2020 年
伊春	1. 107	1. 113	1. 110	1. 086	0. 701	0. 813	0. 923	0. 954	0. 897	1. 024
大庆	0. 825	0. 996	1. 017	1. 027	1. 245	0. 863	0. 843	1. 186	1. 191	1. 255
绥化	1. 165	1. 113	0. 985	1. 088	1. 088	0. 909	1. 051	1. 051	1. 051	1. 008

4. 黑龙江省各地市公共服务能力指标得分分析

黑龙江省各地市公共服务能力指标得分如表 6 - 15 所示。2011 ~ 2020 年，哈尔滨市公共服务能力指标得分明显高于其他城市得分，但其增长较为缓慢，且得分在 2020 年出现下降。齐齐哈尔市在大多数年份具有一个较高的得分水平，且得分呈一定的增长趋势。鸡西市得分在 2015 年和 2019 年均出现异常的增长，且在这种增长之后，立即又回到排名倒数的得分水平。其他城市在近年来得分差距逐渐减小。

表 6 – 15　　　　黑龙江省各地市公共服务能力指标得分

地市	2011 年	2012 年	2013 年	2014 年	2015 年	2016 年	2017 年	2018 年	2019 年	2020 年
哈尔滨	11. 168	11. 340	12. 593	12. 754	14. 121	14. 102	13. 840	15. 075	15. 598	15. 112
齐齐哈尔	3. 172	4. 797	3. 962	4. 151	4. 550	4. 533	4. 646	4. 776	5. 075	5. 786
牡丹江	1. 736	1. 726	1. 716	1. 807	2. 001	2. 437	2. 400	2. 466	2. 656	2. 763
佳木斯	4. 530	4. 363	4. 705	2. 179	1. 993	2. 096	2. 446	2. 582	2. 700	2. 805
鸡西	1. 458	1. 261	1. 435	1. 840	7. 800	2. 019	2. 089	1. 946	5. 414	2. 253
鹤岗	3. 273	3. 882	3. 858	3. 971	4. 062	4. 196	3. 547	3. 663	3. 765	3. 697
双鸭山	1. 582	1. 750	1. 765	1. 853	2. 848	2. 920	2. 157	1. 798	2. 204	3. 025
七台河	2. 840	1. 913	1. 959	2. 130	2. 656	2. 728	2. 989	3. 030	3. 063	3. 238
黑河	2. 103	2. 191	2. 107	2. 205	2. 334	1. 649	1. 801	1. 897	1. 968	2. 206
伊春	2. 000	3. 334	3. 429	3. 582	3. 714	3. 882	3. 690	3. 718	3. 741	4. 050
大庆	2. 070	2. 161	2. 306	4. 129	4. 273	2. 553	2. 532	2. 629	2. 644	2. 866
绥化	2. 132	2. 419	2. 455	2. 343	2. 256	2. 569	3. 234	3. 323	3. 533	3. 836

（四）辽宁省各地市总得分分析

辽宁省各地市总得分如表 6-16 所示。2011～2020 年沈阳市和大连市总得分与其他地市之间存在明显差距，且除 2016 年外，大连市总得分均领先于沈阳市总得分。沈阳市和大连市得分在 2016 年之前差距较小，随后得分拉开了一定的差距，两市得分均在 2018 年出现较大涨幅，但随后两年得分有所下降。得分排在第三名的是抚顺市，其得分变化呈倒"U"型变化，峰值出现于 2016 年。其他城市得分较低，尤其是盘锦市和阜新市，得分排名基本稳定在最后两名。

表 6-16　　　　　　　　　辽宁省各地市总得分

地市	2011 年	2012 年	2013 年	2014 年	2015 年	2016 年	2017 年	2018 年	2019 年	2020 年
沈阳	30.946	38.323	39.300	41.086	40.742	42.876	40.938	53.895	46.454	49.081
大连	41.231	43.215	45.518	44.225	42.938	42.586	47.326	60.663	58.867	53.249
鞍山	11.518	12.128	12.183	12.194	12.113	11.456	12.503	12.683	12.817	12.897
抚顺	11.585	12.097	12.380	13.352	14.424	15.810	15.752	15.172	14.759	14.635
本溪	9.754	10.139	10.514	12.529	11.604	11.304	12.086	12.120	12.369	12.724
丹东	8.867	9.126	9.770	10.025	9.513	9.300	9.003	8.920	9.093	8.919
锦州	11.060	11.093	10.905	12.513	11.696	11.496	12.092	12.108	12.034	11.969
营口	8.199	8.479	8.882	8.826	9.097	8.805	10.254	11.050	11.549	11.714
阜新	6.143	6.504	6.674	7.079	6.734	6.719	7.306	6.830	7.157	7.514
辽阳	8.057	8.566	8.066	8.695	8.483	8.192	8.867	9.048	9.103	9.482
铁岭	8.723	8.692	9.011	8.724	8.509	8.934	9.098	9.819	10.070	10.352
朝阳	6.961	7.956	8.140	8.337	8.258	8.561	8.657	9.100	9.416	9.782
盘锦	6.166	6.863	7.184	7.009	6.568	6.837	6.655	7.243	7.639	7.827
葫芦岛	6.263	7.515	7.782	8.152	7.218	8.495	8.925	9.777	8.944	9.255

（五）吉林省各地市总得分分析

吉林省各地市总得分如表 6-17 所示。2011～2020 年，长春市总得分具有明显的领先优势，约为得分排在第二名（吉林市）得分的 2～3 倍，且除 2015 年外始终保持增长，但近两年增速有一定下降。吉林市得分变化情况与长春市相似。其他城市得分均保持在较低水平，白山市和辽源市得分排名基本维持在最后两名。

表 6-17　　　　　　　　吉林省各地市总得分

地市	2011 年	2012 年	2013 年	2014 年	2015 年	2016 年	2017 年	2018 年	2019 年	2020 年
长春	28.879	30.293	29.338	32.070	29.256	31.271	33.873	53.079	53.484	57.021
吉林	12.986	14.765	14.792	16.126	15.040	15.822	18.110	20.903	21.565	22.189
四平	7.086	7.562	7.463	8.389	7.077	7.121	8.765	9.542	9.262	9.577
辽源	4.610	5.014	5.774	5.162	5.115	4.985	5.422	5.578	5.394	5.716
通化	6.739	6.894	7.089	7.109	7.391	7.272	7.240	8.144	7.827	8.404
白山	5.541	5.869	5.651	5.695	5.676	6.040	5.770	6.634	6.592	6.589
白城	5.402	6.310	6.386	6.774	6.751	6.923	7.957	8.041	8.282	8.925
松原	5.984	6.441	6.417	6.840	6.991	7.515	7.570	8.590	8.559	9.378

（六）黑龙江省各地市总得分分析

黑龙江省各地市总得分如表 6-18 所示。2011～2019 年，哈尔滨市总得分始终保持增长，2020 年得分出现小幅下降，得分远远领先于其他城市。大庆市 2018 年得分出现异常增长，导致此后 3 年得分排名处于第二的位置，而在此之前，齐齐哈尔市得分排名则稳定处于第二的水平。其他城市得分始终较低，除少数城市外，得分变化趋势均较为稳定。

表 6-18　　　　　　　　黑龙江省各地市总得分

地市	2011 年	2012 年	2013 年	2014 年	2015 年	2016 年	2017 年	2018 年	2019 年	2020 年
哈尔滨	27.952	28.094	29.634	32.115	34.365	35.574	35.536	40.928	42.500	40.060
齐齐哈尔	10.705	13.614	12.161	13.161	14.187	15.070	14.439	14.796	15.813	17.353
牡丹江	7.984	8.349	7.782	6.597	6.060	6.799	7.660	14.013	13.831	12.235

地市	2011 年	2012 年	2013 年	2014 年	2015 年	2016 年	2017 年	2018 年	2019 年	2020 年
佳木斯	9.404	9.720	10.836	7.278	6.723	6.739	8.015	9.209	9.705	10.206
鸡西	5.251	5.390	5.279	5.359	10.960	5.331	5.635	5.742	9.795	6.394
鹤岗	8.962	10.227	10.769	10.715	11.822	9.725	9.470	9.719	10.351	10.539
双鸭山	4.819	5.061	5.023	4.633	5.692	5.972	5.651	5.210	6.101	7.008
七台河	5.585	5.376	5.732	5.126	5.309	5.666	6.202	6.712	6.686	6.730
黑河	6.630	7.158	6.754	6.713	7.109	5.992	7.397	8.297	7.889	8.678
伊春	6.136	7.589	7.641	7.811	7.341	7.722	7.619	7.749	7.424	7.546
大庆	5.910	6.519	6.710	8.816	9.530	7.169	8.426	26.448	27.329	22.127
绥化	7.090	7.898	7.718	8.168	7.598	9.431	10.185	10.799	11.278	11.449

第三节　主要结论

一、东北地方政府整体治理能力现代化分析结论

　　就东北地方政府整体治理能力而言，其安全生态能力和公共服务能力具有明显的且相对稳定的提升态势。生态能力的提升主要源于生活垃圾无害化处理率的提高和农林水利事务支出的增加，而城市建成区绿化覆盖率则需要采取进一步措施实现扩大。公共服务能力中除人均教育支出指标的贡献较小以外，其他四项指标均能提供较为稳定的推动力，因此需要进一步扩大政府的教育支出。安全能力在这10年间也有一定的提升，但波动也最为频繁，能源安全和社会安全的不稳定是安全能力出现这种波动的原因。东北地方政府整体经济能力总体上呈现"先降后升"的趋势，但相比2011年，这种"后升"幅度并不显著，主要原因是东北地区生产总值和第二产业占地区生产总值比重均出现较为快速的下降。

二、东北三省省级治理能力现代化分析结论

从省级层面来看，辽宁省各一级指标得分变化较为稳定，尽管有些年份出现得分下降的情况，但总体上呈现出一定的增长态势，并且以安全能力和公共服务能力为治理能力的主要推动力。吉林省各一级指标得分在早些年得分较为接近，但近几年得分开始出现拉开的趋势，增长态势较为良好的有公共服务能力和生态能力，经济能力和安全能力指标得分则均出现了较长时期的下降。黑龙江省各一级指标得分变化幅度较大也更为频繁，除安全能力以外，其他三项指标得分在这 10 年间均出现了不同幅度的增长，而且近年来，公共服务能力指标得分始终保持较高水平，经济能力和生态能力指标得分比较接近，保持在第二、第三名的位置。

通过对东北三省各一级指标的横向比较发现，辽宁省具有相对的领先地位，尽管近年来经济能力和生态能力指标得分被其他两省赶超，但并没有被大幅度地拉开差距。吉林省和黑龙江省的各项指标之间差距较小，除经济能力指标外，其余三项指标得分吉林省基本位于最后一名。

三、东北各地市治理能力现代化分析结论

从地市级层面来看，省会城市即沈阳市、长春市、哈尔滨市，以及重要城市，如大连市，在大部分一级指标下具有较为明显的领先优势，且与本省其他地市之间具有明显的差距。而省内其他地市之间的得分差距较小，且普遍都处于较低的得分水平（除有些城市在有些年份出现异常的增长情况）。同时，省内城市的得分具有相似的变化轨迹，即会出现同时增长或同时下降的情况。

就东北三省主要城市而言，沈阳市、大连市和长春市总得分差距不大，哈尔滨市总得分与以上三个城市之间存在一定差距（总得分之

差大于 10)。就这 4 个城市总得分的增长情况来看,基本都从 2017 年开始,总得分的增长幅度较之前几年有了一定的提高,但除长春市以外,沈阳市、大连市和哈尔滨市的总得分在最近两年均出现了下降的情况。

第七章

东北地方政府治理能力影响因素分析

本章研究的是东北地方政府治理能力的影响因素。本章通过构建东北地方政府治理能力影响因素指标体系，对影响东北整体水平、东北各省（辽宁省、吉林省和黑龙江省）以及东北三省下辖各地级市治理能力的因素进行实证分析，进而得出相关结论。

第一节　东北地方政府治理能力影响因素指标体系

国家治理体系和治理能力是一个有机整体，相辅相成，国家治理能力的大小、高低和强弱受多种因素的影响。马克思认为，国家的本质在极大程度上，决定了国家治理的本质。国家治理体系，是国家建立的一系列制度，涉及国家方方面面的内容。治理能力现代化则是国家根据历史经验和其他国家的经验教训，运用规章制度来对社会方方面面进行的管理和要求。国家治理的效果是否显著，取决于制度是否科学化、系统化、现代化。因此，要将制度上的优势，最大限度地转换到治国理政的道路上。

早期的政治学者，如蒂利、曼、列维等提出军事威胁和经济因素是影响国家治理能力的主要原因。但后来的学者普遍批判这种观点，他们认为蒂利等的观点过于狭隘和偏失，并提出应采用结构性因素来解释国家能力。① 维斯等（Linda Weiss et al.，1995）提出，国家和社会之间的协调和合作是国家能力的关键所在;② 李伯曼（Evan Lieberman，2003）则发现社会结构对国家的税收能力有着决定性作用。③ 国内学者则比较关注国家治理体系对国家治理能力的影响和作用。国家治理能力现代化是一个大的有机治理系统，这个有机治理系统要求不同治理主体之间、不同治理层级之间、不同治理领域之间建立起有机的衔接和整体化的和谐关系。在国家治理能力现代化过程中，要求多元治理主体应该具备大局意识和联系观念，必须在商议、讨论、构建共识性基本原则和做战略性及全局性治理规划时，从总体上考虑各方面、各层次、各领域之间的关系及其影响，努力做到各方面、各层次、各领域之间的科学分布和有效衔接，通过系统化的治理构建达到整体化治理效果。古洪能（2020）认为，国家治理能力取决于国家治理体系的设计和构建，即分工、协调和控制机制的设计和安排状况;④ 徐邦友（2020）同样指出，一套完备良好的国家治理体系是提高国家治理能力的关键⑤，金太军和鹿斌（2022）⑥对此有着较为详细的阐述："国家治理体系对国家治理能力具有重要影响，推进国家治理现代化，实际上就是实现成熟的制度与先进的治理能力均衡适配，促进制度成长与能力增进同频共振，最终将制度优势转化为治理效能。不过，在国家治理体系改革发展中，国家治理能力并非总是与之相匹配，落后的治理体系可能制约治理能力发

① 金太军、鹿斌：《论国家治理能力及其现代化》，载《西华师范大学学报（哲学社会科学版）》2022 年第 5 期。

② Weiss Linda，Hobson John：《States and Economic Development：A Comparative Historical Analysis》Cambridge，MA：Polity Press，1995：89.

③ Lieberman Evan：《Race and Regionalism in the Politics of Taxation in Brazil and South Africa》，Cambridge Studies in Comparative Politics，New York：Cambridge University Press，2003：297–298.

④ 古洪能：《论基于国家治理体系的国家治理能力观》，载《理论与改革》2020 年第 5 期。

⑤ 徐邦友：《推进国家治理体系和治理能力现代化的中国方案》，载《治理研究》2020 年第 5 期。

⑥ 金太军、鹿斌：《论国家治理能力及其现代化》，载《西华师范大学学报（哲学社会科学版）》2022 年第 5 期。

展，而治理能力也可能滞后于治理体系变革，这就容易产生国家治理体系变迁与国家治理能力选择间的矛盾，进而陷入国家治理失灵的窘境。一个国家在某一时期想要实现的国家治理体系与国家治理能力的匹配，既不是人为预设的，也不是一蹴而就的，事实上受到体系中的多种制度因素的共同影响，并且会经历长期而艰难的制度试错与更新的过程。"

　　改革开放所取得的成绩是不容否定的，但随之出现的问题也不容忽视。收入差距拉大、发展不平衡、腐败、阶层固化问题日趋凸显，这些问题的存在显示了我国治理体系中缺乏一种民主责任机制，严重影响了治理能力。一般而言，政府承担着人民的重托治理国家，运用政府职权来汲取和监管社会资源并进行权威性的分配，如果国家治理体系中缺乏一种民主责任制的制度安排，国家管理者群体就有可能会利用手中权力搞寻租，成为一个特权阶层；某些人就有可能公权私用，利用公权发财致富，这就形成一个怪圈，任何社会治理主体都渴望被行政化，甚至为行政化制造平台，这些行为的结果就是为腐败提供了滋生的土壤，所有这些现象的存在，都说明我国国家治理体系有待于改进和完善。目前，我国各个社会群体和阶层的，现代公民意识都有所提高，也有不同程度的参与国家的政治生活愿望。然而，现有的国家治理体制在接纳公民政治参与方面的制度容量还显得不足，政治透明程度较低。

　　这实际也反映出另一个我们不能忽视的问题，那就是我国社会暴露出的严重的社会问题致使阶层分化加剧，这种阶层分化对国家以及地方政府治理能力的影响也是比较大的。孙立平把这种急剧分化的社会结构称为断裂，所谓断裂主要表现在[①]：（1）阶层之间的断裂。由于社会各阶层之间占有的社会资源的差异，贫富分化现象日益严重，使人们的不公平感日益强烈，社会矛盾必然发生。（2）城乡之间的断裂。因城乡二元结构的存在，我国农村居民在教育、医疗、就业、住房、养老、社会保障等方面仍未享有与城市居民同等的待遇。此外，国家在基础设施

---

　　① 孙立平：《断裂：世纪年代以来的中国社会》，社会科学文献出版社 2003 年版；王绍光：《安邦之道：国家转型的目标与途径》，三联书店 2007 年版，第 1 页。

建设的投入相对更倾向于城市，致使农村基础设施建设远远落后于城市，城乡之间依然有较大差距。（3）地区之间的断裂。由于中国东西部区位优势差别大，改革开放伊始，中国选择了优先发展东部的战略，虽然后来国家实施了诸如西部大开发战略、中部崛起战略，但实践起来困难重重，东西部差距仍较大。因而，进一步落实国家发展战略的任务可谓是任重而道远。以上三个层面基本反映了我国社会状况的整体态势，但这三种断裂情况不是孤立的，而是互相渗透、交织在一起的，这无疑增加了地方政府治理社会的难度。①

　　推进国家治理能力现代化是推进经济、政治、文化、社会和生态文明"五位一体"的现代化，更是全方位、全方面的现代化，因此它是一项任重道远的伟大任务。政府作为管理社会公共事务的重要主体，同时也是推进国家治理现代化的重要主体，其作用是至关重要的，无可替代的。正确处理好政府、社会与市场的关系，以及政府对其职能定位的明晰是推进国家治理能力现代化的关键。全面深化改革的过程中，最重要的部分莫过于经济体制改革。党的十八大特别是十八届三中全会以来，党和国家各级部门积极围绕着我国国家治理现代化的总目标和总部署，加大力度推行各项经济体制改革，且在重点领域和关键性环节已经取得了重大突破和成就，我国市场经济体制得以不断完善，这在一定程度上促进了我国经济社会的和谐以及健康发展。主要实施了系统推进国企和国资改革、深化财税体制改革、稳步推进金融体制改革、加快新型城镇化和农业农村改革、构建开放型经济新体制、建立健全创新驱动发展体制机制等一系列经济改革措施。在一系列经济体制改革的持续推进下，取得一系列良好成果，经济发展水平、经济总量跃居世界前列，人民的幸福感、获得感显著提高，为中国梦的实现打造坚实的物质保障。简而言之，经济发展为地方政府治理能力现代化的实现提供物质基础。

　　改革开放以来，我国在构建政府—市场—社会三者关系方面进行了

---

① 张兴华：《当代中国国家治理》，华东师范大学博士学位论文，2014 年。

大量探索实践，从全能型的国家统治到经济建设型的国家管理再到服务型的国家治理，成绩非常显著。随着改革的深入发展，社会事务日益复杂，多元治理主体日益增加，利益诉求日益多元，原先的国家治理模式越来越不适应经济社会发展的要求，因此，重新构建政府—市场—社会的关系成为推动国家治理现代化的必然选择，推进地方政府治理能力现代化也是基于以上背景而得出的。而对于地方政府治理能力现代化的影响因素，我们既要考虑到政府作为治理主体之一所存在的治理共性问题，也要考虑到不同地方政府所具有的个性问题。

汉密尔顿在《联邦党人文集》中曾深刻地指出："一个只得到一半供给、经常贫穷的政府怎么能实现其制度的目的，怎么能提供安全保障，增进繁荣或维持国家的名声？这样的政府怎么能够拥有能力或保持稳定，享有尊严或信用，得到国内信任或国外尊敬呢？它的管理除了连续不断地采用姑息的、无能的而且可耻的权宜办法外，还能有别的办法吗？它怎么能不会为了一时需要而经常牺牲自己的事业呢？"[①] 地方政府治理能力能够妥善解决社会发展需求，就基本实现了其现代化，一旦地方政府治理能力难以适应社会需求，就会导致权力的疲软，如同多米诺骨牌一样，权力的疲软直接影响到社会的有序发展与进步，因而，地方政府治理能力是要与社会发展需求相适应的。但地方政府治理能力与社会发展需求的平衡并不能够充分实现所谓的"供求平衡"，地方政府治理能力的结构同社会发展需求的结构同样需要同步适应。摒弃过时失效的政府治理能力结构，构筑并完善时代需求的政府治理能力结构，这不仅依赖于信息技术变革与科技推动，还有赖于政府自身的不断优化，这既是时代诉求，也是客观发展规律。

恩格斯曾经指出："国家权力对于经济发展的能动作用可能有三种：它可以沿着同一方向起作用，在这种情况下发展得就比较快；它可以沿着相反方向起作用或者它可以阻碍经济发展沿着某些方向走，而推动它沿着另一种方向走。在第二和第三种情况下，政治权力给经济发展造成

---

① 亚历山大·汉密尔顿：《联邦党人文集》，程逢如译，商务印书馆1980年版，第148页。

巨大的损害，并能引起大量的人力和物力的浪费。"① 与此同理，任何
与政府治理能力相关联的领域，关注的焦点不仅在于政府治理能力的作
用，更需要聚焦政府治理的方向。如果地方政府治理能力的运行轨迹同
社会发展相一致，那么政府治理与社会发展形成的合力所产生的积极作
用只会更大；若是政府治理与社会发展未能形成一致的方向，那么政府
拥有越是强劲的治理水平，就越是会阻碍社会发展与进步，这就需要我
们更加注重广大人民是否真正参与了国家治理，我们必须正视广大群众
在社会参与的过程中存在着积极性不高、参与渠道不畅通以及创新思维
缺乏等一系列问题，因为这些问题严重制约了社会参与的质量和水平，
从而严重影响了政府治理能力。改革开放以来，人们的思想意识得到了
大幅度的解放，大多数人逐渐重视自身权利实现，开始在更多公共事务
中扮演角色，并且期望通过力量的汇聚使社会得以进步发展。尤其是网
络时代的到来，极大地加快了信息的交流和传播速度，这让广大群众参
与社会生活有了更便捷的手段。但是，仍有部分人的参与意愿不强烈，
受到传统思维的束缚，没有社会参与的习惯与思维，也没能看到新时代
群众参与社会事务的可行性与重要性，比如在行使选举权时满不在意，
认为自己的一票无关大局；在政府听取社会成员意见时，不愿表达真实
想法。在最能满足社会成员参与意识的环节置身事外，就难以展现个人
价值，从而实现社会治理的和谐与进步。

　　绿色发展、可持续发展是当今世界的主题。中共十八大明确提出努
力建设美丽中国，"绿水青山就是金山银山"的理念也逐渐深入人心。
绿色发展理念是马克思、恩格斯国家学说生态职能同我国经济发展实际
相结合的新思想，经过党和人民共同的努力，一幅美丽的中国画卷正在
徐徐展开。但是，我们也要看到，在城市化与工业化的大力推动下，土
壤污染、水体污染、空气污染等问题越来越突出，人与自然的平衡关系
被逐渐打破，人类在伤害环境的同时也在毁灭自己，这些问题都在一定
程度上对我国治理能力现代化的推进造成了负面影响。除了自然环境

---

① 《马克思恩格斯选集（第四卷）》，人民出版社 1995 年版，第 701 页。

外，快速的城市化同样也影响了政府治理能力现代化。随着我国经济的不断增长，农村人口逐渐向城市迁移，使我国城市化发展迅速，城市内聚集了大量的人口，但相关配套设施却难以满足快速聚集的大量人口的需求，高密度的人口给城市带来了巨大的环境压力、公共服务压力、基础设施压力等。城市化发展速度快、规模大、资源能源消耗高，从而导致了一系列环境污染和水资源问题，这些问题都对我国治理能力的现代化尤其是地方政府治理能力的现代化提出了巨大挑战。

结合对东北地方政府治理能力现代化指标体系的分析，我们从人口因素、就业因素、基础设施因素、创新因素、土地因素这5个方面选择了2011～2020年的5个指标数据，构建了"东北地方政府治理能力影响因素指标体系"，具体指标见表7-1。相关数据来源于国家统计局、《中国城市统计年鉴》（2012～2021年）、《中国区域经济统计年鉴》（2012～2014年）、EPS数据库。对于缺失值，我们采用填充均值的方法进行了填充。

表7-1   东北地方政府治理能力影响因素指标体系

指标	代理变量	单位	相关关系
人口因素	城镇常住人口数	万人	正向
就业因素	城镇非私营单位从业人员人数	万人	正向
基础设施因素	公路客运量	万人	正向
创新因素	科学技术支出	万元	正向
土地因素	城市土地面积	平方千米	反向

对于表7-1中所列东北地方政府治理能力的5项影响因素，我们认为，除城市土地面积指标外均对东北地方政府治理能力现代化有着正向的影响。其中，城镇常住人口数、城镇非私营单位从业人员人数和公路客运量会对东北地方政府安全能力有着较大的影响，经济能力也会受到一定程度的影响。科学技术支出和城市土地面积分别会对东北地方政府公共服务能力和生态能力产生较大的影响。

对"东北地方政府影响因素"的分析仍然包括 3 个层次：（1）东北地方政府整体治理能力影响因素，即辽宁省、吉林省和黑龙江省所构成的东北地方政府整体治理能力影响因素；（2）省级水平，即辽宁省、吉林省和黑龙江省各省的治理能力影响因素；（3）地市级水平，即辽宁省下辖 14 个地级市（沈阳市、大连市、鞍山市、抚顺市、本溪市、丹东市、锦州市、营口市、阜新市、辽阳市、盘锦市、铁岭市、朝阳市、葫芦岛市），吉林省下辖 8 个地级市（长春市、吉林市、四平市、辽源市、通化市、白山市、松原市、白城市）以及黑龙江省下辖 12 个地级市（哈尔滨市、齐齐哈尔市、鸡西市、鹤岗市、双鸭山市、大庆市、伊春市、佳木斯市、七台河市、牡丹江市、黑河市、绥化市）各市治理能力影响因素。

第二节 实 证 分 析

基于表 7 - 1 所构建的东北地方政府治理能力影响因素指标体系，利用熵值法对相关面板数据分别从省级层面和地市级层面进行求值，得出各项指标得分。

一、数据的处理及方法的选取

由于所选取指标的数据在度量单位上存在差异，因此要对所选取指标的数据进行无量纲化处理，采用 min - max 归一化方法来消除数据的量纲差异，具体计算公式如式（7 - 1）。式中，$x_{i,j}$ 表示第 i 年第 j 个指标的原始数据，我们记 2011 年为 i = 1，…，2020 年为 i = 10。$y_{i,j}$ 表示无量纲化处理后的数据。

$$y_{i,j} = \begin{cases} \dfrac{x_{i,j} - \min\{x_{1,j}, \cdots, x_{n,j}\}}{\max\{x_{1,j}, \cdots, x_{n,j}\} - \min\{x_{1,j}, \cdots, x_{n,j}\}}, & x_{i,j} \text{ 为正向指标时} \\ \dfrac{\max\{x_{1,j}, \cdots, x_{n,j}\} - x_{i,j}}{\max\{x_{1,j}, \cdots, x_{n,j}\} - \min\{x_{1,j}, \cdots, x_{n,j}\}}, & x_{i,j} \text{ 为逆向指标时} \end{cases}$$

（7 - 1）

由于主观赋权分析方法存在较多的主观性干扰，故本文选择用熵值法对城乡融合发展水平进行测度。具体测度步骤如下：

在无量纲化处理之后，计算第 j 项指标的熵值，$e_j = -k \sum\limits_{i=1}^{10} p_{i,j} \ln(p_{i,j})$。

其中，$p_{i,j} = \dfrac{y_{i,j}}{\sum\limits_{i=1}^{10} y_{i,j}}$；$k = \dfrac{1}{\ln(10)} > 0$，满足 $e_j \geqslant 0$。因此，进一步得到信息熵冗余度 $d_j = 1 - e_j$，进而计算各项指标的权重：$w_j = \dfrac{d_j}{\sum\limits_{j=1}^{5} d_j}$。从而得

各项三级指标得分：$s_j = \sum\limits_{i=1}^{10} w_j y_{i,j}$。最后计算各二级指标和一级指标得分。

表 7 - 2 和表 7 - 3 分别给出了省级影响因素指标权重和地市级影响因素指标权重。

表 7 - 2　　　　　　　　省级影响因素指标权重

人口因素	就业因素	基础设施因素	创新因素	土地因素
0.0734	0.2500	0.1252	0.3369	0.2145

表 7 - 3　　　　　　　地市级影响因素指标权重

人口因素	就业因素	基础设施因素	创新因素	土地因素
0.1353	0.2020	0.1820	0.4665	0.0142

二、东北地方政府整体治理能力影响因素分析

考虑到对东方地方政府治理能力影响因素分析的连贯性，我们在利用熵值法对辽宁省、吉林省和黑龙江省各项指标求得分之后，通过对同一年份各项指标得分的加总，得到东北地方政府治理能力影响因素整体得分。

    东北地方政府整体治理能力影响因素得分如图7－1所示（城市土地面积指标得分绘制在副坐标轴上），东北地方政府整体科学技术支出指标得分在2011～2017呈倒"U"型增长，且得分下降幅度有所减缓，随后几年得分开始增加，但得分增长幅度逐渐减小。类似地，城镇非私营单位从业人员人数指标得分在2011～2020年呈倒"U"型增长，而且近年来得分下降速度有所减缓。公路客运量指标得分除2012年和2014年以外，其他年份得分均出现下降，其中2015～2019年得分下降幅度较小，但2020年降幅较大，相比2019年下降约67.1％。城镇常住人口数指标得分在10年中始终保持下降，但前9年下降幅度很小，2019年得分相比2011年得分仅下降0.011，而2020年得分相比2019年得分下降0.084，相比2019年得分下降约为54.7％。得分最高的是城市土地面积指标，除2012年得分大幅增长外，此后该指标得分连续下降8年，但降幅不大。根据各指标得分变化情况，我们可以看出，东北地方政府整体科学技术支出对其治理能力的影响是不稳定的，只在某些年份具有较高的得分水平。类似的，城镇非私营单位从业人员人数指标和公路客运量指标也难以作为推进东北地方政府治理能力现代化的有利因素。城镇常住人口数指标得分尽管相对稳定，但由于其得分较低，也无法作为东北地方政府治理能力现代化的有利因素。

图7－1　东北地方政府整体治理能力影响因素总得分

三、东北三省治理能力影响因素分析

（一）辽宁省治理能力影响因素分析

辽宁省治理能力影响因素得分如图 7 - 2 所示（城市土地面积指标得分绘制在副坐标轴上），辽宁省科学技术支出指标得分在 2011 ~ 2017 年呈倒"U"型增长，且得分下降幅度有所减缓，在 2018 年得分增长之后，得分又连续下降两年。类似地，城镇非私营单位从业人员人数指标得分在 2011 ~ 2020 年呈倒"U"型增长，而且近年来得分下降速度有所减缓。公路客运量指标得分除 2012 年和 2014 年以外，其他年份得分均出现下降，其中 2015 ~ 2019 年得分下降幅度较小，但 2020 年降幅较大，相比 2019 年下降约 59.9%。城镇常住人口数指标得分在 10 年中始终保持下降，但前 9 年下降幅度很小，2019 年得分相比 2011 年得分仅下降 0.0015，而 2020 年得分相比 2019 年得分下降 0.028，相比前一年得分降幅约为 39.1%。城市土地面积指标得分，在 2011 ~ 2016 年呈增加趋势，再经历随后几年的快速下降。对比各项指标得分，科学技术支出指标在大多数年份有着较高的得分，得分紧随其后的是城镇非私营单位从业人员人数指标和城市土地面积指标，公路客运量指标和城市城镇常住人口数指标得分差距较小，尤其是近 6 年两个指标的分差更小。对比辽宁省各影响因素得分，除城市土地面积指标外，其余指标变化情况与东北地方政府整体指标变化情况类似，同样具有类似的结论，即辽宁省科学技术支出对辽宁省治理能力的影响是不稳定的，只在某些年份具有较高的得分水平。类似的，城镇非私营单位从业人员人数指标、公路客运量指标以及城镇常住人口数指标均难以作推进辽宁省治理能力现代化的有利因素。

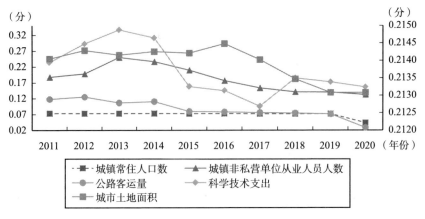

图 7-2　辽宁省治理能力影响因素得分

（二）吉林省治理能力影响因素分析

吉林省治理能力影响因素得分如图 7-3 所示（城市土地面积指标得分绘制在副坐标轴上），吉林省公路客运量指标得分在 2011～2020 年总体呈下降趋势，其中 2012 年和 2020 年得分下降幅度较大，相比前一年降幅约为 7.4% 和 65.8%，但大多数年份中该指标得分仅落后于城市土地面积指标得分。科学技术支出指标在前两年得分增加较快，2013年得分约为 2012 年得分的 2.8 倍，在经历随后两年的小幅下降之后，得分又连续增加两年，于 2017 年达到其得分最高点，该年得分约为 0.055，简而言之，吉林省科学技术支出指标得分总是减少与增加交替出现，且得分减少或增加的持续时间均较短。城镇非私营单位从业人员人数指标得分在增加两年之后，得分连续经历了 7 年的下降，其中 2016～2018 年得分降幅相比前几年得分降幅较大，2020 年得分有所回升，但得分仍然较低。城市土地面积指标在这 10 年内未出现得分增加的情况，其中 2014 年得分降幅最大，相比 2013 年得分下降约 0.23%。城镇常住人口数指标得分变化情况与辽宁省类似，即 2011～2019 年得分缓慢下降，2020 年得分降幅最大。对比各项指标得分，2014 年之前，有些指标之间有着较大的得分差距，但在随后几年，除城市土地面积指标外，其余指标得分之间的差距逐渐减小。相比辽宁省治理能力影响因素指标得分变化情况，吉林省各影响因素指标得分较为接近，且得分变化均比较稳定，所以各项指标得分可作为分析吉林省治理能力现代化的依据。

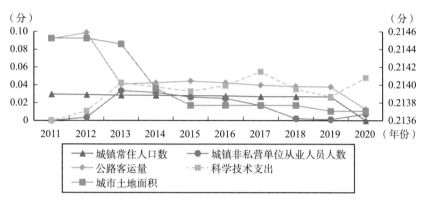

图7-3　吉林省治理能力影响因素得分

（三）黑龙江省治理能力影响因素分析

黑龙江省治理能力影响因素得分如图7-4所示（城市土地面积指标得分绘制在副坐标轴上），黑龙江省城市土地面积指标得分在2011～2020年得分较低，与其余四项指标得分之间存在一定的差距，且除了前5年得分出现一定的增加以外，后几年得分基本持平。城镇非私营单位从业人员人数指标在2019年之前得分始终排名第一，但由于其总的趋势是下降的（尤其是2019年和2020年得分降幅更大），2019年以后，该指标得分被城镇常住人口数指标（该指标得分在10年内始终保持连续下降，这一点与辽宁省和吉林省对应指标的变化趋势相同）和科学技术支出指标超过。科学技术支出指标得分变化大体上呈"U"型变化，得分最低的年份是2016年，自此之后得分便一路增长。公路客运量指标得分除2012年和2014年有小幅增加以外，其余年份保持连续下降，且下降幅度有增加的趋势。根据黑龙江省各治理能力现代化影响因素得分来看，这些指标均难以作为推进黑龙江省治理能力现代化的有利因素。

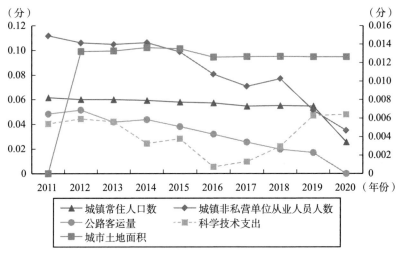

图7-4 黑龙江省治理能力影响因素得分

（四）东北三省各省治理能力影响因素总得分分析

东北三省各省治理能力影响因素总得分如图7-5所示（辽宁省总得分绘制在副坐标轴上），2011~2020年，辽宁省治理能力影响因素总得分具有明显的领先优势，辽宁省得分约为吉林省得分的2~3倍，约为黑龙江省得分的4倍。但辽宁省得分在2013~2017年有过长时期较大幅度的下降，在2018年以后又出现下降。吉林省治理能力影响因素总得分在2011~2017年大体上有小幅度增加，但2017年之后，得分仍然出现一定幅度的下降，但吉林省得分在这10年内的下降幅度是最小的。黑龙江省治理能力影响因素总得分除2012年和2018年外，其余年份均出现了不同幅度的下降，并且2020年得分下降的幅度最大。总体上看，辽宁省、吉林省和黑龙江省各省治理能力影响因素对本省治理能力现代化的推进作用正逐渐减小，并且辽宁省所受到的影响最大，黑龙江省次之。

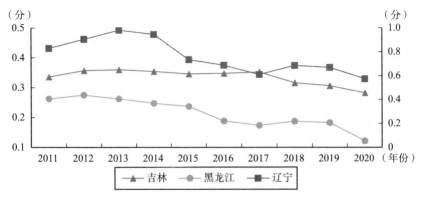

图 7−5　东北三省各省治理能力影响因素总得分

（五）东北三省各省治理能力影响因素横向比较

1. 东北三省治理能力人口因素横向比较

东北三省治理能力人口因素如图 7−6 所示，2011～2020 年，辽宁省、吉林省和黑龙江省三省治理能力人口影响因素指标得分变化轨迹十分相似，即在 2011～2019 年得分虽保持连续下降，但下降幅度很小，2020 年得分年则出现了很大程度的下降。三省之间的得分排名也十分稳定，即辽宁省得分最高，吉林省得分最低，这说明在人口因素上，城镇常住人口对本省治理能力影响最大的是辽宁省，黑龙江省次之，吉林省所受影响最小。

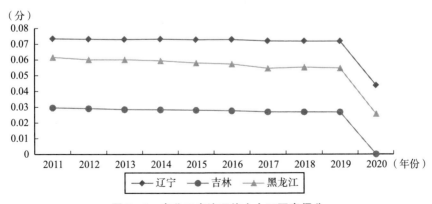

图 7−6　东北三省治理能力人口因素得分

2. 东北三省治理能力就业因素横向比较

东北三省治理能力就业因素如图 7 - 7 所示，辽宁省治理能力就业因素指标得分在 2011 ~ 2013 年呈增加趋势，而在随后的 8 年中，得分保持连续下降，但近两年得分下降幅度有所减缓。黑龙江省就业因素指标得分则是除了 2018 年有了小幅增加外，其余年份得分均保持下降，黑龙江省就业因素指标得分在 2019 年和 2020 年的下降幅度较前几年相比变大了。吉林省就业因素指标得分变化则相对复杂，出现了"先增—再降—又增"的情况。三省之间的得分排名也十分稳定，即辽宁省得分最高，吉林省得分最低，这说明在就业因素上，城镇非私营单位从业人员人数对本省治理能力影响最大的是辽宁省，黑龙江省次之，吉林省所受影响最小。

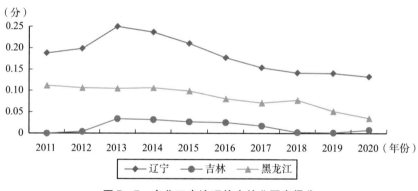

图 7 - 7　东北三省治理能力就业因素得分

3. 东北三省治理能力基础设施因素横向比较

东北三省治理能力基础设施因素如图 7 - 8 所示，辽宁省治理能力基础设施因素指标除 2012 年和 2014 年得分出现一定程度的增加外，其余年份均保持下降。黑龙江省基础设施因素指标得分变化规律与辽宁省相同，只是不同年份的下降幅度大小所有差异。吉林省基础设施因素指标得分在经历 2012 年的小幅增加以后，2013 年得分出现大幅下降，而得分在连续增加两年后，继续下降。三省相同的是，2020 年基础设施因素指标得分降幅都比较大。三省之间的得分排名也基本稳定，辽宁省得分始终最高，除 2013 年和 2014 年外（这两年黑龙江省得分超过吉林省得分），吉林省得分始终保持第二，其余年份黑龙江省得分最低，这说明在基础设施上，公路客运对本省治理能力影响最大的是辽宁省，吉林省治理能力受公路客运的影响在大多数年份中要大于黑龙江省治理能力所受的影响。

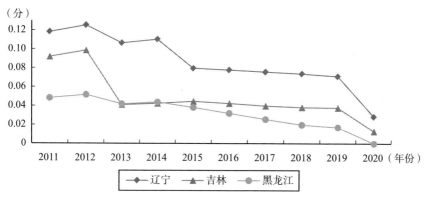

图 7 - 8　东北三省治理能力基础设施因素得分

4. 东北三省治理能力创新因素横向比较

东北三省治理能力创新因素如图 7 - 9 所示（辽宁省得分绘制在副坐标轴上），辽宁省治理能力创新因素指标得分在 2017 年之前呈 "U" 型变化，随后在经历 2018 年的小幅增长之后，得分又连续两年下降。吉林省创新因素指标得分变化存在一个 "两年周期" 的情况，即得分连续增加或下降仅维持两年，两年过后就会转变趋势，但总体上，这 10 年间得分是动态上升的。黑龙江省创新因素指标得分大致呈 "U" 型变化，且 2020 年得分超过了 2011 年得分。对于三省之间的得分排名，辽宁省得分始终保持最高，吉林省和黑龙江省得分则互有领先，这说明在创新因素上，辽宁省治理能力受科学技术支出的影响要远远大于吉林省和黑龙江省。

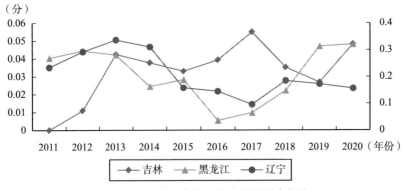

图 7 - 9　东北三省治理能力创新因素得分

5. 东北三省治理能力土地因素横向比较

东北三省治理能力土地因素如图 7 - 10 所示（黑龙江省得分绘制在副坐标轴上），辽宁省治理能力土地因素指标得分大体上呈"先增后降"的趋势，特别是 2016 年以后，得分降幅尤为明显。吉林省治理能力土地因素指标得分虽大体上呈下降趋势，但仅 2014 年降幅较大，其余年份得分均只有小幅下降或者与前一年持平。黑龙江省治理能力土地因素指标得分在 2015 年之前有一定的增加，但在 2016 年得分下降之后，得分基本保持不变。就土地因素得分来看，辽宁省自 2014 年之后得分始终最高（2014 年之前，得分最高的是吉林省），黑龙江省得分则

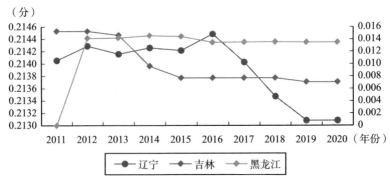

图 7 - 10　东北三省治理能力土地因素得分

在这 10 年中始终保持最低。考虑到城市土地面积是一个反向指标，这说明在大多数年份中，辽宁省治理能力受城市土地面积的负面影响最大，而黑龙江省治理能力所受到的负面影响最小。

四、东北各地市治理能力影响因素分析

（一）辽宁省各地市治理能力影响因素分析

1. 辽宁省各地市治理能力人口因素分析

辽宁省各地市治理能力人口因素指标得分如表 7-4 所示。沈阳市和大连市人口因素指标得分相比辽宁省其他地市具有明显的领先优势，且沈阳市得分要高于大连市，但沈阳市和大连市得分在这十年内变化非常平缓，每年得分仅有小幅的增加。辽宁省其他地市得分在 2019 年之前变化也同样十分平缓，每年得分只有小幅的增加或减少，但与沈阳市和大连市不同的是，这些城市 2020 年的得分均出现了较大幅度的下降，这说明，城镇常住人口对沈阳市和大连市治理能力的影响是较大的，对辽宁省其余城市的影响较小，且这种影响有逐渐减小的倾向，这也进一步说明了，人口正在缓慢地向沈阳市和大连市集中。

表 7-4　　　辽宁省各地市治理能力人口因素指标得分

地市	2011 年	2012 年	2013 年	2014 年	2015 年	2016 年	2017 年	2018 年	2019 年	2020 年
沈阳	0.096	0.096	0.097	0.097	0.097	0.098	0.098	0.099	0.101	0.102
大连	0.077	0.077	0.077	0.077	0.077	0.078	0.078	0.078	0.078	0.080
鞍山	0.042	0.042	0.042	0.042	0.042	0.042	0.041	0.041	0.041	0.027
抚顺	0.023	0.023	0.023	0.023	0.023	0.023	0.022	0.022	0.022	0.013
本溪	0.014	0.014	0.014	0.014	0.013	0.013	0.013	0.013	0.013	0.007
丹东	0.026	0.026	0.026	0.026	0.026	0.026	0.026	0.025	0.025	0.013
锦州	0.036	0.036	0.036	0.036	0.035	0.035	0.034	0.034	0.034	0.015

地市	2011 年	2012 年	2013 年	2014 年	2015 年	2016 年	2017 年	2018 年	2019 年	2020 年
营口	0.026	0.026	0.025	0.025	0.025	0.025	0.025	0.025	0.025	0.014
阜新	0.019	0.019	0.019	0.019	0.019	0.019	0.018	0.018	0.018	0.006
辽阳	0.018	0.018	0.018	0.018	0.017	0.017	0.017	0.017	0.017	0.007
铁岭	0.036	0.035	0.035	0.035	0.035	0.035	0.034	0.034	0.033	0.007
朝阳	0.041	0.041	0.041	0.041	0.041	0.041	0.040	0.040	0.040	0.011
盘锦	0.011	0.010	0.010	0.010	0.010	0.010	0.010	0.010	0.010	0.012
葫芦岛	0.032	0.032	0.032	0.032	0.032	0.032	0.032	0.031	0.031	0.011

2. 辽宁省各地市治理能力就业因素分析

辽宁省各地市治理能力就业因素指标得分如表 7-5 所示。沈阳市和大连市就业因素指标得分相比辽宁省其他地市具有明显的领先优势，且沈阳市得分要高于大连市。鞍山市和铁岭市就业因素指标得分排在第三名和第四名，且近几年来，这两个城市得分互有领先。其余城市得分之间的差距很小，得分都介于 0.01~0.04 之间。从变化趋势上，辽宁省各地市得分的变化趋势基本相似，即得分先经历短期一定幅度的增加之后，又开始连续的缓慢下降。但大连市得分在 2017 年之后有小幅度的增加。根据图 7-12 可以得出，沈阳市和大连市城镇非私营单位从业人员人数明显领先，鞍山市和铁岭市相应从业人数也较多，其余城市情况相似。

表 7-5　　　　　　辽宁省各地市治理能力就业因素指标得分

地市	2011 年	2012 年	2013 年	2014 年	2015 年	2016 年	2017 年	2018 年	2019 年	2020 年
沈阳	0.157	0.158	0.201	0.202	0.192	0.168	0.157	0.153	0.155	0.153
大连	0.141	0.144	0.171	0.157	0.147	0.138	0.124	0.126	0.128	0.134
鞍山	0.061	0.066	0.076	0.074	0.067	0.056	0.047	0.041	0.041	0.038
抚顺	0.028	0.032	0.035	0.032	0.027	0.024	0.022	0.019	0.018	0.017

续表

地市	2011 年	2012 年	2013 年	2014 年	2015 年	2016 年	2017 年	2018 年	2019 年	2020 年
本溪	0.026	0.028	0.033	0.035	0.027	0.021	0.019	0.017	0.018	0.015
丹东	0.026	0.026	0.033	0.029	0.025	0.021	0.016	0.014	0.014	0.013
锦州	0.026	0.030	0.034	0.035	0.033	0.030	0.023	0.020	0.020	0.021
营口	0.026	0.028	0.030	0.027	0.023	0.025	0.024	0.021	0.019	0.016
阜新	0.016	0.019	0.021	0.019	0.016	0.010	0.010	0.011	0.009	0.008
辽阳	0.014	0.014	0.017	0.015	0.013	0.011	0.013	0.012	0.012	0.013
铁岭	0.055	0.054	0.058	0.056	0.054	0.050	0.047	0.046	0.044	0.033
朝阳	0.021	0.021	0.028	0.024	0.023	0.021	0.020	0.015	0.016	0.014
盘锦	0.026	0.032	0.031	0.031	0.026	0.023	0.021	0.019	0.020	0.021
葫芦岛	0.020	0.017	0.027	0.026	0.024	0.019	0.017	0.015	0.013	0.012

3. 辽宁省各地市治理能力基础设施因素分析

辽宁省各地市治理能力基础设施因素指标得分如表 7-6 所示。沈阳市基础设施因素指标在这 10 年内得分明显领先于其他城市，但总体上得分呈下降趋势，尤其是 2013 年、2015 年和 2020 年，得分均有较大的下降幅度。大连市基础设施因素指标得分排在第二名的位置，变化轨迹基本与沈阳市类似。鞍山市基础设施因素指标得分排在第三名的位置，但与沈阳市和大连市不同的是，鞍山市得分在 2014 年之前有一段时期的连续增加，后续几年得分仍然是下降的。与鞍山市得分变化相似的城市有锦州市、葫芦岛市、阜新市等城市，但除沈阳市和大连市以外的城市，得分差距都比较小。对于公路客运量指标而言，沈阳市和大连市得分的连续下降对沈阳市和大连市治理能力的影响是较大的，这一指标得分的减少，可能是因为铁路和航运的发展对其造成了冲击。相比而言，辽宁省其余地市更需要进一步发展公路运输。

表 7 - 6   辽宁省各地市治理能力基础设施因素指标得分

地市	2011 年	2012 年	2013 年	2014 年	2015 年	2016 年	2017 年	2018 年	2019 年	2020 年
沈阳	0.175	0.182	0.135	0.140	0.086	0.084	0.081	0.079	0.076	0.026
大连	0.075	0.079	0.073	0.075	0.042	0.042	0.041	0.041	0.040	0.023
鞍山	0.036	0.038	0.046	0.047	0.032	0.031	0.030	0.029	0.029	0.016
抚顺	0.018	0.018	0.016	0.016	0.011	0.011	0.010	0.010	0.010	0.005
本溪	0.024	0.026	0.024	0.022	0.011	0.011	0.011	0.011	0.011	0.007
丹东	0.030	0.032	0.030	0.031	0.029	0.021	0.020	0.020	0.019	0.002
锦州	0.027	0.028	0.037	0.038	0.024	0.024	0.024	0.023	0.023	0.014
营口	0.026	0.026	0.023	0.024	0.015	0.014	0.014	0.013	0.013	0.004
阜新	0.006	0.006	0.009	0.009	0.005	0.005	0.005	0.005	0.005	0.002
辽阳	0.026	0.027	0.023	0.024	0.016	0.016	0.016	0.015	0.015	0.008
铁岭	0.021	0.023	0.018	0.019	0.013	0.013	0.012	0.011	0.010	0.006
朝阳	0.034	0.036	0.028	0.028	0.026	0.019	0.018	0.018	0.017	0.007
盘锦	0.022	0.023	0.016	0.017	0.016	0.011	0.011	0.010	0.009	0.004
葫芦岛	0.019	0.021	0.024	0.023	0.017	0.014	0.013	0.013	0.013	0.008

4. 辽宁省各地市治理能力创新因素分析

辽宁省沈阳市和大连市治理能力创新因素指标得分如表 7 - 7 所示。沈阳市和大连市治理能力创新因素指标得分遥遥领先于辽宁省其余城市，即使是 2017 年的大连市得分（10 年内沈阳市和大连市的最低得分）也几乎是 2019 年锦州市得分（10 年内辽宁省其余地市的最高得分）的 2 倍。沈阳市治理能力创新因素得分在增加到 2013 年之后连续下降 4 年，于 2017 年又开始增加。而大连市治理能力创新因素得分在 2018 年之前的变化轨迹与沈阳市类似，但在此之后得分又继续下降，直到 2020 年沈阳市和大连市得分基本持平。辽宁省其他地市治理能力创新因素得分在这 10 年间基本呈下降趋势，除锦州市和鞍山市外，其余地市得分差距很小（锦州市和鞍山市得分在某些年份出现较大的波动幅度，因此在对应年份与其余地市得分有较大的得分差）。总体上看，辽宁省各地市的科学技术支出在不同年份存在较为频繁的波动，并且这项支出呈下降的趋势，这并不利于提高地方政府治理能力现代化。

表 7 - 7   辽宁省各地市治理能力创新因素指标得分

地市	2011 年	2012 年	2013 年	2014 年	2015 年	2016 年	2017 年	2018 年	2019 年	2020 年
沈阳	0.205	0.248	0.280	0.268	0.236	0.225	0.163	0.182	0.200	0.227
大连	0.334	0.396	0.466	0.434	0.184	0.207	0.122	0.359	0.277	0.232
鞍山	0.019	0.024	0.025	0.045	0.023	0.011	0.015	0.009	0.012	0.011
抚顺	0.015	0.025	0.026	0.026	0.014	0.004	0.002	0.003	0.002	0.004
本溪	0.021	0.023	0.028	0.030	0.012	0.005	0.004	0.002	0.002	0.001
丹东	0.011	0.013	0.021	0.016	0.014	0.010	0.009	0.009	0.003	0.003
锦州	0.013	0.024	0.025	0.025	0.008	0.009	0.023	0.014	0.049	0.009
营口	0.030	0.035	0.038	0.010	0.008	0.003	0.004	0.003	0.010	0.007
阜新	0.008	0.011	0.012	0.004	0.002	0.002	0.002	0.001	0.002	0.004
辽阳	0.018	0.020	0.020	0.021	0.004	0.005	0.004	0.005	0.005	0.008
铁岭	0.031	0.037	0.034	0.028	0.010	0.008	0.007	0.007	0.008	0.009
朝阳	0.017	0.020	0.016	0.017	0.004	0.003	0.003	0.003	0.003	0.003
盘锦	0.013	0.018	0.021	0.019	0.011	0.012	0.008	0.006	0.005	0.019
葫芦岛	0.016	0.020	0.023	0.022	0.006	0.002	0.002	0.012	0.003	0.001

5. 辽宁省各地市治理能力土地因素分析

辽宁省各地市治理能力土地因素指标得分如表 7 - 8 所示。辽宁省各地市中，除大连市外，其余城市治理能力土地因素指标得分在 2011 ~ 2020 年这 10 年中基本保持稳定，没有出现较大幅度的增加或减少。大连市得分在 2017 年之后出现了较大幅度的下降，2019 年得分相比 2017 年得分下降约 1.67%。这些城市中，受土地因素负面影响最大的是铁岭市、辽阳市和营口市，受负面影响最小的是盘锦市。

表7－8　　　　　辽宁省各地市治理能力土地因素指标得分

地市	2011 年	2012 年	2013 年	2014 年	2015 年	2016 年	2017 年	2018 年	2019 年	2020 年
沈阳	0.0125	0.0125	0.0125	0.0126	0.0126	0.0126	0.0126	0.0126	0.0126	0.0126
大连	0.0126	0.0126	0.0126	0.0126	0.0126	0.0126	0.0126	0.0125	0.0124	0.0124
鞍山	0.0132	0.0132	0.0132	0.0132	0.0132	0.0132	0.0132	0.0132	0.0132	0.0132
抚顺	0.0129	0.0129	0.0129	0.0129	0.0129	0.0129	0.0129	0.0129	0.0129	0.0129
本溪	0.0134	0.0134	0.0134	0.0134	0.0134	0.0134	0.0134	0.0134	0.0134	0.0134
丹东	0.0121	0.0121	0.0121	0.0121	0.0121	0.0122	0.0121	0.0121	0.0121	0.0121
锦州	0.0131	0.0131	0.0131	0.0131	0.0131	0.0131	0.0131	0.0131	0.0131	0.0131
营口	0.0139	0.0139	0.0139	0.0139	0.0139	0.0139	0.0139	0.0139	0.0139	0.0139
阜新	0.0130	0.0130	0.0130	0.0130	0.0130	0.0130	0.0130	0.0130	0.0130	0.0130
辽阳	0.0140	0.0140	0.0140	0.0140	0.0140	0.0140	0.0140	0.0140	0.0140	0.0140
铁岭	0.0142	0.0142	0.0142	0.0142	0.0142	0.0142	0.0142	0.0142	0.0142	0.0142
朝阳	0.0125	0.0125	0.0125	0.0125	0.0125	0.0125	0.0125	0.0125	0.0125	0.0125
盘锦	0.0113	0.0113	0.0113	0.0113	0.0113	0.0113	0.0113	0.0113	0.0113	0.0113
葫芦岛	0.0130	0.0130	0.0130	0.0130	0.0130	0.0130	0.0130	0.0130	0.0130	0.0130

（二）吉林省各地市治理能力影响因素分析

1. 吉林省各地市治理能力人口因素分析

吉林省各地市治理能力人口因素指标得分如表7－9所示。吉林省内各地市治理能力人口因素得分变化基本规律是，2019年以前得分基本保持平稳变化，得分排名也保持稳定，而各地市2020年出现较大幅度的下降，使部分城市得分排名出现变化。但长春市治理能力人口因素得分具有明显的领先优势，得分约为第二名吉林市得分的2倍，这说明，吉林省各地市城镇常住人口数基本维持在较为平稳的水平。

表 7 - 9　　　　　　吉林省各地市治理能力人口因素指标得分

地市	2011 年	2012 年	2013 年	2014 年	2015 年	2016 年	2017 年	2018 年	2019 年	2020 年
长春	0.102	0.101	0.100	0.101	0.100	0.100	0.100	0.100	0.100	0.078
吉林	0.054	0.054	0.054	0.053	0.053	0.053	0.052	0.051	0.051	0.025
四平	0.041	0.040	0.039	0.039	0.039	0.038	0.038	0.038	0.038	0.005
辽源	0.009	0.009	0.009	0.009	0.009	0.009	0.009	0.009	0.009	0.000
通化	0.024	0.024	0.024	0.024	0.024	0.023	0.023	0.023	0.023	0.003
白山	0.010	0.010	0.010	0.010	0.010	0.009	0.009	0.009	0.009	0.003
白城	0.021	0.020	0.020	0.020	0.020	0.019	0.019	0.019	0.019	0.007
松原	0.034	0.033	0.032	0.032	0.032	0.032	0.031	0.031	0.031	0.004

2. 吉林省各地市治理能力就业因素分析

吉林省各地市治理能力就业因素指标得分如表 7 - 10 所示。吉林省各地市治理能力就业因素指标得分变化趋势基本一致，即"先增后降"，各地市得分排名在 2017 年之前基本维持稳定。而 2017 年以后，由于部分城市得分下降幅度变大或得分增加，使排名出现变化。但总体上，长春市得分始终维持第一，且得分大概为得分排名为第二的城市（吉林市）的 3 倍。从具体的分数值看，吉林省大部分地市城镇非私营单位从业人员对治理能力的影响普遍较小。

表 7 - 10　　　　　　吉林省各地市治理能力就业因素指标得分

地市	2011 年	2012 年	2013 年	2014 年	2015 年	2016 年	2017 年	2018 年	2019 年	2020 年
长春	0.121	0.128	0.164	0.165	0.164	0.164	0.163	0.153	0.153	0.142
吉林	0.042	0.043	0.051	0.049	0.045	0.043	0.041	0.037	0.039	0.036
四平	0.018	0.018	0.019	0.019	0.017	0.016	0.015	0.012	0.014	0.009
辽源	0.002	0.002	0.008	0.007	0.007	0.007	0.007	0.002	0.001	0.000
通化	0.018	0.019	0.030	0.029	0.028	0.027	0.016	0.013	0.015	0.014
白山	0.016	0.015	0.016	0.015	0.014	0.013	0.012	0.009	0.008	0.008

续表

地市	2011 年	2012 年	2013 年	2014 年	2015 年	2016 年	2017 年	2018 年	2019 年	2020 年
白城	0.019	0.019	0.027	0.026	0.025	0.026	0.023	0.018	0.014	0.016
松原	0.016	0.018	0.019	0.019	0.018	0.018	0.017	0.014	0.011	0.006

3. 吉林省各地市治理能力基础设施因素分析

吉林省各地市治理能力基础设施因素指标得分如表 7 – 11 所示。吉林省各地市治理能力基础设施因素指标得分在 2011 ~ 2020 年总体呈下降趋势，且在早年快速下降之后，得分降幅逐渐减小，但 2020 年得分降幅又有所增加。从得分排名上看，长春市得分依旧稳居第一名的位置，但与其余地市得分之间的差距并不大。从 2014 年开始，吉林市得分排名则稳居第二，辽源市得分则有 9 年时间均为最后一名。

表 7 – 11　　　　吉林省各地市治理能力基础设施因素指标得分

地市	2011 年	2012 年	2013 年	2014 年	2015 年	2016 年	2017 年	2018 年	2019 年	2020 年
长春	0.075	0.079	0.065	0.068	0.047	0.039	0.036	0.033	0.032	0.018
吉林	0.064	0.069	0.030	0.030	0.022	0.020	0.019	0.017	0.017	0.008
四平	0.029	0.031	0.015	0.015	0.019	0.017	0.016	0.015	0.010	0.004
辽源	0.008	0.009	0.006	0.006	0.005	0.011	0.004	0.003	0.003	0.001
通化	0.045	0.048	0.050	0.012	0.014	0.013	0.012	0.011	0.011	0.005
白山	0.027	0.029	0.031	0.009	0.009	0.009	0.008	0.007	0.007	0.003
白城	0.047	0.049	0.016	0.016	0.016	0.015	0.014	0.013	0.012	0.005
松原	0.013	0.013	0.010	0.010	0.008	0.007	0.007	0.006	0.006	0.002

4. 吉林省各地市治理能力创新因素分析

吉林省各地市治理能力创新因素指标得分如表 7 – 12 所示。相比其他影响因素，吉林市各地市治理能力创新因素指标得分变化较为复杂，但长春市得分仍保持排名第一，且尽管在某些年份得分出现下降，得分总趋势仍然是增加的。然而，其他地市治理能力创新因素指标得分则在这10年中呈下降趋势，尤其是吉林市和通化市，得分下降幅度最大。通过各地市治理能力创新因素指标得分反映出，科学技术支出对长春市政府治理能力现代化的推进作用最为明显，对其余地市治理能力现代化的影响较小。

表7－12　　　　　吉林省各地市治理能力创新因素指标得分

地市	2011 年	2012 年	2013 年	2014 年	2015 年	2016 年	2017 年	2018 年	2019 年	2020 年
长春	0.044	0.044	0.079	0.070	0.090	0.096	0.137	0.122	0.113	0.187
吉林	0.024	0.033	0.044	0.056	0.034	0.027	0.039	0.020	0.017	0.012
四平	0.004	0.005	0.006	0.009	0.005	0.003	0.006	0.005	0.003	0.002
辽源	0.003	0.004	0.005	0.007	0.007	0.003	0.003	0.003	0.002	0.001
通化	0.024	0.041	0.073	0.048	0.047	0.067	0.060	0.040	0.030	0.027
白山	0.004	0.006	0.011	0.014	0.007	0.011	0.007	0.004	0.004	0.004
白城	0.005	0.005	0.006	0.008	0.009	0.009	0.007	0.012	0.009	0.007
松原	0.001	0.002	0.002	0.002	0.001	0.004	0.002	0.001	0.005	0.003

5. 吉林省各地市治理能力土地因素分析

吉林省各地市治理能力土地因素指标得分如表7－13所示。吉林省各地市中治理能力土地因素指标得分在2011～2020年这10年中基本保持稳定，没有出现较大幅度的增加或减少，而且得分排名也没有发生变化。得分最高的是辽源市，得分最低的是吉林市，长春市则保持中等水平，说明吉林省的这些地市中，受土地因素负面影响最大的是辽源市，受其负面影响最小的是吉林市。

表7－13　　　　　吉林省各地市治理能力土地因素指标得分

地市	2011 年	2012 年	2013 年	2014 年	2015 年	2016 年	2017 年	2018 年	2019 年	2020 年
长春	0.011	0.011	0.011	0.011	0.011	0.011	0.011	0.011	0.011	0.011
吉林	0.010	0.010	0.010	0.010	0.010	0.010	0.010	0.010	0.010	0.010

地市	2011 年	2012 年	2013 年	2014 年	2015 年	2016 年	2017 年	2018 年	2019 年	2020 年
四平	0.012	0.012	0.012	0.012	0.012	0.012	0.012	0.012	0.012	0.012
辽源	0.014	0.014	0.014	0.014	0.014	0.014	0.014	0.014	0.014	0.014
通化	0.012	0.012	0.012	0.012	0.012	0.012	0.012	0.012	0.012	0.012
白山	0.012	0.012	0.012	0.012	0.012	0.012	0.012	0.012	0.012	0.012
白城	0.011	0.011	0.011	0.011	0.011	0.011	0.011	0.011	0.011	0.011
松原	0.010	0.010	0.010	0.010	0.010	0.010	0.010	0.010	0.010	0.010

（三）黑龙江省各地市治理能力影响因素分析

1. 黑龙江省各地市治理能力人口因素分析

黑龙江省各地市治理能力人口因素指标得分如表7-14所示。2011~2019年，除双鸭山市外，其余地市得分基本维持缓慢下降的趋势（双鸭山市得分在2017年出现较大幅度下降）。而在2020年，仅有少数几个地市得分出现增加。从得分排名上看，哈尔滨市得分始终保持第一的位置，齐齐哈尔市和绥化市得分则分居二三位，但二者得分互有领先，其余地市得分排名也基本稳定，且相互之间得分差距不大。

表 7-14 　　　黑龙江省各地市治理能力人口因素指标得分

地市	2011 年	2012 年	2013 年	2014 年	2015 年	2016 年	2017 年	2018 年	2019 年	2020 年
哈尔滨	0.135	0.135	0.135	0.134	0.130	0.130	0.129	0.129	0.129	0.094
齐齐哈尔	0.074	0.072	0.072	0.071	0.071	0.070	0.069	0.068	0.068	0.023
牡丹江	0.030	0.029	0.029	0.030	0.029	0.029	0.028	0.028	0.028	0.008
佳木斯	0.028	0.026	0.027	0.026	0.026	0.026	0.026	0.025	0.025	0.026
鸡西	0.019	0.018	0.019	0.018	0.018	0.018	0.017	0.017	0.016	0.018
鹤岗	0.007	0.007	0.007	0.007	0.007	0.007	0.006	0.006	0.006	0.021
双鸭山	0.013	0.013	0.013	0.013	0.013	0.013	0.005	0.012	0.012	0.002

地市	2011 年	2012 年	2013 年	2014 年	2015 年	2016 年	2017 年	2018 年	2019 年	2020 年
七台河	0.005	0.005	0.005	0.004	0.004	0.003	0.003	0.003	0.003	0.004
黑河	0.017	0.017	0.016	0.016	0.016	0.015	0.015	0.015	0.014	0.016
伊春	0.010	0.010	0.009	0.009	0.009	0.009	0.008	0.008	0.008	0.009
大庆	0.032	0.032	0.032	0.031	0.031	0.031	0.031	0.031	0.031	0.004
绥化	0.076	0.072	0.072	0.071	0.071	0.070	0.068	0.067	0.067	0.015

2. 黑龙江省各地市治理能力就业因素分析

黑龙江省各地市治理能力就业因素指标得分如表 7－15 所示。黑龙江省各地市治理能力就业因素指标得分相比辽宁、吉林两省内的各地市而言，具有更加复杂的变化轨迹，但基本都是有处于下降的态势。得分较高的地市排名基本稳定，得分变化也基本稳定，如哈尔滨市（得分排名第一）总的来看得分是下降的，但 2012 年和 2020 年得分均有小幅度的增加；鹤岗市得分排在第二位，其得分则始终在下降；黑河市得分则始终处于最低水平。

表 7－15　　　　黑龙江省各地市治理能力就业因素指标得分

地市	2011 年	2012 年	2013 年	2014 年	2015 年	2016 年	2017 年	2018 年	2019 年	2020 年
哈尔滨	0.171	0.181	0.180	0.178	0.174	0.170	0.167	0.157	0.134	0.137
齐齐哈尔	0.049	0.034	0.048	0.047	0.046	0.041	0.040	0.038	0.028	0.025
牡丹江	0.027	0.027	0.016	0.023	0.028	0.025	0.019	0.016	0.010	0.008
佳木斯	0.025	0.025	0.020	0.017	0.017	0.015	0.015	0.012	0.013	0.009
鸡西	0.010	0.009	0.012	0.018	0.008	0.010	0.008	0.020	0.010	0.006
鹤岗	0.066	0.064	0.063	0.063	0.061	0.061	0.060	0.057	0.054	0.048
双鸭山	0.016	0.017	0.016	0.015	0.013	0.013	0.012	0.012	0.012	0.004
七台河	0.028	0.021	0.015	0.014	0.014	0.012	0.011	0.023	0.021	0.012
黑河	0.009	0.008	0.007	0.007	0.005	0.002	0.001	0.001	0.001	0.001

地市	2011 年	2012 年	2013 年	2014 年	2015 年	2016 年	2017 年	2018 年	2019 年	2020 年
伊春	0.022	0.021	0.026	0.026	0.026	0.024	0.019	0.017	0.016	0.015
大庆	0.031	0.033	0.033	0.033	0.032	0.006	0.006	0.020	0.014	0.007
绥化	0.027	0.027	0.030	0.028	0.025	0.026	0.023	0.024	0.022	0.022

3. 黑龙江省各地市治理能力基础设施因素分析

黑龙江省各地市治理能力基础设施因素指标得分如表 7 - 16 所示。黑龙江省各地市治理能力基础设施因素指标得分在 2011～2020 年整体呈下降趋势，尤其是近年来，得分下降的速度明显加快。尽管哈尔滨市得分相比其他地市有明显的领先优势，但分差并不大。齐齐哈尔市得分除 2015 年外，得分排名稳居第二，其余地市近几年得分逐渐拉近。

表 7 - 16   黑龙江省各地市治理能力基础设施因素指标得分

地市	2011 年	2012 年	2013 年	2014 年	2015 年	2016 年	2017 年	2018 年	2019 年	2020 年
哈尔滨	0.082	0.086	0.072	0.077	0.045	0.040	0.037	0.032	0.029	0.008
齐齐哈尔	0.041	0.042	0.043	0.033	0.022	0.023	0.023	0.016	0.013	0.007
牡丹江	0.025	0.026	0.027	0.023	0.020	0.020	0.017	0.016	0.014	0.005
佳木斯	0.002	0.002	0.002	0.004	0.003	0.002	0.002	0.001	0.001	0.000
鸡西	0.003	0.017	0.016	0.011	0.009	0.008	0.006	0.005	0.006	0.001
鹤岗	0.013	0.014	0.014	0.014	0.006	0.007	0.007	0.005	0.004	0.002
双鸭山	0.006	0.007	0.007	0.004	0.004	0.003	0.003	0.002	0.002	0.000
七台河	0.018	0.021	0.021	0.016	0.009	0.012	0.011	0.006	0.005	0.002
黑河	0.007	0.006	0.006	0.004	0.003	0.002	0.002	0.002	0.002	0.000
伊春	0.024	0.024	0.021	0.019	0.015	0.011	0.006	0.004	0.003	0.001
大庆	0.007	0.006	0.005	0.005	0.009	0.002	0.001	0.001	0.001	0.000
绥化	0.021	0.022	0.023	0.027	0.023	0.019	0.014	0.011	0.011	0.002

4. 黑龙江省各地市治理能力创新因素分析

黑龙江省各地市治理能力创新因素指标得分如表 7 – 17 所示。2011 ~ 2020 年，黑龙江省各地市治理能力创新因素指标得分变化比较复杂，哈尔滨市得分大致呈"U"型变化，尽管 2020 年得分再次出现下降，但始终高于其余地市得分，约为其余地市得分的 4 ~ 5 倍，其余地市得分之间差距较小。

表 7 –17　　　　黑龙江省各地市治理能力创新因素指标得分

地市	2011 年	2012 年	2013 年	2014 年	2015 年	2016 年	2017 年	2018 年	2019 年	2020 年
哈尔滨	0.115	0.128	0.120	0.101	0.091	0.076	0.088	0.120	0.157	0.127
齐齐哈尔	0.021	0.010	0.009	0.012	0.021	0.004	0.009	0.011	0.013	0.017
牡丹江	0.028	0.019	0.023	0.017	0.014	0.006	0.010	0.010	0.010	0.007
佳木斯	0.005	0.011	0.006	0.003	0.009	0.004	0.002	0.002	0.004	0.012
鸡西	0.004	0.008	0.003	0.004	0.005	0.004	0.006	0.004	0.005	0.015
鹤岗	0.004	0.004	0.008	0.004	0.003	0.003	0.002	0.003	0.004	0.002
双鸭山	0.005	0.005	0.005	0.005	0.003	0.001	0.002	0.002	0.002	0.002
七台河	0.001	0.002	0.001	0.001	0.001	0.000	0.002	0.001	0.002	0.021
黑河	0.004	0.005	0.011	0.008	0.011	0.006	0.005	0.004	0.003	0.005
伊春	0.008	0.004	0.005	0.003	0.003	0.002	0.002	0.001	0.001	0.002
大庆	0.013	0.019	0.025	0.008	0.004	0.011	0.004	0.006	0.033	0.013
绥化	0.008	0.016	0.008	0.008	0.020	0.005	0.005	0.004	0.002	0.019

5. 黑龙江省各地市治理能力土地因素分析

黑龙江省各地市治理能力土地因素指标得分如表 7 – 18 所示。黑龙江省各地市中治理能力土地因素指标得分在 2011 ~ 2020 这 10 年中基本保持稳定。得分最高的是黑河市，得分最低的是大庆市，哈尔滨市得分则处于倒数第二名的位置，也就是说明黑龙江省的这些地市中，受土地因素负面影响最大的是黑河市，受其负面影响最小的是大庆市。

表 7 – 18　　　　黑龙江省各地市治理能力土地因素指标得分

地市	2011 年	2012 年	2013 年	2014 年	2015 年	2016 年	2017 年	2018 年	2019 年	2020 年
哈尔滨	0.005	0.005	0.005	0.005	0.005	0.005	0.005	0.005	0.005	0.005
齐齐哈尔	0.007	0.007	0.007	0.007	0.007	0.007	0.007	0.007	0.007	0.007
牡丹江	0.011	0.011	0.011	0.011	0.011	0.011	0.011	0.011	0.011	0.011
佳木斯	0.012	0.012	0.012	0.012	0.012	0.012	0.012	0.012	0.012	0.012
鸡西	0.011	0.011	0.011	0.011	0.011	0.011	0.011	0.011	0.011	0.011
鹤岗	0.011	0.011	0.011	0.011	0.011	0.011	0.011	0.011	0.011	0.011
双鸭山	0.009	0.009	0.009	0.009	0.009	0.009	0.009	0.009	0.009	0.009
七台河	0.009	0.009	0.009	0.009	0.009	0.009	0.009	0.009	0.009	0.009
黑河	0.014	0.014	0.014	0.014	0.014	0.014	0.014	0.014	0.014	0.014
伊春	0.007	0.008	0.008	0.008	0.008	0.008	0.008	0.008	0.008	0.008
大庆	0.000	0.003	0.003	0.003	0.003	0.002	0.002	0.002	0.002	0.002
绥化	0.009	0.009	0.009	0.009	0.009	0.009	0.009	0.009	0.009	0.009

第三节　主要结论

一、东北地方政府整体治理能力影响因素分析结论

就东北地方政府整体而言，科学技术支出和城镇非私营单位从业人员人数对东北地方政府整体治理能力现代化有着较大的推动作用，但这两项指标对治理能力现代化的正向影响正在逐渐减小，亟须进一步采取措施提振这两项指标的推动作用。城镇常住人口数和公路客运基本保持在一个较低水平，并且有着下降趋势，这与东北人正逐渐"逃离"东北有着密不可分的联系。为此，若想继续提高"人"在治理能力现代

化推进过程中的作用，必须采取配套措施，留住想要"逃离"的东北人。就城市土地面积而言，我们应该注意的是，避免一味只追求城市面积的开发速度，而忽视了城市治理。

二、东北三省治理能力影响因素分析结论

从省级层面来看，辽宁省人口因素、就业因素和基础设施因素对治理能力现代化的推进作用明显大于吉林省和黑龙江省，且黑龙江省人口因素、就业因素对治理能力现代化的推进作用明显大于吉林省。而对于创新因素和土地因素，三省之间差别不大。总的来说，辽宁省各项影响因素对治理能力现代化的综合影响要大于吉林省和黑龙江省治理能力所受到的影响。需要注意的是，东北三省的科学技术支出指标得分要明显小于其余几项指标得分，而且得分变化也较为频繁，因此，东北三省应在扩大科学技术支出的同时，注意支出的稳定性，以进一步提高创新因素对东北地方政府治理能力的推动作用。

三、东北各地市治理能力影响因素分析结论

从地市级层面来看，省会城市即沈阳市、长春市、哈尔滨市以及重要城市如大连市在各影响因素指标下具有较为明显的领先优势。从单项影响因素来看，人口因素、就业因素和土地因素对政府治理能力现代化的影响在 2011～2020 年这 10 年内变化较为平稳，创新因素对政府治理能力现代化的影响则是最不稳定的。但不可否认的是，在沈阳市、长春市、哈尔滨市和大连市这些重要城市，创新因素对政府治理能力的影响是很大的。从地级市所属省来看，黑龙江省相比辽宁省和吉林省，各项影响因素对政府治理能力现代化的影响是最不稳定的，有必要采取一些稳定的措施以保证各地市尤其是黑龙江省内各地市治理能力的平稳推进。

四、总结

"党政军民学，东西南北中，党是领导一切的。"① 中国共产党领导是中国特色社会主义最本质的特征，是中国特色社会主义制度的最大优势，而政府则是要在党的领导下采取一系列行政措施来执行党的方针政策。党和政府都是坚持发展中国特色社会主义、推进国家治理体系和治理能力现代化的关键主体，党的领导要贯彻到国家治理的各个领域。习近平总书记指出："我们要把坚持党的领导贯彻和体现到改革发展稳定、内政外交国防、治党治国治军各个领域各个方面，确保党始终总揽全局、协调各方。"② 尤为重要的是，党的领导还要贯彻到国家治理的各方面。只有坚持和加强党对治国理政的全面领导，着力提高党把方向、谋大局、定政策、促改革的能力和定力，党的领导才能更加有力和有效，才能始终把握治国理政各项工作主动权。坚持和加强党对治国理政的全面领导，是当代中国取得发展进步的根本政治前提和保证，也是国家治理能力和地方政府治理能力得以实现和提升的重要砝码。因此，为了实现国家和社会的发展目标，尤其是治理目标，我们必须要明确、明晰党和政府的责任，避免党、政之间互相干扰或者职责交叉，从而影响国家治理事业的整体推进，影响治理体系和治理能力现代化的推进。我们必须实现党的领导和政府行政的积极配合，让党和政府这两大主体在各自的职责范围发挥功能，从而推进国家治理体系和治理能力现代化。

从宏观层面上看，在推进地方政府治理能力现代化的进程中，对于浮现出的各种各样的问题，我们需要从更深层次找到解决措施，而这些深层次的解决措施都指向制度建设。只有用制度规范党和政府以及个人行为，才能从根本上解决推进地方政府治理现代化进程中出现的各种问

---

① 习近平：《决胜全面建成小康社会夺取新时代中国特色社会主义伟大胜利——在中国共产党第十九次全国代表大会上的报告》，人民出版社 2017 年版，第 6 页。
② 习近平：《论坚持党对一切工作的领导》，人民出版社 2019 年版，第 11 页。

题。正如党的十八届三中全会通过的《中共中央关于全面深化改革若干重大问题的决定》所指出的，我们既要摸着石头过河，在实践中探索；又要加强顶层设计，加强宏观指导。国家的治理体系是一个制度系统，包括政治、经济、社会、文化、生态等各个领域，从系统之间制度和治理体系的关系来说，政治、经济、文化、社会还是生态文明五大治理体系是相互影响、相互联系的。所以，我们必须从总体上考虑和规划各个领域的改革方案，从中央宏观层面加强对治理体制改革的领导和指导。碎片化、短期行为、政出多门以及部门主义和地方主义，是我国现行治理体制和公共政策的致命弱点，它们严重削弱了国家的治理能力尤其是地方政府的治理能力。鉴于这种现实情况，顶层的制度设计和宏观指导，对国家治理体系和治理能力现代化建设尤其重要。地方政府治理作为一项系统性工程，目前还处于不断的发展和深化过程中，许多制度构建还不完善，部分制度还处在基础实施阶段，没有落实到位仍然有待加强。除了要构建完备的制度，还要考虑到各系统间、系统内部制度和治理体系的系统性、协调性。

地方政府除了需要在现有制度的基础上不断地巩固与完善，还需要将改革进行到底。党的十九届四中全会指出"要构建系统完备、科学规范、运行有效的制度体制"，突显了制度建设的重要性。地方政府应当系统地、及时地总结、吸收治理改革经验，及时将成熟的改革创新政策上升为法规制度，从制度上解决地方政府治理改革创新所面临的动力问题。从根本上说，治理体制改革创新的动力源自经济发展、政治进步、人民需要和全球化冲击等方面，但其直接动力则是压力、激励和制度，其中制度是长久性的动力所在。地方政府治理的改革创新，无论其效果多好，多么受到群众的拥护，如果无法以制度的形式固定和推广，那么，这种创新最后都难以为继，尤其是对于地方政府来说，难以避免出现"人走政息"的局面，从而使好的法规政策成为地方政府的短期行为。[1] 必须要保证政府治理机制能根据新的情况新的形势进行及时的调

---

[1]　俞可平：《推进国家治理体系和治理能力现代化》，载《前线》2014 年第 1 期。

整，让治理主体即地方政府自身更好地适应新环境带来的变化，推动现实问题能够快速地、高效地解决，进而提升治理能力的专业化水平。只有这样，才能更好适应现代社会复杂的变化，更好地指导现实情况，才能更好地推动地方政府治理能力的现代化。

除了在实践层面上地方政府需要做到实处，还要在理论上为推进治理能力现代化打好基础。我们要持续推进马克思主义中国化、大众化，让广大群众更加认同国家治理理念，让中国化的马克思主义为国家治理提供更加科学的理论指导。马克思主义是人们认识世界、改造世界的科学真理，是科学的理论、人民的理论、实践的理论、不断发展的和开放的理论。新时代持续推进马克思主义更加广泛的传播，需要在始终坚持正确的政治方向、始终坚持以人民为中心的基础上，不断创新推进马克思主义大众化的传播方式。在政治方向上，新时代持续推进马克思主义大众化要坚持以政治性为原则，坚决维护党中央权威，加强党的政治建设。用马克思主义中国化的最新理论成果武装全党，加强党员领导干部的思想政治教育和马克思主义理论水平，发挥党员领导干部的先锋模范作用，把学到的马克思主义理论用到实处，干到实处，要让广大干部树立起真正的马克思主义信仰，要让广大干部真正地学习马克思主义，要让广大干部真正地理解马克思主义，要让广大干部真正地会使用马克思主义。

人是马克思主义大众化传播的最终指向，这就要求马克思主义大众化传播要始终坚持"以人为本"，始终关注和回应人民群众真切的利益诉求。随着社会生产力的发展，人民群众的经济收入水平和生活状况稳步提高，需求也日益多元化，在满足基本物质需求的基础上，人民更加关注如精神需求和文化需求等更高方面的需求。在推进马克思主义大众化时，既要考虑受众主体的共性问题，又要注意受众主体的个性问题，将不同群体的年龄、职业、性别、利益诉求、思想认知水平等因素考虑在内，既要着眼于目标的整体性，满足最广大群众的根本利益，同时还要更加关注和维护来自不同阶层的群众的具体需求，针对不同群体以及同一群体内部的不同成员制定针对性方案，开展具有针对性的宣传教育，要深入人民群众的生活中，围绕人民群众最关心、最直接、最迫切需要解决的利益问题，从理论联系实际的角度加以解释。

当今世界正在经历百年未有之大变局，而同时我国正处于实现中华民族伟大复兴的中国梦、全面建设社会主义现代化强国的关键阶段，因此，每个中国人都应该清楚地认识到制度建设的重要性，并形成一种坚定和自信的制度意识，要牢固树立制度自信。这要求我们应该采取有效措施来积极推进制度宣传教育制度化、常态化，要让广大人民真正地意识到中国特色社会主义制度的优越性，充分领会人民代表大会制度这一根本政治制度的重大意义，进一步了解公有制经济为主体与多种所有制经济共同发展的基本经济制度，进一步厘清按劳分配为主体、多种分配方式并存的基本分配制度等国家各项制度安排的内涵、意义和优势。我们需要更加清醒地认识到，一系列具有中国特色的社会主义制度，既是中国共产党和中国人民的伟大创造，也是马克思主义基本原理与中国实际国情相结合的产物，具有鲜明的中国特色，这种富有中国特色的制度安排构成了国家治理体系，这是有无比强大的"生命力"的，这种"生命力"注定了国家治理能力是会不断向上提升的。

最后，在推进地方政府治理能力现代化的过程当中，我们还要重视地方生态文明建设对推进治理能力现代化的重要作用。建设美丽中国，这是党和政府面对我国现实的生态问题，并在观察世界潮流，而经过深入思考之后得出的奋斗目标。生态文明建设同样具有复杂性、艰巨性、长期性的特征，同样是一项复杂的系统性工程。生态文明建设，解决的不仅仅是生态问题，保护环境最终还是保护我们自己，因此，我们必须重视生态文明建设在推进国家治理体系现代化中的重要作用，必须全方位地推进国家治理能力现代化。

第八章

东北地方政府治理体系与治理能力
协同水平测度

　　人类协同高效的管理过程是人类自组织的结果，政府是典型的自组织结构。深入探讨政府治理中的复杂性，审视曾经的管理理论与管理实践，对开拓新的治理思维范式、提高治理能力、促进二者的共同现代化，无疑有着重要的理论意义和实践价值。政府治理体系现代化与治理能力现代化协调发展是指使两个子系统内部各要素间，以特定的结构与数量有机组合的整体，特点是搭配得当、运转有效，其目的在于提升政府治理体系现代化水平的同时，使政府的治理能力现代化水平也有所提升。但在现实中，治理体系现代化与治理能力现代化水平往往不同步，为此使用耦合协调度模型，对治理体系现代化与治理能力现代化之间的协调发展规律进行充分挖掘。因此，本章以东北三省 34 个地级市为实证研究对象，通过构建基本治理体系现代化与治理能力现代化耦合模型及耦合协调度模型，以探寻二者间相互作用关系及耦合协调规律，为促进治理体系现代化与治理能力现代化的协调发展提出对策与建议。

第一节　协同理论与机制分析

一、协同理论

　　协同理论经过较长时间的发展，其内涵已经相对成熟，在管理、治理等实践层面有了应用，具有代表性的观点主要有：协同论作者哈肯认为，一个系统从无序转化为有序的关键并不在于系统是平衡和非平衡，也不在于离平衡态有多远，而是在于自组织结构，由组成系统的各个子系统，在一定条件下，通过它们之间的非线性作用、互相协同和合作，自发产生稳定的有序结构。基于资源分类，从企业组织资源共享和有效利用的角度出发，协同效应包括静态协同效应与动态协同效应，有效利用隐形资源有助于实现协同效应。[①] 提出协同效应是投资收益率的函数超加性，是企业内部生产中多方面、如销售、运营、投资、管理的协同。[②] 提出核心竞争力协同效应的具体体现是公司并购和重组获取可持续性的竞争优势。[③] 也是基于系统论研究，有部分学者认为是系统中子系统及其要素相互协作以获得"$1+1 \geq 2$"的效果的主要原因。[④][⑤][⑥] 国家治理是宏观层面的治理，与微观的企业治理既有相似之处，又有独特之处，因此，运用协同理论分析东北地区的政府治理体系现代化与治理能力现代化之间的关系具有重要的现实意义与理论基础。

二、机制分析

地方政府治理体系现代化与治理能力现代化的协调发展，不仅强调政府治理的效率提升，更强调在效率提升的同时，治理质量得到改善，现代化水平得到提高，人民满意程度得以增加。可以从以下几个方面理

---

① Itami H, Roehl T W. Mobilizing invisible assets [M]. Havard University Press, 1987: 117.

② Ansoff H I. Corporate strategy: An analytic approach to business policy for growth and expansion [M]. McGraw – Hill Companies, 1965: 501.

③ 张秋生、周琳:《企业并购协同效应的研究与发展》，载《会计研究》2003 年第 6 期，第 44 – 47 页。

④ 李辉、张旭明:《产业集群的协同效应研究》，载《吉林大学社会科学学报》2006 年第 3 期，第 43 – 50 页。

⑤ 万幼清、王云云:《产业集群协同创新的企业竞合关系研究》，载《管理世界》2014 年第 8 期，第 175 – 176 页。

⑥ 蔡绍洪、俞立平:《循环产业集群的内涵、机理与升级研究——构建西部生态脆弱地区绿色增长极》，载《管理世界》2016 年第 11 期，第 180 – 181 页。

解二者之间的关系。

（一）耦合内涵分析

通过对现有政企合作模式的分析可以发现，政府和企业两个子系统之间在政府治理中有着显著的耦合特征，两者之间不是简单的静态和线性相互作用关系，而是相互依赖、相互适应、相互促进的动态关联关系。其耦合协调内涵体现在两个方面：一是政府治理体系现代化助力政府治理能力现代化水平的提升和释放。政府治理体系现代化以其制度优势和对体系应用的科学性引导着政府治理能力现代化的提升，如政府的经济治理体系建设对经济治理能力的应用与完善起到了理论制度指导的作用，为政府治理能力提供了科学的制度支持。二是政府治理能力现代化的应用能够不断完善政府治理体系。政府治理能力在互联网、医疗、教育等民生服务领域积累的经验同样蕴含巨大的价值，这些经验将帮助政府治理体系的逐步完善、科学，能够提升政府的决策的水平以及预测防范风险的水平。因此，政府治理能力现代化的全方位反馈，对于促进政府治理的精准性和有效性具有十分重要的意义，能够促进政府治理方式变革，形成政府治理的内部循环，实现政府治理体系和治理能力的现代化动态协调发展。

（二）耦合要素分析

通过分析政府治理中的合作模式及其耦合内涵，发现政府治理体系现代化与治理能力现代化的耦合要素至少包含以下三个方面：目标要素、核心要素与促成要素。基于此，构建如图8-1所示理论模型，作为基本推进政府治理体系现代化与治理能力现代化耦合的研究框架和评价体系：

第一，目标要素耦合。目标要素是指政府治理所要达到的一系列目标，包括政府治理体系和政府治理能力各自的目标以及二者共同的目标。共同目标即实现价值，既包括效率、效益、效果和效能的提升，也包括政治价值、社会价值和经济价值的创造。因此，政府治理中政府治理体系目标要素的耦合，能够促进政府治理的协同发展。

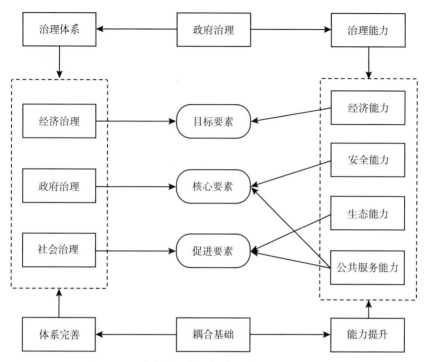

图 8-1　政府治理体系与治理能力耦合研究框架

　　第二，核心要素耦合。政府治理体系建设的核心要素是围绕政府治理本身展开的一系列治理活动，政府治理子指标的每个环节都与治理能力体系存在很强的关联性，政府治理子指标在提升收入保障、维护治理安全、发展兴国、改善城乡结构等环节与政府治理能力的子指标安全能力、公共服务能力间相互依赖、相互作用并且相互影响，毫无疑问，政府治理与安全能力、公共服务能力之间的良性互动将形成政府治理现代化的强大合力。其良性互动会释放政府以及整个社会大数据资源中蕴含的巨大公共服务价值和安全价值，因此，核心要素的耦合是政府治理体系与治理能力现代化的核心。

　　第三，促成要素耦合。促成要素耦合是政府治理中起关键促进作用的要素，主要包括政府在医疗卫生、就业保障、环境保护、文化体育、农林水利、城乡社区等领域的制度性保障。政府治理能力现代化水平同样影响并间接作用于政府治理体系中。换言之，政府的治理体系和治理能力都需要合规合理的制度设计和利益协调机制。一般情况下，二者的促成要素耦合程度较高，合作的内在风险就会降低，合作的阻碍和摩擦就会减少，合作过程会更加顺利。

第二节　指标体系构建

"耦合"概念源于物理学，是指两个及以上数量的运动形式或系统在内部相互作用、彼此影响、最终走向协同的现象。从协同学的角度看，耦合作用及其协调程度决定了系统在达到临界区域时走向何种序与结构，即决定了系统由无序走向有序的趋势。系统由无序走向有序的关键在于，系统内部序参量之间的协同作用，它左右着系统变化的特征与规律，耦合度正是反映这种协同作用的度量。由此，可以把政府治理体系现代化发展与治理能力现代化协调发展两个因子通过各自耦合元素产生的相互影响程度定义为治理体系现代化—治理能力现代化耦合度，其大小反映了治理体系现代化—治理能力现代化的耦合程度。

在治理的发展过程中，治理体系现代化与治理能力现代化会产生循环作用和反馈作用。当二者均处于良性发展状态时，正向循环和正向反馈会产生协同效应，共同推进整体系统的效应提升；治理体系现代化与治理能力现代化的任何一方发展缓慢，都会产生反向循环和负向反馈作用，使整个系统的运行效率受到制约。

东北地区政府治理能力现代化系统和政府治理体系现代化评价指标体系

（一）指标选取

建立东北地区政府治理能力现代化系统和政府治理体系现代化系统

间的耦合协调识别机制，实现协调机会条件识别，找到两个系统间的协调发展的机制和方法，对促进府治理能力现代化和政府治理体系现代化之间协调的高水平发展具有重要意义。通过上述耦合机制的构建，可以聚焦并识别这两个系统协调发展的关键参数。本章沿用第五章及第七章建设的治理体系与治理能力的指标体系，运用熵值法对二者分别进行指数测算（熵值法已经在第七章进行介绍，此处不再介绍），通过两大系统各自耦合元素互相影响的程度，反映出两者间的相互作用、相互影响的协调度大小。构建指标体系如表 8 - 1 所示。

表 8 - 1　　政府治理能力现代化系统和政府治理体系现代化评价指标体系

总指标	一级指标	二级指标	三级指标
治理体系现代化指标体系	经济治理体系	经济发展	共享程度（%）
		市场发育	劳动要素市场化程度（%）
		产业结构	第三产业增加值占 GDP 比重（%）
		城乡差距	城乡居民收入比
	政府治理体系	收入保障	地方财政一般预算内收入增速（%）
			企业所得税占各项税收比例（%）
		安全维护	人均粮食产量（吨/人）
		科教发展	科学重视度（%）
			教育重视度（%）
		城乡结构	城市化率（%）
	社会治理体系	医疗卫生	医疗卫生支持度（%）
		就业保障	就业维稳度（%）
		环境保护	环境保护支出占比（%）
		文化体育	文化体育与传媒支出占比（%）
		农林水利	农林水利事务支出占比（%）
		城乡社区	城乡社区事务支出占比（%）

总指标	一级指标	二级指标	三级指标
治理能力现代化指标体系	经济能力	经济发展速度	地区生产总值增长率（%）
		经济发展结构	第二产业占地区生产总值比重（%）
			货物进出口总额（万美元）
	安全能力	能源安全	城市煤气总量（万立方米）
			城市液化石油气总量（吨）
		社会安全	城镇职工基本养老保险参保人数（人）
			城镇基本医疗保险参保人数（人）
			失业保险参保人数（人）
	生态能力	资源利用	生活垃圾无害化处理率（%）
			污水处理厂集中处理率（%）
		环境保护	城市建成区绿化覆盖率（%）
			农林水利事务支出（亿元）
	公共服务能力	文化设施建设	人均公共图书馆藏书量（册）
		教育水平	人均教育支出（元）
			每百万人普通高等学校数（所）
		医疗能力	医院、卫生院床位数（张）
			执业医师和执业助理医师数（人）

（二）研究方法

1. 耦合度与耦合协调度测度

用耦合度来表达耦合性的程度。协调是指子系统之间协调一致的交互作用关系，体现子系统内部组成因素之间的和谐一致与良性循环的发展态势，以及系统整体由无序向有序的发展历程。依据政府治理体系现代化—治理能力现代化耦合系统的具体内涵，推导政府治理体系现代化—治理能力现代化的耦合度模型为：

$$C = 2\{U_1 \times U_2 / [(U_1 + U_2)(U_1 + U_2)]\}^{1/2}$$

式中，C 为耦合系统的耦合度，$C \in [0, 1]$，U_1、U_2 分别表示为政府治理体系现代化与为政府治理能力现代化对总系统的贡献度。

单纯依靠耦合度模型分析判别子系统间的协调发展状况，可能会使所得结论与实际情况不相符，如当两个子系统均处于较低或较高水平时，两者的耦合度都很高。建立耦合协调度模型以准确反映二者间真实的协调发展水平，以字母 D 表示，即：

$$D = \sqrt{C \times T}$$

其中，

$$T = \alpha U_1 + \beta U_2$$

式中：T 为基本公共服务与城市化综合协调指数，反映二者间整体发展水平对协调度的贡献；k 为调节系数，根据经验将 k 赋值为 2；T 为治理体系现代化与治理能力现代化的综合评价指数；α、β 分别表示治理体系现代化与治理能力现代化发展的系数，本研究认为，治理体系现代化与治理能力现代化发展应处于同等重要的地位，二者相互促进，共同发展，故 $\alpha = \beta = 0.5$。D 为耦合协调度，代表治理体系现代化与治理能力现代化水平对协调度的贡献，可用于规避"虚假耦合"现象，反映两个系统之间真实的协同水平。

2. 耦合级耦合协调发展类型划分

目前学界缺少关于政府治理体系耦合度相关的研究，因此在选取耦合度与耦合协调度的区间范围时，参考了若干学者的研究[1][2][3]，对政府治理体系现代化与治理能力现代化的耦合度、耦合协调度的区间范围进行划分，如表 8-2 所示：

---

[1]　邵佳、冷婧：《湖南武陵山片区新型城镇化与生态环境耦合协调发展》，载《经济地理》2022 年第 9 期，第 87-95 页。

[2]　黄伟、黄军林：《基于耦合协调发展理论的社区级公共服务设施"供—需"均衡性评价》，载《湖南师范大学自然科学学报》2022 年。

[3]　唐未兵、唐谭岭：《中部地区新型城镇化和金融支持的耦合作用研究》，载《中国软科学》2017 年第 3 期，第 140-151 页。

表 8 - 2　　　　　　　　耦合度与耦合协调度的分类标准

耦合度	耦合阶段	耦合协调度	协调等级
[0, 0.3)	低水平耦合	0 ~ 0.09	极度失调
		0.10 ~ 0.19	严重失调
		0.20 ~ 0.29	中度失调
[0.3, 0.5)	拮抗（中强度）	0.30 ~ 0.39	轻度失调
		0.40 ~ 0.49	濒临失调
[0.5, 0.8)	磨合	0.50 ~ 0.59	勉强协调
		0.60 ~ 0.69	初级协调
		0.70 ~ 0.79	中级协调
[0.8, 1)	高水平耦合	0.80 ~ 0.89	良好协调
		0.90 ~ 1.00	优质协调

第三节　实证结果分析

一、东北地区省、市级耦合度整体评价

（一）2011～2020年东北三省各市的治理体系现代化——治理能力现代化的耦合度

根据上文所述的耦合协调度计算公式，分别计算出2011～2020年期间，东北三省各市的治理体系现代化与治理能力现代化相互作用的耦合度与耦合协调度，并判断东北三省的耦合协调发展类型及耦合阶段。

表 8 – 3　　　　　2011～2020 年东北三省各市的治理体系
现代化－治理能力现代化的耦合度

区域	城市	2011年	2012年	2013年	2014年	2015年	2016年	2017年	2018年	2019年	2020年	均值	排序
辽宁	沈阳	0.983	0.996	0.998	0.999	0.999	1.000	0.999	0.996	1.000	0.999	0.997	2
	大连	0.999	1.000	1.000	1.000	1.000	1.000	1.000	0.989	0.990	0.997	0.997	1
	鞍山	0.813	0.822	0.825	0.830	0.826	0.811	0.830	0.832	0.837	0.837	0.826	8
	抚顺	0.814	0.821	0.831	0.851	0.864	0.883	0.883	0.875	0.869	0.866	0.856	6
	本溪	0.772	0.777	0.789	0.833	0.816	0.806	0.820	0.825	0.828	0.834	0.810	10
	丹东	0.750	0.754	0.773	0.779	0.767	0.754	0.747	0.746	0.751	0.749	0.757	15
	锦州	0.805	0.802	0.801	0.830	0.813	0.807	0.820	0.821	0.824	0.820	0.814	9
	营口	0.728	0.734	0.747	0.750	0.753	0.746	0.782	0.799	0.814	0.816	0.767	13
	阜新	0.656	0.669	0.677	0.696	0.680	0.676	0.697	0.680	0.693	0.707	0.683	29
	辽阳	0.726	0.739	0.727	0.751	0.740	0.728	0.748	0.752	0.756	0.766	0.743	17
	铁岭	0.747	0.744	0.754	0.747	0.739	0.748	0.753	0.770	0.780	0.789	0.757	14
	朝阳	0.691	0.720	0.730	0.736	0.732	0.739	0.739	0.748	0.761	0.772	0.737	20
	盘锦	0.663	0.683	0.700	0.697	0.679	0.688	0.680	0.699	0.717	0.716	0.692	28
	葫芦岛	0.669	0.708	0.719	0.733	0.699	0.739	0.749	0.771	0.753	0.757	0.730	21
	均值	0.773	0.784	0.791	0.802	0.793	0.795	0.803	0.807	0.812	0.816		
吉林	长春	0.977	0.980	0.978	0.986	0.977	0.983	0.990	0.997	0.996	0.993	0.986	4
	吉林	0.839	0.859	0.864	0.881	0.869	0.876	0.901	0.930	0.938	0.945	0.890	5
	四平	0.691	0.703	0.701	0.730	0.689	0.687	0.741	0.763	0.755	0.764	0.722	22
	辽源	0.588	0.605	0.639	0.609	0.607	0.604	0.621	0.627	0.621	0.639	0.616	34
	通化	0.679	0.682	0.689	0.689	0.702	0.695	0.692	0.725	0.714	0.733	0.700	24
	白山	0.633	0.643	0.637	0.640	0.638	0.651	0.639	0.672	0.669	0.670	0.649	31
	白城	0.630	0.661	0.667	0.681	0.682	0.684	0.722	0.723	0.729	0.747	0.692	27
	松原	0.653	0.666	0.668	0.684	0.688	0.703	0.706	0.737	0.737	0.758	0.700	25
	均值	0.711	0.725	0.730	0.738	0.732	0.735	0.751	0.772	0.770	0.781		
黑龙江	哈尔滨	0.973	0.972	0.979	0.987	0.991	0.994	0.993	0.999	1.000	0.999	0.988	3
	齐齐哈尔	0.784	0.852	0.817	0.839	0.854	0.877	0.862	0.865	0.880	0.901	0.853	7
	牡丹江	0.716	0.733	0.706	0.674	0.651	0.679	0.708	0.854	0.845	0.826	0.739	18
	佳木斯	0.756	0.769	0.789	0.694	0.674	0.675	0.722	0.754	0.768	0.788	0.739	19
	鸡西	0.607	0.616	0.613	0.608	0.787	0.620	0.635	0.638	0.768	0.668	0.656	30
	鹤岗	0.748	0.784	0.795	0.790	0.816	0.770	0.764	0.767	0.782	0.793	0.781	11
	双鸭山	0.599	0.612	0.607	0.584	0.631	0.650	0.636	0.614	0.654	0.695	0.628	33

区域	城市	2011年	2012年	2013年	2014年	2015年	2016年	2017年	2018年	2019年	2020年	均值	排序
黑龙江	七台河	0.636	0.631	0.642	0.613	0.619	0.641	0.657	0.676	0.680	0.682	0.648	32
	黑河	0.675	0.696	0.676	0.676	0.689	0.647	0.705	0.729	0.716	0.744	0.695	26
	伊春	0.654	0.710	0.706	0.713	0.700	0.715	0.713	0.718	0.704	0.714	0.705	23
	大庆	0.649	0.665	0.676	0.741	0.759	0.693	0.734	0.968	0.971	0.942	0.780	12
	绥化	0.694	0.715	0.710	0.726	0.706	0.761	0.780	0.792	0.805	0.814	0.750	16
	均值	0.707	0.730	0.726	0.720	0.740	0.727	0.742	0.781	0.798	0.797		

从耦合度来看，从2011～2020年，除丹东市以外，东北三省的其他城市中，治理体系现代化与治理能力现代化的耦合度均有了不同程度的提升。以2020年为例，辽宁省的14个地级市的耦合阶段分为两类：（1）高度耦合。沈阳、大连、鞍山、抚顺、本溪、锦州、营口的耦合度大于0.8，表明截至2020年，沈阳、大连、鞍山、抚顺、本溪、锦州、营口地区的治理体系现代化与治理能力现代化作用的力量相当。（2）磨合耦合。丹东、阜新、辽阳、铁岭、朝阳、盘锦、葫芦岛的耦合度为均位于0.6～0.8，均属于磨合耦合阶段，表明这些地区治理体系现代化与治理能力现代化力量不均。吉林省的8个地级市的耦合阶段分为两类：（1）高度耦合。长春、吉林市属于这一类型，说明长春、吉林地区的治理体系现代化与治理能力现代化作用的力量相当。（2）磨合耦合。四平、辽源、通化、白山、白城、松原市的耦合度位于0.6～0.8，表明吉林省大部分城市的治理体系现代化与治理能力现代化力量不均衡。2020年黑龙江省的12个地级市的耦合阶段分为两类：（1）高度耦合，包含的城市有哈尔滨、齐齐哈尔、牡丹江、大庆、绥化。（2）磨合耦合。佳木斯、鸡西、鹤岗、双鸭山、七台河、黑河、伊春属于磨合耦合阶段。从均值角度分析，东北三省中，耦合度最高前五位城市是大连、沈阳、哈尔滨、长春、吉林，均属于高水平耦合，三大省会城市位居其中，值得注意的是，前五名的城市的经济发展程度均高于其他城市。耦合度最低的后五名城市是阜新、鸡西、白山，七台

河、双鸭山、辽源，均属于磨合阶段，在后五名中，辽宁省、吉林省、黑龙江省的城市数量分别为1、2、2。因此，应关注治理体系现代化与治理能力现代化间的耦合发展。

（二）省级地方政府治理耦合度均值水平对比分析

从图8-2可以看出，2011~2020年这10年间，东北34个市治理耦合度均值水平呈先升后降再升趋势：在2011~2015年逐年小幅上升，从2015~2016年总体均值出现下降，之后的2016~2020年，总体耦合度的增速有所提升，10年间出现较大增长；辽宁省耦合度均值整体高于34市整体均值、吉林与黑龙江均值，说明辽宁省耦合度较高，吉林省耦合度均值走势与辽宁省大体一致，均呈现了先升后降再升趋势，但是其耦合度水平远低于辽宁省，与黑龙江省均值较为接近，黑龙江省耦合度均值波动起伏较多，后期出现迅速增长，在2019年、2020年时，已经与34个市的均值水平接近一致。

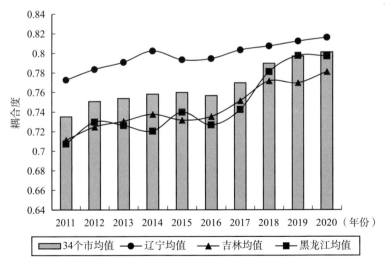

图8-2 省级地方政府治理耦合度均值水平对比

二、东北地区省、市级耦合协调度整体评价

（一）2011~2020年东北三省各市的治理体系现代化——治理能力现代化的耦合协调度

从耦合协调度的时间维度上观测，从2011~2019年，东北三省的大部分城市的治理体系现代化与治理能力现代化耦合协调度均出现了一定水平的提升，而2020年各市的耦合协调度均出现了大幅下降，可能的原因是受到了新冠疫情的影响，导致政府治理在多方面无法正常发挥作用，因此，2020年并不具备代表性。从均值角度进行观察：辽宁省14个地级市的耦合协调度阶段分为3类：（1）初级协调型。沈阳、大连、长春、哈尔滨属于这一类型，耦合协调度的区间为0.6~0.7，表明沈阳、大连、长春、哈尔滨地区的政府治理体系现代化与治理能力现代化之间存在着协同发展、互相促进的状态，同时处于初级协调阶段。另外值得注意的是，处于初级协调阶段的四个城市，三个为各省省会城市，大连属于经济特区，说明经济发展水平高、资源充足的城市，会更容易拥有协调的政府治理关系。（2）勉强协调型。东北三省中只有吉林市属于这一类型，协调度为0.519。（3）濒临失调型。东北三省中，大部分城市均位于濒临失调阶段，鞍山、抚顺、本溪、丹东、锦州、营口、阜新、辽阳、铁岭、朝阳、盘锦、葫芦岛、四平、通化、白山、白城、松原、齐齐哈尔、牡丹江、佳木斯、鸡西、鹤岗、黑河、伊春、大庆、绥化属于这一类型，属于辽宁省的城市有12个，属于吉林省的城市有5个，属于黑龙江省的城市有9个，这些地区的政府治理体系现代化与治理能力现代化的协调程度较低，处于濒临失调的状态，二者互相不能为彼此给予支持、促进，因此这些城市需要完善政府治理体系，提升政府治理能力。（4）轻度失调型发展及以下。七台河、双鸭山、辽源属于这一类型。这些地区的政府治理能力现代化与治理体系现代化已经表现出不协调、不促进，甚至互相阻碍发展的趋势，因此在这些经济

较落后的城市中，科学、系统地推进政府的治理能力与治理体系现代化发展，提升综合实力，成为必要举措。

表 8 – 4　　　　2011～2020 年东北三省各市的治理体系现代化 –
治理能力现代化的耦合协调度

区域	地区	2011年	2012年	2013年	2014年	2015年	2016年	2017年	2018年	2019年	2020年	均值	排序
辽宁	沈阳	0.639	0.651	0.656	0.651	0.661	0.656	0.704	0.675	0.684	0.479	0.646	2
	大连	0.663	0.671	0.668	0.658	0.660	0.678	0.726	0.717	0.695	0.475	0.661	1
	鞍山	0.476	0.482	0.481	0.478	0.476	0.478	0.485	0.487	0.487	0.429	0.476	8
	抚顺	0.476	0.482	0.486	0.494	0.507	0.513	0.509	0.506	0.503	0.436	0.491	7
	本溪	0.456	0.463	0.472	0.479	0.472	0.476	0.481	0.480	0.484	0.428	0.469	10
	丹东	0.444	0.450	0.456	0.456	0.451	0.451	0.448	0.447	0.448	0.406	0.446	14
	锦州	0.468	0.469	0.473	0.481	0.476	0.479	0.482	0.481	0.478	0.425	0.471	9
	营口	0.437	0.442	0.444	0.443	0.446	0.450	0.465	0.473	0.474	0.423	0.450	13
	阜新	0.407	0.412	0.415	0.417	0.414	0.418	0.422	0.419	0.423	0.393	0.414	29
	辽阳	0.435	0.438	0.435	0.438	0.437	0.438	0.445	0.447	0.448	0.409	0.437	19
	铁岭	0.441	0.443	0.444	0.440	0.441	0.447	0.450	0.458	0.460	0.414	0.444	16
	朝阳	0.421	0.433	0.434	0.436	0.437	0.441	0.444	0.451	0.453	0.412	0.436	20
	盘锦	0.406	0.418	0.419	0.414	0.411	0.413	0.414	0.423	0.426	0.397	0.414	28
	葫芦岛	0.409	0.427	0.430	0.428	0.426	0.441	0.449	0.452	0.445	0.409	0.432	22
	均值	0.470	0.477	0.480	0.479	0.480	0.484	0.495	0.494	0.493	0.424		
吉林	长春	0.604	0.606	0.613	0.605	0.610	0.625	0.698	0.703	0.712	0.472	0.625	3
	吉林	0.497	0.510	0.513	0.515	0.512	0.527	0.548	0.557	0.559	0.455	0.519	5
	四平	0.422	0.429	0.431	0.435	0.421	0.430	0.448	0.452	0.452	0.412	0.433	21
	辽源	0.378	0.389	0.397	0.390	0.388	0.387	0.395	0.397	0.395	0.374	0.389	34
	通化	0.415	0.419	0.421	0.423	0.424	0.424	0.428	0.434	0.434	0.402	0.423	23
	白山	0.396	0.400	0.396	0.397	0.398	0.403	0.403	0.414	0.414	0.386	0.401	31
	白城	0.394	0.409	0.410	0.415	0.415	0.423	0.432	0.435	0.440	0.407	0.418	27
	松原	0.403	0.411	0.411	0.416	0.421	0.428	0.432	0.442	0.445	0.411	0.422	25
	均值	0.439	0.447	0.449	0.449	0.449	0.456	0.473	0.479	0.481	0.415		

续表

区域	地区	2011年	2012年	2013年	2014年	2015年	2016年	2017年	2018年	2019年	2020年	均值	排序
黑龙江	哈尔滨	0.595	0.604	0.614	0.624	0.633	0.631	0.653	0.661	0.650	0.471	0.614	4
	齐齐哈尔	0.482	0.487	0.489	0.497	0.506	0.502	0.504	0.511	0.522	0.445	0.495	6
	牡丹江	0.437	0.435	0.429	0.410	0.408	0.420	0.455	0.499	0.495	0.426	0.441	17
	佳木斯	0.455	0.460	0.456	0.422	0.417	0.422	0.438	0.452	0.457	0.411	0.439	18
	鸡西	0.394	0.395	0.393	0.418	0.451	0.393	0.397	0.415	0.443	0.382	0.408	30
	鹤岗	0.452	0.462	0.466	0.472	0.469	0.454	0.453	0.459	0.464	0.415	0.457	12
	双鸭山	0.382	0.385	0.384	0.383	0.401	0.401	0.395	0.393	0.408	0.386	0.392	33
	七台河	0.394	0.390	0.395	0.388	0.393	0.398	0.409	0.415	0.413	0.385	0.398	32
	黑河	0.416	0.419	0.416	0.417	0.417	0.409	0.427	0.436	0.436	0.403	0.420	26
	伊春	0.412	0.427	0.431	0.430	0.425	0.428	0.427	0.427	0.425	0.391	0.422	24
	大庆	0.403	0.415	0.424	0.449	0.445	0.427	0.509	0.588	0.569	0.457	0.469	11
	绥化	0.423	0.432	0.432	0.433	0.436	0.455	0.463	0.471	0.473	0.419	0.444	15
	均值	0.437	0.443	0.444	0.445	0.450	0.445	0.461	0.477	0.480	0.416		

（二）省级地方政府治理耦合协调度均值水平对比分析

从图 8-3 可以看出，2011~2020 年这 10 年间，东北 34 个市治理耦合协调度均值水平呈先升后降趋势：在 2011~2013 年出现第一波快速上升，从 2013~2016 年期间发展速度非常缓慢，接近停滞，但从 2016~2019 年期间，出现了第二波快速增长，但由于 2020 年的新冠疫情，导致耦合协调度出现了大幅度下降；此外，辽宁省、吉林省、黑龙江省的耦合协调度走势与 34 个市均值走势接近一致，其中辽宁省的耦合协调度明显高于吉林省、黑龙江省，说明辽宁省耦合协调度较高，但是经过十年的发展，在 2019 年、2020 年时，三个省的耦合协调度已经与 34 个市的均值水平接近一致。

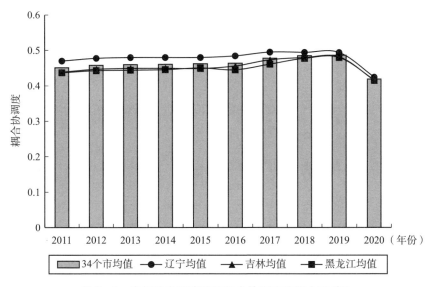

图 8 – 3　省级地方政府治理耦合协调度均值水平对比

三、东北各省市耦合度与耦合协调度的空间分布格局

（一）耦合度的空间分布格局

在时序分析的基础上，根据表 8 – 3 耦合协调度划分标准，运用 ArcGIS 分析软件，绘出研究期内东北三省片区内 34 个市的政府治理体系现代化与治理能力现代化耦合度与耦合协调度的空间分布格局图。

观察 4 年的空间分布图，发现大部分城市的耦合度指数介于 0.5 ~ 0.8 之间，大多处于磨合状态，表明片区内耦合发展状态整体基础相对较好，但仍有待进一步改善。2011 年，东北三省 34 地市耦合系统呈现中部 – 西南部地区高水平耦合、其余地区磨合的发展格局。处于高水平耦合阶段的城市大部分位于辽宁省，其余高水平耦合阶段的城市分属于吉林省、黑龙江省，且主要为省会城市。2014 年耦合系统进一步优化，高水平耦合的范围扩大。齐齐哈尔进阶为高耦合阶段，东营市从高水平耦合阶段优质协调发展类回落至磨合阶段良好协调发展类，其余诸多城

327

推进东北地方政府治理体系和治理能力现代化研究

市仍处于磨合阶段。

2017 年，耦合格局转并没有发生明显改变，与 2014 年相比仍维持原有结构。2020 年，耦合系统较 2017 年相比有较大进步：大庆、绥化、牡丹江摆脱磨合阶段，进入高水平耦合阶段，自此黑龙江省又多出三个位于高耦合阶段的城市，并且 2020 年进入高耦合阶段的城市全部位于黑龙江省，区域内耦合差异缩小。

（二）耦合协调度的空间分布格局

从表 8 - 3 可以看出，2011 ~ 2020 年东北三省片区内 34 个市的政府治理体系现代化与治理能力现代化耦合协调发展整体情况向好，但空间差异性较为明显，具体呈现以下特点：（1）逐步形成以点带面，从线到片的空间格局，2011 年仅有 3 市处于初级协调发展状态，且呈点状零星分布，1 市处于勉强协调状态，2014 年中哈尔滨从勉强协调进入初步协调类型，协调发展的市明显增多，形成以哈尔滨—长春—沈阳—大连为连线，逐步带动周边城市实现耦合协调发展状态的向好转变；2017 年，在片区西北部区域，齐齐哈尔、大庆市从轻度失调类型转为濒临失调类型，协调水平有所提升，逐步带动周边城市实现耦合协调发展升级。2020 年由于疫情影响，东北三省整体上耦合协调发展有所退化，处于濒临失调状态，以哈尔滨、长春、沈阳、大连协调退后最为明显，濒临失调的范围仍在持续扩大。（2）中心区域呈现明显的辐射效应。研究期内，逐步形成了以片区西南部大连、南部沈阳、中部长春、哈尔滨等为代表的中心区域城市，这些中心区域城市作为省会及经济发达城市，经济发展动力强，城镇化程度高，基础设施完备，政府治理现代化与治理能力现代化耦合协调度一直处于相对较好的水平，对周边县（市）起到了良好的示范作用，呈现明显的辐射效应。沈阳市作为辽宁省的省会，耦合协调发展水平位居第二，辐射带动周边多市实现了耦合协调发展升级。（3）片区北部、东北部部分城市耦合协调发展停滞。研究期内，主要分布在黑龙江省东部、北部，一直处于轻度、中度失调状态。与其他区域相比，这些城市经济城镇化与社会城镇化进程相对落后，近十年内人均 GDP、居民收入、政府财政收入、资源等指标值虽然都得到了一定程度的提升，但仍然处于低位徘徊，阻碍了政府治理能力现代化与治理体系现代化耦合发展状态的改善。

四、政府治理体系现代化—能力现代化的耦合度与耦合协调度市级水平分析

1. 沈阳市耦合度与耦合协调度分析

从图 8 - 4 可以看到，沈阳市政府治理体系现代化与治理能力现代化的耦合度接近于1，整体波动幅度较小，耦合度增长率也一直在 0 左右徘徊。在耦合协调度方面的变动大于耦合度，耦合协调度的最高点位于2017 年，同时后期的耦合协调度发展好于前期，但在疫情暴发后的 2020年出现明显下降趋势。在耦合协调度增长率方面，2011 ~ 2016 年波动较为平稳（呈小"V"型），但从 2016 ~ 2020 年出现剧烈波动（呈大"V"型），其中 2017 年增速最高，达到 7.4%，2020 年降幅最大，达到 30%。

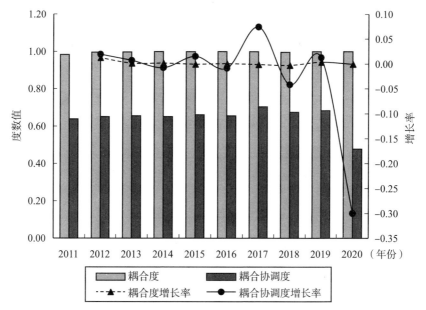

图 8 - 4　沈阳市耦合度与耦合协调度水平及年增速

2. 大连市耦合度与耦合协调度分析

大连市的耦合度、耦合协调度走向与沈阳市基本一致：大连市的政府治理体系现代化与治理能力现代化的耦合度接近于1，整体波动幅度较小，耦合度增长率也一直在0左右徘徊。但在耦合协调度方面的变动明显大于耦合度变动，耦合协调度的最高点出现在2017年，随后一直呈现下降趋势，尤其是在疫情暴发后的2020年出现明显下降趋势。在耦合协调度增长率方面，2011~2014年一直呈现下降状态，但从2014~2017年持续上升，其中2017年增速最高，达到7.1%，2020年降幅最大，达到31.7%。

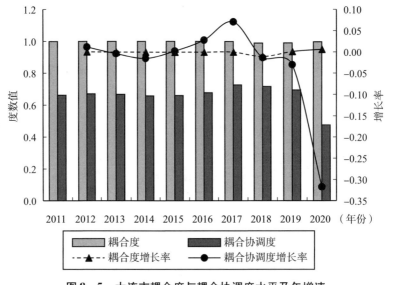

图 8-5 大连市耦合度与耦合协调度水平及年增速

3. 鞍山市耦合度与耦合协调度分析

由图 8-6 可知，鞍山市的耦合度、耦合协调度均出现大范围的波动。鞍山市的政府治理体系现代化与治理能力现代化的耦合度从2011年至2013年呈现平稳上升，2013~2015年，耦合度保持不变，2016年呈现出下降趋势，但从2016~2020年，则呈现出波动上升的状态。耦

合度的最大值出现在 2020 年，为 0.84。在耦合度增长率方面，2015
年、2016 年的增长率为负数，其余均为正值，增长率的最大值出现在
2012 年，为 1.1%；最小值出现在 2016 年，为 -1.8%。在耦合协调度
方面，除去受疫情影响的 2020 年，耦合协调度整体呈现出变化幅度微
小的趋势，几乎没有变化。耦合协调度的最高点出现在 2019 年，为
0.49。在耦合协调度增长率方面，2013 年、2014 年、2015 年、2020 年
的耦合协调度增长率为负值，但是数值很小，说明耦合协调度的波动幅
度小，耦合协调度增长率的最小值位于 2020 年，为 -11.9%，2017 年
增速最高，为 1.5%。

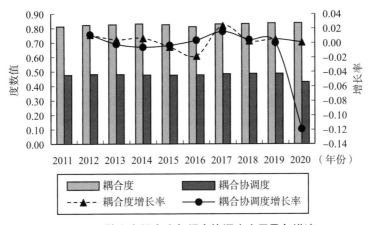

图 8 - 6　鞍山市耦合度与耦合协调度水平及年增速

4. 抚顺市耦合度与耦合协调度分析

由图 8 - 7 可知，抚顺市的耦合度、耦合协调度均出现大范围的波
动。其中抚顺市的政府治理体系现代化与治理能力现代化的耦合度呈现
出先上升再下降的趋势，从 2011 年至 2017 年均平稳上升，但从 2017 ~
2020 年呈现出下降趋势。耦合度的最大值出现在 2017 年，为 0.88。在
耦合度增长率方面，2018 年、2019 年、2020 年的增长率为负数，其余
均为正值，增长率的最大值出现在 2016 年，为 3.6%；最小值出现在
2014 年，为 -4.5%。在耦合协调度方面，耦合协调度整体呈现出先上

升、最终下降的趋势。耦合协调度的最高点出现在 2017 年。在耦合协调度增长率方面，2017 年、2018 年、2019 年、2020 年的耦合协调度增长率为负值，说明耦合协调度的波动幅度大，耦合协调度增长率的最小值位于 2020 年，为 -13.3% ，2015 年增速最高，达到 2.6% 。

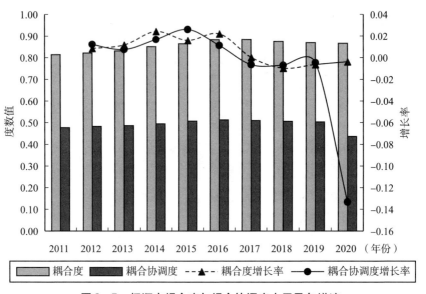

图 8-7　抚顺市耦合度与耦合协调度水平及年增速

5. 本溪市耦合度与耦合协调度分析

由图 8-8 可知，本溪市的耦合度、耦合协调度均出现大范围的波动。其耦合度从 2011 年至 2014 年上升，2014~2016 年呈现出下降趋势，但从 2016~2020 年，则呈现出逐年缓慢上升的状态，耦合度的最大值出现在 2020 年，为 0.83。在耦合度增长率方面，2015 年、2016 年的增长率为负数，其余均为正值，增长率的最大值出现在 2017 年，为 1.8% ；最小值出现在 2015 年，为 -2% 。在耦合协调度方面，除去受疫情影响的 2020 年，耦合协调度整体呈现出上升—下降—上升—下降—上升的趋势。耦合协调度的最高点出现在 2017 年。在耦合协调度增长率方面，2015 年、2018 年、2020 年的耦合协调度增长率为负值，说明耦合协调度的波动幅度大，耦合协调度增长率的最小值位于 2020 年，为 - 11.5%，2014 年增速最高，达到 2.4%。

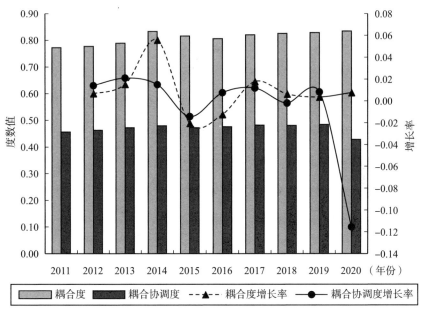

图 8 - 8　本溪市耦合度与耦合协调度水平及年增速

6. 丹东市耦合度与耦合协调度分析

由图 8 - 9 可知，丹东市的耦合度、耦合协调度均出现大范围的波动。其中丹东市的政府治理体系现代化与治理能力现代化的耦合度呈现出上升—下降—上升—下降的特征，下降转折点出现在 2015 年、2016 年、2017 年、2020 年。耦合度的最大值出现在 2014 年，为 0.46。在耦合度增长率方面，2015 年、2016 年、2017 年、2020 年的增长率为负数，其余均为正值，增长率的最大值出现在 2013 年，为 2.4%；最小值出现在 2016 年，为 - 1.6%。在耦合协调度方面，除去受疫情影响的 2020 年，耦合协调度整体呈现出先上升、再下降、再上升、再下降、最终上升的趋势。耦合协调度的最高点出现在 2014 年。在耦合协调度增长率方面，2015 年、2017 年、2018 年、2020 年的耦合协调度增长率为负值，说明耦合协调度的波动幅度大，耦合协调度增长率的最小值位于 2020 年，为 – 9.4%，2012 年增速最高，达到 1.4%。

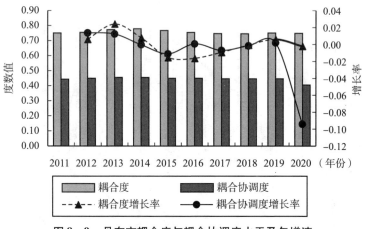

图 8 – 9　丹东市耦合度与耦合协调度水平及年增速

7. 锦州市耦合度与耦合协调度分析

由图 8 – 10 可知，锦州市的耦合度、耦合协调度均出现大范围的波动。其中耦合度呈现出下降—上升—下降—上升—下降的走势，在整体上升的过程中，下降转折点出现在 2012 年、2013 年、2015 年及 2020 年。耦合度的最大值出现在 2019 年，为 0.82。在耦合度增长率方面，2012 年、2013 年、2015 年及 2020 年的增长率为负数，其余均为正值，增长率的最大值出现在 2014 年，为 3.6%；最小值出现在 2016 年，为 – 0.8%。在耦合协调度方面，除去受疫情影响的 2020 年，耦合协调度整体呈现出先上升、再下降、再上升、最终下降的趋势。耦合协调度的最高点出现在 2017 年。在耦合协调度增长率方面，2015 年、2019 年、2020 年的耦合协调度增长率为负值，说明耦合协调度的波动幅度大，耦合协调度增长率的最小值位于 2020 年，为 – 11.1%，2014 年增速最高，达到 1.6%。

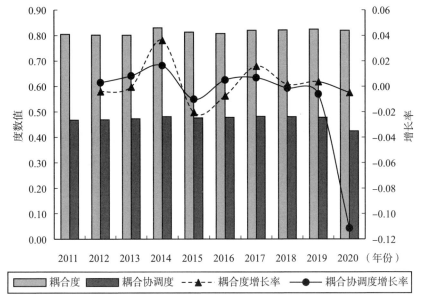

图 8 - 10　锦州市耦合度与耦合协调度水平及年增速

8. 营口市耦合度与耦合协调度分析

由图 8 - 11 可知，营口市的耦合度、耦合协调度均出现了一定范围的波动。营口市的政府治理体系现代化与治理能力现代化的耦合度从 2011 年至 2014 年，整体呈缓慢增长状态，2014～2016 年，耦合度出现下降趋势，2016～2019 年出现较大幅度的增长。在 2016 年耦合度增长率为最低值 - 10%，2017 年为最大值 3.3%。在耦合协调度方面，除去受疫情影响的 2020 年，耦合协调度的变动小于耦合度的变动，耦合协调度的最高点出现在 2019 年。在耦合协调度增长率方面，2011～2013 年呈现增长速度逐渐放缓的状态，但在 2014 年耦合协调度增长率为负数，此后从 2015 年持续上升，其中 2017 年增速最高，达到 3.3%，2020 年下降幅度最大，达到 10.9%。

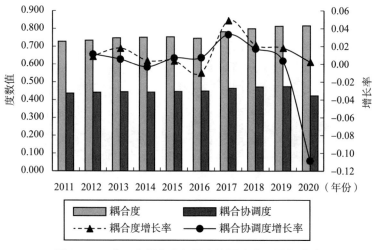

图 8-11　营口市耦合度与耦合协调度水平及年增速

9. 阜新市耦合度与耦合协调度分析

由图 8-12 可知，阜新市的耦合度、耦合协调度均出现大范围的波动。其中阜新市的政府治理体系现代化与治理能力现代化的耦合度呈现出上升—下降—上升—下降—上升的趋势，在整体上升的过程中，下降转折点出现在 2015 年及 2018 年，耦合度的最大值出现在 2020 年，为 0.71。在耦合度增长率方面，2015 年、2018 年的增长率为负数，其余均为正值，增长率的最大值出现在 2017 年，为 3.1%；最小值出现在 2018 年，为 -2.5%。在耦合协调度方面，耦合协调度整体呈现出先上升、再下降、最终上升的趋势。耦合协调度的最高点出现在 2019 年。在耦合协调度增长率方面，2015 年、2018 年、2020 年的耦合协调度增长率为负值，说明耦合协调度的波动幅度大，耦合协调度增长率的最小值位于 2018 年，为 -7%，2012 年增速最高，达到 1.4%。

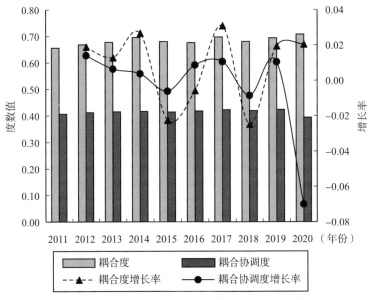

图 8 – 12　阜新市耦合度与耦合协调度水平及年增速

10. 辽阳市耦合度与耦合协调度分析

由图 8 – 13 可知，辽阳市的耦合度、耦合协调度均出现大范围的波动。其中耦合度呈现出多次波动：在持续上升的过程中，出现了 2013 年、2015 年、2016 年三个下降转折点，耦合度的最大值出现在 2020 年，为 0.77。在耦合度增长率方面，2013 年、2015 年、2016 年的增长率为负数，其余均为正值，增长率的最大值出现在 2014 年，为 3.3%；最小值出现在 2015 年，为 – 1.5%。在耦合协调度方面，耦合协调度整体呈现出上升—下降—上升—下降—上升的趋势，耦合协调度的最高点出现在 2019 年。在耦合协调度增长率方面，2013 年、2015 年、2020 年的耦合协调度增长率为负值，说明耦合协调度的波动幅度大，耦合协调度增长率的最小值位于 2020 年，为 – 8.7%，2012 年增速最高，达到 2.04%。

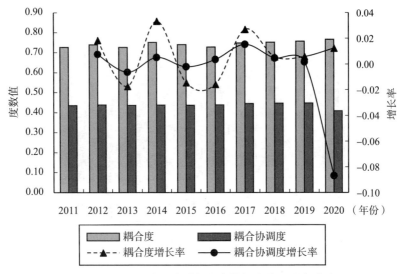

图 8 – 13　辽阳市耦合度与耦合协调度水平及年增速

11. 铁岭市耦合度与耦合协调度分析

由图 8 – 14 可知，铁岭市的耦合度、耦合协调度均出现大范围的波动。其中耦合度呈现出下降—上升—下降—上升的趋势，从 2011 年至 2012 年下降，2012～2014 年呈现出上升趋势，但 2015 年又出现下降，最终 2015～2020 年呈现出逐年平稳上升的趋势。耦合度的最大值出现在 2020 年，为 0.79。在耦合度增长率方面，2012 年、2014年、2015 年的增长率为负数，其余均为正值，增长率的最大值出现在2018 年，为 2.3%；最小值出现在 2015 年，为 – 1.04%。在耦合协调度方面，耦合协调度整体呈现出先上升、再下降，最终上升的趋势，耦合协调度的最高点出现在 2019 年。在耦合协调度增长率方面，2014 年、2020 年的耦合协调度增长率为负值，说明耦合协调度的波动幅度大，耦合协调度增长率的最小值位于 2020 年，为 – 10%，2018 年增速最高，达到 1.7%。

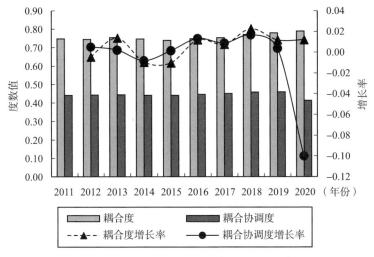

图 8 - 14　铁岭市耦合度与耦合协调度水平及年增速

12. 朝阳市耦合度与耦合协调度分析

由图 8 - 15 可知，朝阳市的耦合度、耦合协调度均出现大范围的波动。其中耦合度呈现出上升—下降—上升—下降的趋势，从 2011 年至 2014 年持续上升，2015 年下降，2015～2018 年则呈现出逐年缓慢上升的状态，但 2018～2020 则又开始下降。耦合度的最大值出现在 2018 年，为 0.77。在耦合度增长率方面，2015 年、2019 年、2020 年的增长率为负数，其余均为正值，增长率的最大值出现在 2012 年，为 5.8%；最小值出现在 2015 年，为 - 4.6%。耦合协调度整体呈现出先上升、再下降的趋势。2011～2018 年，耦合协调度持续上升，2018～2020 年出现下降趋势。耦合协调度的最高点出现在 2018 年，为 0.45。在耦合协调度增长率方面，2014 年、2019 年、2020 年的耦合协调度增长率为负值，说明耦合协调度的波动幅度大，2020 年的耦合协调度增长率为最小值 - 8.1%，2012 年增速最高，达到 4.3%。

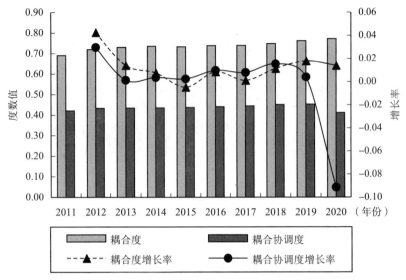

图 8 – 15　朝阳市耦合度与耦合协调度水平及年增速

13. 盘锦市耦合度与耦合协调度分析

由图 8 – 16 可知，盘锦市的耦合度、耦合协调度均出现一定范围的波动。锦州市的政府治理体系现代化与治理能力现代化的耦合度从 2011 年至 2014 年，呈现增长速度逐渐放缓的状态，2014～2015 年，耦合度下降明显，2016～2020 年出现较大波动变化，但整体为增长趋势。2015 年的耦合度为 0.679。耦合度增长率方面，2014 年、2015 年、2017 年的增长率为负数，增长率的最大值出现在 2012 年，为 3%；最小值出现在 2017 年，为 - 2.6%。在耦合协调度方面，除去受疫情影响的 2020 年，耦合协调度的变动小于耦合度的变动，耦合协调度的最高点出现在 2019 年。在耦合协调度增长率方面，2014～2015 年的耦合协调度增长率为负值，2020 年为最小值 - 6.9%，其中 2012 年增速最高，达到 3%。

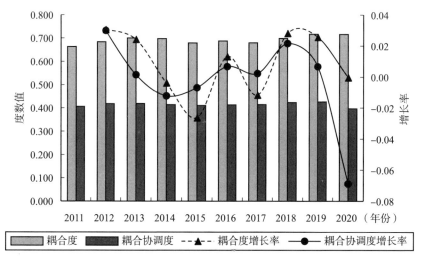

图 8 - 16　盘锦市耦合度与耦合协调度水平及年增速

14. 葫芦岛市耦合度与耦合协调度分析

由图 8 - 17 可知，葫芦岛市的耦合度、耦合协调度均出现大范围的波动。其中耦合度从 2011 年至 2014 年上升，2014 ~ 2015 年呈现出下降趋势，从 2015 ~ 2018 年呈现出逐年平稳上升的状态，但 2018 ~ 2020 年又开始下降。其中耦合度的最大值出现在 2018 年，为 0.682。在耦合度增长率方面，2012 年、2014 年的增长率为负数，其余均为正值，增长率的最大值出现在 2012 年，为 5.8%；最小值出现在 2015 年，为 - 4.6%。在耦合协调度方面，耦合协调度整体呈现出先上升、下降、再上升、最终下降的趋势。耦合协调度的最高点出现在 2018 年，为 0.45。在耦合协调度增长率方面，2014 年、2015 年、2019 年、2020 年的耦合协调度增长率为负值，说明耦合协调度的波动幅度大，耦合协调度增长率的最小值位于 2020 年，为 - 8.1%，2012 年增速最高，达到 4.3%。

15. 长春市耦合度与耦合协调度分析

长春市的耦合度、耦合协调度走向与沈阳市、大连市基本一致：长春市的政府治理体系现代化与治理能力现代化的耦合度接近于 1，整体波动幅度较小，耦合度增长率也一直在 0 左右徘徊。但在耦合协调度方

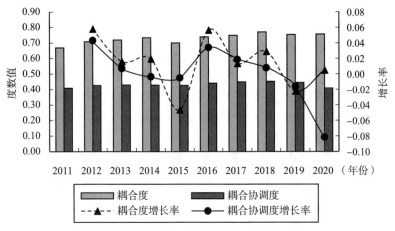

图8-17　葫芦岛市耦合度与耦合协调度水平及年增速

面的变动明显大于耦合度变动，耦合协调度一直呈现缓慢上升趋势，最高点出现在2019年，为0.712，但在疫情暴发后的2020年出现明显下降，同时也是最低值，为0.472。在耦合协调度增长率方面，2014年及2020年的增长率为负，其中2020年降幅最大，达到-33.7%，增速最高的年份为2016年，达到23%。

16. 吉林市耦合度与耦合协调度分析

由图8-19可知，吉林市的耦合度、耦合协调度均出现一定范围的波动。吉林市的政府治理体系现代化与治理能力现代化的耦合度从2011年至2012年，呈现快速增长，2012~2014年增长速度逐渐放缓，2014~2015年，耦合度明显下降，但从2016~2020年呈现出持续上升的状态。耦合度增长率方面，2014年为负数，-1.3%；增长率的最大值出现在2018年，为3.1%。在耦合协调度方面，除去受疫情影响的2020年，耦合协调度的变动小于耦合度的变动，耦合协调度方面，除2015年外，整体呈现出上升趋势。最高点出现在2019年，2020年受疫情影响，耦合协调度出现明显下降。在耦合协调度增长率方面，2015年、2020年的耦合协调度增长率为负值，最小值位于2020年，为-18.6%，2017年增速最高，达到4%。

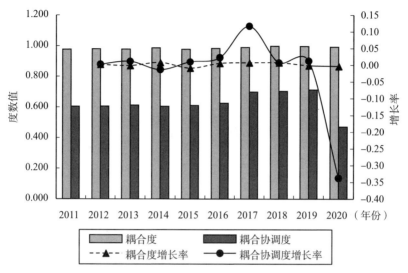

图 8 – 18　长春市耦合度与耦合协调度水平及年增速

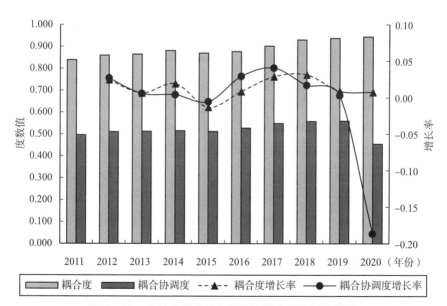

图 8 – 19　吉林市耦合度与耦合协调度水平及年增速

17. 四平市耦合度与耦合协调度分析

由图 8 - 20 可知，四平市的耦合度、耦合协调度均出现大范围的波动。其中耦合度呈现出多次波动，但整体仍处于上升状态，下降的转折点位于 2013 年、2015 年、2016 年、2019 年。其中耦合度的最大值出现在 2020 年，为 0.76。在耦合度增长率方面，2013 年、2015 年、2016 年、2019 年的增长率为负数，其余均为正值，增长率的最大值出现在 2017 年，为 7.9%；最小值出现在 2015 年，为 - 4.6%。在耦合协调度方面，耦合协调度整体呈现出先上升、下降、再上升、最终下降的趋势。耦合协调度的最高点出现在 2018 年，为 0.45。在耦合协调度增长率方面，2014 年、2015 年、2019 年、2020 年的耦合协调度增长率为负值，说明耦合协调度的波动幅度大，耦合协调度增长率的最小值位于 2020 年，为 - 8.1%，2012 年增速最高，达到 4.3%。

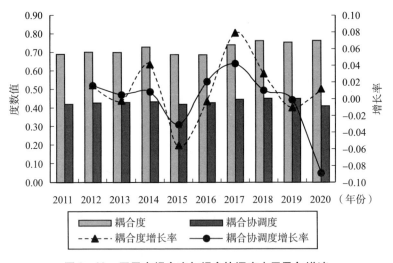

图 8 - 20　四平市耦合度与耦合协调度水平及年增速

18. 辽源市耦合度与耦合协调度分析

由图 8 - 21 可知，辽源市的耦合度、耦合协调度均出现大范围的波动。从政府治理体系现代化与治理能力现代化的耦合度看来，从 2011

年至 2013 年，呈现整体增长状态，2013～2016 年，耦合度下降明显，2016～2020 年出现较大波动变化，但整体呈增长态势。耦合度的最大值为 2020 年的 0.639。耦合度增长率方面，2014 年、2015 年、2019 年的增长率为负数，增长率的最大值出现在 2013 年，为 5.7%；最小值出现在 2019 年，为 -1%。在耦合协调度方面，耦合协调度的变动小于耦合度的变动，呈现出上升—下降—增长—下降的趋势，耦合协调度的最高点出现在 2013 年和 2018 年。在耦合协调度增长率方面，2014 年、2016 年、2019 年、2020 年的耦合协调度增长率为负值，其余均为正值，2020 年降幅最大，达到 -5.2%，2012 年增速最高，达到 2.9%。

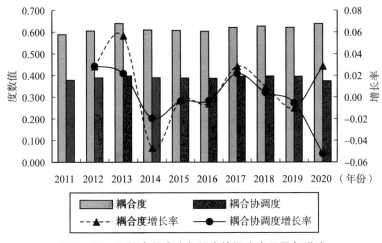

图 8 - 21　辽源市耦合度与耦合协调度水平及年增速

19. 通化市耦合度与耦合协调度分析

由图 8 - 22 可知，**通化市**的耦合度、耦合协调度均出现大范围的波动。其中耦合度呈现上升—下降—上升—下降—上升的波动趋势，下降转折点出现在 2016 年、**2017** 年、2019 年。其中耦合度的最大值出现在 2020 年，为 0.73。在**耦合度**增长率方面，2016 年、2017 年、2019 年的增长率为负数，其余均为**正值**，增长率的最大值出现在 2018 年，为 4.8%；最小值出现在 2019 年，**为** -1.5%。在耦合协调度方面，耦合协调度整体呈现出先上升、下降、再上升、最终下降的趋势。耦合协调度的最高点出现在 2018 年，为 0.43。在耦合协调度增长率方面，2016 年、2020 年的耦合协调度增长率为负值，说明耦合协调度的波动幅度大，耦合协调度增长率的最小值位于 2020 年，为 -7.4%，2018 年增速最高，达到 1.4%。

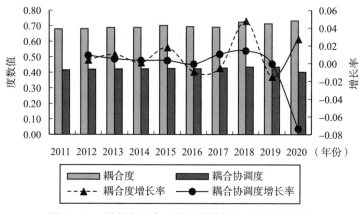

图 8-22 通化市耦合度与耦合协调度水平及年增速

20. 白山市耦合度与耦合协调度分析

由图 8-23 可知，白山市的耦合度、耦合协调度均出现大范围的波动。其中耦合度总体呈增长态势，但过程中呈现出多次波动起伏，下降的转折点分别出现在 2013 年、2015 年、2017 年、2019 年，其中耦合度的最大值出现在 2018 年，为 0.67。在耦合度增长率方面，2013 年、2015 年、2017 年、2019 年的增长率为负数，其余均为正值，增长率的最大值出现在 2018 年，为 5.2%；最小值出现在 2017 年，为 -1.9%。在耦合协调度方面，耦合协调度整体呈现出先上升、下降、再上升、最终下降的趋势。耦合协调度的最高点出现在 2019 年，为 0.41。在耦合协调度增长率方面，2013 年、2020 年的耦合协调度增长率为负值，说明耦合协调度的波动幅度大，耦合协调度增长率的最小值位于 2020 年，为 -6.2%，2018 年增速最高，达到 2.8%。

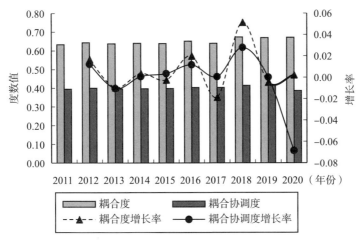

图 8 - 23　白山市耦合度与耦合协调度水平及年增速

21. 白城市耦合度与耦合协调度分析

由图 8 - 24 可知，白城市的耦合度、耦合协调度均出现大范围的波动。其中耦合度呈现出持续上升的趋势，从 2011 年的 0.63 增至 2020 年

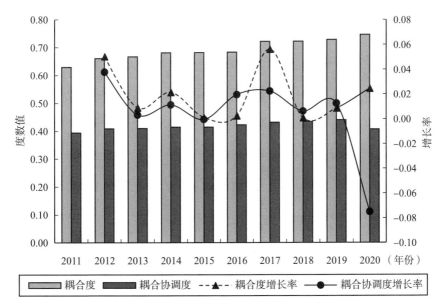

图 8 - 24　白城市耦合度与耦合协调度水平及年增速

的 0.75。耦合度增长率均为正值，但增长率呈现出明显波动，增长率的最大值出现在 2017 年，为 5.6%；最小值出现在 2015 年，为 0.1%。在耦合协调度方面，除受疫情影响的 2020 年出现下降外，2011～2014 年整体上升，2015 年下降，其后 2016～2019 年耦合协调度整体呈现上升的趋势。耦合协调度的最高点出现在 2019 年，为 0.44。在耦合协调度增长率方面，2015 年、2020 年的耦合协调度增长率为负值，说明耦合协调度的波动幅度大，耦合协调度增长率的最小值位于 2020 年，为 -7.5%，2012 年增速最高，达到 3.8%。

22. 松原市耦合度与耦合协调度分析

由图 8-25 可知，松原市的耦合度、耦合协调度均出现大范围的波动。其中耦合度呈现出持续上升的趋势，从 2011 年的 0.65 增至 2020 年的 0.76。耦合度增长率均为正值，但增长率呈现出明显波动，增长率的最大值出现在 2018 年，为 4.4%；最小值出现在 2019 年，为 0.01%。在耦合协调度方面，耦合协调度整体呈现出整体上升、最终下降的趋势，上升区间为 2011～2019 年，2020 年的下降可能是受到疫情影响，耦合协调度的最高点出现在 2010 年，为 0.44。在耦合协调度增

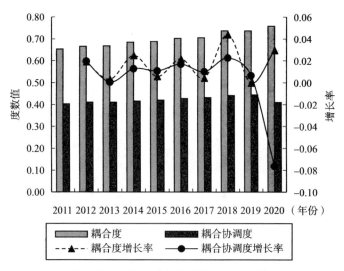

图 8-25　松原市耦合度与耦合协调度水平及年增速

长率方面，耦合协调度增长率出现反复波动的状况，但除 2020 年以外，均大于 0，耦合协调度增长率的最小值位于 2020 年，为 – 7.6%，2018年增速最高，达到 2.2%。

23. 哈尔滨市耦合度与耦合协调度分析

由图 8 – 26 可知，哈尔滨市的耦合度、耦合协调度走势与沈阳、大连基本一致：哈尔滨市政府治理体系现代化与治理能力现代化的耦合度接近于 1，整体波动幅度较小，耦合度增长率也一直在 0 左右徘徊。在耦合协调度方面的变动大于耦合度，耦合协调度的最高点位于 2018 年，同时后期的耦合协调度发展好于前期，但在疫情暴发后的 2020 年出现明显下降趋势。在耦合协调度增长率方面，2011 ~ 2016 年波动较为平稳（呈小 "V" 型），但从 2016 ~ 2020 年出现剧烈波动（呈大 "V" 型），其中 2017 年增速最高，达到 3.5%，2020 年降幅最大，达到 27.5%。

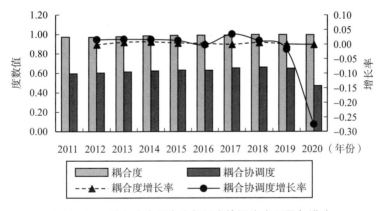

图 8 – 26　哈尔滨市耦合度与耦合协调度水平及年增速

24. 齐齐哈尔市耦合度与耦合协调度分析

由图 8 – 27 可知，齐齐哈尔市的耦合度、耦合协调度均出现多次 "V" 型波动。齐齐哈尔市的政府治理体系现代化与治理能力现代化的耦合度从 2011 年至 2012 年出现增长，2012 年、2013 年，耦合度下降明显，除 2016 年再次出现下降外，2013 ~ 2020 则呈现出整体稳步增长的趋势。

耦合度增长率方面，2013 年、2017 年的增长率为负数，增长率的最大值出现在 2012 年，为 8.4%；最小值出现在 2013 年，为 -4.1%。在耦合协调度方面，除去受疫情影响的 2020 年外，耦合协调度呈现出了上升—下降—上升的趋势，最高点出现在 2019 年。在耦合协调度增长率方面，2016 年、2020 年的耦合协调度增长率为负值，其余均为正值，耦合增长率的最小值出现在 2020 年，为 -6.9%，最大值出现在 2017 年，达到 2.9%。

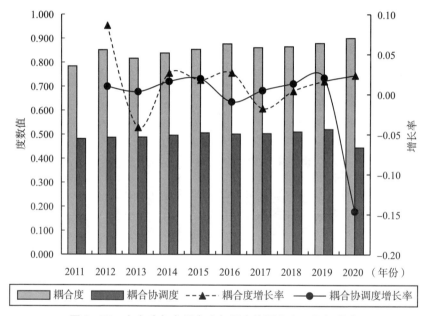

图 8 - 27　齐齐哈尔市耦合度与耦合协调度水平及年增速

25. 牡丹江市耦合度与耦合协调度分析

由图 8 - 28 可知，牡丹江市的耦合度、耦合协调度均出现大范围的波动。其中耦合度呈现出上升—下降—上升—下降的趋势，下降转折点出现在 2013 年、2014 年、2015 年、2019 年、2020 年，但 2020 的耦合度仍大于 2011 年的耦合度，说明整体波动增长。在耦合度增长率方面，2013 年、2014 年、2015 年、2019 年、2020 年的增长率为负数，其余均为正值，增长率的最大值出现在 2017 年，为 4.4%；最小值出现在 2014 年，为 -4.6%。在耦合协调度方面，耦合协调度整体呈现出先下降、再上升、最终下降的趋势。耦合协调度的最高点出现在 2018 年，为 0.50。在耦合协调度增长率方面，2012 年、2013 年、2014 年、2019 年、2020 年的耦合协调度增长率为负值，说明耦合协调度的波动幅度大，耦合协调度增长率的最小值位于 2014 年，为 -4.3%，2018 年增速最高，达到 8.2%。

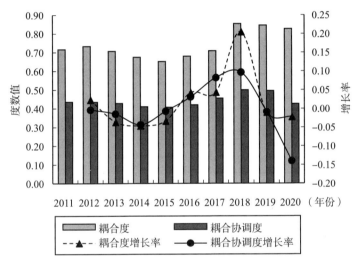

图 8-28　牡丹江市耦合度与耦合协调度水平及年增速

26. 佳木斯市耦合度与耦合协调度分析

由图 8-29 可知，佳木斯市的耦合度、耦合协调度均出现大范围的波动。其中耦合度从 2011~2014 年上升，2014~2016 年呈现出下降趋势，从 2016~2020 年呈现出逐年平稳上升的状态，其中耦合度的最大值出现在 2020 年，为 0.79。在耦合度增长率方面，2014 年、2015 年的增长率为负数，其余均为正值，增长率的最大值出现在 2017 年，为 7.1%；最小值出现在 2015 年，为 -3.0%。在耦合协调度方面，耦合协调度整体呈现出先上升、下降、再上升、最终下降的趋势。耦合协调度的最高点出现在 2019 年，为 0. 46。在耦合协调度增长率方面，2013 年、2014 年、2015 年、2020 年的耦合协调度增长率为负值，说明耦合协调度的波动幅度大，耦合协调度增长率的最小值位于 2014 年，为 −7. 3%，2017 年增速最高，达到 3. 9%。

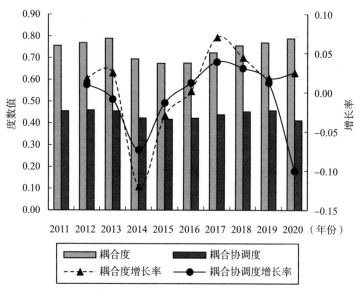

图 8−29　佳木斯市耦合度与耦合协调度水平及年增速

27. 鸡西市耦合度与耦合协调度分析

由图 8−30 可知，鸡西市的耦合度、耦合协调度均出现大范围的波动。其中耦合度呈现出多次波动、总体上升的趋势。下降的转折点位于 2013 年、2014 年、2016 年、2020 年。其中耦合度的最大值出现在 2015 年，为 0. 79。在耦合度增长率方面，2013 年、2014 年、2016 年、2020 年的增长率为负数，其余均为正值，增长率的最大值出现在 2015 年，为 29. 3%；最小值出现在 2016 年，为 −21. 2%。在耦合协调度方面，耦合协调度整体呈现出先上升、下降、再上升、最终下降的趋势。耦合协调度的最高点出现在 2019 年，为 0. 44。在耦合协调度增长率方面，2013 年、2016 年、2020 年的耦合协调度增长率为负值，说明耦合协调

度的波动幅度大，耦合协调度增长率的最小值位于 2020 年，为
－13.9%，2015 年增速最高，达到 7.8%。

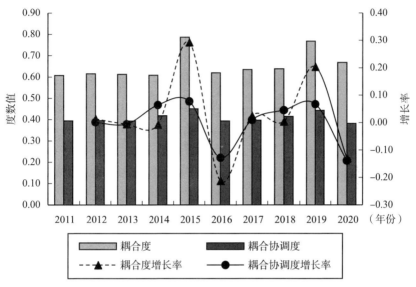

图 8 － 30　鸡西市耦合度与耦合协调度水平及年增速

28. 鹤岗市耦合度与耦合协调度分析

由图 8 － 31 可知，鹤岗市的耦合度、耦合协调度均出现大范围的波
动。其中耦合度呈现出多次波动、总体上升的趋势。下降的转折点位于
2014 年、2016 年、2017 年。其中耦合度的最大值出现在 2015 年，为
0.82。在耦合度增长率方面，2014 年、2016 年、2017 年的增长率为负
数，其余均为正值，增长率的最大值出现在 2012 年，为 4.9%；最小值
出现在 2016 年，为 －5.6%。在耦合协调度方面，耦合协调度整体呈现
出先上升、下降、再上升、最终下降的趋势。耦合协调度的最高点出现
在 2019 年，为 0.46。在耦合协调度增长率方面，2015 年、2016 年、
2017 年、2020 年的耦合协调度增长率为负值，说明耦合协调度的波动
幅度大，耦合协调度增长率的最小值位于 2016 年，为 －3.3%，2012 年
增速最高，达到 2.2%。

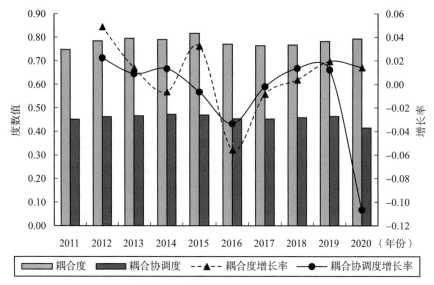

图8-31 鹤岗市耦合度与耦合协调度水平及年增速

29. 双鸭山市耦合度与耦合协调度分析

由图8-32可知，双鸭山市的耦合度、耦合协调度均出现大范围的波动。其中双鸭山市的政府治理体系现代化与治理能力现代化的耦合度呈现出多次波动、总体上升的趋势。下降的转折点位于2013年、2014年、2017年。其中耦合度的最大值出现在2020年，为0.69。在耦合度增长率方面，2013年、2014年、2017年的增长率为负数，其余均为正值，增长率的最大值出现在2015年，为8.2%；最小值出现在2018年，为-3.5%。在耦合协调度方面，耦合协调度整体也呈现出多次波动、最终上升的趋势。耦合协调度的最高点出现在2019年，为0.41。在耦合协调度增长率方面，2013年、2014年、2016年、2017年、2018年、2020年的耦合协调度增长率为负值，说明耦合协调度的波动幅度大，耦合协调度增长率的最小值位于2017年，为-1.5%，2015年增速最高，达到4.7%。

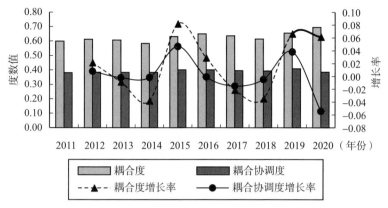

图8-32　双鸭山市耦合度与耦合协调度水平及年增速

30. 七台河市耦合度与耦合协调度分析

由图8-33可知，七台河市的耦合度、耦合协调度均出现大范围的波动。七台河市的政府治理体系现代化与治理能力现代化的耦合度从2011年至2012年上升，2012~2013年呈现出下降趋势，但从2014~2020年，则呈现出逐年缓慢上升的状态。耦合度的最大值出现在2020

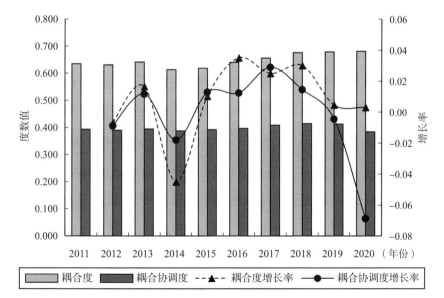

图8-33　七台河市耦合度与耦合协调度水平及年增速

年，为 0.682。在耦合度增长率方面，2012 年、2014 年的增长率为负数，其余均为正值，增长率的最大值出现在 2016 年，为 3.6%；最小值出现在 2014 年，为 - 4.5%。在耦合协调度方面，除去受疫情影响的 2020 年，耦合协调度整体呈现出先下降、再上升、又下降的趋势。耦合协调度的最高点出现在 2018 年。在耦合协调度增长率方面，2012 年、2014 年、2019 年、2020 年的耦合协调度增长率为负值，说明耦合协调度的波动幅度大，2020 年的耦合协调度增长率为最小值 - 6.9%，2017 年增速最高，达到 2.9%。

31. 黑河市耦合度与耦合协调度分析

由图 8 - 34 可知，黑河市的耦合度、耦合协调度均出现大范围的波动。其中耦合度呈现多次波动、总体增长的趋势，其中的下降转折点位于 2013 年、2014 年、2016 年、2020 年，其中耦合度的最大值出现在 2015 年，为 0.45。在耦合度增长率方面，2013 年、2014 年、2016 年、2020 年的增长率为负数，其余均为正值，增长率的最大值出现在 2019 年，为 20.4%；最小值出现在 2016 年，为 - 21.2%。在耦合协调度方面，耦合协调度整体呈现出多次波动，最终总体下降的趋势。耦合协调

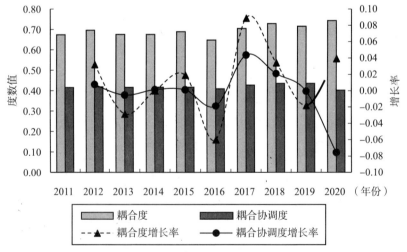

图 8 - 34　黑河市耦合度与耦合协调度水平及年增速

度的最高点出现在 2019 年，为 0.44。在耦合协调度增长率方面，2013
年、2016 年、2020 年的耦合协调度增长率为负值，说明耦合协调度的
波动幅度大，耦合协调度增长率的最小值位于 2020 年，为 - 13.9%，
2019 年增速最高，达到 6.7%。

32. 伊春市耦合度与耦合协调度分析

由图 8 - 35 可知，伊春市的耦合度、耦合协调度均出现大范围的波
动。其中耦合度呈现出多次波动，总体为上升的趋势，下降的转折点位
于 2013 年、2015 年、2017 年、2019 年。其中耦合度的最大值出现在
2018 年，为 0.72。在耦合度增长率方面，2013 年、2015 年、2017 年、
2019 年的增长率为负数，其余均为正值，增长率的最大值出现在 2012
年，为 8.7%；最小值出现在 2015 年，为 - 1.9%。在耦合协调度方面，
耦合协调度整体呈现出先上升、下降、再上升、最终下降的趋势。耦合
协调度的最高点出现在 2013 年，为 0.43。在耦合协调度增长率方面，
2014 年、2015 年、2017 年、2018 年、2019 年、2020 年的耦合协调度
增长率为负值，说明耦合协调度的波动幅度大，耦合协调度增长率的最
小值位于 2020 年，为 - 8.1%，2012 年增速最高，达到 3.6%。

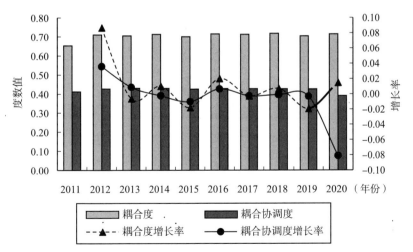

图 8 - 35　伊春市耦合度与耦合协调度水平及年增速

33. 大庆市耦合度与耦合协调度分析

由图 8 - 36 可知，大庆市的耦合度、耦合协调度均出现大范围的波动。其中耦合度呈现出上升—下降—上升—下降的趋势，下降转折点位于 2016 年和 2020 年。其中耦合度的最大值出现在 2020 年，为 0.94。在耦合度增长率方面，2016 年、2020 年的增长率为负数，其余均为正值，增长率的最大值出现在 2018 年，为 31.9%；最小值出现在 2016 年，为 -8.8%。在耦合协调度方面，耦合协调度整体呈现出先上升、下降、再上升、最终下降的趋势。耦合协调度的最高点出现在 2018 年，为 0.59。在耦合协调度增长率方面，2015 年、2016 年、2019 年、2020 年的耦合协调度增长率为负值，说明耦合协调度的波动幅度大，耦合协调度增长率的最小值位于 2020 年，为 -19.6%，2017 年增速最高，达到 19.1%。

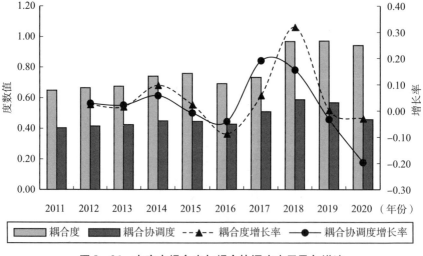

图 8 - 36 大庆市耦合度与耦合协调度水平及年增速

34. 绥化市耦合度与耦合协调度分析

由图 8 - 37 可知，绥化市的耦合度、耦合协调度均出现大范围的波动。其中耦合度呈现出上升—下降—上升—下降—上升的趋势，其中下降转折点位于 2013 年和 2015 年，其中耦合度的最大值出现在 2020 年，为 0.81。在耦合度增长率方面，2013 年、2015 年的增长率为负数，其余均为正值，增长率的最大值出现在 2016 年，为 7.8%；最小值出现在 2015 年，为 -4.8%。在耦合协调度方面，耦合协调度整体呈现出先上升、下降、再上升、最终下降的趋势。耦合协调度的最高点出现在 2019 年，为 0.47。在耦合协调度增长率方面，除 2020 年以外，耦合协调度增长率均为正值，说明耦合协调度总体增长水平良好，耦合协调度增长率的最小值位于 2020 年，为 -11.4%，2016 年增速最高，达到 4.3%。

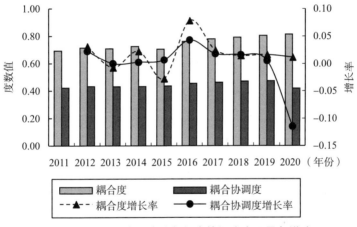

图 8 - 37　绥化市耦合度与耦合协调度水平及年增速

第四节　主要结论

一、本章小结

2011~2020 年东北三省政府治理体系现代化与治理能力现代化耦合情况的实证分析，得出以下结论：

（1）政府治理体系现代化—治理能力现代化耦合系统持续优化。耦合系统先后经历了拮抗—磨合—高水平耦合阶段，但耦合协调度除了沈阳、大连等少数几个城市以外，整体处于濒临失调阶段。就空间特征而言，发现大部分城市处于磨合状态，2020年，耦合系统较2017年相比有较大进步，黑龙江省内部又多出三个位于高耦合阶段的城市，并且2020年进入高耦合阶段的城市全部位于黑龙江省，区域内耦合差异缩小。

（2）政府治理体系现代化与治理能力现代化之间具有明显的相互促进、彼此影响的耦合发展特征。就空间特征而言，2011～2020年，东北三省34个市的政府治理体系现代化与治理能力现代化耦合协调发展整体情况向好，逐步形成以点带面，从线到片的空间格局，形成以哈尔滨—长春—沈阳—大连为连线，逐步带动周边等城市连片实现耦合协调发展状态的向好转变；中心区域呈现明显的辐射效应；逐步形成了以片区西南部大连，南部沈阳，中部长春、哈尔滨等为代表的中心区域城市，这些中心区域城市对周边县（市）起到了良好的示范作用，呈现明显的辐射效应，但是地区北部、东北部部分城市耦合协调发展停滞。

二、政策建议

（1）完善政府治理体系现代化发展应着重考虑居民幸福感与获得感，在政府治理体系中考虑各方群众诉求。此外，在治理体系方面多加关注落后地区的群众诉求，维护社会公平，应加大社会保障与公共医疗等方面的支持力度，推动医疗、科技、教育、信息基础等社会各项事业的共同发展，缩小各市、县间政府治理差异，促进政府治理的均衡发展，使人们在物质生活与精神生活方面都能得到更大程度的幸福感，进而提升人口素质，形成积极正向反馈，实现经济、社会、文化、生态、安全等方面的可持续发展，以推动政府治理现代化水平提升。

（2）提升政府的治理能力现代化水平。科学优化政府治理体系建设，创新政府治理模式，提升治理效率，改善治理质量，补齐治理短板。第一，政府的政策制定与实施应与城市基本公共服务发展、与居民实际情况相协调，通过提升政府治理能力，做到政策有迹可循、有理可依，最终产生良好的效果；第二，加大政府在关键领域的财政支持力度，提升经济发展水平与居民收入，在生态、安全、教育等多方面提升支持力度，注重政府的"投入产出比"，注重经济可持续发展；第三，加大满足人民群众日益增长的物质文化需求与精神文明建设的公共基础设施建设。

（3）倡导政府治理体系现代化—治理能力现代化进程的同步协调优质发展。完善政府治理体系现代化应以当前城市化发展需求为基准，避免与城市化需求不相适应的政府治理的过度与滞后供给。此外，政府治理政策的制定，应立足于不同时期经济社会发展的实际需求，尊重城市化发展的客观规律，使政府治理成为城市化质量提升的重要推动力量，最终实现政府治理体系现代化—治理能力现代化的同步协调优化发展。政府治理体系现代化—治理能力现代化的耦合是一项复杂的系统工程，尤其是在社会主要矛盾发生转变的今天，关于二者间互动关系的研究显得尤为重要，而耦合协调度模型为此提供了新的有益借鉴。耦合协调度模型以往较多地应用于经济学、地理学与生态学等领域，将之运用于公共管理领域仍有待深入研究，未来应结合实际进一步优化该评价模型。

参 考 文 献

［1］《2021 年白城市国民经济和社会发展统计公报》，白城市人民政府网，http：//www. jlbc. gov. cn/sjfx＿3333/tjgb＿218/202207/t20220728＿941382. html。

［2］《2021 年长春市国民经济和社会发展统计公报》，长春市统计局网，http：//tjj. changchun. gov. cn/tjgb/202207/t20220704＿3034598. html。

［3］《2021 年朝阳市国民经济和社会发展统计公报》，朝阳市双塔区人民政府网，http：//www. lnst. gov. cn/html/CYSTQ/202204/0164975060929670. html。

［4］《2021 年大连市国民经济和社会发展统计公报》，大连市统计局网，https：//stats. dl. gov. cn/art/2022/6/1/art_3812_2020540. html。

［5］《2021 年阜新市国民经济和社会发展统计公报》，中国统计信息网，http：//www. tjcn. org/tjgb/06ln/37253. html。

［6］《2021 年哈尔滨市国民经济和社会发展统计公报》，哈尔滨市人民政府网，https：//www. harbin. gov. cn/haerbin/c104569/202205/c01＿70402. shtml。

［7］《2021 年黑河市国民经济和社会发展统计公报》，中国统计信息网，http：//www. tjcn. org/tjgb/08hlj/37107. html。

［8］《2021 年鸡西市国民经济和社会发展统计公报》，鸡西市人民政府网，http：//www. jixi. gov. cn/jixi/c100332/202205/c06_4082. shtml。

［9］《2021 年佳木斯市国民经济和社会发展统计公报》，佳木斯市人民政府网 https：//zejm. jms. gov. cn/zwgk/html/zwgk/content/op＿f6550693－17d8－46b3－a7e8－e8542e370a29. html。

［10］《2021 年锦州市国民经济和社会发展统计公报》，锦州市人民

政府网，http：//www. jz. gov. cn/info/1069/100948. htm。

［11］《2021年牡丹江市国民经济和社会发展统计公报》，牡丹江市人民政府网，http：//www. mdj. gov. cn/jjdsj/szmdj/tjgb/202301/t20230129_342491. html。

［12］《2021年七台河市国民经济和社会发展统计公报》，黑龙江省统计局网，http：//tjj. hlj. gov. cn/tjj/c106779/202208/c00_31327032. shtml。

［13］《2021年齐齐哈尔市国民经济和社会发展统计公报》，齐齐哈尔市人民政府网，https：//www. qqhr. gov. cn/qqhe/c100657/202203/50748177a7924ebfa4a777830b2081f1. shtml。

［14］《2021年沈阳市国民经济和社会发展统计公报》，沈阳市人民政府网，http：//www. shenyang. gov. cn/zwgk/fdzdgknr/tjxx/tjgb/202205/t20220507_2927013. html。

［15］《2021年双鸭山市国民经济和社会发展统计公报》，双鸭山市人民政府网，http：//www. shuangyashan. gov. cn/NewCMS/index/html/viewnews. jsp？jcnmlgb ＝ 5E15937E － 2484 － 43DC － A544 － 53851BA183FF。

［16］《2021年绥化市国民经济和社会发展统计公报》，中国统计信息网，http：//www. tjcn. org/tjgb/08hlj/37050. html。

［17］《2021年铁岭市国民经济和社会发展统计公报》，铁岭市统计局网，http：//www. tieling. gov. cn/tieling/zwgk/zfxxgk/fdzdgknr/tjxx/tjgb/2022061512335224935/index. html。

［18］《2021年营口市国民经济和社会发展统计公报》，营口市统计局网，http：//tjj. yingkou. gov. cn/008/008002/20220428/dd9d8295 － 347e － 4086 － b2e4 －44fc9b8729c9. html。

［19］［美］B. 盖伊·彼得斯：《政府未来的治理模式》，吴爱明等译，中国人民大学出版社2001年版，第68页。

［20］安民：《适应社会主义市场经济发展的要求进行政治体制改革》，社会主义与市场经济——全国社会主义与市场经济学术交流大会会议论文，1999年11月。

［21］《白城市：坚持绿色发展实现华丽转身》，吉林日报，http：//jlrbszb. dajilin. com/pc/paper/layout/202210/17/node_11. html。

［22］《白山市2021年国民经济和社会发展统计公报》，吉林省统计局网，http：//tjj. jl. gov. cn/tjsj/tjgb/ndgb/202207/t20220704_8498915. html。

［23］《白山市：全力建设践行"两山"理念试验区》，吉林日报，http：//jlrbszb. dajilin. com/pc/paper/layout/202210/15/node_07. html。

［24］鲍静、贾开：《数字治理体系和治理能力现代化研究：原则、框架与要素》，载《政治学研究》2019年第3期。

［25］蔡绍洪、俞立平：《循环产业集群的内涵、机理与升级研究——构建西部生态脆弱地区绿色增长极》，载《管理世界》2016年第11期。

［26］《长春："四个服务"见实功》，吉林日报，http：//jlrbszb. dajilin. com/pc/paper/layout/202210/17/node_14. html。

［27］陈满雄：《提高制度执行力》，载《中国行政管理》2007年第11期。

［28］陈强：《高级计量经济学及stata应用》，高等教育出版社2016年版，第422~431页。

［29］陈清泰：《经济全球化与政府改革》，载《国家行政学院学报》2004年第6期。

［30］陈霞、王彩波：《有效治理与协同共治：国家治理能力现代化的目标及路径》，载《探索》2015年第5期。

［31］陈讯：《数字化普及、大数据应用与提升地方政府治理能力》，载《贵州社会科学》2022年第1期。

［32］陈振明：《公共部门战略管理途径的特征、过程和作用》，载《厦门大学学报》2004年第3期。

［33］陈之常：《应用大数据推进政府治理能力现代化——以北京市东城区为例》，载《中国行政管理》2015年第2期。

［34］褚松燕：《我国公共治理评估之核心要素》，载《中国行政管理》2008年第9期。

［35］《大庆市 2021 年国民经济和社会发展统计公报》，中国统计信息网，http：//www. tjcn. org/tjgb/08hlj/37161. html。

［36］戴长征：《中国国家治理体系与治理能力建设初探》，载《中国行政管理》2014 年第 1 期。

［37］戴建华：《智慧政府视野下的治理能力现代化》，载《理论与改革》2020 年第 4 期。

［38］［美］戴维·奥斯本、特德·盖布勒：《改革政府：企业家精神如何改革着公共部门》，周敦仁译，上海译文出版社 2006 年版，第 4~5，35~38，46~64，134，187~188 页。

［39］《邓小平文选（第 2 卷）》，人民出版社 1993 年版，第 333 页。

［40］《邓小平文选（第 2 卷)》，人民出版社 1993 年版，第 33 页。

［41］《邓小平文选》（第 2 卷），人民出版社 1994 年版，第 208 页。

［42］《邓小平文选（第 3 卷)》，人民出版社 1993 年版，第 240 页。

［43］《邓小平文选》（第 3 卷），人民出版社 1994 年版，第 237、176 页。

［44］邓雪琳：《改革开放以来中国政府职能转变的测量——基于国务院政府工作报告（1978－2015）的文本分析》，载《中国行政管理》2015 年第 8 期。

［45］邓岩：《论社会主要矛盾转化条件下人民满意的服务型政府建设——学习习近平总书记关于建设人民满意的服务型政府的重要论述》，载《社会主义研究》2020 年第 1 期。

［46］丁薛祥：《深化党和国家机构改革是推进国家治理体系和治理能力现代化的必然要求》，载《秘书工作》2018 年第 4 期。

［47］丁志刚：《如何理解国家治理与国家治理体系》，载《学术界》2014 年第 2 期。

［48］《二〇二一年葫芦岛市国民经济和社会发展统计公报》，葫芦岛市人民政府网，http：//www. hld. gov. cn/zwgk/fdzdgknr/tjxx/gongbao/202204/t20220426_1096810. html。

［49］《二〇二一年鞍山市国民经济和社会发展统计公报》，鞍山市统

计局网，http：//tjj. anshan. gov. cn/html/TJJ/202204/0164888528618939. html。

[50]《二〇二一年本溪市国民经济和社会发展统计公报》，本溪市人民政府网，https：//www. benxi. gov. cn/publicity/szfxx/tjxx/tjgb/103070。

[51]《二〇二一年丹东市国民经济和社会发展统计公报》，丹东市统计局网，https：//www. dandong. gov. cn/html/DDSZF/202204/0164886138343642. html。

[52]《二〇二一年盘锦市国民经济和社会发展统计公报》，盘锦市人民政府网，https：//www. panjin. gov. cn/html/1934/2022 – 03 – 08/content – 135976. html。

[53] 范柏乃、林哲杨：《政府治理的"法治—效能"张力及其化解》，载《中国社会科学》2022 年第 2 期。

[54] 冯锋：《大数据时代我国数字政府建设的路径探析》，载《山东社会科学》2022 年第 5 期。

[55] 冯晓灿：《大数据技术运用于政府治理能力提升的问题》，载《经济研究导刊》2020 年第 4 期。

[56] 高秦伟：《数字政府背景下行政法治的发展及其课题》，载《东方法学》2022 年第 2 期。

[57] 高世楫、廖毅敏：《数字时代国家治理现代化和行政体制改革研究》，载《行政管理改革》2018 年第 1 期。

[58] 高小平：《国家治理体系与治理能力现代化的实现路径》，载《中国行政管理》2014 年第 1 期。

[59] 高小平：《治理体系和治理能力如何实现现代化》，载《光明日报》2013 年 12 月 4 日。

[60] 高志华、谢标：《政务大数据赋能政府治理现代化的逻辑、现实困境与调适对策》，载《决策与信息》2021 年第 12 期。

[61] 古洪能：《论基于国家治理体系的国家治理能力观》，载《理论与改革》，2020 年第 5 期。

[62] 郭蕊、麻宝斌：《全球化时代地方政府治理能力分析》，载《长白学刊》2009 第 4 期。

[63] 郭亚军：《综合评价理论、方法及应用》，科学出版社 2007 年版，第 73~74 页。

[64] 韩振峰：《怎样理解国家治理体系和治理能力现代化》，载《人民日报》2013 年 12 月 16 日。

[65] 何显明：《政府转型与现代国家治理体系的建构——60 年来政府体制演变的内在逻辑》，载《浙江社会科学》2013 年第 6 期。

[66] 何颖、李思然：《"放管服"改革：政府职能转变的创新》，载《中国行政管理》2022 年第 2 期。

[67] 何增科：《理解国家治理及其现代化》，载《马克思主义与现实》，2014 年第 1 期。

[68] 何增科：《政府治理现代化与政府治理改革》，载《行政科学论坛》2014 年第 2 期。

[69]《鹤岗市 2020 年国民经济和社会发展统计公报》，中国统计信息网，http：//www. tjcn. org/tjgb/08hlj/36607. html。

[70] 洪富艳、费凯月：《推动地方政府治理能力现代化的对策研究》，载《经济研究导刊》2021 年第 9 期。

[71] 胡鞍钢：《中国国家治理现代化的特征与方向》，载《国家行政学院学报》2014 年第 3 期。

[72] 胡建淼：《治理现代化关键在法治化》，载《理论导报》2015 年第 11 期。

[73] 胡锦涛：《坚定不移沿着中国特色社会主义道路前进为全面建成小康社会奋斗》，人民出版社 2012 年版，第 34 页。

[74] 胡锦涛：《建设科学严密完备管用的反腐倡廉制度体系，不断取得党风廉政建设和反腐败斗争新成效》，载《人民日报》2010 年 1 月 13 日。

[75] 胡锦涛：《努力开创新形势下党的建设新局面》，载《求是》2010 年第 1 期。

[76] 胡锦涛：《切实做好构建社会主义和谐社会的各项工作把中国特色社会主义伟大事业推向前进》，载《求是》2007 年第 1 期。

［77］胡宁生：《国家治理现代化：政府、市场和社会新型协同互动》，载《南京社会科学》2014 年第 1 期。

［78］胡宁生、张成福：《中国政府形象战略》，中共中央党校出版社 1998 版，第 240 页。

［79］胡税根、杨竟楠：《发达国家数字政府建设的探索与经验借鉴》，载《探索》2021 年第 1 期。

［80］胡伟：《推进国家治理体系和治理能力现代化——重温邓小平有关社会主义现代化与制度建设的重要思想》，载《江西社会科学》2014 年第 8 期。

［81］黄宝玖：《国家能力：涵义、特征与结构分析》，载《政治学研究》2004 年第 4 期。

［82］黄斌、阮英娇：《"互联网＋"推进政府治理现代化的作用、目标与路径》，载《西安财经大学学报》2021 年第 1 期。

［83］黄璜：《数字政府：政策、特征与概念》，载《治理研究》2020 年第 3 期。

［84］黄璜、谢思娴、姚清晨、曾渝、张权、云美丽、张唯一：《数字化赋能治理协同：数字政府建设的"下一步行动"》，载《电子政务》2022 年第 4 期。

［85］黄建军：《中国国家治理体系和治理能力现代化的制度逻辑》，载《马克思主义研究》2020 年第 8 期。

［86］黄伟、黄军林：《基于耦合协调发展理论的社区级公共服务设施"供－需"均衡性评价》，载《湖南师范大学自然科学学报》2022 年第 6 期。

［87］黄新华：《从干预型政府到规制型政府——建构面向国家治理现代化的政府与市场关系》，载《厦门大学学报（哲学社会科学版）》2017 年第 3 期。

［88］黄兴生：《提升我国地方政府政策执行力问题研究——基于制度分析的视角》，载《中共福建省委党校学报》2006 年第 12 期。

［89］黄燕翔：《完善政策执行提升政府执行力》，载《经济与社会

发展》2007 年第 3 期。

［90］《吉林市 2021 年国民经济和社会发展统计公报》，吉林省统计局网，http：//tjj. jl. gov. cn/tjsj/tjgb/ndgb/202208/t20220801_8528331. html。

［91］《吉林市：时代潮涌十年路踔厉笃行再出发》，吉林日报，http：//jlrbszb. dajilin. com/pc/paper/layout/202210/11/node_07. html。

［92］江小涓：《加强顶层设计解决突出问题协调推进数字政府建设与行政体制改革》，载《中国行政管理》2021 年第 12 期。

［93］江小涓：《以数字政府建设支撑高水平数字中国建设》，载《中国行政管理》2020 年第 11 期。

［94］金太军、鹿斌：《论国家治理能力及其现代化》，载《西华师范大学学报（哲学社会科学版）》，2022 年第 5 期。

［95］居继清、何旗：《增强党的制度执行力的几点思考》，载《理论探索》2011 年第 4 期。

［96］孔新峰：《习近平关于推进国家治理体系和治理能力现代化重要论述的历史逻辑与科学内涵》，载《当代世界社会主义问题》2019 年第 1 期。

［97］冷涛、周雅颂：《中国官僚制何去何从？——一个政府治理能力现代化的视角》，载《黑龙江社会科学》2016 年第 1 期。

［98］李放：《现代国家制度建设：中国国家治理能力现代化的战略选择》，载《新疆师范大学学报（哲学社会科学版）》2014 年第 4 期。

［99］李辉、张旭明：《产业集群的协同效应研究》，载《吉林大学社会科学学报》2006 年第 3 期。

［100］李景鹏：《关于推进国家治理体系和治理能力现代化——"四个现代化"之后的第五个"现代化"》，载《天津社会科学》2014 年第 2 期。

［101］李军鹏：《论全面建成社会主义现代化强国新阶段的政府治理体系现代化》，载《中共天津市委党校学报》2021 年第 5 期。

［102］李军鹏：《面向基本现代化的数字政府建设方略》，载《改革》2020 年第 12 期。

[103] 李军鹏：《"十四五"时期政府治理体系建设总体思路研究》，载《行政论坛》2021年第2期。

[104] 李良栋、汪洋：《再论中国式国家治理及其现代化》，载《马克思主义研究》2015年第2期。

[105] 李明奇：《大数据视角下的智慧政府治理能力研究》，载《理论建设》2018年第2期。

[106] 李秋风：《推进国家治理体系和治理能力现代化的逻辑理路》，载《理论建设》2019年第1期。

[107] 李拓、童泽林：《制度执行力：国家治理能力现代化的关键》，载《领导科学》2014年第15期。

[108] 李拓：《制度执行力是治理现代化的关键》，载《国家行政学院学报》2014年第6期。

[109] 李文彬、陈晓运：《政府治理能力现代化的评估框架》，载《中国行政管理》2015年第5期。

[110] 梁华：《整体性精准治理的数字政府建设：发展趋势、现实困境与路径优化》，载《贵州社会科学》2021年第8期。

[111]《辽阳市2021年国民经济和社会发展统计公报》，中国统计信息网，http：//www.tjcn.org/tjgb/06ln/37246.html。

[112]《辽源市2021年国民经济和社会发展统计公报》，吉林省统计局网，http：//tjj.jl.gov.cn/tjsj/tjgb/ndgb/202208/t20220801_8528531.html。

[113] 林婷：《"政府治理能力现代化"内涵解析》，载《厦门理工学院学报》2015年第2期。

[114] 林贤：《大数据推进政府治理能力提升论析——以福州市政府的大数据实践为例》，载《福建论坛（人文社会科学版）》2018年第7期。

[115] 刘波、李娜、彭瑾、王力立：《地方政府治理》，清华大学出版社2015年版，第86页。

[116] 刘华：《全能型政府职能模式的历史作用及其转型努力》，载《河南师范大学学报（哲学社会科学版）》2009年第2期。

[117] 刘建军：《体系与能力：国家治理现代化的二重维度》，载《行政论坛》2020 年第 4 期。

[118] 刘建伟：《国家治理能力现代化研究述评》，载《探索》2014 年第 5 期。

[119] 刘雪华、马威力：《地方政府治理能力提升的理论逻辑与实践路径——基于当前我国社会主要矛盾变化的研究》，载《社会科学战线》2018 年第 9 期。

[120] 刘子晨：《国家治理现代化视域下提升政府执行力的思考》，载《湖北社会科学》2019 年第 4 期。

[121] 柳新元：《国家的治理方式、治理成本与治理绩效》，载《江海学刊》2000 年第 4 期。

[122] 娄成武：《浅议国家治理体系和治理能力现代化》，载《中国高校科技》2014 年第 11 期。

[123] 娄成武、张国勇：《国家治理体系和治理能力现代化与政府治理创新》，载《辽宁行政学院学报》2020 年第 1 期。

[124] 楼苏萍：《地方治理的能力挑战：治理能力的分析框架及其关键要素》，载《中国行政管理》2010 第 9 期。

[125] 吕志奎：《改革开放以来中国政府转型之路：一个综合框架》，载《中国人民大学学报》2013 年第 3 期。

[126] ［美］罗纳德·英格尔哈特：《现代化与后现代化》，严挺译，社会科学文献出版社 2013 年版，第 235 页。

[127] 麻宝斌、丁晨：《政府执行力的多维分析》，载《学习论坛》2011 年第 4 期。

[128] 麻宝斌、钱花花：《制度执行力探析》，载《天津社会科学》2013 年第 3 期。

[129] 马宝成、吕洪业、王君琦、安森东：《党的十八大以来政府职能转变的重要进展与未来展望》，载《行政管理改革》2017 年第 10 期。

[130] 马怀德：《深刻认识"放管服"改革的重大意义加快构建现代政府治理体系》，载《中国行政管理》2022 年第 6 期。

[131]《马克思恩格斯选集（第四卷）》，人民出版社 1995 年版，第 701 页。

[132] 马震：《机构编制法定化是深化党和国家机构改革的重要保障》，载《中国机构改革与管理》2018 年第 6 期。

[133] 毛泽东：《论十大关系》，人民出版社 1976 年版，第 11 页。

[134] 孟天广、张小劲：《大数据驱动与政府治理能力提升——理论框架与模式创新》，载《北京航空航天大学学报（社会科学版）》2018 年第 1 期。

[135] 米恩广、权迎：《政府治理能力现代化：政府"共谋行为"的运行机理及其治理》，载《理论与改革》2014 年第 3 期。

[136] 苗爱民、杨晋：《新中国成立 70 年来行政体制改革的回顾与启示》，载《中共山西省委党校学报 2019 年第 5 期。

[137] 莫勇波：《政府制度执行力的生成机理及提升策略》，载《学术论坛》2015 年第 3 期。

[138] 莫勇：《提升地方政府政策执行力的路径选择——基于制度创新角度的探析》，载《云南行政学院学报》2005 年第 6 期。

[139] 牛正光、奉公：《应用大数据推动政府治理现代化的 SWOT 分析》，载《电子政务》2016 年第 1 期。

[140]《"农业经济""工业经济""城市经济"齐头并进开启绥化奋进新征程》，黑龙江省人民政府网，https：//www. hlj. gov. cn/hlj/c107858/202107/c00_30594023. shtml。

[141] 欧阳康、钟林：《国家治理能力现代化进程中的政府问题》，载《学术界》2015 年第 3 期。

[142] 祁志伟：《数字政府建设的价值意蕴、治理机制与发展理路》，载《理论月刊》2021 年第 10 期。

[143]［美］乔尔·米格代尔：《强社会与弱国家》，孙长东等译，江苏人民出版社 2009 年版，第 19～23 页。

[144]《人民对美好生活的向往就是党的奋斗目标》，载《人民日报》2017 年 8 月 3 日。

［145］任晓刚：《数字政府建设进程中的安全风险及其治理策略》，载《求索》2022 年第 1 期。

［146］上官莉娜：《数字时代政府治理能力现代化的实践进路》，载《国家治理》2022 年第 1 期。

［147］邵佳、冷婧：《湖南武陵山片区新型城镇化与生态环境耦合协调发展》，载《经济地理》2022 年第 9 期。

［148］邵银凌：《好制度重在执行》，载《改革与开放》2010 年第 20 期。

［149］沈传亮：《建立国家治理能力现代化评估体系》，载《学习时报》2014 第 6 期。

［150］沈费伟、诸靖文：《数据赋能：数字政府治理的运作机理与创新路径》，载《政治学研究》2021 年第 1 期。

［151］《十八大以来重要文献选编》（上），中央文献出版社 2014 年版，第 547～548 页。

［152］《十七大以来重要文献选编（上）》，中央文献出版社 2009 年版，第 61 页。

［153］《四平市 2021 年国民经济和社会发展统计公报》，吉林省统计局网，http：//tjj. jl. gov. cn/tjsj/tjgb/ndgb/202208/t20220801_8528532. html。

［154］《四平市：只争朝夕换来日新月异》，吉林日报，http：//jlrbszb. dajilin. com/pc/paper/layout/202210/12/node_07. html。

［155］《松原市 2021 年国民经济和社会发展统计公报》，吉林省统计局网，http：//tjj. jl. gov. cn/tjsj/tjgb/ndgb/202208/t20220801_8528533. html。

［156］宋世明：《共治论——中国政府治理体系建构之路》，载《行政管理改革》2021 年第 2 期。

［157］宋世明：《推进国家治理体系和治理能力现代化的理论框架》，载《中共中央党校（国家行政学院）学报》2019 年第 6 期。

［158］宋世明：《新时代深化行政体制改革的逻辑前瞻》，载《中国行政管理》2020 年第 7 期。

［159］《绥化市提升质效打造优良发展环境》，黑龙江省人民政府

网，https：//www. hlj. gov. cn/hlj/c107859/202107/c00_30655942. shtml。

［160］孙立平：《断裂：世纪年代以来的中国社会》，社会科学文献出版社2003年版；王绍光：《安邦之道：国家转型的目标与途径》，三联书店2007年版，第1页。

［161］孙荣、梁丽：《"互联网＋"政务视域下的政府职能转变研究》，载《南京社会科学》2017年第9期。

［162］谭丛、谭玉：《习近平新时代中国特色社会主义政府治理理念研究》，载《山东商业职业技术学院学报》2019年第3期。

［163］谭桔华：《国家治理现代化视域下的政府治理体系构建》，载《湖湘论坛》2020年第3期。

［164］唐天伟、曹清华、郑争文：《地方政府治理现代化的内涵、特征及其测度指标体系》，载《中国行政管理》2014年第10期。

［165］唐未兵、唐谭岭：《中部地区新型城镇化和金融支持的耦合作用研究》，载《中国软科学》2017年第3期。

［166］唐晓彬、王亚男、唐孝文：《中国省域经济高质量发展评价研究》，载《科研管理》2020年第11期。

［167］唐晓阳、代凯：《大数据时代提升政府治理能力研究》，载《中共天津市委党校学报》2017年第6期。

［168］唐兴军、齐卫平：《治理现代化中的政府职能转变：价值取向与现实路径》，载《社会主义研究》2014年第3期。

［169］滕明政：《习近平的国家治理现代化思想研究——推进国家治理体系和治理能力现代化》，载《大连理工大学学报（社会科学版）》2018年第1期。

［170］田玉麒：《职责优化与组织调适：政府治理体系现代化的双重进路》，载《社会科学战线》2020年第4期。

［171］《通化市2021年国民经济和社会发展统计公报》，吉林省统计局网，http：//tjj. jl. gov. cn/tjsj/tjgb/ndgb/202208/t20220801_8528534. html。

［172］《通化市：践行新发展理念建设绿美"山城"》，吉林日报，http：//jlrbszb. dajilin. com/pc/paper/layout/202210/14/node_07. html。

[173] 万幼清、王云云：《产业集群协同创新的企业竞合关系研究》，载《管理世界》2014 年第 8 期。

[174] 汪仕凯：《后发展国家的治理能力：一个初步的理论框架》，载《复旦学报（社会科学版）》2014 第 3 期。

[175] 汪玉凯：《国家治理现代化首先要实现政府治理现代化》，载《国家治理》2019 年第 42 期。

[176] 王斌、吴江：《坚持党的领导是我国行政体制改革胜利的压舱石》，载《当代党员》2020 年第 2 期。

[177] 王广辉、郭文博：《数字政府建设面临的多重风险及其规避策略》，载《改革》2022 年第 3 期。

[178] 王国成：《数字经济视域下的国家治理能力提升》，载《天津社会科学》2021 年第 6 期。

[179] 王孟嘉：《数字政府建设的价值、困境与出路》，载《改革》2021 年第 4 期。

[180] 王浦劬：《国家治理、政府治理和社会治理的含义及其相互关系》，载《国家行政学院学报》2014 年第 3 期。

[181] 王浦劬：《论新时期深化行政体制改革的基本特点》，载《中国行政管理》2014 年第 2 期。

[182] 王山：《大数据时代中国政府治理能力建设与公共治理创新》，载《求实》2017 年第 1 期。

[183] 王绍光、胡鞍纲：《中国国家能力报告》，辽宁人民出版社1993 年版，第 6 页。

[184] 王绍光、胡鞍钢：《中国国家能力报告》，辽宁人民出版社1993 年版，第 5~18 页。

[185] 王绍光：《建立一个强有力的民主国家：兼论"政权形式"与"国家能力"的区别》，载《当代中国研究中心论文》1991 年第 4 期。

[186] 王雪松：《试论社会管理创新中的政府治理理念创新》，载《中国集体经济》2012 年第 9 期。

[187] 王臻荣、张树峰：《论中国政府治理与善治的实践与探索》，

载《晋阳学刊》2005 年第 6 期。

[188] 王臻荣：《治理结构的演变：政府、市场与民间组织的主体间关系分析》，载《中国行政管理》2014 年第 11 期。

[189] 魏淑艳、稳玲、李富余：《中国政府治理现代化：能力政府、法治与问责制的均衡发展》，载《理论探讨》2016 年第 5 期。

[190] 魏治勋：《"善治"视野中的国家治理能力及其现代化》，载《法学论坛》2014 年第 2 期。

[191] 吴汉东：《国家治理能力现代化与法治化问题研究》，载《法学评论》2015 年第 5 期。

[192] 吴江、吴涛：《财政透明度、地方政府治理能力与区域创新》，载《统计与决策》2022 年第 15 期。

[193] 吴旅燕：《以大数据提升政府治理能力》，载《人民论坛》2017 年第 35 期。

[194] 吴文琦：《充分利用大数据技术提升基层政府治理能力》，载《人民论坛》2019 年第 35 期。

[195] 武力、张林鹏：《改革开放 40 年政府、市场、社会关系的演变》，载《国家行政学院学报》2018 年第 5 期。

[196] [美] 西达·斯考切波：《找回国家》，方力维等译，生活.读书.新知三联书店 2009 年版，第 10 页。

[197] 习近平：《关于〈中共中央关于坚持和完善中国特色社会主义制度、推进国家治理体系和治理能力现代化若干重大问题的决定〉的说明》，载《党建研究》2019 第 11 期。

[198] 习近平：《决胜全面建成小康夺取新时代中国特色社会主义伟大胜利：在中国共产党第十九次全国代表大会上的报告》，载《人民日报》2017 年 10 月 18 日。

[199] 习近平：《决胜全面建成小康社会夺取新时代中国特色社会主义伟大胜利——在中国共产党第十九次全国代表大会上的报告》，人民出版社 2017 年版，第 6 页。

[200] 习近平：《决胜全面建成小康社会夺取新时代中国特色社会

主义伟大胜利——在中国共产党第十九次全国代表大会上的报告》，载《党建》2017 年第 11 期。

[201] 习近平：《论坚持党对一切工作的领导》，人民出版社 2019 年版，第 11 页。

[202] 习近平：《切实把思想统一到党的十八届三中全会精神上来》，载《人民日报》2014 年 1 月 1 日。

[203]《习近平谈治国理政》，外文出版社 2014 年版，第 105 页。

[204]《习近平谈治国理政》，外文出版社 2014 年版，第 315 页。

[205]《习近平谈治国理政》，外文出版社 2014 年版，第 41 页。

[206]《习近平谈治国理政》，外文出版社 2014 年版，第 91 页。

[207] 习近平：《在党的十八届六中全会第二次全体会议上的讲话（节选）》，载《前进》2017 年第 1 期。

[208]《习近平在辽宁考察时强调在新时代东北振兴上展现更大担当和作为奋力开创辽宁振兴发展新局面》，中国政府网，https://www. gov. cn/。

[209] 习近平：《中共中央关于坚持和完善中国特色社会主义制度推进国家治理体系和治理能力现代化若干重大问题的决定》，载《人民日报》2019 年 11 月 6 日。

[210] 谢志强：《从我国政府机构改革历程看国家治理体系现代化》，载《国家治理》2021 年 Z4 期。

[211] 辛向阳：《问题倒逼改革改革解决问题》，载《马克思主义研究》2014 年第 1 期。

[212] 辛向阳：《新政府论》，中国工人出版社 1994 年版，第 56 页。

[213] 熊光清：《大数据技术的运用与政府治理能力的提升》，载《当代世界与社会主义》2019 年第 2 期。

[214] 徐邦友：《推进国家治理体系和治理能力现代化的中国方案》，载《治理研究》，2020 年第 5 期。

[215] 徐梦周、吕铁：《赋能数字经济发展的数字政府建设：内在逻辑与创新路径》，载《学习与探索》2020 年第 3 期。

[216] 徐法寅：《新中国 70 年国家治理体系变迁的逻辑及前景》，载《学海》2019 年第 6 期。

[217] 徐勇：《关于国家治理体系和治理能力现代化的对话》，载《当代世界与社会主义》2014 年第 1 期。

[218] 许尔君：《习近平国家治理现代化重要思想综论》，载《观察与思考》2015 年第 10 期。

[219] 薛澜、张帆、武沐瑶：《国家治理体系与治理能力研究：回顾与前瞻》，载《公共管理学报》2015 第 12 卷第 3 期。

[220] 薛瑞汉：《地方政府执行力：现存问题及对策研究》，载《北京行政学院学报》2008 年第 3 期。

[221] 亚历山大·汉密尔顿：《联邦党人文集》，程逢如译，商务印书馆 1980 年版，第 148 页。

[222] 杨冬梅、单希政、陈红：《数字政府建设的三重向度》，载《行政论坛》2021 年第 6 期。

[223] 杨解君：《政府治理体系的构建：特色、过程与角色》，载《现代法学》2020 年第 1 期。

[224] 杨雪冬：《论国家治理现代化的全球背景与中国路径》，载《国家行政学院学报》2014 年第 4 期。

[225] 《伊春持续优化政务环境》，黑龙江省人民政府网，ht-tps：//www. hlj. gov. cn/hlj/c107858/202105/c00_30593566. shtml。

[226]《伊春市 1～8 月份全市宏观经济运行情况》，黑龙江省人民政府网，https：//www. hlj. gov. cn/hlj/c108421/202210/c00_31370153. shtml。

[227] 尹振涛、徐秀军：《数字时代的国家治理现代化：理论逻辑、现实向度与中国方案》，载《政治学研究》2021 年第 4 期。

[228] 应松年：《加快法治建设促进国家治理体系和治理能力现代化》，载《中国法学》2014 年第 6 期。

[229] 于君博：《改革开放 40 年来中国行政体制改革的基本逻辑》，载《经济社会体制比较》2018 年第 6 期。

[230] 俞可平：《国家治理体系的内涵本质》，载《理论导报》

2014 年第 4 期。

[231] 俞可平：《国家治理体系和治理力现代化》，载《前线》2014 年第 1 期。

[232] 俞可平：《国家治理现代化须超越任何群体局部利益》，载《人民网》2013 年 11 月 30 日。

[233] 俞可平：《衡量国家治理体系现代化的基本标准——关于推进"国家治理体系和治理能力现代化"的思考》，载《北京日报》2013 年 12 月 9 日。

[234] 俞可平：《治理和善治引论》，载《马克思主义与现实》1999 年第 5 期。

[235] 俞可平：《治理与善治》，社会科学文献出版社 2000 年版，第 13 页。

[236] 俞可平：《治理与善治》，社会科学文献出版社 2000 年版，第 9 ~ 11 页。

[237] 俞可平：《中国治理评估框架》，载《经济社会体制比较》2008 年第 6 期。

[238] 翟云：《"互联网 + 政务服务"推动政府治理现代化的内在逻辑和演化路径》，载《电子政务》2017 年第 12 期。

[239] ［美］詹姆斯·N. 罗西瑙：《没有政府的治理》，张胜军等译，江西人民出版社 2001 年版第 4 ~ 5 页。

[240] 张长东：《国家治理能力现代化研究——基于国家能力理论视角》，载《法学评论》2014 年第 3 期。

[241] 张成福、谢侃侃：《数字化时代的政府转型与数字政府》，载《行政论坛》2020 年第 6 期。

[242] 张广宇：《"国家治理现代化"产生的背景与诱因》，载《中共济南市委党校学报》2014 年第 5 期。

[243] 张来明：《以国家治理体系和治理能力现代化保证和推进中国社会主义现代化》，载《管理世界》2022 年第 5 期。

[244] 张鸣：《数字时代政府治理改革的实践与深化》，载《理论

视野》2019 年第 4 期。

[245] 张秋生、周琳：《企业并购协同效应的研究与发展》，载《会计研究》2003 第 6 期。

[246] 张荣臣、王启超：《党的领导是推进国家治理体系和治理能力现代化的保证》，载《理论学刊》2020 年第 2 期。

[247] 张腾、蒋伏心：《数字时代的政府治理现代化：现实困境、转换机制与践行路径》，载《当代经济管理》2022 年第 1 期。

[248] 张文喜：《政治哲学中的国家治理之"道"》，载《中国社会科学》2015 年第 7 期。

[249] 张喜红：《论现代国家治理体系的协同性》，载《湖北社会科学》2014 年第 11 期。

[250] 张兴华：《当代中国国家治理》，华东师范大学博士学位论文，2014 年。

[251] 张学泽：《论中国政府治理理念创新的充分必要性》，载《北京航空航天大学学报（社会科学版）》2004 年第 3 期。

[252] ［美］珍妮特·登哈特、罗伯特·登哈特：《新公共服务：服务，而不是掌舵》，丁煌译，中国人民大学出版社 2004 年版，第 7 ~ 9 页。

[253] 郑方辉、张文方、李文彬：《中国地方政府绩效评价：理论与方法》，中国经济出版社 2008 年版，第 62 ~ 63 页。

[254] 郑言、李猛：《推进国家治理体系与国家治理能力现代化》，载《吉林大学社会科学学报》，2014 年第 2 期。

[255] 郑智航：《当代中国国家治理能力现代化的提升路径》，载《甘肃社会科学》2019 年第 3 期。

[256]《政府工作报告——2022 年 1 月 13 日在伊春市第十五届人民代表大会第一次会议上》，伊春市人民政府网，https：//www. yc. gov. cn/ycsrmzf/c102233/202201/93178. shtml。

[257]《中共中央关于全面深化改革若干重大问题的决定》，人民出版社 2013 版，第 514 页。

［258］《中共中央关于制定国民经济和社会发展第十四个五年规划和二〇三五年远景目标的建议》，中国政府网，https：//www. gov. cn/。

［259］中共中央文献研究室：《建国以来重要文献选编》（第5册），中央文献出版社1994年版，第382页。

［260］"中国社会管理评价体系"课题组：《中国社会治理评价指标体系》，载《中国治理评论》2012第2期。

［261］周红云：《国际治理评估指标体系研究述评》，载《经济社会体制比较》2008年第6期。

［262］周谨平：《社会治理与公共理性》，载《马克思主义与现实》2016年第1期。

［263］周静、樊佳琳：《新时代推进政府治理能力现代化路径探析》，载《现代商贸工业》2022年第10期。

［264］周黎安：《中国地方官员的晋升锦标赛模式研究》，载《经济研究》2007年第7期。

［265］周其仁：《应重新定义"国家能力"》，中国政府创新网，2014年2月18日。

［266］周望：《推进法治政府建设完善政府治理体系——〈法治政府建设实施纲要（2021－2025年）〉解读》，载《审计观察》2021年第10期。

［267］周文彰：《数字政府和国家治理现代化》，载《行政管理改革》2020年第2期。

［268］朱建田：《国家治理现代化的评价指标及建构路径探讨》，载《天中学刊》2017年第2期。

［269］Ansoff H I. Corporate strategy：An analytic approach to business policy for growth and expansion. McGraw－Hill Companies，1965，第501页。

［270］Itami H，Roehl T W. Mobilizing invisible assets. Havard University Press，1987，第117页。

［271］Lieberman Evan. Race and Regionalism in the Politics of Taxation in Brazil and South Africa，Cambridge Studies in Comparative Politics. New York：Cambridge University Press，2003 年版，第 297 - 298 页。

［272］ UNDP. Public Sector Management，Governance，and Sustainable Human Development. New York 出版社 1995 年版，第 9 页。

［273］ WEISS Linda，HOBSON John. States and Economic Development：A Comparative Historical Analysis. Cambridge，MA：Polity Press，1995 年版，第 89 页。

［274］ World Bank：《Managing Development：The Governance Dimension》，Washington D. C 出版社 1994 年版，第 5 页。